庆祝中国共产党成立100周年

口述重庆党史

中共重庆市委党史研究室 编

重庆出版集团 重庆出版社

图书在版编目（CIP）数据

口述重庆党史 / 中共重庆市委党史研究室编. 重庆 ： 重庆出版社，2024. 8. -- ISBN 978-7-229-18948-8

Ⅰ. D235.719

中国国家版本馆CIP数据核字第20248PE371号

口述重庆党史

KOUSHU CHONGQING DANGSHI

中共重庆市委党史研究室　编

责任编辑：李　茜　彭　景

责任校对：何建云

装帧设计：李南江

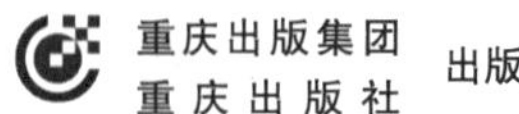

重庆出版集团
重 庆 出 版 社　出版

重庆市南岸区南滨路162号1幢　邮政编码：400061　http://www.cqph.com

重庆出版社艺术设计有限公司制版

重庆市鹏程印务有限公司印刷

重庆出版集团图书发行有限公司发行

E-MAIL:fxchu@cqph.com　邮购电话：023-61520678

全国新华书店经销

开本：787mm×1092mm　1/16　印张：32.25　字数：490千

2024年8月第1版　2024年8月第1次印刷

ISBN 978-7-229-18948-8

定价：89.00元

如有印装质量问题，请向本集团图书发行有限公司调换：023-61520678

版权所有　侵权必究

《口述重庆党史》

编委会

姚　红　徐塞声　徐光煦　周廷勇　张　琪
简　奕　李春蓉　刘　华　田　姝　刘志平

主　编

姚　红　徐塞声

副主编

徐光煦　周廷勇

执行副主编

田　姝　文　俊　徐　术

编　辑

简　奕　田　姝　文　俊　刘志平　俞荣新　徐　术
黎　余　黄亚丽　高大红　袁仁景　王润吉　左　涛

出版说明

2021年是中国共产党成立100周年。为深入贯彻党的十九大精神，深入学习领会习近平总书记关于重庆红色资源的重要论述，全面落实全国党史和文献部门主要负责人会议安排部署，根据全市党史部门主要负责人会议“打造一个平台，打通一个关系”的基本工作思路和总要求，进一步激发全市党史队伍活力，整合党史资源，充分发挥党史资政育人作用，2019年8月，中共重庆市委党史研究室决定组织各区县党史部门开展《图说重庆党史》丛书、《口述重庆党史》丛书两个专项课题的编写出版工作，以图说、口述党史的形式，生动反映100年来重庆在中国共产党领导下进行革命、建设、改革和发展的伟大历程，取得的辉煌成就和发生的巨大变化，以此迎接和庆祝中国共产党百年华诞。

为进一步推进庆祝建党100周年工作项目，2019年12月，市委党史研究室提出并制定了《庆祝中国共产党成立100周年工作项目的工作方案》，并报市委宣传部，时任市委常委、宣传部部长张鸣同志批示同意方案。2020年10月9日，市委常委会听取全市党史工作情况汇报，时任中共中央政治局委员、市委书记陈敏尔同志对全市党史工作作出指示，要求以庆祝建党100周年为契机，认真贯彻落实习近平总书记关于学习党史、做好党史工作的重要指示要求，坚持从全局谋划一域、以一域服务全局，切实加强我市党史研究、传承工作，突出重点亮点，不断推进党史工作取得新成绩。市委高度重视，为丛书的编写工作指明了方向，给予了极大鼓舞。

丛书的编写，始终坚持以马克思列宁主义、毛泽东思想、邓小平理论、“三个代表”重要思想、科学发展观、习近平新时代中国特色社会主义思想为指导，坚持辩证唯物主义和历史唯物主义的立场、观点、方法，坚持党中央《关于若干问题的决议》《关于建国以来党的若干历史问题的决议》和《关于党的百年奋斗重大成就和历史经验的决议》精神，重点参照《中国共产党简史》、《中国共产党历史》（第一、二卷）、《中国共产党的九十年》、《中国共产党的一百年》，以及《中国共产党重庆地方简史》、《中国共产党重庆历史》（第一、二卷）等权威党史著作，充分借鉴和吸收新史料和党史研究新成果，突出反映中国共产党领导重庆人民在革命、建设、改革和新时代百年光辉历程、伟大实践和巨大成就。

丛书由市级部门一册和各区县分册组成，记录上限从1921年党在重庆开展活动开始，到2021年，各册内的文章大体按时间顺序排序。《口述重庆党史》丛书以亲历、亲见、亲闻者口述的形式，反映党带领本地区人民群众进行新民主主义革命、社会主义革命和建设、改革开放和社会主义现代化建设的光辉历程，按照全面反映历史发展进程和各部分篇幅大体平衡的原则，对口述史料进行精选精编。

不忘初心，方得始终。中国共产党人的初心和使命，就是为中国人民谋幸福，为中华民族谋复兴。这个初心和使命是激励中国共产党人不断前进的根本动力。在伟大的中国共产党成立100周年之际，丛书的编写出版，就是要高举中国特色社会主义伟大旗帜，紧紧围绕举旗帜、聚民心、育新人、兴文化、展形象使命任务，积极运用和转化党史研究成果，展现党的伟大历程、辉煌成就，坚定广大干部群众理想信念，凝聚爱党爱国爱社会主义磅礴力量，为全面建设社会主义现代化国家、全面推进中华民族伟大复兴而团结奋斗。

目 录

聂荣臻：
踏上留法勤工俭学之路

聂荣臻，江津人，无产阶级革命家、军事家，党和国家的卓越领导人，中国人民解放军的创建人之一，中华人民共和国元帅。早年参加了留法勤工俭学。

中学时代，我已十八九岁。在这里，我一面读书，吸收文化科学知识，一面从当时国内国外所发生的许多重大事变中，不断地思考，寻求真理，摸索自己要走的人生道路。

辛亥革命带着先天的软弱性。革命胜利不久，袁世凯签订卖国的二十一条，复辟称帝，接着就是连年不断的军阀混战。反对二十一条、抵制日货和反对军阀混战，对我的思想触动最大。

江津中学订有各种各样的报纸刊物，包括《新青年》这样的进步刊物。另外，四川虽然交通闭塞，但电报还是通的，各种消息通过电讯传到四川，这些消息又在报刊上广泛传播。我们这些青年人经常在一起议论时弊，抒发爱国热忱。

签订二十一条以后，大量日本货流入中国，也源源不断地流进四川。处在长江边上的江津县城，商业比较发达，所有百货商店摆的几乎都是日本货。

这引起了我们强烈的反感。巴黎和会将德国在山东的特权转让给日本，消息传来，正值暑假前夕，同志们气愤至极，先是三三两两慷慨激昂地议论，后来就自发地在校园里集合游行，高呼口号，强烈抗议。

暑假中，由我们江津学生联合会出面，通知大家利用假期到各地演讲，宣传反对帝国主义的侵略，号召同胞们起来，打倒汉奸卖国贼，共赴国难。我在暑假中回到家乡，与别的同学一起，组织了一个宣传组，到各处作过几次演讲。我演讲时特别激动，不管人家听懂听不懂，把我所知道的事情一口气诉说了一通，还获得了一阵阵掌声。这是我参加政治活动的开始。

暑假结束，回到学校，此时，北京五四运动的风暴传到了江津。我们也在学校和江津县城街头集会游行。同学们撒传单，贴标语，进行演说，号召以抵制日货来作为反对日本帝国主义的实际行动。我们与江津甲种农业学校等校学生联合在一起，派代表去动员一些商店老板不要贩卖日货，但是一些大商号根本不理学生的要求，一些小商店也跟着跑。这样一来，激起了学生们的愤怒。于是，我们对江津县城几家销售日货的大商店进行了搜查，将查出的大批日货搬到“文昌宫”封存，同学们轮流看守，准备焚烧。我们还沿江巡逻，凡装有日货的船只不准靠岸。这时，江津县长聂述文出面调停，说是调停，实际上是想压服。谈判的时候，江津驻军团长王天培参加，会场外面站满士兵，一个个荷枪实弹，聂述文唱白脸，王天培唱红脸，企图迫使学生屈服。青年学生血气方刚，根本不理他们这一套，坚持要焚烧日货；商人们则在聂述文、王天培支持下，要求赔偿经济损失；双方相持不下，几经谈判，都没有解决问题。当我们得知凡尔赛和约正式签字的消息，同学们的愤怒情绪达到顶点，立即集合，要上街游行。津中校长邓禶仙（国民党员），学监李耀祥、罗中林百般阻挠，先是劝说威胁，后来干脆关上校门不准上街。我们一二百名学生，一气之下，冲出校门，串联其他学校的同学，游行到“文昌宫”，将日货搬到河边，全部烧毁。这样一来，引起商人的极端仇恨，他们勾结反动军警，在校方配合下，准备对我们下毒手。很显然，我们几个学生代表在学校是再也待不下去了，待下去肯定要受迫害，这也是促成我去法国勤工俭学的重要原因之一。

在中学时期，另一件对我影响很深的事情，是连年的军阀混战，把国家搞得四分五裂，落后不堪。在四川，也是大小军阀混战不已。有个军阀叫刘存厚，长期盘踞川北，一直到我们红四方面军退出鄂豫皖到川北建立根据地时，才把他消灭。四川军阀有个特点，因为交通不便，经常是关起门来打，需要的时候，联合客军打对手，客军就是云南、贵州的军阀。而四川军阀自己则从来不打到外省去，这主要是四川富有的缘故。

军阀们打来打去，最倒霉的是老百姓，弄得哀鸿遍地，民不聊生。所有这些发生在我中学时期的兵连祸结的事情，都使我感到苦恼，痛恨军阀，尤其是对外来军阀更加痛恨，总希望把他们赶出四川去。但是，那时我很年轻，看不清军阀混战的本质，找不出解决的办法，总感到对这些现象实在无能为力。出路何在？我当时只是把希望寄托在出国去学点本事，回来好办工业，使国家富强了，也许能改变这种局面。军阀混战造成国家贫困落后，更增强了我对“工业救国论”的信念。这是我决心去法国勤工俭学的另一方面的原因，也可以说是最重要的原因。

在中学时期，也知道俄国发生了十月社会主义革命，多少有这种印象：这个革命是进步的，成立了工农政府，感到新鲜，但弄不清究竟是怎么回事。看到《新青年》上一些介绍社会主义的文章，又众说纷纭，各有各的主张，无政府主义、社会民主主义（即改良主义）也夹杂其间。尤其是无政府主义，当时在青年中的影响比较大，但我认为他们的办法并不能解决中国面临的问题，而且许多道理我还弄不太懂，所以当时的社会主义宣传没有对我产生很大的影响。要说有些影响，那就是我深信中国社会要变，只有变才有出路。至于孙中山的三民主义，看到的结果是到处碰壁，不能解决问题。进步思想界提倡反对封建，反对禁锢妇女，反对八股文，提倡新文化运动，提倡白话文，提倡向西洋学习科学文化知识等，这些我都是赞成拥护的。

正是在这种社会背景下，怀着变革现状的热情，1919年秋，我决心去法国勤工俭学了。当时留法勤工俭学运动在中国各地逐步兴起。去法国人数最多的，一个是四川，一个是湖南。在四川，又数江津去的人最多，据不完全统计，江津一县就去了30多人。[①]我约了几个同学，先到了重庆，打听去法国勤工俭学的办法。事先我们知道四川有两个留法勤工俭学预备学校，一个在成都，一个在重庆。我们到重庆是想打听一下，究竟是经过预备学校好，还是直接去法国好，再就是了解一下去法国的手续、费用等具体问题。在重庆得知留法手续很简单，因为当时第一次世界大战刚刚结束，法国正缺劳力，只要通过法国驻重庆领事馆签个证就行了。在预备学校又主要是学法文，大家商量说，与其如此，还不如直接到法国学法文，比在国内学效果好，事情就这样决定了。哪知回到家里，我父母不同意。我在家里是独生子，父母舍不得我远离家乡，担心我漂洋过海，会不会出什么意外。我反复向他们说明留在家里没有出路，因为烧日货，可能还有被捕的危险。父母听了，也觉得有道理，爱子心切，希望儿子能有点出息，最后还是同意了我去法国。自己去法国，要一大笔钱，家里穷，就靠我几个亲戚帮助，筹措了300块银元。这样，我和十来位同学怀着富国强兵的理想，先到重庆，通过重庆商会会长汪云松，到法国领事馆办了护照。

1919年11月下旬，我们这批办好签证去法国勤工俭学的学生，从重庆乘船出发了。从此，我一别故乡，就是36年。

（节选自聂荣臻：《聂荣臻元帅回忆录》，解放军出版社2005年版。）

---

① 此处数据不准确。四川留法勤工俭学学生，成都有53人，巴县50人，江津县43人。数据来自中共四川省委党史工作委员会主编：《四川留法勤工俭学运动》，四川大学出版社1993年版，第410、411页。——编者注

危石顽：
萧楚女是我走上革命道路的引路人

危石顽，又名危直士，綦江人，重庆早期共产党员，中共綦江地方组织的创建人之一。

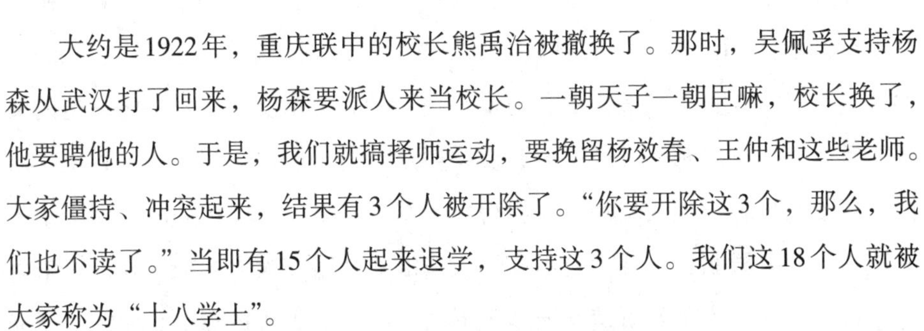

大约是1922年，重庆联中的校长熊禹治被撤换了。那时，吴佩孚支持杨森从武汉打了回来，杨森要派人来当校长。一朝天子一朝臣嘛，校长换了，他要聘他的人。于是，我们就搞择师运动，要挽留杨效春、王仲和这些老师。大家僵持、冲突起来，结果有3个人被开除了。“你要开除这3个，那么，我们也不读了。”当即有15个人起来退学，支持这3个人。我们这18个人就被大家称为“十八学士”。

在这头一年，先是恽代英、邓中夏两个到重庆公开讲学。我也去听过，记得讲了政治经济学，根据经济发展规律，指出了中国的发展方向，当然也记得不多啊。邓中夏、恽代英的音容笑貌，我现在还记得：邓中夏脸色红红的，个子比较高，看起来很健康；恽代英是小个子，戴深度近视眼镜，穿一件鱼肚白的洋布长衫，显得很突出。他们这些新人物的风度，给我的印象很深。他们讲学之后，接着，萧楚女来了。

萧楚女来的时候，曾经要来联中当教员，就是熊禹治聘请的，后因熊禹治被撤换了，萧楚女也就没有来。恽代英在川南师范当校长，后来被反动当局撤职，在泸州扣押，川南师范开展择师运动，学生也跑出来了。接着，择师运动遍及全川进步学校。这时萧楚女他们就组织一个重庆公学，卢作孚是重庆公学董事之一，利用少年中国学会这些力量来筹集一些资金，杨效春、王仲和这些老师也转到那边去了，教书不要钱。学生大多是被那些学校开除的学生，我也转到那边去了。萧楚女就是我们那班的国文教员，地点在大梁子半边街铁道银行旧址。我还记得，第一课给我们讲的是杨贤江著的《中国青年之敌》和李大钊的《今》。《中国青年之敌》指出哪些是中国青年之敌，就是指旧思想、旧道德那些腐恶的东西，我至今还记得其中的一句："丰碑高碣，奴隶之纪念物也。"我们不尊重这些东西，要打毁这些东西。联系到我的家庭和上学的私馆，联系到我家乡有好多节孝牌坊，这就投合了我的思想。那时，我同萧楚女是一般的接触，偶尔在假日、课余，他领着我们到张家花园等地去短足旅行，向我们做些宣传工作，总觉得这个老师投合我的口味，我开始接触了这些新东西。

在我将近毕业的时候，綦江发生大灾荒，这时，我参加了綦江青年砥砺会发起的募赈的活动，沿街去募捐，赈济綦江饥荒。萧楚女担任《新蜀报》的主笔，经常在报上发表文章，他也在报上发表文章支持我们募赈。他的文章非常犀利，题材都是针砭时弊，反映群众利益。店员、职工这些人很喜欢读，报纸的发行量大大增加。这就得罪了军阀，报社的经理无法，就限制他发表文章。要限制，萧楚女就不干了，报纸的销路又大大下降。我记得宋南轩当报社经理，为了要萧楚女继续干下去，向他磕头作揖都干。他在《新蜀报》上发表的文章很多，很振奋人心。

经过萧楚女跟我们讲课，我们的思想境界不同了，我那时还没有入党，但有一个特点，我们主张什么，我们自己就身体力行去干。重庆公学办了不到两个月就被查封解散了，这时联中又换了校长，我又回到联中，承认了我的学籍。1924年上半年毕业后，我回到了綦江。

后来，我不想在綦江继续教书了，就到重庆去找萧楚女，那时他还在

《新蜀报》任主笔，我想在报社搞个校刊之类的事情，以便在他身边经常学到一些新的东西。我向萧楚女谈到我们在綦江搞的一些活动。萧楚女对我说，你不要到这里来，你在綦江那个岗位，就是很好的岗位。我想这个道理也对，于是，我又回去继续教书。

后来，我受到新文化的影响、萧楚女对我的教育，觉得这个社会非改造不可。1925年春节，我到萧楚女那里去，汇报了当地的一些情况。萧楚女指出，你所做的事情我们都晓得了，是正当的，表示要介绍我入党。我初次听到这个话，心里非常高兴。萧楚女同我谈了一次话，然后同我一起去见省委书记杨闇公[①]（当时的省委只是一个地委的规模），我记得同时去的还有罗世文。杨闇公同我谈了话，表示满意，就批准我入党。我就这样走上了革命的道路。

（节选自中共重庆市委党史工作委员会编：《五四运动在重庆》，1986年内部出版。）

① 原文有误，杨闇公是中共重庆地委书记。1926年2月，中共重庆地委成立，受中共中央委托，领导四川全省党的工作。——编者注

吴玉章：
第一次国共合作在四川

吴玉章，四川荣县人，无产阶级革命家、教育家，四川早期革命运动的重要领导人之一。

1925年5月初，我奉党的命令从北京到了上海。

我找到了党的总书记陈独秀和秘书长王若飞，给他们带去了北京党委负责人赵世炎的一封介绍信。由于我与国民党和孙中山先生有着浓厚的历史关系，党中央决定我留在国民党内，便于做统一战线的工作。

当时国共合作已有一年多，国民党虽然经过了改组和整顿，但是组织涣散的状况仍然是很严重的。国民党在广东已经初步建立起一片根据地，但这片根据地陷在帝国主义和反动军阀的四面包围之中……同时国民党的中枢领导机构内，右派力量还不小。以邹鲁、谢持、林森等为代表的西山会议派正在形成。左派和右派之间的一场政治决斗看来已是不可避免的了。在这种形势下，怎样进行统一战线工作呢？怎样巩固和整顿国民党组织以发展左派的力量呢？这是当时萦绕在我头脑中的大问题。我一直认为：整顿和巩固国民党应该从基层做起。基层是联系群众、进行革命活动的最直接最基本的单位，一个革命团体若没有健全的基层组织，就不可能有雄厚的实力、广泛的影响，也不可能有强有力的中枢领导。所以我很愿意去做基层工作，并希望党中央派我回四川去，把四川的国民党组织整顿好。我经常和王若飞、恽代英、李立三等进行研究，他们很赞成我的意见。党中央决定派我先去广州与国民党中央取得联系，然后再回四川。

我到了广州，找到廖仲恺先生，跟他谈了整顿四川国民党组织的计划，他非常赞成。

这时，四川的国民党组织，正处于分崩离析的状态，内部派系很多。特别是谢持、石青阳等在党内组织的所谓“实业团”，借兴办实业为名，大种鸦片烟和做投机生意，在政治上又搞派别斗争，进行内战，影响极为恶劣。谢持和石青阳都是西山会议派的要人，他们当时虽然没有在四川，但四川国民党重庆党部是归他们掌握的。他们这帮人只顾结党营私，拒绝进步力量的集聚，以致党部冷冷清清，门可罗雀。

1925年8月15日，我到了重庆，先找重庆国民党负责人黄复生、朱之洪商量，提出整顿国民党的计划。黄朱二人听了都摇头，说：“现在人家听到政治和党派就头痛，已经参加国民党的不过是挂个名儿，没有参加国民党的，今后也未必肯加入。你的想法倒不错，只怕是白费力气。”我对他们说：“从前国民党的声誉，虽然被一些政客所玷污，但自从孙中山先生主张国共合作，实行改组国民党以后，情形就不同了。今后正要我们好好地去整顿。只要我们目标远大，做法正确，群众自然就会拥护我们，国民党的威信也就能够树立起来。”黄复生反问我：“你看这堆烂摊子，怎样整顿法？”我说：“第一，要有一个严密的强有力的组织机构；第二，要培养一批效忠革命的干部；第三，要在群众中进行广泛的宣传活动。做到这三件，我们整顿工作就算成功了。我计划先办一个学校，一方面可以集合和培养一批干部，另一方面也可以作为进行组织宣传活动的据点。”他们听了我的话，都说：“你以为办学校是容易的事情吗？我们想办学校很久，都没有办成呢！”我跟他们谈了很久，他们始终表示怀疑，没有信心。

国民党的旧人暮气沉沉，我就去找青年人商量。找到了我在成都办高等师范时和我共同组织中国青年共产党的杨闇公和杨伯恺（当时叫杨洵）、冉钧、张锡畴等，他们大多已是共产党员或青年团员，听了我的计划，非常赞成，立即就动手干起来。我把廖仲恺先生给我的1000元钱全部作为办学校的经费，但是还差很多。又把我私人在川江轮船公司的两张股票拿出来押当，由于这个股票利息很高，当了2000块钱，也把它全部充作了学校经费。

我们一方面筹备经费，联络熟人；一方面分头去找校址，买家具。不几天，就在大溪沟找到了校址，而且把一切筹备工作都办妥当了。早些时候，华法教育会曾计划在北京、上海、汉口、广州、重庆办五个中法大学。我是华法教育会的发起人之一，于是就把新办起来的学校定名为“中法学校”（大学部称中法大学）。

学校的筹备工作差不多了，学生从哪里来呢？恰好江北中学、合川联合中学和重庆第二女子师范都因罢课而有许多进步学生被开除。我立即找到了这些学生，把他们招收入学。于是各地进步学生都闻风而来，一下子招了200多人。9月4日，学校正式开学上课了。

筹办中法学校的同时，我又着手整顿国民党的组织，把省党部迁到莲花池新址。我对四川各县国民党的情况是比较熟悉的，还在1921年搞四川自治运动的时候，我就有意识地物色了一批干部。现在全国工人运动蓬勃发展，革命势力日益高涨，群众的革命情绪很饱满，所以工作进行得很顺利。不久，许多重要县市的党部都成立起来了。我回到四川以后，不过两个月时间，居然办起了学校，建立了国民党的各县党部，以前对整顿工作缺乏信心的黄复生看到了这种情形，非常惊奇。他对人说：“吴玉章的手段真高明，好像有神仙帮助一样。”其实，我所依靠的是党的领导和群众的支持，不过黄复生当时并不知道我是一个共产党员。

那时，我们接到广州的指示，定于1925年11月初在广州召开国民党第二次代表大会。接到电报已经很迟了，我们赶紧筹备起来。因时间仓促，便让各县市代表就地开会选举。选举结果，我和杨闇公等6人当选去广州出席大会。这6个人中间，除了黄复生以外，其他都是共产党员，可见当时四川的国民党内，左派势力已经占了很大的优势。

国民党第二次代表大会结束后，许多同志要我留在广州工作。但是我觉得四川的国民党组织建立不久，急需继续巩固，而四川省又是吴佩孚巢穴——湖北的一个侧翼，假使把四川的革命工作搞好，对于行将到来的北伐，一定会起良好作用。基于这些原因，大会刚刚结束，我就匆匆地离开广州，回四川去了。

那时，国民党右派更加猖獗起来了。蒋介石开始暴露出反动面目，制造了3月20日的中山舰事件；诬蔑中山舰舰长李之龙不服调遣，擅入黄埔，阴谋暴动，逮捕了李之龙和军队中的许多共产党员。这是国民党右派对我们发动进攻的一个信号。当时毛泽东等主张给右派以坚决的回击，可惜这个主张没有被采纳。同时，西山会议派也在上海召开了伪国民党第二次代表大会，企图和广州的二次代表大会对抗。到5月15日，蒋介石得寸进尺，又召集了国民党二届二中全会，通过了什么“党务整理案”，自己又当起了党的主席、中央部长和军人部长，把党权、军权统统抓到自己手里。各地的国民党基层组织里也刮起了一阵反共的逆风。四川就有西山会议派的头子石青阳，在重庆另立一个省党部，天天找我们莲花池党部的人打架。我住在医院里就看见许多被打伤的人，包着头，扎着绷带，不过我当时还不知道是怎么回事，经再三追问，同志们才把实情告诉我。

我出院以后，决心组织力量，对右派进行反击。我和杨闇公分工，他负责发展共产党的组织，发展工农运动；我负责整顿国民党的组织，并在中上层和军人中进行活动。当时刘伯承也在一起工作，我出医院后大部分时间就住在重庆浮图关刘伯承的家里。我们的工作进行得很顺利，准备在1926年8月召开一次四川省国民党代表大会，以反击右派的进攻。后来会议也如期举行了。[①]不过，那时我已于7月底出川，因为革命军已经开始北伐，广州方面急电召我到广州去，因此我没有来得及参加那次大会。

在四川的几个月，我又在军队中进行了一些活动。四川由于军阀连年混战，兵员之众，番号之杂，甲于全国。其中较大的军阀有杨森、刘湘、刘成勋、赖心辉、田颂尧以及从贵州来的袁祖铭等。这些军阀割据一方，互不相

① 国民党四川省第一次代表大会召开的时间是1926年11月25日至12月4日。

干，今天甲军与乙军联合攻打丙军，明天甲军又和丙军联合攻打乙军，弄得烽火连年，哀鸿遍地；而且这些军队大部分在名义上都已归附了吴佩孚，他们战斗力虽差，但假使和吴佩孚联合起来，也未始不是北伐军的一个大患。好在这批军队内部矛盾很多，某些军队又跟我有些历史关系，所以我就着手从中分化他们，希望争取一部分军队反正，以减少北伐的阻力。我最先选择驻在南充的川军第五师师长何光烈作为争取的对象。何光烈本是熊克武的部下，与我相识，他自称是无政府主义者。我们起先以为这个人比起那些腐朽的军阀总会开通一点，哪里知道他的头脑里也像花岗岩石一样的顽固不化。我劝他归广州革命政府，晓之以理，喻之以势，反复譬说，仍然是一窍不通。原来他以老婆的名义在一个织绸工厂加入了股份，他已是一个"无政府主义者"、军阀和资本家"一身而三任焉"的人物。当时织绸厂里有我党的组织，工人时常罢工。他为此对于共产党和工人运动痛恨入骨，所以革命的道理一句也听不入耳。像何光烈这种人对于无政府主义正是一个绝大的讽刺。不过我这次去南充也没有白跑，我利用旧的关系，天天到士兵中去演讲，宣传革命的道理。何光烈部下有两个旅长倒比他们的"无政府主义"上司好得多，这两个旅长同情革命，终于被我争取过来了。后来这两旅队伍参加了刘伯承领导的顺（庆）、泸（州）起义。

我还在重庆袁祖铭的黔军里进行活动，并且跟袁祖铭亲自谈了一次。当时袁祖铭受到杨森、刘湘的围攻，正走投无路。其部下师长王天培、杨其昌颇有归附广州国民政府的倾向。我跟王天培谈了几次，讲了许多革命道理，他颇为悦服，表示愿意加入广州革命队伍。我曾据此报告国民政府。不久，黔军被迫退出四川，王天培和杨其昌就投降了北伐军，改编为国民革命军的第九军和第十军。不过，这两支军队由于没有得到改造，虽然他们在常德同贺龙的军队一起消灭了袁祖铭，又攻下了宜昌，但是后来仍被蒋介石拉了过去。

1926年8月，我又到了广州。

（节选自中共四川省委党史研究室编：《第一次国共合作在四川》，四川大学出版社1996年版。）

邓劼刚：重庆三三一惨案的回忆

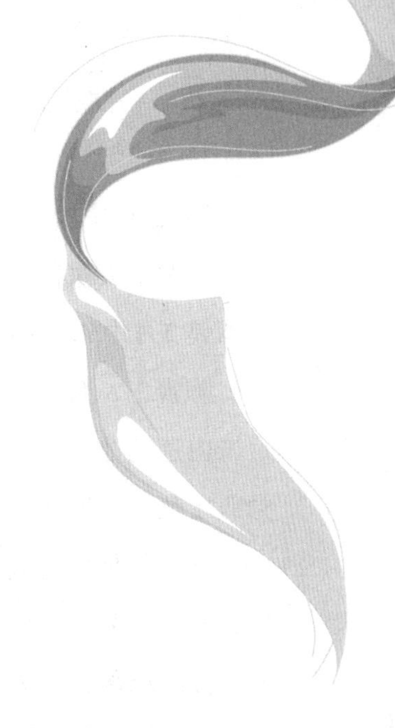

邓劼刚，时任四川国民党临时省党部常务委员、光国学校校长，亲身经历了重庆三三一惨案。

1925年3月孙中山逝世后，全国各大都市都召开了追悼大会，三民主义的意义和国民党改组的必要，这才被全国青年和知识分子所接受。这年上海五卅惨案的发生，更激起了全国各地的反帝高潮。刚放暑假，我（当时任光国学校校长）见当时一般群众的革命情绪高涨，就向父亲（邓懋修，四川省议会议员，主张改组国民党）建议，在假期中迅速把四川省党部成立起来。经过父亲的几天奔走联系，即决定在光国学校开筹备会，并推定我任秘书，接连开了几次会，通过了四川临时省党部的章程，便定期召开成立大会。

四川临时省党部成立后，便筹备成立重庆市党部。在暑假中，我住校处理日常事务，父亲即同杨闇公冒着酷暑在市区成立许多区分部。四川临时省党部和重庆市党部成立后，右派势力大集中，不加整理，四川党务前途，非常危险。这时吴玉章、刘伯承受广州中央党部的委派回川整理四川党务。筹备就绪后，随即选举出席国民党第二次全国代表大会代表，在各县当选的有吴玉章、杨闇公、童庸生、谷醒华及我父亲，在重庆当选的有朱叔痴、黄复生。

国民党第二次全国代表大会是1926年1月在广州召开的。四川代表吴玉章当选为中央执行委员，我父亲当选为监察委员。童庸生、杨闇公回川较早，大概是2月中旬，接着陆续都回来了，而且又增加了李筱亭、杨闇公、刘公潜、陈宣三、张克勤和我为省党部执行委员，代替大批右派分子。这时才租定城内莲花池积厚里的房屋一幢为四川临时省党部的地址，国民党莲花池省党部之名即由此产生。

杨闇公是当时共产党的负责人（中共重庆地方执行委员会），我和李筱亭、熊子骏都先后加入了共产党。于是杨闇公、李筱亭和我任常务委员，吴玉章任组织部长，刘伯承负军事方面的责任，陈宣三任宣传部长，工人部、农民部由杨闇公领导，商民部由我兼任。共产党员如周贡植、程秉渊（即程子健）、刘远翔、曾俊德等都参加了左派国民党的工作。

国民党四川左派省党部自1925年7月成立，一方面大力宣传组织群众与右派作斗争，一方面派干部积极进行军事活动，分化各方部队。当时比较进步的将领有向时俊、郭勋祺、罗仪三、黄慕颜、陈梦云、陈书农、黄逸民、秦汉三、杜伯乾、陈兰亭、袁品文、皮光泽等。最反动的有王陵基、蓝文彬、向育仁、何光烈、罗泽洲等。当时四川主要将领邓锡侯尚未表明态度，杨森虽就国民革命军20军军长，刘湘虽就21军军长，但对革命没有一定认识，表面接近左派，而实际则倾心右派，暗中勾结，时有发生变化的可能。

顺庆起义后，刘伯承任国民革命军四川各路总指挥。1927年3月29日，国民党四川省党部执行委员陈达三代表刘伯承在大梁子万国储蓄会设宴招待各军将领，刘湘、向时俊、郭勋祺、罗仪三、鲜英、王治易到会，各报新闻记者和左派省党部全体同志列席，唯反动的王陵基、蓝文彬未到。事后方知王陵基、蓝文彬在这时曾几次请示刘湘，要在这次会议结束后，对左派省党部各负责人作一网打尽之计，刘湘一再不允，乃未成事实。但刘湘对分化各军部队的事深感不满，这次会议结束后，立即召开紧急秘密会议，决定依照蒋介石的意旨，制造屠杀革命群众的重庆三三一惨案。

在惨案发生前的左右派斗争中，右派常常宣传说蒋介石是他们的，一般群众都不肯相信。但蒋介石和四川右派及军阀刘湘等早已暗中勾结，并曾先后派向育仁、卢锡卿回川四处活动。在惨案前两月左右，又派了大批蒋介石培养的反动黄埔生戴弁（号至诚，后改总土地巷为至诚巷即为了“纪念”他）、杨引之等20多人来重庆，帮助刘湘在长江上游制造大屠杀事件，威胁武汉后方。因刘湘犹豫不决，他们曾几次要求离川，向南京复命，到这时刘湘才派人从轮船上把他们招回来指挥大屠杀。刘湘的紧急会议开完后，左派省党部即接到各方（如傅真吾、李子谦）密报，或劝在那天不必召开群众大会和示威游行，或转告杨闇公、李筱亭、陈达三那天不去会场，都被拒绝。党部全体负责人在那天都一致按时赴打枪坝开会。

国民党四川省左派省党部决定召开这个群众大会，是为了反对这年3月24日美英等帝国主义轰击南京，借此宣传群众，扩大革命力量，提高群众认识，反对蒋介石在南京、九江、芜湖制造屠杀革命群众的惨案。刘湘这时一方面令王陵基、蓝文彬和巴县团阀曹燮阳、申文英把兵士和团丁装扮成工人模样，暗藏铁条、马刀等凶器，混入会场，待机击杀，黄埔生等则带手枪堵塞各路口，在金汤街、火药局、五福宫一带及城外各路口，则派武装哨兵重重包围。另一方面通知城内的外侨，说这天共产党要暴动，请他们一律出城去南岸暂避，以保安全。因此，这天南岸停泊的英、美、日兵舰的大炮一律脱去炮衣，升火戒备。在上午九时左右，各地工农群众和各校师生队伍即先后进入会场，当即发现在队伍附近有许多行迹不明的人，纠察队和各队领队都善意地劝他们离开，他们总是在场内游来游去。还不到十点钟，五福宫下面戏台路口，有人故意和工人纠察队发生纠纷，把工人纠察队戳伤一人，肩上流血不止。在此情况下，参会队伍仍整队入场。接着是江北女学的队伍入场，刚站定，会场入口侧面一声炮响，五福宫方面枪弹即对准主席台扫射。台上有一人被大刀砍伤右臂，为陈联诗爱人廖同志所扶走，出场后为乱兵阻挡，幸廖同志身上带有十多块银元，交乱兵后，又被剥去衣物，才得逃出城外，躲入一穷人家中脱险。

会场群众听到枪声后，一齐向西奔走，出口处枪声忽响，群众向城墙上奔去，城墙上又开枪阻挡，群众只好走西北角小道去九层楼（现在水塔所在地）一带跳城墙避险，但城外各路口均有哨兵盘查。这时隐藏会场中的大批便衣队持大刀、铁条、木棒等任意在群众中挥击，遇着的应声倒地，当时群众的惨痛声，至今犹历历在耳。场内悬挂的青天白日旗，却只在阴暗的黑云中飘荡，显示出无限的凄惨。会场北面为桂香阁（现在自来水公司范围），驻有江防军黄逸民的部队，听说杨闇公、黄慕颜、李筱亭均由此脱险。我和陈达三入场较晚，刚入场惨案即爆发，陈达三由入口处出场，在途中被枪杀。我随群众向西奔走，在爬坎时，被一乱兵一刀将呢帽扫走，出场后检查，才知这一刀砍穿了两件夹衣，只有棉裤未被砍穿。爬上坎后，有一女孩倒地喊叫，我用双手扶起，但见去城墙的小路上拥挤不堪，人上重人，上下爬动，自知无法挤上，乃转入几个凉面担子中俯首蹲着。只见乱兵在周围几次追赶屠击，又见远处一童子军应刀倒地。乱兵追赶屠杀了许久，会场中除死伤倒地的以外，已无一人。一声口哨，才停止了屠杀。难民即从城墙菜园一带成线由进口出场，我亦由此出险。在五福宫前面半坡上仍聚有多人叫喊打童子军，打某某。下面戏台和惩役场前面都安有盘查哨兵截击革命群众。陈达三被枪杀，陈子中、杨伯恺受重伤，都在这一带。漆南薰（漆鲁鱼的叔父）、熊子骏越城脱险，在城外化龙桥附近被捕。漆南薰直认是向时俊部的教官，当即被砍成几块，熊子骏承认是商人，被释放。还有川东师范学生何某经盘讯后，夜半被乱兵掀至岩下，中山学校学生肖功懋和一小学生在会场被打死后，由同学抬回学校。江北女学的学生最后入场，队伍正当群众去菜园的小路，因拥挤而被压死的最多。中山、光国等校学生均穿童军服装，伤亡亦众。统计这次惨案死伤约八九百人。

惨案发生后，刘湘当即张贴布告，说是“工学冲突”业已解决，同时派军队去左派省党部（这时已迁入巴县县议会地址）内搜查，我家也去了两次，共产党员冉钧即于当日在莲花池附近蜈蚣岭被右派肖治安指名枪杀。这天午后有人见王陵基带领弁兵多人亲去打枪坝会场翻检尸体，看被打死的究竟有哪些人。杨闇公脱险后，本打算去武汉报告，谋挽救，但因须布置当时工作，又回到城内。后发现有人跟踪，遂准备搭轮赴汉，在亚东轮上被捕，拘禁于浮图关蓝文彬军中，经讯不屈，被枪杀，抛尸麦土中，数日后寻获，面貌如生。李筱亭和我于事后月余，才潜赴涪陵。约一月后，又发生李蔚如被捕事件。

（节选自中国人民政治协商会议四川省重庆市委员会文史资料研究委员会编：《重庆文史资料选辑》第2辑，1979年内部出版。）

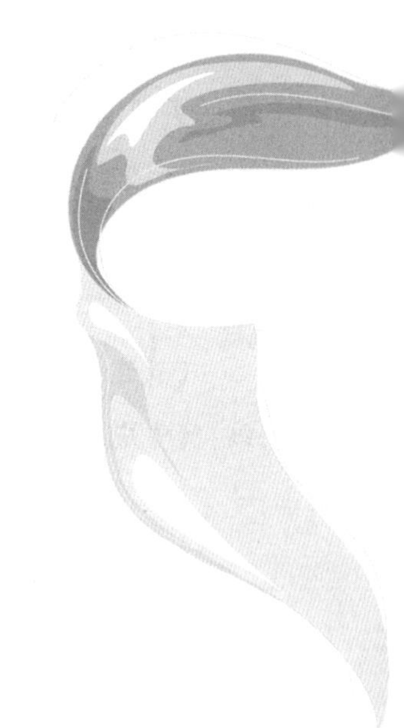

刘伯承：
回忆泸顺起义

刘伯承，开县人，无产阶级革命家、军事家，中国人民解放军的创建人之一，中华人民共和国元帅。时任泸顺起义总指挥。

1927年，重庆三三一惨案是革命力量与反革命势力的一场尖锐剧烈的斗争。它是蒋介石反叛革命、勾结英美帝国主义，拉拢全国各地军阀、地主反动集团，执行屠杀政策整个计划的一部分。当时重庆市工人、学生以及爱国民主人士为了抗议英美帝国主义3月24日炮击南京事件，和反对军阀刘湘秘密向帝国主义借款，以川滇铁路作抵，密订卖国条约，决定于3月31日在打枪坝作群众示威运动，于是封建军阀刘湘便在反革命头子蒋介石集中指挥下，向集会群众来一个最野蛮残酷的大屠杀。

1927年我们党在四川已经有相当的群众基础了。杨闇公由广东回到四川以后，一直做党的工作和军事工作。

当时党在重庆是一个支部[①]，由杨闇公主持负责，同在这个支部的人有冉钧、周贡植和我。

① 中共重庆地委受中共中央委托，领导全川党的工作。

当时四川的进步组织有：1924年在成都有S·Y，有傅双无等人参加；在川南泸州（川南师范）有恽代英等建立的革命群众组织，刘愿庵也在泸州。

杨闇公由广东回川来，奉党的指示争取大家团结，同时曾润百（合江县人）、李剑（李介，在川北搞农运工作）、吴玉章在外面联系，有时回川指导工作。

当时搞群众运动的情况：先搞工会工作，由杨闇公负责，农会由周贡植负责，学生运动由童庸生负责，冉钧搞组织工作。搞农运工作首先就从菜园坝搞起来。

国共合作方面：组织莲花池省党部（即国民党左派省党部），由李筱亭等任委员，杨闇公参加领导。

当时国民党右派在重庆成立总土地省党部，与莲花池省党部对立非常厉害，主持人是宋绍曾。在三三一惨案发生前，蒋介石派杨引之、戴弁等反动分子到重庆与军阀刘湘勾结。右派分子卢锡卿也常往重庆游说刘湘。当时四川军阀刘湘最反动，刘文辉、邓锡侯等地方性重一些。刘湘野心很大，想统一四川，害怕“赤化”，所以对莲花池省党部表面很亲热，内心恨之入骨。但迫于当时革命高潮形势，又不能不虚与周旋，实则暗中扶持总土地省党部，利用它来与莲花池省党部作对抗。而我们当时一方面搞统一团结工作，只要你赞成拥护北伐和三大政策，一方面搞群众运动。杨闇公常说：“只要把群众发动起来了，军阀们那几杆烂枪是没有多大用处的。”

当时刘湘也知道我们的力量是有群众，所以他说：“莲花池这一批人很厉害，他们是要彻底挖我们的墙脚呀！”熊晓岩（曾任四川省议会的议长）写信给我说：四川当局搞的是上层工作，你们搞的是基层工作。你们搞的基层工作（指工、农、兵）是要挖墙脚，这样做收效恐怕要来得慢一点。

由于当时革命形势的变化，蒋介石叛变革命，首先在广东等地实行屠杀政策，对军阀刘湘的影响很大，与刘湘的反动本质恰相结合，这就种下了三三一惨案的祸根。祸首有刘湘、蓝文彬、王芳舟、申文英、曹燮阳（团阀）以及杨引之、宋绍曾、卢锡卿等人。

三三一惨案发生，当时我是在泸州知道的。1925年杨闇公叫我到广东去看一看，在黄埔军官学校去当教官（我在广东曾与吴老和谭延闿去会蒋介石）。

邓演达曾经向杨闇公说，北伐一定成功，要取武汉——川军杨森对湖北宜昌、武汉威胁太重，共产党同志要负责这方面的工作。

当时我们认为四川形势可能与北方接近一些，冯玉祥方面有刘哲、徐谦、李鸣钟等在工作。我受国民党的特派，回四川搞军事工作。四川党委组织军委，由杨闇公、朱德、我三人组成，由杨闇公任书记。同时党派有欧阳钦回川工作。当时我们的策略：对四川军阀一方面拉拢使之有利北伐进军，一方面培养自己的实力。所以在战略上是“前面抵，后面拉”的办法。利用川军矛盾，在顺庆起义——以为根据地；在泸州起义——互相策应。

当时决定朱德到万县去任杨森（国民革命军第二十军军长）的政治部主任，因杨森在云南时，朱德曾经救过他。

我到重庆组织起义，任总指挥。当时李大钊派陈毅回川工作来了，向时俊部内有一个蒋一木，还有曾与我当过兵的帅功安，为了工作，我曾介绍与吴玉章。

我到万县会见朱德，他说，杨森不听他的话。欧阳钦说，不听话，喊杨森把印交出来。朱德说杨森哪能交印。这说明军阀的口是心非。当时革命节节胜利，全国各地反动派日益仓皇，害怕革自己的命。我曾向朱德说，你住在万县是很危险的。后朱德即离开万县赴武汉。

我们为配合策应北伐进军，认为四川在军事方面应有所行动。当时我们的实力共有六个旅，计划起义后编为六个师，出西安与冯玉祥军队配合。六个旅有：在顺庆方面的三个旅（黄慕颜、秦汉三、杜伯乾），在泸州方面的三个旅（袁品文、皮光泽、陈兰亭）。

当时军队素质都很不好。在泸州方面的部队，长官舍不得盐款，不想出发，天天说盐款。此时想吃队伍的军阀们就打起来了。

在顺庆的打了败仗，退开江。这时杨闇公到万县与朱德和我开会，命我即刻到泸州。我问杨闇公“怎么走?”他说要秘密，我设法掩护你。我说没有路费，他说你自己设法。同时军委布置李蔚如到涪陵等地搞团运工作，曾润百在泸州布置地下工作。从泸州突围出来同我一路的有周国干、韩伯诚二人。

总的说来，我们对革命事业当时都非常缺乏经验。对革命形势的发展都认识不够，热情有余，经验不足。杨闇公牺牲时才29岁，他意志坚强，有毅力，有决心。

重庆应该修一个纪念碑来纪念这些烈士。

不知重庆二府衙那个住房还在不在？我们经常在那里开会，开到深更半夜。杨老伯（杨闇公的父亲）下楼来探视说："你们这大半夜还不睡，有什么话说不完啊！"我和杨闇公对老伯说："我们年轻人碰到总是喜欢文娱，你请去睡了吧！"老伯说："我知道你们在开会，不过也要注意身体健康才对呀！"杨闇公当时患痔疮流血很厉害。

杨老伯，他是很同情我们搞这些工作的。他的医理很好，经常给吴玉章和其他同志看病，不要钱，还要包捡药。

1924年我在成都经常与杨闇公一起，可以说是朝夕不离，论说当时局势。后来，我入党是杨闇公介绍的。

我曾经向杨闇公说："傅双无这个人很坏，闹不团结，不服你，可以找刘愿庵去说服他。"

我到重庆开会，决定放弃泸州，杨闇公叫我赶快走。那天我走了140里。刘湘知道了，派人追了100里。

我在泸州突围出来，在荣县地界碰见对头蓝文彬。他坐在轿子里，戴墨眼镜。我一看见他，马上转弯走山路。他发觉后，立刻派人追赶，没有把我们找到。

（节选自中共四川省委党史工作委员会编：《泸顺起义》，四川省社会科学院出版社1986年版。）

赵宗楷：
大义凛然、虽死犹生的杨闇公

赵宗楷，杨闇公夫人，曾在三三一惨案中被捕，新中国成立后先后在重庆、成都工作。

在大革命时期，1925年至1927年春的两年中，四川的革命形势发展很快，党领导的工农运动和军事工作都普遍开展。我的丈夫杨闇公当时担任中共四川地方委员会首任书记①，也与吴玉章、李筱亭等共同主持着国民党左派四川省党部的工作，并和朱德、刘伯承等组成了中共四川地方委员会的军委，由杨闇公兼任军委书记。在中央和四川军委的领导下，为了支援北伐战争，拖住四川军阀的后腿，顺泸起义也已经发动起来了。在革命的大好形势下，反革命势力是不会甘心垮台的，混迹革命、投靠帝国主义的蒋介石，勾结四川军阀刘湘、王陵基、蓝文彬和国民党右派正在秘密策划扑灭革命和镇压人民，刘湘对杨闇公等共产党人表面尊重，内心恨之入骨。山城重庆的气氛也格外紧张，一场革命与反革命的殊死搏斗即将展开了。

① 杨闇公时任中共重庆地委书记。中共重庆地委成立后，受中共中央委托，领导全川党的工作。文中的“中共四川地方委员会”，应为“中共重庆地方执行委员会”。——编者注

1927年3月24日，北伐军进占南京，英美帝国主义干涉中国革命，以军舰炮轰南京，制造了死伤军民2000多人的大惨案。3月26日，消息传到重庆，各界人民十分义愤。中共四川地方委员会决定：由国民党四川省党部（左派）出面，于3月31日在打枪坝召开各界群众大会，抗议英美帝国主义的暴行，声援北伐，反对蒋介石和军阀刘湘等人的卖国行径。

大会前夕，英美帝国主义停泊在重庆玄坛庙的兵舰卸去炮衣示威，重庆城内谣言四起，说什么工人与学生要打洋人，共产党要暴动等。3月30日，刘湘指使他的师长罗仪三前来对杨闇公进行威胁，罗仪三说："明天的大会最好不要开，外面部队的大炮已脱去了炮衣。"企图阻止大会召开，遭到了杨闇公的严词拒绝。杨闇公虽然感到形势严峻，但是为了伸张正义，回击反革命，加之会期早已公布，也碍难更改，仍然准备如期举行。

3月30日那天，杨闇公工作得格外繁忙，几乎整天都未能稍事休息。中午，他应邀与李筱亭、陈宣三、张克勤和周钦岳等一道在陈达三的寓所吃饭时，彼此也在交流情况，研究对策。傍晚，杨闇公在国民党左派省党部（初设在莲花池，这时已迁至邻近原新蜀报社的巴县县议会旧址）处理公务，又和周钦岳交换了情况。午夜，在中共四川地方委员会的秘密机关（重庆兴隆巷），杨闇公召开了党和团的负责人的紧急会议，再次分析了从各方面得来的敌人图谋破坏大会的情况，会上，杨闇公坚定地说："这是一场严重的斗争，反动派要屠杀我们，不取决于我们这个会开与不开，要革命就不怕牺牲，怕牺牲就不是共产党人。"为了不失信于群众，会议决定大会仍如期召开。同时也连夜采取了一些紧急措施，为保护党的组织和同志作了周密的安排，以对付敌人的破坏活动。会后，杨闇公还到黄慕颜（当时是刘伯承属下的第一路司令）的家中，嘱他次晨一早要到会场。杨闇公当天一直忙碌到深夜才回到家中来。他对我说："局势很紧张，我们只有斗争！要作好牺牲的准备。"他还说："程仲苍、程志筠两位女同志（她们是二女师的学生，当时分别担任党和团的妇委书记）都把自己的名字装在衣袋中了，准备在牺牲后易于辨认。"当晚临入睡前，杨闇公还去对几个弟妹说："明天早些起来，好去打枪坝开会。"

3月31日的当天，杨闇公一大早就起床了。他对我说："召开市民大会，我要早点去主持会议。"刚下楼，杨闇公的父亲怕他发生意外，不让他出门。他对父亲说："我们召集的大会，能够为了个人生命和利害而不去吗？"他说服了父亲，又再次叮咛家中的弟妹都去参加大会。正要动身时，傅真吾（一个在刘湘处任参谋的亲戚）派人送来一封信，信中说："今日大会将有事故发生，恐对你不利。若能不去，军座（即刘湘）定有好音。"杨闇公看了信，冷笑两声，严正地说："威胁与利诱，对我都无济于事，我们是为了正义的事业，又不是为了个人利益，难道还有错么？你们收买不了我，也阻止不了我！"临走时，他回身抱了抱一岁多的女儿赤化（是杨闇公取的名字，他牺牲后，在白色恐怖时，改名赤花，又名肇续），他说："老子死了，你给我报仇呵！"又亲了亲睡在摇篮里初生刚满月的儿子共产（也是杨闇公取的名字，他牺牲后，在白色恐怖时，改为洪彦，后名绍中），他说："你还蒙眬地睡着，老子走了，还能再见吗？"转面又对我说："我走后，你赶快去妇联会集合，如消息不好，即作准备。"他向家人挥一挥手，就那么毫不犹豫、头也不回地走了。

这天早上，杨闇公在去会场前，先到省党部检查了昨晚布置的防范措施，然后就直奔打枪坝大会会场。这时，黄慕颜也带着警卫人员到了会场，冉钧、李筱亭、程秉渊（子健）、漆树棻（南薰）和任煜（白戈）等各界人士正陆续到来，参加大会的工人、农民、学生和各界群众，也热情昂扬、秩序井然地来到了会场。杨闇公身穿一件白色的风雨衣，入场后端坐在主席台正中，显得分外醒目，他在台上密切注视着会场动静。

当天，刘湘、王陵基的军队和便衣特务密布会场四周，各出入要道路口都派人把守，群众队伍中也混入了蓝文彬的兵士和巴县团阀曹燮阳、申文英的团丁。冉钧、黄慕颜分别向杨闇公告知了种种可疑的迹象，他镇静地要大家沉着应付，指挥大会工人纠察队和童子军将那些身份不明的闲杂人等劝离队伍周围，以防不测。11点多钟，大会将要进行时，一场惨无人道的大屠杀就开始了。会场内外，枪声四起，刀棍齐下，顿时，死伤遍地，血肉横飞。《新蜀报》主笔漆树棻被暴徒打倒在地后，拖出会场被剔牙剖腹惨死于两路口的荒冢中，国民党四川省党部监察委员陈达三是刘湘的老师，在会场外的路口阻止暴徒行凶，救护受伤群众，父子二人也被打死在五福宫。毫无人性的刽子手竟将女学生的尸体裸露，加以侮辱，残酷、卑鄙的暴行实为世所罕见。当场，被杀害的革命群众多达四五百人，受伤者千人以上。当晚，刘湘还指派王陵基、蓝文彬到屠场上，携灯亲自逐一翻尸，验看打死了哪些共产党的负责人，为下一步的屠杀作准备。这就是震惊全国的三三一大惨案，是帝国主义、蒋介石和四川军阀、团阀等互相勾结，屠杀革命人民，妄图阻止革命洪流的血腥大惨剧，是紧接着不到半个月后就在上海发生的四一二蒋介石反革命政变的序幕。

当暴徒们在会场开始行凶时，杨闇公连忙呼喊大家就地卧倒。一霎时，枪声更密，会场秩序大乱，杨闇公和主席团成员已无法控制会场，主席台也遭到袭击，杨闇公才脱掉白色雨衣，随着奔逃的群众，从会场的一角跳下城墙。敌人紧紧追赶，他避入通远门外一户贫苦居民家中，敌人进屋搜查时，他机智灵活，藏身于一老式大床下，双手抓住床杠，两脚蹬在床沿上，身子悬空紧贴床底，敌人虽用刺刀乱捅床下，终于未能发现。他得到这家居民的保护，才脱离险境，当天幸免于难，平安去到江北，在江北住了一夜。

这时，杨闇公本已脱离虎口，但是，他身负重任，惦记着党的工作，关心同志们与亲人的安全，担心暗藏在家中的那份组织名单被敌人搜走，仍不顾个人安危，第二天（4月1日）一大早，他就渡过江来，悄悄地回到二府衙街家中，首先取出组织名单放在身边，简略地对我告诉了他的近况后，随即设法联络同志。

4月1日晚上，杨闇公在我大哥赵松森家召开了党、团负责人会议。他在会上分析这次事件时指出，这决不是四川的局部问题，要准备迎接更加严酷的斗争。他布置了善后工作，并决定要速去武汉向党中央报告情况，请示方略和参加党的“五大”。这时，反动派仍在四处搜杀革命同志，冉钧就在当天出外与党联系的途中，被便衣队打死在蜈蚣岭；我家的周围早有便衣特务在活动，车站、码头也已有戒备。同志和亲友多劝杨闇公暂避一下，他声泪俱下地说：“既献身革命，个人生死，决非所顾。”又说：“敌人如此残酷，群众死伤这么惨重，革命工作一刻也不能停顿，我岂能顾及个人安危呵！”

本来，要去武汉也可以选择较为隐蔽安全的小路，事实上，4月1日夜，萧华清和周钦岳曾秘密托人带了一张字条到二府衙街来，内中就有这样的建议。但是，杨闇公因为党的“五大”即将召开，又急于要赶赴武汉去向党中央汇报请示工作，当时，轮船是较快的交通工具，他仍然坚持乘轮东下。4月2日，他曾和黄慕颜、六妹义君等同上和平轮船，发觉有特务跟踪，当夜退出该轮。4月3日晚，杨闇公化装和我同上亚东轮船，同行的还有另一个共产党员。由于叛徒向敌人告密，第二天凌晨，轮船刚起锚行到江心，忽然停了下来；接着一只快艇和十几只小船把轮船团团围住，特务和士兵纷纷跳上轮船来。在这紧急关头，杨闇公临危不乱，神色自若，为了保护组织和同志，他镇定地迅速取出藏在身边的组织名单，立即撕碎，一部分放入自己的嘴里吞咽下去；其余的分给了我与另一位党员同志，我们也照样吞咽了。敌人蜂拥入船，借检查为名，栽赃诬陷我们私带枪支。一位军官模样的人问：“你是不是杨闇公？”杨闇公面不改色地说：“我是，你们又怎么样？”那人说：“那你就不要干什么共产党了，跟到我们才有命。”杨闇公斩钉截铁地说：“你们反动军阀是什么东西，你们是一伙凶恶的强盗，无耻的卖国贼，是一伙屠杀工农的刽子手，你们眼看就要无立锥之地了。”当敌人要将我们三人一并逮捕时，杨闇公假装不认识那一个党员同志，他故意问道：“我是共产党员，要被他们逮捕，先生你又为什么事情，也要遭受逮捕？”敌人以为那个同志不是共产党员，那个党员同志当场得到杨闇公的营救，立刻被释放了。这时，天色大亮了，敌人把我和杨闇公带到趸船上，杨闇公义正辞严地质问敌人的无理行为，并对在场的群众揭露帝国主义、蒋介石和封建军阀制造三三一惨案的阴谋，痛斥他们野蛮屠杀革命群众的罪行，他大声疾呼：“大家团结起来！打倒列强！铲除军阀！”趸船顿时变成讲坛，群众越聚越多，被敌人赶走了又围上来。敌人怕他多说下去，不由分说将我和他强行分别推走。我清楚地记得，在那一别竟成永诀的时刻，杨闇公是那么沉着镇静地对我说：“宗楷！你不要害怕，也不要难过，报告同志们，我会斗争到底的，孩子长大了，要他们为我报仇！你好好抚养他们。”又说：“共产主义事业一定会在全中国胜利实现的!”那是多么令人难忘呵!当杨闇公带着“头可断、志不可夺”的精神毅然走去时,我还期待着能和他重逢,谁知就从此永别了呵!

我被敌人关禁了约两天,经党内同志和杨闇公父亲多方设法,才托人把我营救了出来。杨闇公被关押在重庆浮图关军阀蓝文彬的司令部里,军阀刘湘、王陵基、蓝文彬和蒋介石派来的爪牙连夜秘密审讯他,敌人用尽心机,妄想使他屈服。无论严刑拷打、威胁利诱,都丝毫动摇不了他坚定的革命意志,当场慷慨激昂地痛骂敌人卑鄙无耻,揭露敌人的阴谋诡计。反动派的企图失败了,1927年4月6日夜将杨闇公残酷杀害于重庆浮图关,万恶的刽子手挖掉他的两眼,割去他的舌头,砍断他的双手,对他的身体射发了三颗子弹,最后还将他的遗体丢弃于一悬崖下的麦土中。杨闇公英勇不屈、壮烈牺牲,他为党和人民的事业,献出了他年轻宝贵的生命。

(节选自中共重庆市委党史工作委员会编:《重庆党史研究资料》1987年第1期,内部资料。)

张静波：
我在兴隆巷事件中死里逃生

张静波（又名张冠常），四川早期中共党员，是1928年3月9日兴隆巷事件的幸存者。

兴隆巷事件，是1928年3月9日，中共在重庆兴隆巷九号召开江巴县委成立大会遭到敌人破坏的事件。

重庆兴隆巷九号，是国民党二十三军军需处长蔡某某的公馆。姓蔡的是中共党员黄中元的姐夫，蔡某某本人很少在家住，经常只有儿子（只有几岁）和保姆住在那里，很少有外人去，四川省委便租了一间楼，我们经常在那里开会。为了保守秘密，通知开会时，就用“话语楼八号”作代号（话语楼实际上是当时陕西街的一个大茶馆）。

我于1925年秋考入省立重庆高级商业中学读初中，同年11月经同学刘明英、肖道渝介绍参加共青团。

1927年三三一惨案后，中共重庆地方组织负责人杨闇公被杀害，党、团组织和进步力量遭到了破坏和打击，党内决定暴露了的党、团员要撤退，没暴露的坚持隐蔽工作。下半年，党中央派傅烈从江西到重庆清理组织，8月成立了中共四川临时省委，我于11月由团转党，与傅烈经常接触，这时会议和工作多一些。傅烈在较场口下面一家公馆租了一间屋子和妻子住在那里，我们开会有时在傅烈家，有时在兴隆巷九号。12月，由傅烈、周贡植、黄中元领导，按照中央指示精神，举办了暴动政策学习班，参加学习的有黄中元、程明海、周玉书、刘俊明和我等共十多个人。学习的内容是：暴动的政策、暴动的组织、暴动的计划。政治方面，学习国际国内以及重庆的形势，军事方面就更为重要，如重庆驻军的情况，怎么打进去，怎么做工作，胜利以后怎么办，失败以后怎么办，每人学会使用几种枪。参加暴动的要打入军队，无论是地方的、警察的、团阀的，都要打进去。讲课的是傅烈（省临委书记）、周贡植（省临委委员兼任组织）等。傅烈首先讲国内革命形势，揭露蒋介石四一二在上海屠杀共产党员和工人群众叛变革命的事实，以及汪精卫七一五在武汉叛变的事实，还讲了周恩来在南昌起义的情况，学习时间六天。为了避免敌人搜捕，我们换了三个地方，一个地方学两天。第一个地方是在较场口下面傅烈的家里，第二个地方是在兴隆巷九号，第三个地方是在较场烂洋房子里（破烂了没人住）。学习以后准备第二年（1928年）开始行动。

1928年3月6日，我在街上碰到一个同志叫我去（兴隆巷九号）开会，我去了。会议是傅烈召开的，主要为成立江巴县委做准备工作，正式成立的时间、地点另行通知。3月9日下午课间休息，我走到校门口，学校稽查室（即传达室）交给我一封信，上面写的是“某某校张冠常收”，我一看是开会通知，写道：“兹订于3月9日下午三时召开江巴县委成立大会，决定你是候补委员，希按时出席”，落款是“话语楼”（即兴隆巷九号）、“渝一”（是党的代号）。当时已经3点钟了，我一面托人向学校请假说家里有急事，一面将通知塞进裤包快步走向兴隆巷九号，同时在想，这封信不应该由稽查室转交，按党内组织原则规定，凡属重要信件，必须是联络人亲自交给本人，我准备去给组织提意见，所以把通知留着没毁掉。到了开会地点，人都快到齐了，只缺牛大鸣一人。我坐在门边床上，傅烈坐在对面，还有周贡植、黄中元、程明海、周玉书、刘俊明、吴永初、徐君治，一共九人。我刚坐下，傅烈说：“坐一下，牛大鸣还没有来。”话音刚落，楼口就冲上来三个武装警察，见我们在座的有穿长袍，有着短服，有学生，有工人，觉得很不顺眼，以为我们是聚众赌博，叫我们不许动，把门堵住，一面吹口笛，一面翻箱倒柜搜查。趁警察不注意，我把裤包里的开会通知塞进床铺稻草里。我给傅烈做了一个手势，意思是动手与警察搏斗，趁机冲几个人出去，但傅烈又做手势暗示大家要镇静。因为当时黄中元负责保管党内文件，那时到处都紧张，他便把文件放到这里，觉得这里比较安全，而傅烈却不知道这里有文件，所以要大家镇静。楼上的警察吹了口笛，下面闻声而来许多警察，包围了这座楼房，当即在柜子里查出了名册、传单、文件、刊物、资料等，我藏的开会通知也被搜去。警察便叫我们一个个挨次出去，登记姓名，有的按自己的名字登记，有的改了名，我改为张魏，傅烈改为贺泽，周贡植改为周孔重。我们九个人都被抓到了公安局禁闭室。后来才知道，原来警察是去收公巡捐（即警察巡逻的费用）的，见楼下没人，便上楼去，发现我们正在开会。当警察包围蔡家公馆的时候，牛大鸣跑来了，一看情况不对头，转身就往回跑。他马上通知在外面的有关干部和党员，紧急隐蔽和撤退，他也撤离了。当天下午，警察总局的全部军警一齐出动，全城戒严，对各个学校、工厂、单位进行搜查。敌人从兴隆巷搜查出的程明海给徐国臣的函件中发现有“二支部第二组组长周玉书，组员郑昌华、汪荣”等名单，到处搜捕郑昌华、汪荣。汪荣是一个学校的校工，真名汪庆成，很活跃，有些暴露。警察抓到了汪庆成，问他：“你叫什么名字？”汪说：“我叫汪庆成。”警察不管名字对不对，听见是姓汪便说：“就是你。”把汪庆成抓走了。郑昌华在一个印刷厂工作。警察到一个单位抓了一个姓郑的，问：“你叫什么名字？”郑说：“我叫郑昌仕。”警察也不管是真是假，也说：“就是你。”把郑昌仕抓走了，而真正的郑昌华早已跑了。这样，在会上抓了九个人，加上会外抓的两个人，兴隆巷事件全案共计11人。

我们被关在禁闭室里，天快黑了，趁警察交接班看守稍为松懈的时候，互相悄悄耳语，首先是吴永初（是搞农运的，不太暴露）说：“我来顶住，准备当临时主席。”叫大家都说是去找他的。

大搜查以后，便进行审讯。首先把我叫去，问我：“到那里去干什么？”

我说："去会人。"问："会哪个？"我说："会姓吴的。"问："找他什么事？"我说："私事。"审讯人说："不管这些那些，你们的主席团是哪些人？"我说："不晓得。"他说："狡猾，拿去吊起，坐软板凳。"叫我坐在板凳上，然后把大脚趾和大手指捆在一起，在脚弯下面插进一根铁棒用力向后扳，使我昏过去又醒过来，后来捆扎手指和脚趾的绳子绷断了，我从板凳上跌下去，警察又把我重新捆扎抬上板凳继续坐，一个劲追问主席团的情况。夜深了，警察的烟瘾发了，没有力气扳，又用油桶装着炭火给我背"火背篼"。不管怎样，我还是不说话。审完后，我们被押回禁闭室，一个个顺着一排睡在木板上，身上横压着一根大木杠，木杠两端用铁环扣着，如要翻身，卫兵把杠子松开大家一齐翻。天快亮了，趁卫兵打瞌睡时，我们挨着耳朵悄悄统一口径，吴永初说敌人审讯他的时候，他说还没有开会，会议内容还没有决定。敌人问他委员是哪些？他说共产党人都是委员。敌人又问为什么有候补委员，他说不够共产党标准叫候补。要大家照他的口供谈。大家还商定，若问组织名称，就说是共产党，其他没有组织名称，只承认本人是共产党员，千万不要暴露组织和外面的同志。若问主席团，就说没有主席，开起会来才临时选，打算选姓吴的。当天晚上和第二天早上，我们都没有吃饭，中午送了一点剩饭来吃。下午三四点钟，我们被押到卫戍司令部，卫戍司令王陵基（号方舟）亲自审问，先把傅烈叫去，傅烈是江西人，口音难懂，他一会说他叫喻白凯，一会又说叫什么，弄得王陵基没办法。后来敌人看了搜去的文件就问得少一些了。审问我时，我说我叫张魏，他看了搜去的通知说："知道你叫张冠常，是商中学生，候补委员。"但我矢口否认。一个个都审讯完了，就统统戴上脚镣、手肘枷锁（手肘是两只手各锁上一个铁圈，用一根铁条把两个铁圈死死地连起来。枷锁是颈项锁上一个铁圈，再用一根铁条与手肘连在一起），关在一个大房间里，指定各人的睡处，不准交头接耳，外面一排人看守。关了将近一个月，我们和有些卫兵有点熟悉了，有时可以托他帮忙买点东西，更熟悉一些后，傅烈就用米汤在纸上写一些东西捎出去。

后来听说二十一军的政训处主任戴弁主张要枪毙几个。我们已经作了牺牲的准备，在牢里练习了《国际歌》、《少年先锋队歌》（苏联的）。4月9日早饭后，几十个警察一拥前来，排成两排，把我们全部押到堂上，接着又把我和郑昌仕拉出来押回牢房。那九人被带出去后不久，我听见人嘘马叫，《国际歌》的歌声和“打倒帝国主义”“打倒军阀”的口号声由近而远。以后才知道，傅烈等九人在朝天门沙嘴壮烈牺牲了。第二天下午，敌人把我和郑昌仕押在堂上，宣判我无期徒刑，郑昌仕八年徒刑。据分析，当时说我年龄小一点，是“候补共产党”（即候补委员），又加上外面报界、知名人士的声援，亲戚也说情，就留下了我。判刑后，我即被押到巴县监狱。

1929年冬，张秀熟（代理省委书记）也和我们关在一起。张秀熟对我说：重庆兴隆巷事件后，组织用急电通知他“大哥病故，信款停寄”。不久，张秀熟来重庆清理组织关系，被敌人逮捕入狱，在狱中，他诚恳帮助同志。当时党内组织了全国救济委员会，帮助遇难被捕的同志和家属解决困难，张秀熟暗中叫外面的人给我送钱来，送钱的人不说姓名，只称他为老大哥。没多久狱中又进来一个人，面容很熟，好像是给我送钱的老大哥，张秀熟告诉我，这个人叫郑昌华。这时我才明白，他才是真正的郑昌华，而敌人乱把郑昌仕抓来代替，冤枉判了八年徒刑。

1931年，成立重庆反省院，被判无期徒刑的重犯张秀熟、任锦时和我等五人仍留在巴县监狱，其余全部转移到反省院。1932年，除张秀熟外，我们四人也被转到反省院。1935年，张秀熟也转到了反省院。

1936年5月，因我患重病，我的舅母托他的内侄朱元（大商人），向二十一军军部法官副参事贿赂500大洋，把我保释出狱。

回顾过去，对比现在，的确是星星之火可以燎原。在振兴中华的燎原烈火中，我的脑海里永远闪烁着当年白色恐怖下不可扑灭的星星之火，永远怀念着许许多多为共产主义事业献身的革命同伴！

（节选自中共重庆市委党史工作委员会编：《重庆党史研究资料》1986年第6期，内部资料。）

苏爱吾：1931年的下川东特委

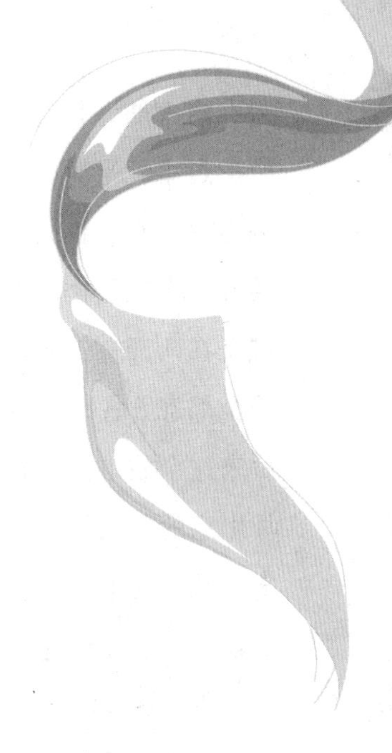

苏爱吾，曾任下川东特委书记、中共四川省委候补常委等职。

1930年9月4日江津兵变失败后，省委决定调我回重庆，还没有回重庆，省委就决定撤销行委，成立下川东特委。1930年冬，我回重庆参加了省委召开的会议。参加会议的还有罗世文、程子健以及参加李家俊起义失败而来重庆的李忠义（后来叫李天义，万县师范学生）等。在会上宣布成立下川东特委，派我任特委书记，李忠义任团特委书记。会议结束，李忠义回川东各县清理组织，我去万县。当时万县没有组织，连一个人也没有，只有在梁山小学任教的女同志叫杨锡蓉（后来与曾莱结婚），是特委秘书，我便到梁山带她一同去万县。开始由李忠义介绍到一个三层楼的小旅社住下，开展各项工作。当时我们的任务有三个：一是发展组织；二是成立中央给鄂西和省委的联络站（转信、介绍都通过我们这里）；三是以王维舟的部队为基础发展武装，配合鄂西红军进攻武汉。这时，省委给了四个通讯处。

不久，王维舟就来汇报工作，当时他在两开宣达一带活动，一道工作的还有冉海舫，是宣汉人。他大哥王佐卿在双桂堂与和尚有关系，王维舟在那里避过难，平时就在地主老财家转（实为做统战工作）。地主也不敢得罪他，因他手下有一批人，很有势力。他汇报工作时说，彭海云是他的旧部，在万县开一个三层楼的大旅馆叫海云旅馆。他们既住那里也是他们接头地点。王维舟在两开宣达一带打土豪，收来的银耳、鸦片就送到万县交我卖，所卖的钱全都寄给省委，当时省委就靠他接济。王维舟接头后，我也搬到那里去住，后来这个旅馆被查封不能住，我们转移到另一小旅馆冒充宣汉人，说是做银耳生意的。老板对我很好，我就把小旅馆建成通讯点。后来省委又派来了姓朱、姓叶的来发展组织。又来了个赵国天，他与县长是亲戚，又在给他当家庭教师，这还是我们一个有利条件。我们当时没有机关就把文件藏在他那里。后来我老婆接任秘书，杨锡蓉就走了。我就通过关系租了一间房子叫四眼井，房东姓游，是卖大烟的。我把王维舟打土豪收来的鸦片就通过他卖出去，所以他就相信我是做大烟生意的商人。我住在他家里，省里派来余治平通知撤销团特委，成立万县县委，把李忠义调到万县县委任书记，赵海清任宣传，一个姓朱的印刷工人任组织。

过春节后，省委先后派来了陈进思任特委军委书记，还有裁缝姓冯的（大家叫他马二）任组织（马二，即冯缉熙、冯庆曦），后又来了熊曼西，她是周骏的爱人，因周骏叛变就离开了。省委派她到万县火柴厂当女工发展组织，结果她和陈进思住在一个机关结了婚。还有吴济霞，他原是刘存厚下面的一个连长，跟王维舟、李家俊一起搞暴动被打散的，省委派他到铜梁搞兵运，后来才到下川东军委管兵运，当时特委就是这么几个人。

那时曾莱通过一个黄埔同学的关系在云阳当警备队长，他是官，不好活动，一直来信要求派人去帮助。特委便派吴济霞去云阳协助曾莱发展组织。后来听说易觉先到了万县，吴济霞叛变了。但没有引起我们的警惕。

1931年夏天，一次我去上课，刚走到校门口，对面来了两个手枪兵，把我抓住了，我估计是吴济霞在对面点的相，不然他们怎能认识我呢。当晚把我拘留在万县公安局，后又押到王方舟（王陵基）司令部。我一去就看见李忠义、吴济霞也在那里，但他们能自由活动。在审讯中没有公开审讯我，想用软攻。不久吴济霞就来动员我叛变，说了半天我没有吭气，后来他拿出川东各地的联络站和工作人员名单，我分析这一定是李忠义叛变了拿出来的，因他才知道全部情况，吴济霞是不全知的。

（节选自中共四川省委党史工作委员会编：《川东红军游击队》，四川大学出版社1992年版。）

王维舟：我在川东游击战争时期的经历

王维舟，时任四川红军第三路游击队副总指挥、川东游击纵队副总司令兼总指挥、川东游击军总指挥。

自从军阀割据以来，人民戴上了沉重的枷锁。川陕边防督办刘存厚在万源、城口、宣汉和达县横行霸道，残酷地掠夺农民，在田租、烟款、高利贷和重重苛捐杂税的压榨下，劳动人民饥寒交迫，流离失所，过着极端痛苦的生活。

五四运动以后，革命思潮波及了川东。1923年前后，我和一些同志在宣汉清溪场等地进行过革命活动，在地方上建立了良好的群众基础。之后，一部分革命的知识分子（如戴治安、张鲤庭等）以达县第五高级小学校为基点，展开提倡新文化、反对封建势力的斗争。1926年，在张鲤庭的领导下，张爱萍、王荣澍、魏传统、王波等又在达县中学发起组织烂漫社，发行《烂漫旬刊》，宣传社会主义，进行反“狮子派”（即国家主义派）的斗争。在长期的斗争中培养与锻炼了一批青年积极分子，在达县建立了共产主义青年团的组织。

1927年大革命失败后，我由武汉潜回四川，拟在川陕鄂三省交界地区城口、万源、巫溪等县建立革命根据地。在万源一带，由固军坝进步青年李家俊（他在上海读书受过大革命的影响）出面号召，并利用他父亲地方势力为掩护，组织农会。农会刚刚组织起来，就被刘存厚匪军发觉，万源一带的农会被匪军捣毁，革命群众受到严重的摧残。我们立即调其他地区的游击队，并组织群众与匪军作战。在此地区开展工作，发动群众，组织农会（以农会代替苏维埃）。1929年，川东军阀刘存厚部的一个连，携枪80余支，在宣汉的七星峡起义，参加了游击队，游击队声威大振，川东游击队日益壮大起来。

第一次失败后，我与同志们又在开江的任市铺、广福场，梁山的虎城场、太平场一带组织发动第二次游击战。

不久，奉省委命令，将虎城场一带所有组织起来的农民武装，拉到梁山县属太平场，与该地的李光华、李次华、李维等为领导的农民武装配合，组成一支3000多人的川东游击纵队，发动游击战争。党决定李光华任总司令，我任副总司令兼总指挥。这支新军成立后，军阀刘湘派了两个师进行“围剿”。沙河场一战，我军把敌人两个师击溃。之后，又在忠州[①]后乡，歼灭了民团数百人。此时，川东游击纵队又奉命远征，包围武汉。部队到忠州石宝寨渡江开往石柱。先头部队刚到达石柱后山，不料刘湘派陈兰亭带一个师从后尾赶来。我军在疲惫之际，回头应战，与敌人激战了三天三夜，最后弹尽粮绝，损失惨重。李光华不幸负重伤，被俘殉难；李光华之弟李次华亦被匪军屠杀。李光华牺牲后，我即率领所剩下的几百人，顽强抵抗，突围出来。

当时我是反对李立三路线的。那时还不知道什么叫“左”倾路线，只知道这是不懂军事的错误做法。游击队都是刚组织起来的四川农民，军事上没有经过训练，就被调去攻打武汉，远离家乡，军心涣散。政治上没有很好的动员，领导上也没有思想准备，盲目乱干，怎么能够打胜仗呢？当初我是极其反对的。在忠州后山黄金场召开的党内会议上，我和有的同志提出：“应接受第一次东征的教训，部队还没有经过很好的锻炼，远征作战是不行的，最好再向省委请示。”后来省委派来牛大鸣在会上说：“这是上级党的命令，下

①本文中的“忠州”即指“忠县”，“忠州”为沿用历史名称。——编者注

级党应该服从！一定要执行省委的决议。”在此情况下，我又建议：可去一部分人，一部分人留下，一来继续就地坚持游击战争，二来可牵制敌人兵力。但是这个意见也没有被采纳，只好服从命令。李立三“左”倾路线的错误，又一次使川东游击队遭受了重大损失。

我在石柱战斗中突围出来以后，回到老根据地，将突围出来的数百人分散在有群众基础的梁山、达县、宣汉和开江交界地区，继续发动群众，组织农民协会。1931年4月初，中共四川省委在成都开会，我同王波前往参加会议。会议结束后，我奉命返回川东进行第三次游击战争的准备工作。王波因另有任务，省委决定其留成都工作。当时四川军阀刘湘悬赏十万大洋捉拿我，因此我不得不化装上路。我在万县等候交通员，护送我去根据地，住在我胞兄佐卿家里的楼上。第二天黄昏，因天气异常闷热，在楼上更觉暑气难当，于是独自到盘龙石公园散散步。由公园出来时，只见路上警戒森严，但不知道发生了什么事情。路上遇到我在旧军队中任职时的副官长李培之，他是特来找我的，一见面拉着我就走，并告诉我跟前所发生的事情。原来我到万县的消息，叛徒已向当地匪军王陵基告密了。在我离开胞兄家约五分钟后，王陵基的部队即将胞兄寓所包围起来，严加搜索。找不到我，便把我胞兄、胞弟及二侄捕去，并严刑拷打，追问我的下落，他们始终没有说出我在什么地方。

听了李培之所说，才知情况十分危险，必须立即离开万县，但一时又走不出去，因路上到处都有敌人警哨盘查。李培之急忙把我领到一位好友李重人的父亲开的钱庄内藏身。当时，万县全城都处于戒严状态，匪军的气焰嚣张极了，四处搜索捕捉共产党人。李培之、李重人见形势危急万分，便将我化装成妇人，抱着婴儿，坐于轿内，外面打着钱庄商号的灯笼，抬出了警戒线，到后山葵花寨李重人父亲的佃户家住了三天。在这三天里，李重人的父亲天天都来看我，把王陵基部队的动态和我兄、弟、子侄受到酷刑等情况都告诉我，我听了心中怒火炽烈，总有一天，我要同这些匪帮算账报仇。三天以后，红区的交通员来了，我便回到根据地去。

我在万县脱险后，回到梁山、开江、宣汉、达县一带有群众基础的地方。

根据省委的决议，重新组织川东游击军，准备发动第三次游击战争。党决定我任总指挥和川东军委会书记。川东游击军总指挥部就驻扎在宣汉芭蕉场附近贺值三家里，贺值三全家都参加了游击队的工作。我及时召开了党的紧急会议，传达了省委的指示，总结了前两次失败的教训。经过热烈讨论，总结出以前遭到失败的原因有下列几方面：

一、懂军事的人少，对敌人估计不足，未掌握敌情；

二、刚发动和组织起来的农民缺乏革命游击战争的锻炼；

三、反动势力强大，陈匪有一个师的兵力，我们游击队只3000多人，武器弹药装备又很差；

四、我无后方，伤病员得不到抢救医治；

五、没有充分的计划和准备，没有充分的政治思想教育，即远征作战，草率从事；

六、离开有党组织的农村，脱离群众，没有群众掩护。

总而言之，失败的主要原因是执行李立三"左"倾路线的结果。

有了两次失败的教训，我们认识到"左"倾冒险路线是错误的，行不通。根据省委的指示和游击队广大干部的意见，纠正了过去的错误，确定了对敌斗争的明确方针：

一、加强党的领导，普遍健全党的组织，积极发展党团员，成立县委，建立支部。加强游击队的政治思想教育，特别要进一步加强干部的思想工作，坚定革命斗志与胜利信心，使群众斗争有党的坚强领导。

二、广泛深入地放手发动群众，普遍组织农民协会、妇女会、基干游击队。实行破仓分粮，打富济贫。领导农民进行抗租抗债，反对苛捐杂税，反对拉夫抽丁，打倒军阀，打倒土豪劣绅，建立工农民主政权。

三、军事上采取游击战术，在敌众我寡的情况下，灵活地使用兵力，用化整为零、合零为整、敌进我退、敌疲我打的巧妙办法去打击消灭敌人。

四、对各地保甲长和土豪劣绅，实行正确的政策。对顽固的、坚决反共的首要分子，坚决镇压，为民除害；对一般的大多数则争取利用，扩大游击军的政治影响。

由于广泛地开展了轰轰烈烈的群众性游击战争，群众斗争情绪日益高涨。川东游击军迅速发展壮大起来，开创了新的局面。总指挥部成立后，游击队改编为三个支队，分布在梁山、宣汉、达县、开江、万源等县进行活动，继续坚持游击战争，在斗争中来锻炼队伍。我在广福场从一个已被反动派撤了职的团总曾某处借来步枪六七十支（曾某对反动派很不满，因他过去和我认识，同情游击队，故能借到他私藏的枪支），重新开始发动组织第三次游击战争。

第一支队首先发动起来，以蔡奎为支队长。因吸取了过去失败的经验教训，这次在进行工作时特别谨慎小心。年轻的游击队对于公开的敌人，是有高度警惕性的，但是对暗藏的阶级敌人却放松了戒备。第一支队成立不到一个月，遭到敌人暗算，混入游击队的富农分子被刘存厚收买作了奸细，在饭中投毒。事情的经过是这样的：蔡奎带领游击队从远地破仓分粮回来，队员们吃饭后全部中毒，腹痛昏倒。正在这时，这个富农分子勾结刘匪军队四面包围上来，支队长蔡奎和许多同志壮烈牺牲，一支队遭到严重损失。这一血的教训，使我们深深认识到：对阶级敌人，任何时候，任何环境下，都不该有丝毫的麻痹。于是，我们及时认真地对内部进行了组织整顿，清除了阶级敌人和不纯分子，纯洁了党的组织和革命队伍，并对部队进行阶级教育，提高政治警惕，丰富对敌斗争的经验。

当红军游击队正在顺利发展，根据地逐渐扩大的时候，敌人步步为营，在各乡镇驻重兵把守，保甲长、团丁及匪特相配合，到处侦察游击队和指挥部的住地。刘存厚又增派他的第二师到铜鼓石下八庙一带，向游击区“围剿”。有一天晚上，游击军总指挥部正在贺值三家里开会，被敌特发觉，敌人连夜派了一个营来包围总指挥部。当我们接到情报时，已万分危急，总指挥部在游击队和群众的掩护下迅速转移到桐家山。指挥部离开不久，敌人就包围了贺值三的家，进行了搜查，并将贺值三、贺泽忠、贺宝庭捕去，关进监狱。敌人对他们进行严刑拷打，并用金钱引诱等卑鄙无耻的手段迫使他们说出游击军的行踪。他们忠于革命，意志坚定，终始没有屈服，敌人没有得到任何口供。贺泽忠被敌人枪杀，英勇就义。贺值三、贺宝庭被关押数月，也几乎丧命，后被营救出狱。不久，贺家又被叛徒李光年出卖，敌人将贺江氏（贺长清的母亲）抓去，悬吊屋梁毒打，要她交出总指挥部的枪支弹药和其他物资，但不管敌人怎样威胁，同样没有得到任何口供。

游击军总指挥部积极调动各地游击队主力，进行反“围剿”斗争。在宣汉、铜鼓一战，将刘存厚增派的第二师击溃，并活捉了匪军陈团长（刘存厚的表弟），给敌人以沉重的痛击，使匪军内部受到很大的震动。这次战斗的胜利，给各地游击队和群众以极大的鼓舞，从而使革命队伍迅速发展壮大起来。

1932年底，传来了一个好消息：红四方面军进入川北南江县。我们积极准备，以便和红四方面军配合进攻，夹击田颂尧和刘存厚匪军。我们派人迅速前往和红四方面军联系，但由于反动派在各地警戒森严，联络非常困难，派了几批人去都无消息，也得不到省委的指示，只有继续进行准备，等待时机到来。

1933年9月，红四方面军向万源进攻，我们派蒋群麟前往，终于取得联系。10月，互相配合进攻宣、达，夹击刘存厚匪军，一举奏效。一开始刘匪全军调至万源前线，后由黄金口、峰城清溪场向开县溃退，我即调部队于峰城清溪场等地截击。但因敌众我寡，刘匪退到南坝场一带固守，我即请求红四方面军徐向前总指挥派军前来配合游击队，以便一举歼敌。徐向前派许世友率一个师配合川东游击军，并组织了数万农民游击队，在下八庙会合，一举全歼刘存厚匪军。

至此，红旗插遍了川东、川北，宣、达、万数县全部解放，各地普遍建立了苏维埃政权，人民群众欢欣鼓舞，尽情庆祝胜利。

〔节选自中共四川省委党史工作委员会编：《土地革命战争时期四川党领导的武装斗争》（下），四川大学出版社1987年版。〕

谷志标：
红三军在川东南的活动

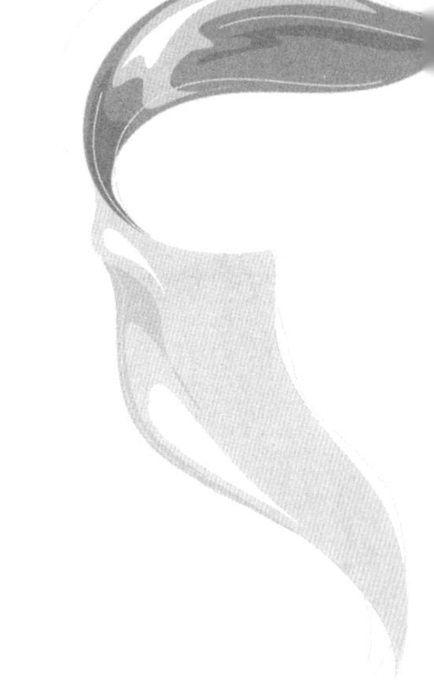

谷志标，早年跟随贺龙参加红军，1931年任红三军七师政委，转战川东南开展革命活动。

我从1928年参加革命后，长期在贺龙身边工作。贺龙对党忠心耿耿，对革命事业充满信心，对人民满腔热忱，对同志关怀备至。凡是在他身边工作过的人，都留下了极其深刻的印象。现将我跟随贺龙战斗在川东南亲身经历的几件事回忆如下。

一、“苏区失了，志不可失”

1932年8月，烧巴岩会议后，贺龙率部游击到宣恩时，突然传来夏曦退出鹤峰，最后剩下的一块湘鄂边苏区也全部丧失的消息，大家心情非常不安。贺龙坚定沉着地对全体指战员讲话说：“全部苏区丧失了，这对我们每个同志来说，无疑是很痛心的。但是，苏区失了，志不可丧失。我们绝不能因为遭受挫折就惊慌失措，灰心动摇。‘失败是成功之母’。我们要善于从失败中总结经验教训。我们的事业是正义的。我们要坚定信心，把革命进行到底。我们失去了一个苏区，我们有决心创造一个更大的苏区。”贺龙的讲话，驱散了大家心头的阴影，坚定了红军指战员革命到底的信念。

在这生死攸关的时刻，贺龙总是卧不安席，食不甘味，时时刻刻都在盘算着全军的生存与发展：一支好端端的部队，为什么落难成这个样子呢？贺龙通过接二连三遭受挫折的反思，对“左”倾路线深恶痛绝，对红军的生存发展形成了一些独立的见解。一天夜里，贺龙正独坐在微弱的桐油灯下沉思时，关向应来了。关向应劈头就问：“老总，现在苏区已丧失殆尽，咱们红三军到哪里去立足啊！”贺龙一边招呼关向应坐下，一边微笑着说：“我正准备来找你商量这事哩！你来得正好。”贺龙坦率地将自己对拯救红三军的一些想法，以及向川东南的酉（阳）秀（山）黔（江）彭（水）地区发展，创造湘鄂川黔边新苏区的战略思想，提出来征求关向应的意见。贺龙说：“酉、秀、黔、彭地处湖南、湖北、贵州、四川四省边区的接壤地带，幅员辽阔，物产丰富，人口多，兵源广，我的老关系也多，给养容易解决。且川军连年混战，无暇东顾，反动统治力量薄弱，有利于红军的生息与发展。”关向应表示支持贺龙的意见，但他又提出：“看湖北敌人是否跟在我们后面追击，如果在酉、秀、黔、彭不能占领的情况下，就向中央苏区和红四方面军靠拢，以保存革命实力。”贺龙建议提交下一次中央分局会议讨论。

贺龙一面加强部队政治思想工作，果断地决定九师停止“肃反”，释放了九师政委宋盘铭，解除干部怕抓“改组派”的顾虑，稳定指战员情绪，振奋革命精神，并调朱绍田担任九师政委，以加强领导；一面派人做川东南的工作，为红三军转移作准备。他相继派出两批侦察人员，分道潜入川东南各县，侦察地形，绘制地图，侦察敌情，做联合黔江“联英会”“神兵”的工作。

当时，川东南地区有两支可以争取的武装力量。一支是驻防于川黔边一带的川黔边防司令、二十五军第五师师长杨其昌部。杨其昌是北伐时期贺龙的战友，他又是反对贵州军阀王家烈的，是一支可以争取利用的武装力量。另一支是黔江龚昌荣、黄凤楼领导的“联英会”。这是当地农民群众为了反对国民党苛捐杂税，自发联合的群众性组织。他们曾与国民党当地驻军作过多次武装斗争，是一支可以争取和改造的地方武装力量。于是，贺龙利用他与杨其昌的旧关系，亲自写信，派肖美成、向哥去川黔边做杨其昌的统战工作。这时，黔江“联英会”领袖龚昌荣来宣恩找贺龙。贺龙接见了龚昌荣。龚昌荣向贺龙汇报了黔江“联英会”遭受敌人“围剿”失败的情况，要求红军支援。贺龙对“联英会”的遭遇深表同情，他启迪龚昌荣说：“与敌人作斗争，必须有正确的领导。靠神权和念咒语是对付不了真枪实弹的敌人的。”他鼓励龚昌荣回到黔江去发动“联英会”群众，组织游击队，跟着共产党干革命。后来，龚昌荣在黔江发动了六七百名“联英会”成员参加红军游击队。贺龙给他们补充了一部分武器，把他们和宣恩黄丁山领导的“神兵”合并，改编为红三军第二特科大队。

1933年12月19日，中共中央湘鄂西分局在湖北大村召开会议。会议总结了湘鄂边失败的教训，接受贺龙的建议，决定向酉、秀、黔、彭发展，创建新的根据地，把恢复湘鄂边的口号改为“创建湘鄂川黔边新苏区”的口号。12月22日，贺龙挥师入川，以雄伟的气魄开展了创造湘鄂川黔边革命根据地的工作。

二、夜袭孟团

贺龙挥师入川后，于1934年3月转战到黔江县马喇湖（原属酉阳）一带，进行革命活动。国民党酉阳防共指挥部大为震惊，急令孟存仁团进驻马喇湖。

孟存仁到马喇湖后，慑于贺龙的声威，部队不敢驻中心集镇，而屯兵马喇湖边缘的印盒山，以躲避红军的锐气。

印盒山背靠北溪盖，满山原始森林，地形险要，正面只有一条环山小路，两侧全是悬崖陡坡。孟存仁团进驻印盒山后，即召集保甲长商议建团防，办团练，筑碉堡，设哨所，妄图阻击红军。

4月20日，贺龙率红三军再次来到马喇湖。当部队行至大杉树垭口时，几个马喇湖的农民急匆匆地跑来向贺龙报告马喇湖的敌情。那天，正逢马喇湖赶场，敌联保主任龚启清和保安队的司务长带着几个保安队员在街上抢米。孟团的四个巡逻兵也上街探听情报。

遵照贺龙的指示，红军便衣队在肖美成的带领下，装扮成赶场的老百姓，迅速混进马喇湖街上。便衣队在当地群众的协助下，将敌人全部逮捕。贺龙亲自审讯了孟团的几个巡逻兵。在弄清敌情后，贺龙把袭击孟团的任务交给二十一团。他对钟子廷团长说："孟团是刘湘安插在酉阳的'剿共'铁杆，打孟团实际是打掉刘湘的威风。你们二十一团历来都是打硬仗、打恶仗的，相信你们一定能够胜利完成任务。"卢冬生师长也说："这一仗只能打好，不能打坏。"

傍晚，二十一团先头部队由马喇湖的几个红军战士带路，直奔印盒山。那天晚上没有月亮，天上覆盖着乌云。盘踞在印盒山的孟团，满以为凭借北溪盖的天险，就可以安然无恙了，万没有想到他们覆灭的命运已经到来。

红军先头部队乘黑夜摸到敌人团部附近，发现两个哨兵在路上晃动。几个战士立即猛扑过去将敌哨兵干掉，接着顺势冲进团部，大喊一声："我们是红军！举起手来，不准动。"敌人听到"红军"两字，顿时吓得乱成一团，有几个敌兵准备拔枪还击，当即被红军战士几枪打翻在地。孟存仁听到枪声，见势不妙，慌忙打开后门逃窜。

驻腊子沟前沿阵地上的敌军，听到团部枪响，机关枪像暴风雨般瞎射过来。钟团长一声令下："还击！"红军火器顿时一齐狂吼，压住了敌人的射击。红军政工人员也向敌军展开政治攻势："你们团部已被我们占领，你们不要为蒋介石卖命啦！缴枪不杀！红军优待俘虏！"在红军强有力的军事打击和政治攻势下，孟团土崩瓦解，战斗胜利结束。

三、"贺旅长爱护老百姓"

1934年5月6日，红三军从马喇湖出发，奔袭彭水县城。

5月8日拂晓，红军神速抵达彭水县统井关，出敌不意地发起攻城战斗，歼灭国民党守敌一个营，胜利占领了彭水县城。

小晌午时，红军进入彭水县城。当城里的人得知攻占彭水县城的红军就是1922年驻防彭水的川东边防军警备旅贺旅长带领的部队时，顾虑顿时消除了。大家奔走相告："贺旅长回来了！""是贺旅长带领的红军，不用怕！"很多人都跑到红三军司令部驻地天主堂门外的大街上探望，都想看看久别的贺旅长。

贺龙来到彭水，回首当年在彭水驻防的情景，心情格外高兴。他来不及休息，就准备去走访彭水的一些旧交，以便取得社会上对红军的支持。贺龙正带着我们出门走访时，门警突然报告说："许多老百姓在门外等着，要求见贺军长。"我随卫兵走出司令部大门一看，大街上站满了人。我想贺龙日夜行军，长途跋涉，已经够辛苦的了，哪有精力接见那么多群众。于是，我向贺龙建议说："还是按原来的计划走访三两家后回来休息吧！我去向群众解释一下，明天抽时间开个会算了。"可是，贺龙却严肃地对我指出："这是群众的深情厚谊，我怎么能因自己的一点疲劳，就辜负群众心愿呢！我军初到彭水，群众对我们不了解，我们更应该抓紧时间做工作，争取群众对我们的支持。"他决定到县衙里的大厅上去接见群众。

我遵照贺龙的意见，立即派人把群众引到县衙大厅去。群众有城里的一般老百姓，也有工商界人士。大家见贺龙来了，都连声喊贺旅长，并热烈鼓掌欢迎。贺龙兴致勃勃地走进人群中间，笑容满面地说："我军迅猛攻占彭水，惊扰了各位父老，我特地来给大家压压惊。"接着，他向群众行了一个庄严的军礼，并亲切地一一握手问候。这时，一个穿蓝布长衫的大个子，从人群中挤到贺龙的身边。贺龙一眼就认出了他，连声喊他的名字。那个人握住贺龙的手激动地说："旅长离开彭水后，大家都想念你，说你好。后来，国民党政府到处宣传，说贺龙是'共匪'，杀人放火，共产共妻，如果再提你的名字，要以通匪论罪。"贺龙听了，不禁哈哈大笑起来："好呀！造谣造到我的头上来了！"然后他诙谐地向群众问道："请大家评评，看我贺龙像不像个杀人放火的?"

"那是国民党反动派造的谣，我们早就晓得贺旅长军纪严明，爱护百姓。今天，大家听说是你带领的部队，就放心了。"场上的人们纷纷谈论着。

贺龙接过话头，很严肃地说："好个国民党的先生们，天天骂我们是'共匪'，然而他们是一些什么东西呢？不用我讲，你们都很清楚。我们共产党是真正为人民谋福利的党，我们红军是保护人民利益的军队。我在国民党军队里，已经当上了师长、军长，为什么还要参加共产党呢？就是看到共产党好嘛！国民党腐败了嘛！希望彭水父老兄弟姐妹们，不要相信国民党反动派的欺骗宣传。"这时，贺龙仰头指着大堂上挂着的鎏金大匾上写的"清明堂"三个大字说："你们看，反动官吏，就惯于挂羊头卖狗肉，它算什么'清明堂'，完全是整民堂、害民堂。"群众的目光循着贺龙手指的方向，愤怒地望着那块骗人的匾额说："对，完全是整民堂、害民堂。"贺龙的话，有力地揭穿了敌人的谣言，宣传了革命的道理，使大家心悦诚服。霎时，县衙里欢声雷动，大家纷纷表示坚决拥护共产党，支援红军！第二天，彭水商界代表，抬猪、挑酒到天主堂慰问红军。贺龙回送每个代表两块光洋作谢。

四、南腰界上红旗飘

红军占领彭水县城后，贺龙根据"十字路会议"决议，正准备开展创建根据地的工作，但夏曦却反对说："彭水背山面水，易攻难守，敌人打来难以应付。"夏曦强令部队撤出彭水。"十字路会议"的决定就这样被夏曦轻率地否定了。

5月10日，红军撤离彭水县城，西渡乌江，于15日进入贵州境内，6月1日攻占沿河县城。

贵州黔北那些地方，虽然敌人不很多，对我威胁不大，但人烟稀少，给养困难。沿河又是一个背靠两个陡坡，分跨乌江两岸的峡谷，条件和彭水差不多。究竟到哪里去落脚？夏曦拿不定主意，来找贺龙。贺龙把派到川黔边侦察过的侦察员张素清请来一起研究。张素清向贺龙、夏曦介绍了四川南腰界的情况。贺龙听完张素清的汇报，用商量的口气征求夏曦、关向应的意见说："到南腰界去看看怎么样？"夏曦、关向应都表示赞同。

6月2日红军撤离沿河县城向南腰界进发，于4日到达南腰界。

部队刚到南腰界驻下，贺龙、夏曦、关向应即到附近观察地形，访问群众。经过调查研究，取得比较一致的意见。他们认为，南腰界在战略地位上比较重要。那里可以东窥湘鄂，南攫黔省，西壮彭涪，夺取下川东，在军事上有广阔的回旋余地，有利于创建湘鄂川黔革命根据地。贺龙对夏曦说："全军指战员都尝够了'盲目流浪'的苦头，迫切要求创建一块根据地，再不能瞎跑了。"就这样决定在南腰界驻下来了。

贺龙以南腰界为中心，率领部队，东征秀山、松桃，南攫沿河、印江，开展了开拓川黔边革命根据地的工作。同时，还派出一批政工人员到鄂川边协助鄂川边工委，以加强石柱、利川、咸丰、宣恩、黔江等县游击队的领导，使川东南、川鄂边和川黔边的斗争逐步连成一片。

1934年7月，党中央派一个姓谷的交通员送来了五中全会决议和中央指示信。那时，贺龙、夏曦、关向应正在沿河铅厂坝召开黔东特区工农兵代表大会。中央交通员一路探听，来到铅厂坝找到了我们。中央的决议和信都是用药水写在交通员的内衣和一些书报上的潜字。代表会议结束，我们随贺龙回到南腰界。当晚，我与樊哲祥将写有密信的衣服、书报浸泡到药水里，字就显出来了。我一边念，樊哲祥就一边抄，我们很快就把决议和信整理出来了。

中央的指示信，主要是对湘鄂西中央分局解散党团组织，取消政治机构以及“肃反”扩大化的错误提出批评，要分局立即纠正。这时，已经半夜了。我们立即把信和决议递交贺龙看。贺龙还没睡觉，他正专心地在查看我从南腰界学校冉懋溶老师那里借来的地图册。他见我来后便问：“中央的文件整理出来了吗?”我一边将信和决议交给贺龙，一边回答说：“整理好了！是一个特大好消息。”贺龙看完信和决议，高兴地说：“好呀！红三军有办法了。”他叫樊哲祥立即用蜡纸刻印出来，送给分局同志阅。我们怀着兴奋的心情，整整忙了一个通宵，一直把决议和信油印好后，分送给分局的同志才休息。

8月1日，湘鄂西中央分局全体成员参加南腰界区革命委员会成立庆祝大会后，在余家桶子开了分局会议，学习和讨论了中央指示信和五中全会决议。分局对“肃反”扩大化和解散党团组织问题作了检讨，研究了纠正措施，作出了《中共湘鄂西中央分局接受中央指示及五中全会决议的决议》和《中央分局关于红军中党团员党籍团籍问题的决定》，取消了正准备进行的第五次“肃反”计划。至此，红三军内部进行为时两年的“肃反”运动基本结束，党内、军内长期存在的人人自危的情绪，逐渐缓和下来，全军精神有所振奋，川黔边革命根据地逐步出现了可喜的形势。

五、粉碎反革命阴谋

7月下旬一天，贺龙工作了一个通宵之后，约我一起去南腰界小学找冉懋溶老师下棋，散散闷。我们走到学校，发现学校正厅上树起一座用松柏枝扎的牌坊。牌坊里面供着“神灵”，点着香，燃着蜡烛。贺龙问冉老师：“学校在干啥子事?”冉老师回答：“南腰界的群众借我们学校打‘求雨醮’。这一段时间，天一直不下雨，禾苗都枯萎了，他们想通过打醮，祈老天爷下点雨，救救庄稼。”贺龙说：“打‘水雨醮’是好事!”冉懋溶说：“打醮的人怕红军干涉，见你来学校，他们都走了。”贺龙说：“不要怕，红军不干涉打醮，我写张条子，请你喊他们回来继续打。”

就在这天晚上，几个游击队员急匆匆地跑到司令部找贺龙。贺龙不在家，他们对我说：“谷参谋，欧廷献（文坛头子）打‘求雨醮’有阴谋!”我问：“有什么阴谋呀?”游击队的同志说：“这段时间天旱，群众看禾苗枯萎了，心里很着急。张云梯（南腰界的大土豪)、欧廷献就勾结起来煽动群众，胡说什么这场旱灾是红军带来的‘洪羊浩劫’，妄图煽动群众进行反革命暴乱。请你迅速转告贺军长，采取措施，打击反革命破坏活动。”晚上，贺龙回来，我立即向他作了汇报。贺龙说：“这是反革命惯用的手法，这个问题涉及群众的觉悟问题，处理一定要慎重，要正确对待群众。”我遵照贺龙的指示，通过深入调查，弄清了张云梯、欧廷献的国民党特务身份，查获了他们的反革命罪证，经贺龙批准，立即逮捕了欧廷献。但张云梯逃跑了，没有抓住。当时，学校老师冉懋溶和一些群众来找我，为欧廷献说情。我拿出欧廷献的反革命罪证，当场揭穿了这个反动文坛头子的反革命阴谋。大家恍然大悟说：“我以为他们是在为我们‘求雨’，原来他们是在搞反革命活动。”大家纷纷起来揭发和控诉张云梯、欧廷献的罪行。

六、胜利会师

1934年8月7日，红六军团奉中央命令，向湖南中部进发，与红二军团（当时已改为红三军）切取联系，为中央机关和中央红军转移担任前导。

红六军团在任弼时、萧克、王震带领下，经过两个多月远征苦战，进入黔东地区。行至甘溪，遭到湘、桂、黔三省敌人的突然袭击，红六军团被截为三段，三个师、六个团几乎全被打散，最后只剩下3000多人了，其中还有

300多名伤病员，处境十分险恶。

对于红六军团西征，贺龙本来是不知道的。10月上旬，贺龙在南腰界从小学冉懋溶老师那里的一张国民党报纸上看到萧克所部朝川黔边这个方向运动的消息，便判断红六军团要来。贺龙十分关注红六军团的到来。10月中旬，他从南腰界派出红三军一部及沿河、川黔边独立团到沿河沙子场一带探寻红六军团；派出红七师一个团的兵力进入秀山峻岭一带探寻；夏曦带领黔东独立师到贵州石梁一带探寻。贺龙、关向应带领二十六团和手枪队、侦察队，走到沿河水田坝就碰上了红六军团参谋长李达。贺龙得知任弼时、萧克、王震还在危难之中的消息，心急如焚，决定率部起程南下寻找他们。

贺龙率部由茶寨至平场坝时，发现木根坡上有部队行动，通过吹号联系，巧遇郭鹏、彭栋材率领的红六军团第五十团。贺龙率部经堰边溪、龙门坳，到达芙蓉坝、锅厂一带。10月24日，贺龙探听到任弼时、萧克、王震率领的红六军团主力部队驻在木黄，于是留下二十六团布防于芙蓉坝一带，以防御敌人的突然袭击，自己带领手枪队前往木黄迎接。贺龙在木黄与任弼时、萧克、王震见面时，激动得热泪盈眶。他紧紧握住任弼时的手说："因电台坏了，与中央断了联系，不知道六军团要来。后来从国民党报纸上看到六军团要来的消息，我们就派出部队接应。这下可把你们找到了！看到你们安全脱险，我们也放心了。"任弼时说："谢谢贺老总的关心。我们六军团从江西出发，也天天盼望找到二军团，没想到你们到这里来接我们来了。"

当时，因木黄敌情严重，部队稍事休息后，于当天下午兵分两路向南腰界开发。红六军团主力由木黄经石梁到南腰界。当天傍晚驻石梁，夏曦带领黔东独立师在那里迎接，次日到南腰界。红三军一部则由芙蓉坝绕道经秀山境内返回南腰界。

任弼时、萧克、王震率红六军团西征以来，一路上敌人前堵后追，天天打仗，指战员们连续好多天没睡好觉、没吃上饭，部队已经疲劳不堪了。当时，任弼时、萧克已经走不动路了，贺龙派人用担架抬着他们行军。红二军团指战员热情地为红六军团的战友扛枪、背背包、抬伤病员。还有许多同志把自己的草鞋、衣服和被子送给红六军团的同志，体现了革命队伍深厚的无产阶级感情。

在木黄时，贺龙与任弼时商谈后，令我派人把红六军团到南腰界的特大喜讯告诉司令部，要司令部通知红三军分驻川黔边一些地区的部队以及派出寻找红六军团的部队，于26日回到南腰界司令部集中；要求红三军后勤部与南腰界区革命委员会组织力量，尽一切可能做好接待远道来南腰界的红六军团全体指战员准备工作。

10月26日下午，两支红军部队的8000多名红军战士陆续到达南腰界，驻满了南腰界场镇周围20里内的村村寨寨。南腰界区革命委员会主席陈显朝亲自组织干部在南腰界附近村庄，为红六军团安排驻地，并动员苏区人民腾房让铺，筹粮、送菜、送油盐，让远道来的红六军团指战员吃好、休息好。

10月27日，红二、红六军团举行了庄严热烈的会师大会，标志着两个军团胜利地会合在一起了。

两军胜利会师，结成了一支强大的战略突击队，人人精神焕发，个个欢欣鼓舞，南腰界的山山水水都焕然一新。

会上，任弼时以中央代表身份，宣读了中央为红二、红六军团会师发来的贺电。他向8000多名红军指战员庄严宣布："二、六军团胜利会师了！"贺龙再一次向红六军团表示欢迎，他说："六军团的同志来到这里，我们热烈欢迎，按理是应该休息的，但蒋介石不让我们休息。黔东根据地是新近开辟的，不很巩固，可靠的根据地是在我们的脚板上，还得走，还必须创造更大更可靠的根据地。"

会师大会后，部队进行了整编，为东征湘西作好准备。

七、一次重要的会议

10月26日下午，任弼时以中央代表身份召集两军领导人在红三军司令部余家桶子开了一个重要的会议。

会议首先由贺龙、夏曦、关向应汇报了红三军和黔东特区的情况，萧克、王震也汇报了红六军团的情况。任弼时传达了党中央关于中央机关和中央红军实行大规模战略转移及命令六军团担任前导来找红二军团的任务的指示精神，然后具体讨论了如何策应中央机关和中央红军转移以及两军会合后的行动方向、任务等问题。

与会同志通过讨论中央指示精神，一致赞同红二、红六军团会合在一起集中行动的方案。会议接受贺龙的建议，决定东征湘西创建湘鄂川黔革命根据地，以牵制敌人，策应中央机关和中央红军转移。

鉴于夏曦在湘鄂西和红三军中所犯的严重错误，会议认为夏曦不宜担任总的领导职务。为了适应红二、红六军团会合后的形势，统一两个军团的行动，会议决定红三军恢复红二军团番号，由贺龙任军团长，任弼时任政治委员，关向应任副政治委员，李达任参谋长，甘泗淇任政治部主任。红六军团政治部及保卫局编入红二军团，指挥机关未单独成立，由红二军团代行指挥红二、红六军团行动。

会议还具体研究了部队整编问题，原红三军七师改为第四师，辖第十团和第十二团；原第九师改为第六师，辖第十六团和第十八团。红六军团因减员太大，暂缩编为第四十九、第五十一、第五十三三个团。

为了牵制敌人，掩护红二、红六军团主力东征湘西和坚持根据地的斗争，会议决定组建黔东苏区作战分区司令部，以统率各独立团及留下的伤病员坚持苏区的斗争，决定调红六军团第五十三团团长王光泽担任司令员。

深夜，萧克、任弼时、王震联名致电中央书记处、中革军委，建议撤销夏曦职务，提议贺龙任分革军委主席，萧、任副之。

贺龙在川东南地区为党为人民做了许多工作。他对党对人民赤胆忠心，对工作勤勤恳恳，严肃认真，从不计较个人得失；对敌斗争坚定勇敢，机智灵活；对群众、对同志满腔热情，关怀备至，深受川东南人民的尊敬和热爱。在“文化大革命”中他不幸含冤逝世。如今追忆当年，思绪万千，悲痛的心情久久难以平静。愿他的革命精神长留人间。

（节选自中共四川省涪陵地委党史工委编：《贺龙在川东南》，解放军出版社1988年版。）

王波：
红三十三军在城口的革命活动

王波，时任红三十三军九十九师师长、政委兼二九七团团长，曾任政协四川省常务委员。

1934年4月20日，接到罗南辉副军长来信，通知要我随张广才副政委去万源城内开会。参加这次会议的有：王维舟军长、罗南辉副军长、张广才副政委、政治部主任李百选等，以及独立师师长于代生（江震）、我，还有九十五师属二九五、二九六、二九七三个团的团长、政委。这是红三十三军成立以来，在战火纷飞的前线首次召开的团以上干部会议，大家团聚在一起非常高兴。会议由王维舟军长主持。他宣布开会后，手上拿着一根小竹棍，指着墙上所挂的一幅五万分之一的密密麻麻军用地图说："我三十三军自1933年11月2日成立以来，奉命配合其他军开始在战略上节节抵抗，大量疲劳消耗敌人，在粉碎川敌以刘湘为首所组织的'六路围攻'的第三期进攻以来，我红三十三军九十九师打了不少仗，特别是在长坝、青花溪一带打'神兵'，打得很好，消灭了近3000人的土豪劣绅的反动武装，夺回红四军三十五团在窝窝店丢失的一个营的武器，在全苏区都出了捷报，为革命立了大功，受到方面军总指挥部的嘉奖。这是很好的。现在敌人的‘六路围攻’还没有结束，看样子很有可能将对我川陕苏区再次进攻。根据总指挥部的命令，为了彻底粉碎敌人‘六路围攻’的疯狂反扑，我三十三军奉命撤离万源以南孔家山、塔子山防线，由红九军、红三十一军、红四军接防，对付‘六路围攻’的主力刘湘部唐式遵的第五路军的攻击。我三十三军转向万源以东城口地区，对付‘六路围攻’的敌第六路刘邦俊指挥的王三春、崔二旦土匪，以及原六路总指挥刘存厚残敌各部的进攻。我军收紧到大巴山，占据消灭敌人的有利地形，这是再也不能退的最后阵地，再退就是翻越大巴山到陕南，将处于极为不利的境地。”王维舟以竹棍指着地图上的巴山群峰孔家山、八台山、花萼山、甑子坪、歪头山、老君山等地说：“一夫当关、万夫莫开之势，是进可攻，退可守，为消灭敌人极为有利的阵地。军部决定：命令二九五团于4月21日拂晓由万源出发，翻越花萼山到达万源以东大竹河，消灭该地区的敌人王三春的前沿部队，占领大竹河后乘胜猛追，继续经坪坝大梁直取城口县城；我同张广才副政委率领军直属指挥部、独立师、于代生部及二九六团于21日晨同时由万源出发，经万源官渡、荆竹坪、皮窝铺、庙坡，到达大竹河，尾随二九五团向城口跟进；罗南辉副军长及九十九师师长王波直接指挥二九七团于22日晨由万源县城南塔子山出发，取道官渡、庙坡到大竹河，占领歪头山阵地，在岔溪河及庙坝方向构筑工事，设防警戒，待命前进。”

王维舟军长命令说：“我军必须发扬马泥爪战斗、歼灭李家修战斗及打‘神兵’战斗的精神，一定要打好这场战斗，完成方面军总指挥部给我们的光荣任务。”会议结束时，各团干部均围着墙上的军用地图，反复研究地形道路后，随即回部队下达命令，准备行动。

4月22日，在罗南辉副军长直接指挥下，按照军部命令，我率二九七团由塔子山出发，24日经大竹河、白果坝进入2038高地歪头山视察地形道路，布置阵地设防，向岔溪河、庙坝警戒，待命前进。二九七团经理处、医务处留住庙坝为二九七团后方，听军部经理处统一指挥。

26日晨，收到王维舟军长给罗南辉副军长来信：“这次城口战役打得很好，真是旗开得胜。我二九五团在二九六团及独立师的配合下，25日在城口西郊全歼匪军王三春大老婆邓芝芳一大队（一个团）后，乘胜解放了城口县城，我军已全部控制县城，残敌向修齐坝逃窜。缴获敌邓团步枪100余支及匪军部分军粮，俘虏匪军200余人全部就地释放。”我们得此胜利消息后，士气高昂，表示要打胜仗与兄弟单位比赛。

在我二九五团攻克城口县同时，王维舟军长亲自指挥二九六团两个营和于代生独立师，经黑宝山、滚龙坡，紧追在大竹河被我军打垮后向陕南方向逃窜的残敌，一直追到陕南渔渡坝，敌向镇巴远去而止。以一个营留大竹河保卫军政治部后方，协助城口县苏维埃政府的工作。

王三春原在大巴山顶峰，以城口县城为基地，在川陕两省南北交界的大巴山麓靠打家劫舍起家，是“上山为王、下山抢粮”的有名惯匪，真是一群地地道道的乌合之众，油水不多。自大竹河、油房街与我军接触，在城口郊区顽抗，被我全歼一个团后，已呈一触即溃之势。这次追击战等于武装赛跑，敌人比兔子还跑得快，难于追上。从大竹河、黑宝山直追到陕南镇巴，一枪未放，扩大了苏区，巩固了我主力红军在万源以东、以北广大地区，我军已无后顾之忧，为配合我军主力集中精力，全力以赴地彻底粉碎川敌以刘湘为首的第四期“六路围攻”创造了有利条件。这就是我军最大的战果，也是对苏区人民最大的贡献。

城口地处巴山顶峰，山高林密，历史上是进可攻、退可守的军事要地，曾在三国时期刘关张建立蜀国后，成为诸葛亮屯兵要地，所以又称“葛城”。它紧靠川陕两省毗邻的西北至东南走向的大巴山山脉至长江北岸，四面均由海拔2300—2500米高的崇山峻岭环抱，是一小块河谷盆地。敌王三春匪部被红军歼灭一个团后，其残部虽被红军赶至陕南镇巴，但还有崔二旦、邓占元等敌军退守修齐坝设据点，在城口县城以南旗杆山设防抗拒。二九七团远在“2038”高地歪头山，在战术上与二九五团不能取得火力支援，红军兵力有限；在万源方面，主力红军未彻底粉碎敌人主力唐式遵第五路军以前，战线不宜过长。据此，二九五团只能以一个营的兵力设防于城口县以北、以西的柳树坝、小河口、石垭子及庙垭子等要点。该团随带两个营位于坪坝大梁长池垭。张广才副政委的前线指挥部设燕窝塘高地。

在红三十三军九十九师攻占城口及解放陕南镇巴、渔渡坝大片地区后，川敌刘湘误认为红军将由城口出巫溪、奉节直冲云阳、万县捣其后方，随即将主力第五路军的一、二、三师东移；同时，在东线城口方面增调唐式遵所属王三友团1800多人，佟毅（希湛）独立团2000多人，朱载明团1800多人及原王陵基所属崔二旦、马云屏、王泰等三个警备司令6000多人，邻水县熊筱篁团队1800多人的杂牌部队，共计一万多人进攻城口。在敌人大量增兵的情况下，罗南辉副军长由歪头山到坪坝二九五团视察后，仍回油房街军部同王维舟军长在一起掌握全局，并与歪头山部队密切联系。敌人虽大量增兵，对红军仍不敢大举进攻，只是远离红军据险对峙，东部前线处于相持。

岔溪河的敌人对歪头山阵地有过六次进攻，均被我军迎头痛击，死伤累累，狼狈逃窜，不敢对红军进犯了。

8月10日上午，歪头山阵地闻甑子坪前线激烈的枪炮声渐远，发现阵前敌人开始有动摇逃窜迹象，我立即命令二九七团出击。我率领二九七团经岔溪河以西大山，绕过岔溪河抄断敌人的后路。红军奋起直追，沿途打击敌人，使其伤亡无数，沿途丢弃整箱整箱的机枪、步枪子弹和炸弹，战士们非常高兴，不怕劳累，全部收集起来装备了自己。我部一直追到庙坝以东七八公里之远的茶垭子、大窝凼、朝阳坪等地，占领赛金山、学堂坪、麻子坪、马厂湾、黄鹰岩等阵地与敌对峙。之后，张广才副政委带军部交通队一个连，由大竹河、油房街军部出发，经岔溪河来到庙坝镇二九七团部，和我住在一起，增强指挥力量。随即，我陪同张广才副政委前往我部前沿阵地视察。二营捉到敌人的一名侦探，供出赛金山对面高地敌人为王泰部，大窝凼、朝阳坪为邓占元部，孙家坝敌人为佟毅独立团。我们弄清了敌情。

庙坝正面的敌人兵力数量之多，十倍于我。敌人部队装备比我们好，弹药远比我们充足，但其部队组成非常杂乱，很难统一指挥。他们知道红军的厉害，特别是刘湘集中四川省各军阀100多个团的兵力，持续十个月的“六路围攻”均被红军在万源保卫战中彻底粉碎后，对红军更是闻风丧胆；加之敌人多为各自保存实力，在与红军长期对峙中，经常派出部队在红军阵地前骚扰，均被红军击溃，付出高昂的代价，最后长期相持在红军阵前，不敢轻举妄动。红九十九师三个团仅3000多人，兵力单薄，部署在从陕南渔渡坝由城口到万源整个苏区东线，长达150多公里的区域内，高山密林深谷，全县都是羊肠小道，河流纵横，道路崎岖，战线很长，兵力分散据守，步兵调动迟缓，武装很差，弹药缺少，不宜进攻。平时都是学习、练兵，配合地方党建设苏维埃政权。在此期间，经张广才副政委决定，他留庙坝坐镇，我带两个连的兵力，由庙坝西南出击赛金山对面笋子厂高地的王泰部队，在左侧背邦邦梁袭击敌人后，远距离深入明通井到宣汉境内前河地区的樊哙店，游击一个星期而归。

11月底，王维舟军长带领一个警卫排，由大竹河军部经岔溪河来庙坝视察。第二天，庙坝左前方朝阳坪的邓占元敌部约一个营的兵力，在重机枪的掩护下，拂晓时向黄鹰岩一个连的阵地进攻。交战一开始，王维舟军长便命令增援，我马上带领两个连，用十分钟时间，跑步登上山高500米的黄鹰岩阵地，待100余名敌人进攻至阵地前十几米远时，100多个手榴弹一齐投过去，爆炸声中，我们以大刀和刺刀冲杀出去，打死敌人无数，余部狼狈而逃。我率领一个连，随前卫冲锋部队跟进，一齐追下山头，将敌人打得落花流水，一口气追击近十公里路，至不见敌踪方归。战斗结束后，我鼓励山头警卫连队，要提高警惕，监视敌人，随时作好准备，彻底消灭敢于再次来犯之敌。

我带领增援部队回到庙坝，向王维舟军长、张广才副政委汇报了战斗经过。他们都高兴地说打得很好，并对我部队加以赞许。随后，我陪同军长和副政委又前往赛金山前沿视察。王维舟军长在庙坝驻扎一段时间后回到大竹河军部。

红军解放城口地区后，敌人被我们在军事上打垮，长期处于防御状态。但我们又面临物资奇缺的困难，有些我们可以克服，但肚子饿了没有饭吃，才是真正难以解决的大问题。为了解决粮食问题，我们对群众进行了调查了解，研究城口地区没有粮食的原因。原来，城口是高山深谷，道路崎岖，地质极复杂，本地产粮不多，外地运粮来也很困难，加之各处都有奇奇怪怪的大小山洞，在红军未到达以前，当地拥有一定武装的地主豪绅，除将多年欺诈剥削农民得来的金银珠宝等财物藏入山洞外，还把大批粮食运入洞中囤积起来，使我们在洞外的军民缺少粮食，生活非常困难。恶霸豪绅挟持部分群众和他们一起藏入山洞，还不时派出狗腿子化装刺探红军情报，扰乱苏区治安，破坏交通。为此，红军除集中精力对付前线公开的敌人外，还要抽出部分兵力，配合苏维埃政府解决翻身群众的粮食和治安问题，我们必须打开洞子把粮食弄出来。

红军在城口，先后打开庙坝地区的水帘洞和空壳洞，以解决民食、军粮。最难打的是老鹰洞。这个洞很大，洞内有粮食、水、柴、枪，还有枪法很准的射击手。在悬岩绝壁的山腰进山洞的路上，有地形曲折的天然屏障，有很好的隐蔽掩体。我军派一个连围困达五个月之久，仍未打开，还牺牲了一位副连长。当时我军只配备有步枪、手榴弹、大刀等武器，根本不能解决问题，只能团团围着，不准敌人出洞捣乱而已。我同张广才副政委亲自前往视察，见到只有一条险恶的独路，根本无法接近洞口，我们没有大炮、炸药等攻坚手段，想不出打开它的好办法，只好作罢。

对庙坝背后的空壳洞，我们也围困了一个多月。久攻不克，我亲自指挥一个连前往了解情况后，提出新的作战方案，张广才副政委同意。我军首先假装我们无法打开洞子，撤出围困警戒部队，收兵回营，半月后待其麻痹外出活动时，我再亲自指挥一个营的兵力，于午夜出其不意兵分三路突然袭击，一鼓作气，直迫近敌洞门，再从洞顶山上用绳索垂下山洞，选派战士顺溜下进入洞中，终于获胜。打开洞后，万恶豪绅恶霸头子惊恐万状，怕受到人民的惩治，跳崖而死，随其跳崖死者多人。解放了被迫进洞的群众100余人，收缴了洞内的财物、粮食，交苏维埃政府处理。大部分粮食分给穷苦的人民群众，也分给军队一点粮食，暂时解决军民的粮食问题。二九七团经理处主任李长燕为前线筹粮，也亲自带队在庙坡后方打洞子，负重伤后，送往洪口红三十三军后方医院，不久牺牲。我得知后非常痛惜，命令副主任王顺玉任主任代理李长燕的职务，并报军部批准任命。

住在大竹河的军部及在坪坝的二九五团同样无粮吃。红军在城口地区的口粮，主要是土豆、包谷、南瓜、四季豆和野菜，一点大米也吃不到。二九七团在歪头山三个月的防御战时，搞了一点包谷米，我下令只在出击作战时才吃，平时只能用群众捐献的洋芋、南瓜、四季豆等和在山上采摘野果来填肚子，病员可以吃点包米稀饭。吃点油盐也很不容易。部队生活极为艰苦，虽然如此，我们的战士都是贫苦的农民兄弟，全军干部战士生活一样，均能吃苦耐劳，毫无怨言，革命意志非常坚强，士气高昂，战斗精神甚为旺盛，每天除执勤外，政治、军事学习非常刻苦认真，是举世无双最好的兵，不愧是无产阶级的忠诚战士。

“枪杆子里面出政权”。中国工农红军打到哪里，红色政权就建设在哪里。我们军队中政治部的主要任务，就是确保党对军队的绝对领导。具体地说，加强连队党支部的建设，使连队党支部发挥战斗堡垒的作用；加强党的政治思想教育工作，不断提高部队的战斗力；发动群众、组织群众打土豪、分田地，建设苏维埃政权，建立自卫队、游击队、儿童团等地方武装和工会、少先队、妇女会等群众组织；动员群众参加红军，扩大红军，配合红军肃清土匪，铲除恶霸；发动群众搞工农业生产；组织群众性的运输队、担架救护队；组织为红军家属的生产代耕队，建立起军民鱼水之情，使苏区的人民都知道，红军是苏维埃政权的支柱，苏维埃政权是人民的政权，没有人民的政权也没有人民一切。红军政治部门的工作是相当繁重的，这就是中国工农红军党政工作的光荣传统。

红军解放大竹河、坪坝、城口县城、白果坝，占领歪头山、老君山等阵地后，军政治部主任李百选即抽调驻大竹河的二九六团第二营教导员陆朝轩任城口县苏维埃政府主席，配合方面军总政治部由万源县调来的县委副书记王朝禄（后任城口县委书记），建立了城口县区、乡苏维埃政权，巩固了红军后方坚实的阵地。取得万源保卫战伟大胜利后，王朝禄随即到庙坝建立了庙坝区苏维埃政权，巩固了红军在城口全县的各阵地。

在红军解放城口全县三分之二的土地，转战驻守近十个月的过程中，城口县人民在对红军部队供应粮食、组织人民参军、对苏区的巩固，以及配合红军清匪反霸、维护社会治安、生产建设等方面作出了很大贡献，军民鱼水之情难忘。

我军把王三春残敌赶至陕南镇巴后，红四方面军总政治委员陈昌浩亲笔写信给红三十三军政治部，要求与王三春部建立统战关系。军政治部主任李百选即派政治部宣传科长魏传统，以红三十三军政治部秘书长的名义，到陕南渔坝红军游击区与王三春的代表谈判，达成互不侵犯的协定。之后，城口苏区的中药材和土特产品就可以运出去换取我军急需的西药、医疗器材及食盐、布匹等物资。红军与王三春建立了互不侵犯的统战关系，使我军后方在北部无后顾之忧，显示了我党统战工作的重要性。

1935年1月27日，接到罗南辉副军长由大竹河军部的来信，命令我马上到军部接受任务。我立即召集三个营长及营教导员传达军部要我去接受任务情况，在我离开后，指定一营营长暂代统一指挥。将工作交代后，带上一个警卫班连夜出发，28日上午赶到军部。罗南辉副军长说："调你这次到军部的主要任务是：红三十三军奉命全部撤离城口。这次奉命撤离城口东线，是粉碎敌人'六路围攻'后的战略转移。我们的任务是掩护整个红四方面军向西转移的后卫部队，是战略进军。你今夜在军部休息，明天一早即返回庙坝前线，按军部作战计划准时行动。这一战略转移命令不准向团以下干部详细传达。"

29日晨，我带着军部发给二九七团的重机枪和子弹，经岔溪河于当日下午回到庙坝前线，将重机枪及弹药发给二九七团一营。30日上午，在庙坝召开三个营长及营教导员会议，简单传达了军部决定撤离城口的命令，部署庙坝东线向西线转移的任务，命令各部注意保密。于31日夜晚准八时，部队由前线秘密撤退，经岔溪河向大竹河转移。

从此，红三十三军二九七团自1934年4月28日进入城口县境，至1935年1月31日撤离，在城口战斗、生活了将近十个月时间，告别了城口县的父老和兄弟姊妹，踏上了新的征途。红三十三军是宣汉人民的子弟兵，也是城口人民的子弟兵。这支部队与宣汉县人民、万源县人民和城口县人民都有血肉相连的亲密关系，这是不可磨灭的历史，特此回忆。

向宣汉县人民、万源县人民和城口县人民致以崇高的敬意！

（节选自中共城口县委党史研究室编：《城口县苏维埃创建史》，重庆出版社2006年版。）

陈培山：
中央红军过綦江石壕的情形

陈培山，綦江县石壕梨园坝村民，见证了红军在綦江的事实。

红军路过石壕时，我当时只有14岁，我家里人在石壕梨园坝（梨园村）做糕点生意。当时梨园坝有十多户人家。红军过石壕前，这里驻扎有贵州的部队，已驻扎一两年，目的是“堵口子”，堵截红军。听说红军要来，就吓跑了，逃跑之前，向群众传谣：红军来了，男女老的活埋，娃儿煮来吃，青年妇女要遭抢。红军到梨园坝时，这里的人户包括我就跑到山上躲了起来，偷偷地看红军的举动。一些老年人一是跑不动了，二是不怕死，觉得反正自己都是活不了多久的人了，看看红军到底要做啥子，就留在家里照看。红军穿着灰色长衫，背着通袋（白色，装米）、被盖、水壶和枪，穿着草鞋。红军不进群众的屋子，不拿群众一点东西，只是请群众烧点开水。红军只进有钱人的屋子，也只是砸烂家里家具，不要东西。后来，我还听说红军在大罗坝分了一个地主（罗仲强）的粮食。红军在石壕不强行拉夫，只是写标语动员群众自愿当红军，他们找群众帮忙带路到贵州，不让群众背东西、干体力活路，送到了就可以自愿回来。留在家里的老年妇女觉得红军对人客气，很讲理，也就不怕红军了，还热情地帮红军烧开水。后来这些留下来的老年人跟外出躲藏的群众说："不该去躲，红军好！"红军住在树林里，牵油布作棚，用油布铺床，晚上也不打火把，非常安静。红军到梨园坝没有拿走任何东西，只在石崖和墙壁上写了些标语。我还清楚地记得一条标语是：上等绅粮，争我们的钱（地主残酷剥削老百姓）；中等绅粮，不找闲（红军不打击生活稍微殷实的农民）；下等绅粮，一路朝朝日日当过年（号召贫苦百姓当红军）。红军队伍经过石壕一天一夜，只看见不断线地走，天黑了就住下来，第二天鸡一叫就走。

（节选自中共重庆市委党史研究室编：《红军在重庆史料选编》，重庆出版社2016年版。）

贺长清：
川东游击军汇入主力红军

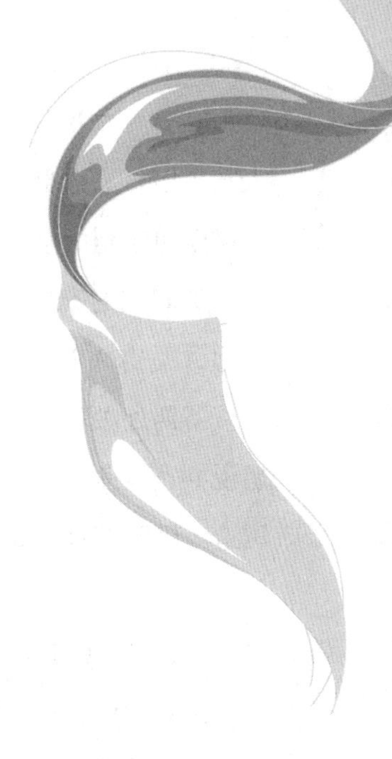

贺长清，历任川东地下党交通员，红四方面军第三十三军警卫员、排长、政治指导员、团政治处主任，参加了川东游击战争、川陕革命根据地反“六路围攻”，1955年被授予大校军衔。

一、革命的风暴

在1932年底，中国工农红军第四方面军入川以前，四川省是中国历史上军阀割据最多的一个地方，每个军阀盘踞一个地区，称王称霸，你争我夺。军阀混战，历年来从未停止过。由于军阀混战，到处拉夫抽丁，强征军粮，农民遭受着不堪忍受的痛苦，在封建苛捐杂税的重重敲诈下，催款委员川流不息，地主逼租胜似虎狼，农民真是无法生活下去。

1930年大旱，许多地方几个月不下雨，田干地裂，秧苗枯死，农民生活受到很大威胁，处在天灾人祸饥寒交迫的境地，川东人民长期在专制反动统治下，在饥饿贫困的死亡线上挣扎。

在农民中流传着这样四句话：“住在老林边，抽的兰花烟。吃的洋芋果，烤的疙蔸火。”深刻地反映了当时农民无法生活的痛苦，很多人被逼得扶老携幼四处逃难逃荒，不少老人和小孩经不住风吹雨淋，饥寒交困，便饿死在路边。在这种情况下，他们不得不联合起来，进行抗捐、反饥饿的斗争，几十人甚至数百人成群结队去“吃大户”。地主不让吃，遭镇压。这样就掀起了农民群众更激烈的反抗，加深了农民群众自发性的阶级斗争。

那时我的家乡——四川宣汉县，传说有了共产党，说共产党打土豪、分田地，是穷人的救星，并说有红军，红军是打军阀的，是穷人自己的军队。我爷爷四处去联络，也偷偷传出共产党快来的消息，尽管地主进行反动宣传，胡说共产党杀人放火，但乌云遮不住太阳，农民群众已经看到一线光明，被压迫人民要翻身、要斗争，革命的风暴在川东地区刮起来。

二、党的红旗插到川东

正当人民在饥寒交迫中挣扎的时候，共产党来了。1931年夏天的一个中午，天气晴朗，我在竹林里拾柴，忽然听见有人在后喊：“小娃。”我回头一望，看见一个身材高大的陌生人走到我跟前问我：“你姓贺吗?”“这是贺值三（我爷爷的名字）的家吗?”我从未见过这个生人，故怀着恐惧的心情，开始不敢回答。他又重复地问：“你爷爷在家吗?”我看他脸色庄重，态度温和，才慢慢地回答说：“在家。”便跑回家去叫爷爷。爷爷早起出门拾粪，这时刚回家来。便立即出来迎接这个客人，连忙倒茶招待。听爷爷介绍，才知道来人就是教书的周克西先生，要在我们这里办学校教书，原来爷爷出门的目的就是去接他的，因走的方向不对未接上。周克西还带来两个小学生，一个化名叫五儿，一个化名叫杨老幺（即杨能高），他们比我的年龄大一些，两人都背小竹筐（后来才知道筐子里装的是枪），他们就在我屋住下。日子一天一天过去，却没有看见周克西教书，只见他每天晚上和爷爷谈至深夜。我心里逐渐怀疑起来，后来经常有二三十人来我家开会，有时开完会，屋里屋外都睡满了人。对这些事情我很不理解，觉得奇怪，问爷爷：“为什么晚上上课，开会不让我听?”但爷爷不给我讲，还说：“小孩子不要管这些事。”有一天早起，我看到一个同志正要洗脸，他一弯腰，背后露出一个东西，我急忙几步走向他背后，一把抓住问，这是什么好玩的东西，非要看看不可。这位同志见我诚恳地要求，只好拿出来给我看，并详细向我解释这是做什么用的和如何用它打坏人，这时我才知道是一支驳壳枪。以后，我又看见父亲枕头下面也有同样的一支枪。同时发现来开会的好多人，也有同样的武器。我好奇地又问好几次，爷爷瞒不住了，才告诉我："周克西是共产党派来的，他就是王维舟，要在这里附近地区组织川东游击军，帮助穷人打土豪、分田地，游击军总指挥部就驻在我们家里。"我听了真高兴极了！游击军的人嘱咐我保守秘密，并吸收我加入了共产主义少年先锋队，我当了游击军指挥部的通讯员，白天送信，晚上站岗放哨，还接受任务秘密组织附近的穷苦孩子，很快就发展了四五十人加入了少先队。我们全家人都参加了游击军的工作。祖母、母亲为游击军烧水做饭，利用夜晚时间碾米。祖父、父亲负责联络、通信、筹备粮食、侦察敌人的情况，游击军指挥部的同志深入群众，开展活动，常常深更半夜才回到我们家里，有时就在我们家里开会至深夜，有时就到山上、树林里去开会，革命的烈火在川东广大地区的群众中已经燃烧起来了。

中国共产党川东军委和川东游击军总指挥部的领导同志，在我家里秘密地开了几天紧急会议，会议内容主要是传达了省委的指示，要重新组织川东游击军，准备再次发动游击战争，并同时总结了以前作战受到严重损失的教训。

1929年春，成立了川东游击军第一路（后中共四川省委命名为四川工农红军第一路游击队），农民开始有了自己的武装，无不欢欣鼓舞，在万源、宣汉、城口一带发动了第一次游击战争，这支年轻的游击队，经过一年多的"围剿"与反"围剿"的战斗，不幸在1930年被敌人包围，游击军奋战数月，寡不敌众，最后遭受失败，刚从农会培养训练出来的一批革命干部，也大都英勇牺牲了，使川东游击军的斗争遭到严重的失败。

1930年7月，四川省委又以百折不回的精神，在开江的任市、广福场，梁山的虎城场、太平场一带发动群众，组建了四川工农红军第三路游击队，约1000余人开展了游击战争。这支队伍成立后，军阀刘湘派了一个师进行"围剿"。这时游击队又奉命远征包围武汉，由于李立三路线的错误，不顾广大干部的正确意见，又开始了东征，在东征途中多次击溃了敌人的进攻，当部队到了忠县的石宝寨渡过长江，开往石柱，先头部队刚到石柱的后山，不料刘湘派陈兰亭带一个师追来，配合当地民团600余人进行围追堵截。游击军当即歼灭民团之后，正是疲惫之际，回头应战，与陈兰亭师苦战三天三夜，最后弹尽粮绝，又一次使游击队受到惨重的失败。总指挥李光华不幸负重伤被俘，宁死不屈，最后死难。他的弟弟李次华任二大队长，也被匪军杀害，为革命英勇牺牲，副总指挥王维舟率领剩下的几百人，顽强抵抗，突围出来。

经过会议热烈的讨论，总结两次失败的教训，大家认识到李立三脱离群众、脱离实际的错误是失败的主要原因。根据省委有关指示和广大干部群众的意见，结合毛泽东在《湖南农民运动考察报告》中的一些精神，游击军重新制定了对敌斗争的方针，并采取了一些具体措施：

第一，加强党的领导，普遍健全党的组织，积极发展党团员，成立县委，建立支部，加强游击军的政治思想教育，进一步加强干部的思想工作，坚定了革命斗争与胜利的信心，使群众斗争有了党的坚强领导。

第二，广泛深入地放手发动群众，普遍建立农民协会，成立基干游击队，培训骨干，实行破仓分粮，打富济贫。领导农民进行抗租抗债，反对苛捐杂税，反对拉夫抽丁，打倒军阀，打倒土豪劣绅，以农会形式代替工农民主革命政权。

第三，军事上采取灵活的游击战术，在敌众我寡的条件下，灵活地使用兵力，开展以夜间作战为主，用化整为零、敌进我退、敌疲我打的巧妙办法，去打击消灭敌人。

第四，对各地保甲长和土豪劣绅，实行正确的政策，广泛开展对各阶层的统一战线工作，对顽固的坚决反共的首要反动分子，给予坚决镇压，为民除害，对一般的大多数则争取利用，扩大游击军的政治影响。

根据新的斗争方针，川东游击军总指挥部的领导人王维舟、冉南轩、蒋群麟等在宣汉芭蕉场一带，依靠群众，发动群众，领导农民进行革命斗争。同时还在各地举办农民文化辅导学校，发展了党团组织，组织农民协会、妇女会、少先队。向广大农民群众进行阶级教育，使穷人明白了为什么会穷，这条穷根不是自己生长出来的，而是来自那些封建军阀、土豪劣绅、恶霸地主的剥削压迫，因此穷人要翻身，要有活路，要斩断穷根，只有打倒这些骑在人民头上的反动派，推翻剥削制度。因此穷人自己要组织起来，加入农会，拿起武器，参加游击军，和敌人斗争到底，同时广泛地宣传破除迷信，解放妇女，提倡男女平等，反对缠脚等革命工作，不到几个月在农村掀起了革命的高潮。

川东游击军迅速发展壮大起来，经过反“围剿”的激烈斗争，取得了不断的胜利，游击军不仅敢于向猖狂的敌人作斗争，还采取灵活的战术，有力地配合了红四方面军入川，歼灭了四川军阀刘存厚、田颂尧等部的主力和大量的地主武装。

三、不屈的革命人民

当游击军正在顺利发展，游击根据地逐渐扩大的时候，敌人步步为营，在各乡镇如清溪场、芭蕉场、天生场等地驻有一营或一团的兵力把守，敌军更加疯狂地配合保甲长、团丁和匪特大肆活动。敌人出动大批军阀，到处清剿，并派遣特务到处侦察游击军和指挥部的住址，企图破坏农民协会，消灭共产党，在各乡村、城镇满贴布告：“悬赏十万银元，捉拿王维舟。”横行于宣汉、万源、达县一带的军阀“川陕边督办”刘存厚又派他的第二师在铜鼓石、下八庙一带，向游击区“围剿”。有一天晚上，游击军总指挥部正在我家里开会，被敌人发觉，敌人即连夜派了一个营来包围指挥部，半夜的时候，放哨的游击队员带来一位白发老人，他跑得满身大汗，又紧张又焦急地给我们送来了紧急情报，说敌人分三路向总指挥部包围来了。大家接到情报后，在万分紧急的关头，立即一面准备迎战，一面烧毁文件和埋藏物资，进行转移。我们全家人心情紧张，担心着全体同志的安全。指挥部全体人员和党的领导同志终于在游击军和群众的掩护下，安全地转移到童家山和炉厂坪一带。当指挥部刚离开不久，敌人就包围了我的家，到处进行搜索，把家里的东西抢劫一空，并毒打妇女和小孩，严厉审问，将我爷爷贺值三、叔父贺泽忠（共产党员）和四爷爷贺宝庭逮捕。在押送到南坝场途中，经下八庙渡河时，爷爷从船上跳下水逃跑，但河水又深又急，年老体弱游不动，敌军从两岸开枪并下河追捕，他又被敌人捉住，到南坝场被关进一间狭小而潮湿不堪的监狱里，遭受敌人多次严刑拷问。敌人对他们采用了剥光衣服吊打、用烙铁烧身、用辣子水灌鼻子、坐老虎凳等各种极端残酷的毒刑，又用卑鄙无耻的手段以金钱引诱，逼着要他们说出游击军的行踪，交出共产党的名单和游击军的武装弹药等，尤其是对贺泽忠施用了惨无人道的酷刑，用“猴儿搬桩”的毒辣手段折磨他。敌人以此为乐，残暴地强迫爷爷贺值三、四爷爷贺宝庭陪刑，借以威胁他们。但是革命的人民始终没有向敌人屈服，不管反革命怎样费尽心机，威胁利诱，始终也没有达到他们的可耻目的，结果贺泽忠被枪杀了。共产党员贺泽忠坚贞不屈，壮烈牺牲。农民群众在这场斗争中，又进一步受到了深刻的阶级教育，很多青年积极要求参加共产党、青年团和游击军。

贺泽忠牺牲后，贺值三、贺宝庭被关禁数月之久，受尽了种种摧残和虐待，几乎死去，后来幸被党通过各方面的关系设法营救出狱。不久以后，由于叛徒李光年的出卖，敌人又将我母亲抓去，悬吊在屋梁上，使用酷刑拷打，逼迫她交出游击军指挥部的枪支子弹和其他物资，我母亲咬紧牙关忍受毒刑，几次昏迷过去不省人事，但不论敌人怎样猖狂叫嚣威胁，同样没有得到丝毫的口供。

四、打击反动团总

清溪场团总、恶霸地主符戟轩，一贯坚持反共，罪大恶极，长期残酷地欺压人民，无恶不作。他依仗着有一个营的敌人驻守在清溪场，更加为非作歹，残害人民，激起了广大群众的无比愤恨，游击军几次向他写信，严厉警告，劝他不要做坏事，要给自己留条后路，否则后悔莫及，但他对游击军的忠告置之度外，仍然欺压人民、强奸妇女，无所不为。党决定为人民除掉这一害虫。但是，清溪场有敌军一营人把守，要想除害，等于虎口拔牙，要冒很大风险。游击军进行了充分的准备和周密的计划，利用有一天正是赶场的好机会，游击军化装成各式各样的人物到大街小巷埋伏，有的化装混入符戟轩的家里。游击军又抽调部分主力守在街口，堵住敌军，使其不敢出来援敌。这时符戟轩正在自己茶馆玩乐。黄昏时候信号枪打响了，埋伏在各处的游击军战士都开了枪，枪声回响，埋伏在符戟轩家里的游击军战士立即放枪打符戟轩，但未打中。奸猾的符戟轩见势不妙，便立即起身从后门逃走，游击军前后到处搜查，没有找到他。符戟轩的保镖和随从全部被游击军缴了枪。第二天游击军派人去调查，才知道万恶的符戟轩跑出后门，躲藏在石板桥下的污水沟里，乘黑夜逃跑了，而刘兴亘、丁东帆等恶霸顿时毙命。

在枪声打响后，敌军的一个营听见到处是枪声，不知道游击军究竟来了多少，紧紧守住营房门，吓得一个也不敢出来，当游击军结束战斗，全部安全撤出清溪场之后，敌军才出来耀武扬威地在街上乱放枪，喊叫捉共产党，打老百姓出气。

党对各地团总、土豪、保甲长的政策是：对动摇的和某些开明人士，就争取利用，对顽固的恶霸官吏和坚持反共的分子，采取坚决镇压的政策。游击军坚决执行我党分别对待的政策，在农村中把广大农民组织起来，团结在党的周围，利用一切可以利用的力量，孤立和打击少数，争取多数，更加加速了游击军的巩固和发展。

团总、恶霸符戟轩当时虽然逃跑了，但他逃不出人民所布下的天罗地网。全国解放后终于被人民揭发，人民政府接受群众的要求，依法逮捕了他，根据群众的检举于1951年召开了公审大会，当场执行枪决。

五、巧妙活捉陈局长

党的组织在各地有了很大的发展，革命的浪潮席卷整个川东，群众斗争情绪一天比一天高涨，游击军不断在扩大，敌人更加害怕，更加疯狂地进行挣扎，军阀刘存厚又增派他的第二师到宣汉县的东北游击区进行“围剿”。游击军总指挥部积极调动各地游击军主力进行反“围剿”斗争，游击军采取了灵活的战斗，以化整为零、化零为整的办法，广泛开展群众性的麻雀战和夜间作战，打得敌人进退两难。刘存厚为了攫取军饷便派表弟陈炳章任宣汉县禁烟查缉局局长，以禁烟为名大刮民财（陈炳章又名陈文甫，原任川陕边防督办署上校参谋）。

吸尽了人民血汗的陈炳章贪财如命，毒过豺狼，成天向老百姓要这种那种税款，搜刮得人民一干二净，而他却终日花天酒地贪赃享乐，人民对他恨之入骨。有一天游击军探知他由南坝场顺前河乘舟而下，到宣汉祝寿，带了许多抢劫的财物作为礼品，并带有警卫护送，分乘三只船在前面航行，他乘一只船跟在后面。游击军决定不放过这个机会，调集了一部分基干游击军战士，埋伏在猫跳河东岸各山头上，另挑选十几名游击军战士巧扮成刘存厚的通讯班，装成给陈局长送紧急情报的。游击军战士个个像演员一样，化装得神气十足，符号证据俱全，大摇大摆地赶至猫跳河东岸，因而没有引起敌人的怀疑，化装的游击军战士故意说："哪只船是陈局长的船？"陈局长船上有一个卫兵听见就走出船舱来问："你们是哪部分的？"游击军就说："我们是刘督办的通讯班，来给陈局长送紧急情报的。"他们听说是刘督办派人来送信，船很快就靠了岸，这只船上有四个卫兵，有的还在打瞌睡。游击军化装的这个班一拥而上，船前船后都站满了人，其中一个伪装班长的队员，即假装向陈局长报告并交上刘存厚的亲笔信件。陈局长大模大样的正要拆信，这时游击军战士便相互使了个眼色，猛把枪口对准陈局长和卫兵的脑袋，齐声喝道："不许动！不许动！举起手来！"就这样一齐把敌人的枪缴了。陈局长惊疑地问："你们要干什么？要干什么？"游击军们用枪对着他们，不许叫喊，强迫他们一起登岸。这时游击军战士们连推带拉地很快就把陈局长俘虏到山沟口，事先埋伏在那里等候的十几名游击军战士即把他缚在滑竿上抬进大森林。陈局长还恐慌地问："你们要把我带到哪里去？"游击军战士回答说："游击军有事请你。"他一听说"游击军"立即吓得浑身颤抖，像一条死猪似的无声无息地瘫软在滑竿上，被抬走了。

军阀刘存厚得知他的表弟陈局长被俘之后，大为惊慌，即派出了大批暗探和军队到各处搜捕，企图用硬的手段抢回，游击军故意散布出假的消息，用声东击西的方法迷惑敌人。他们就像疯狗似的奔跑了好几个县，最后都扑了空。探寻不着，刘存厚才软了，派人和游击军谈判，愿意出三万块银元把表弟赎回，游击军不答应，向他要200支驳壳枪，刘存厚不给，宁可抛弃他的表弟。陈局长又苦苦哀求说："你们再宽大一些吧！刘存厚宁可出我十个人头，不会给你们枪的，你们只要拿到钱，就不难买到枪。"当时游击军的武器主要靠缴获，如果有钱在川东地区可以利用关系到敌人内部去购买枪支。在这种情况下，决定同意敌人的交换条件，释放这个被俘的局长。这样，更加扩大了党和游击军的政治影响。

当双方在指定地点黑天池大山上互相交换的时候，双方人员各站一个山头，相隔有百十米远，双方谈判代表站到双方兵力的中间谈话。游击军要他们先交钱，敌军代表要求先见到人才交钱，怕我们收了钱不交人。游击军就让陈局长出来喊了几句话，然后敌军方面才交了钱，游击军派人把钱收点清楚拿走后，才把人交还了他们。当时，情况是万分紧张、针锋相对的，我们准备了兵力，万一敌人玩弄阴谋，交换不成功，就要冲突起来，我们就准备给敌人以坚决的打击。但敌人看见游击军的兵力雄壮，就不敢动手，也不敢违约。结果谈判成功。这一胜利消息传出，在群众中更加扩大了党和游击军的影响，更加鼓舞了川东各地游击军战士们斗争胜利的信心，给了敌人狠狠的痛击，使敌人受到极大的震动。

六、一次歼灭战

游击军接省委送来的消息，红四方面军从鄂豫皖苏区过来了。但确切情报还无法知道，因此游击军日夜渴望，竭力四处打探消息。

有一天，游击军在活动中遇见在通江北面巴山一带采中药的药商，他从巴山回到宣汉，说徐向前率领红军翻过巴山已进入川北来了。又说红军打富济贫，所到地方，除暴安良，受到群众欢迎和拥护，群众听到消息无不欢欣鼓舞。游击军作战多年，听到红军入川的好消息，更是万分兴奋。游击军指挥部立即派人去找红军，但敌人封锁森严，第一次派出去的人不见回来，第二次又派出人去联系，仍无结果，两次派出联系的同志都不知下落。游击军指挥部的领导同志非常焦急，但决不灰心，不怕敌人的重重封锁，不管怎样艰难困苦，一定要找到红军，于是第三次派蒋群麟前去，终于和红军取得了联系，蒋群麟从红军那里带回红军主力快要向东进，即将发动宣、达战役的情报。川东游击军党组织，及时抓住有利时机发动群众，鼓舞斗争意志，大力开展活动，决定以实际的战斗行动打击敌军后方，来配合和迎接红军东进。

敌人在各地集结兵力，企图阻拦红军前进，加紧训练民团，到处拉夫抽丁，想尽一切办法维护他的军阀统治。但红军在前线不断取得胜利，敌军被红军击溃，节节败退，刘存厚军阀的统治被动摇了。敌人一个连带着弹药和重要的资料，顺宣汉前河向南坝场逃跑。游击军得知敌人被红军击溃，狼狈逃跑的消息，指挥部立即采取紧急行动，要坚决消灭这股溃逃的敌人，便集中川东游击军和广大群众，自动拿起土枪土炮，数千人埋伏在宣汉县前河马立爪渡口到桅杆岭的龙王头沟一带。当游击军埋伏妥当后，敌人一个连在河边沿岸步行，当走到马立爪过渡口后就陷入了游击军的埋伏圈里，当游击军指挥部冲锋号信号枪一打响，游击军战士从山沟两面一拥而出，喊杀声四起，响彻云霄，游击军威风凛凛，个个雄赳赳地向敌人冲去，将敌人冲散，吓得敌人四处逃跑，有的被游击军击毙，有的被俘虏，有十几个敌人企图跳水逃走，也被游击军打死和俘虏，其余敌人只好向游击军投降，经过猛烈战斗，敌人全被歼灭，并缴获了敌人所有的弹药枪支和物资。指挥部将缴获的武器、物资分配给游击军，各游击军都得到了很多武器弹药的补充，军威大振，士气更加高昂。这一次歼灭战，震动了敌人整个后方，加强了群众斗争的决心，游击军和群众更加团结一致，信心百倍，要以更多更大的战斗胜利来配合红军东进，开展新的战斗局面。

七、胜利会师

1933年9月下旬一天，徐向前总指挥派许世友率七十三团和四军二十八团来到下八庙总指挥部，和川东游击军胜利会师。

漫山遍野，红旗招展，四面八方，欢声震天，游击军战士和红军战士紧握着手，激动地反复地说："同志，可盼到你们了！"两支革命力量，汇成一股不可抗拒的洪流。

胜利会师的消息，像春风一样传遍远近城乡，群众欢欣鼓舞，情绪高涨，连夜从各个角落奔来欢迎红军。军阀刘存厚残部和部分民团集结在南坝场，欲阻拦红军前进道路。许世友、王维舟当即订好作战计划，调动红军和游击军，发动群众，向南坝场敌军阵地进攻，沿途人山人海，红旗布满山川，声势浩大。红军在游击军及群众配合下，分东西二路，向敌人夹攻，在红军和游击军的强大打击下，敌军很快溃败，四处逃窜。红军、游击军及广大群众一起涌向敌阵，激战一昼夜，击溃敌人八个团，胜利占领南坝场、夺取了圣登寺高地，战果辉煌。红军继续东进，一举歼灭残匪于上八庙后山之杨柳关，声威大震。

八、红三十三军诞生

川东游击军与红军胜利会师，打垮刘存厚匪军之后不久，游击军总指挥奉命去宣汉开会。宣汉西门外广场上，聚集了数万群众，这样的群众大会，实属空前。会上，红四方面军政委陈昌浩当众宣布川东游击军正式改编为中国工农红军第三十三军，任命王维舟为军长，梁、达中心县委书记杨克明为政委（原化名洪陶儿）。王维舟军长就职宣誓讲话后，群众的欢呼声和掌声像春雷响彻云霄，群众热烈庆贺红三十三军的成立，家家张灯结彩，户户欢天喜地，鞭炮不绝，锣鼓喧天，全城一片欢腾景象。当王维舟军长率红三十三军开赴前方时，群众沿途夹道欢迎，鞭炮锣鼓齐鸣，从此，红三十三军就开始了新的紧张的战斗生活，踏上了胜利的征途。

（节选自中共四川省委党史工作委员会编：《川东红军游击队》，四川大学出版社1992年版。）

赵启民：
四川红军第二路游击队的回忆

赵启民，时任四川红军第二路游击队总指挥、纵队长。

一、涪陵兵变情况

1930年蒋介石调集十万兵力进攻中央革命根据地。二十军军长郭汝栋奉命出川进攻中央红军。同年春，中共四川省军委负责人李鸣珂到涪陵领导武装起义。

郭军一师一团各营都有共产党的组织，该团三营党组织比较健全，故此党以该团为发动起义中心，利用士兵不愿出川的机会，鼓动起义，配合农民武装暴动，开展革命斗争。

郭军调兵集中涪陵城时，党决定在一师一团三营首先发动起义。十一连指导员何治华与谷德荣和我（都是共产党员）商量决定：利用三营从白涛回涪陵途中，由谷德荣率领中士汪鉴周（共产党员）、陈奇（共产党员）首先打死代理营长（原九连长）李佛态，然后率全营起义，进攻涪陵城。但部队到达涪陵城下时，谷德荣等站着不行动，李佛态便随其他连进城了。这时我立即把十一连带到山上，十连又向望州关制高点跑。外应的张清平领导的农民军在乌江对岸有意暴露目标，吓得一师师长廖海涛落荒而逃。起义计划未能实现。

李鸣珂召开会议，嘱各连要肃清反动军官，撕毁军旗作政治鼓动，组织力量袭击向县城推进之敌军，并派一支部队准备船只渡河。他强调不要等到县城暴动后才举行起义，更不要寄希望于外力而等待观望，要继续加强各连党支部的领导，独立地、机动地进行武装起义，绝对不能再彼此观望，坐失良机。

当日晚间，敌人进行全城搜索，党的领导同志被严密保护起来，无一受害。

三营分散驻扎在城内。敌人严禁士兵外出和互相交谈。十一连党支部设法制作外出证件——采购证，让士兵凭此外出活动。

后来三营各连移驻荔枝园，独十一连移驻西门口街上。二十一军杨国桢旅由渝来涪。每到薄暮，杨国桢即派整营部队封锁十一连，拂晓才撤退。

二十军部想把三营速调出川，却无轮船，欲乘木船走又怕士兵在途中起义，就将三营武器全部捆交忠实走狗看管。十一连秘密制备了100把匕首藏在米袋内，待机杀死护枪走狗，夺枪起义。后匕首被监视的军官发现没收。敌人指派九连中士徐步武（共产党员）暗杀我，徐步武向党组织作了汇报，敌人的阴谋未得逞。

郭汝瑰要我把谷德荣、汪鉴周、陈奇等交到营部。我找党的领导未找到。在这紧要关头，我立即召集谷德荣、汪鉴周、陈奇及胡安富等人，说明紧急情形，决定由汪鉴周集合第一排，陈奇集合第二排，胡安富集合第三排，分别找能载一排人的木船向清溪驶去。又派上士陈明武向特务长冉建华说明紧急情况，安排得力人负责，以木船载炊事用具向清溪赶来。船到江心，我在船上作了简短动员后立即宣布起义。在船上，我们一面说服船工加紧推船，一面撕碎军旗作标记，将军帽投入江中。不到半夜，我们就在清溪镇附近下船了。清溪镇附近有家土豪，民愤很大。我命谷德荣带领一班人去把他杀掉了，夺得三支步枪，一支手枪。我们用土红在墙上写了很多标语。队伍稍事休息后，即向罗云坝进发。我们请人带路，叫他们一段一段地带。带到分路点放回，另请人带，避免敌人探知我们的去向，我们虽然极度疲倦，但无人叫苦，更没有人掉队，很快就到了目的地罗云坝。

到罗云后，当地党组织给我们安排在一所小学里休息，接着，罗云党支部召开了盛大的欢迎会。军支和罗云党支部召开了联席会，决定军事暂时由我负责，规定了紧急集合地点、口音、口令等。天刚拂晓，农民分别带领士兵到指定地点居住。

二、四川二路红军的诞生

翌晨，何治华从涪陵赶来了。他说，昨夜敌人准备派十二连追，连长左世琳不敢来，想派其他连又怕一去不复返，结果不了了之。

我与何治华化装成农民侦察了周围地形。

涪陵派来的同志也先后到达。苟良歌来后，即召集我和尹觐阳、李焕堂、何治华、周晓冬等人开会，传达省委指示：中共涪陵特别委员会除原有的同志外，增加尹觐阳、李焕堂为委员。苟良歌说："现在首要工作就是积极鼓动农民参加赤卫队，配合兵士发动游击战争，实行土地革命。"

我亲自到士兵驻扎的农民家里了解军民关系，向农民宣传党的土地革命的政策，讲明农民只有参加赤卫队，打倒土豪劣绅，分地分田才能翻身的道理，并提醒士兵中的党员，除警惕敌人的进攻外，还要发动群众积极参加赤卫队。

苟良歌又召开了特委会，讨论扫除农民起义的障碍问题。主要是有个土豪很反动，与涪陵县政府勾结很紧，欺压群众，农民恨之入骨。会议决定：当天夜里由我派出一个大组，找几个农民参加，去杀这个土豪。薄暮，第五大组分散到小学内集中，我与大组长陈占武侦察了土豪住地地形后，派人把路口和他的门严密封锁。然后破门而入，将土豪处死。我们向土豪家人宣布罪恶事实后，查封了财物，烧毁契约，缴获两支步枪，周晓冬写了罪状，贴上桥头，然后胜利而归。

第二天，农民们涌上桥头，看了这个土豪的罪状，掀掉了压在农民头上的这块石头，群众拍手称快，报名参加赤卫队的人更多了。另有少数上层人物十分恐慌，妄图孤注一掷，阴谋夺取起义部队的武器。特委召开紧急会议，讨论防止敌人突然袭击的对策，分工尹觐阳马上召集保正开会，宣布成立团队，人枪由团总调集，伙食由各保负担。会后，苟良歌到农民家找何治华和我商量了成立团队的问题。

团队成立的第二天下午，我们发现有100余名土匪向罗云街上窜来。苟良歌、尹觐阳、何治华、李焕堂和我集合团队，据守街后制高点。土匪见有准备，不敢轻举妄动，就到森林里喊话，要求借路通过，而后向大山去了。

队伍回原地待令，领导临时决定，今夜团队不驻庙内，傍晚移驻高地附近的农民家里，防止坏人勾结土匪里应外合。

我们一面积极组织农民赤卫队，加快农民起义的准备工作，一面准备军用物资，以供日后武装斗争之用，并请求中共四川省委支援医务人员。邻县地下党组织和革命团体纷纷赠送药品和红布。人心更加振奋，士气更加高昂。

在特委扩大会议上，苟良歌分析了起义情况：编组的赤卫队队员已有300多人，农民干部40人。坚持精兵制，选精干的赤卫队员编成两个中队，成立一个大队。又精选部分赤卫队员补充到起义兵士中，也成立了一个大队。省委决定成立四川红军第二路游击队，并建立四川二路红军前敌委员会，派李鸣珂任总指挥，党代表由苟良歌担任，我任前敌指挥。并决定成立四川省涪陵县农民赤卫队，尹觐阳任总司令，李焕堂、刘伏洋任副总司令。确定周晓冬任红军政治部主任，我兼任红军游击队大队长，李焕堂兼任农民赤卫队大队长，刘伏洋兼任大队副。红军游击队中队长由冉建华担任，陈明武、王雅弦、官才分别充任一、二、三分队长，杨清国任青年先锋队队长，王雪涛任医疗队长，农民赤卫队一中队长曾书成，二中队长刘玉泉。

准备工作大体完成后，李鸣珂来了，因穆青被捕，易觉先叛变，他内心很不平静，本想迅速去重庆营救穆青，但他得知敌军即将进攻罗云，对红军建立后的战略方向问题十分担心，特地赶来研究。于是特委又召开了紧急会议，决定红军建立后向仙女山一带转移，并决定组织三个宣传队，两个武装工作队，由周晓冬负责政治工作。第二天拂晓，宣传队张贴布告、标语，散发传单，开展口头宣传工作。随后全体兵士和赤卫队员集中到铜矿山鸡屎尖的草坪上，正式举行四川红军第二路游击队成立大会，苟良歌在大会上庄严宣布：涪陵县起义农民和武装起义的兵士，今天正式成立四川红军第二路游击队，开始实行土地革命，建立革命根据地，扩大苏区。我宣布了领导人名单，并领导大家进行了庄严宣誓，宣布红军的纪律，士兵和赤卫队员高呼口号，散会时已中午，随即向涪陵、丰都两县交界的仙女山区前进。

三、首战沱田告捷

两个武装工作队和一个宣传队，分别由我和周晓冬率领先行出发，沿途作宣传，探询路线，其余部队跟进。在丰都、涪陵（现属武隆县）两县交界的沱田，农民揭发出一个又歪又恶的恶霸地主，他家有一大仓包谷。经我们搜查，搜到十几石包谷和旧衣物等。

次日晨光破晓时，除留少数队员管理仓库外，其余人员分四路出发宣传，并通知农民午饭后来开会分粮，到时农民齐集于土豪家，又搜出一些佃约、借据、衣物等。周晓冬召集农民开会，向农民讲演，启发农民觉悟，然后把粮食和衣物分给最穷最苦的农民。宣布："凡欠地主的钱粮，一律头利不还。"农民都说，没想到还有这样的好日子！有这样的好人为穷人办好事！

这时，中共四川省委派来陈静，中共涪陵县委派陶正、李英贤送来了各革命团体赠送的医药和慰问信。大家感谢党的关怀，革命热情更加高涨。

前委开会，检查几天来的群众工作，感到还不够深入，政治影响不大。表现在群众不敢大胆揭露敌人隐藏的物资、武器和活动的情况，军事侦察收获不大等。指出今后做群众工作应分别到各户作个别访问。只有见事做事，与群众亲如一家，才能达到我们工作的目的。军事侦察工作，要进一步依靠群众，化装与群众一道，拾柴割草，不断启发群众，协力探知各方敌人的真实情况。对神兵要利用他们抗捐抗税情绪，采取联络上层，争取下层群众，破除迷信，以减少障碍。

在沱田这一带，有一股神兵在活动。周晓冬去把他们说得满面笑容，觉得红军比神兵更高强，于是欢迎我们与他们联合。周晓冬回来领一批人到那里去开联欢会，演出这里破天荒第一次文明戏，看戏的人很多，上午未演完，下午继续演。当大家看得正上劲时，忽然有200多敌人向我们袭来。大家认为初战一定要胜，就在山腰布置三分之二的兵力，在山顶布下三分之一的兵力，监视敌人的行动。准备好后，我们一齐大声喊："团防走狗，把枪弹快送上山来吧！"中队附陶正率领一分队向敌人右翼冲去，敌人仓惶退去与中路会合。我们就集中三分之二的战士上起刺刀，作好冲锋准备。为了动摇敌人，我们首先以掷弹筒装上炮弹，向敌人密集处发了一炮。敌人惊叫："有大炮！"我们齐声呐喊："捉活的！"向敌军猛勇冲去，吓得敌人鼠窜而逃，缴获了一些枪支弹药。

战后开总结会，成绩是大的，但牺牲1人，不足的是没把敌情侦察清楚，打时没有伏击和抄袭敌人，指挥乱，让敌人侥幸逃脱。赤卫队警戒后方，不应距离太远，形成孤军作战。况且神兵观望胜负，胜则欢迎，败则有吞掉红军的企图。

武打很快结束，文明戏越演越起劲，连续演了两天，观众还不愿离去。但神兵中的上层分子有些不欢迎。他们封建迷信严重，虽然提出抗捐抗税，但对农民反高利贷、分粮持反对态度，而且对我们接近农民有所不满。经过教育，他们政治觉悟和军事技能都有不同程度提高，这才离开神的影响范围，进入了海阔天空的境地。

四、攻占栗子寨

我们攻占栗子寨后不久，中共四川省委派王岳森负责指挥二路红军游击队的军事。这时，农民赤卫队中有极少数反革命分子和坏分子，妄图拖走部分士兵，我们都分别进行了处理。

在栗子寨脚下已有群众基础。军事会议决定以计取寨。到了栗子寨脚下，红军打着红旗，佯称走了。下午选部分精干人员同我一起薄暮返回寨脚，大部队也尾随回师。三更攻寨选18人分三路爬寨门，一路两组，每组三人，搭人梯爬进寨门，再解下腰间布带，将后面的人吊上，摸到寨门口对内喊话，说是送紧要信来了。一面爬墙，三路一齐爬，一齐跳入寨内，吓得敌人各自逃命。打开寨门，我们一涌进寨，敌人全部吓跑了。我们追到一个渡口，船工说敌人已渡河逃窜。我们一面严守渡口，一面到寨内搜索。并安慰寨上农民，发给粮食，外走农民也迅速回家，寨上就热闹起来了。

政治部布置，寨前寨后贴满标语，用围席写上大字，挂在寨上招降敌人。有的写在悬岩石壁上，会场也布置得宏伟庄严。周晓冬讲明分田分地的意义和办法，烧毁红契、佃约、借条，把田坎铲除，插上分得人的竹标。

一次，农民来报，有大批土豪劣绅藏在一个大岩洞里，洞里有水、米、油盐和燃料，并有枪弹和金银财物。经详细侦察，洞口有一扇木门，距洞口两三丈远有一出口。我们立即将洞口监视起来，派人向里面喊话。两天后，仍没有动静，便下令攻打，门坚厚打不破。再喊话仍无人出来，就用干柴、糠壳堆起烧，并派人到洞口喊："我们是红军，不乱杀人的，如再不出来，就要用瓦斯弹了！"洞内仍没动静。又在洞口烧火用风车把烟子往洞里扇，眼看木门要烧穿，洞内人声嚷嚷。战士卢子元正用手摇风车扇风，突然一声枪响，他的下颌受伤，血流不止。攻打八九天，仍攻不破。我们又开紧急会议讨论。有人说硬攻不破，想他出来投降也不行，因洞内储备生活物资多。如果把他们统统用烟窒息死，善恶不分，党的政策不容许的。只有派附近农民轮流看守，采用政治攻势。少数人不同意，认为洞门已烧破，停止不攻，就是功亏一篑。最后还是决定采取政治攻势，停止硬攻。于是，一方面组织村民看守洞子，随时将宣传纸投入洞中，分化他们内部；一方面积极追歼逃出来的土豪和团防。并教育农民，如要保住分得的田土房屋，就要消灭土豪劣绅和他们的走狗。不几天，就捉住土劣三人，缴获步枪两支、鸟枪九支，矛杆、大刀十几把。我们进一步组织农民协会和农民赤卫队。当时有一青年学生张正明，在当地党的领导下组成了一支农民赤卫队，人强马壮武器多，前来会师，我们表示热烈欢迎。

苟良歌、周晓冬和我随同张正明和一部分与洞内有关系的农民到洞口喊话。张正明还只身进洞内会他未婚妻的父母，宣传党的政策，讲明携带粮食武器投诚者既往不咎，而且受奖，立大功者受重奖。张正明从洞内出来说洞中地主犹豫，小地主和受骗农民愿意出来，但郎瑞丰之流坚决阻止。我们针对不同情况，继续投入传单，促使分化，并积极准备成立苏维埃政府。这时，中共涪陵县委送来两位青年，彭天喜和鲜永厚，分到政治部工作。中共丰都县委送来周西平、梁冰，分别派到医院和青年先锋队工作。

五、扩大革命根据地

从栗子寨到回龙乡一带，现在有了革命基础，二路红军政治影响扩大了。这时应将蜻蜓点水的工作方法转变波浪式的方法。我们先扫清革命的障碍，挨家挨户宣传，择优组织，安营扎寨。又采用鸭棚子搬家的方法，这一段工作完毕，随之搬到另一工作地段，循序渐进，工作比以前更踏实。群众顾虑减少了，常常来谈工作，我们有时邀约农民干部共进晚餐，喝没收土豪劣绅的包谷酒，以放鞭炮作酒会。这段时间工作生活得很好。唯团防武装有时偷袭我们。一次我们正在吃饭，团队来袭击，站岗的同志回来报告后，我们搁着碗就去反击敌人，击败了敌人转来饭还未冷。

为了提高部队的军事技能，培养军事干部，前委会议决定建立教导队，扩大根据地。游击区扩大到彭水、涪陵、忠县、丰都、石柱等县边境。为了巩固革命胜利果实，打消群众顾虑，决定分别处理三个土劣，由周晓冬审讯具报。结果，由于政治、军事工作加强推进，根据地很快扩大到回龙乡街上和太平坝一带，各场集场期有盐、油、包谷、杂货、酒等买卖，市场更加繁荣。

中共四川省委派来邓震东，安排他任教导队长，选拔部队中的干部、战士及新来的农民、青年学生等入队受军事训练。地点在回龙街上，但因这里四面环山，位于盆地，只宜训练，不宜驻重兵。重兵应驻山口。有些人认为群众有基础，把重兵驻在街外一个院子里。军事教导队积极训练，以应急需。

周晓冬将三个土劣的罪恶查清后，呈报中共二路红军前委批准，立即召开群众大会，将三人处以死刑。群众眼见铁一般的事实，更加信服，农民纷纷参加赤卫队。李干之率领农民赤卫队一个大队前来会师。妇女也不愿落后，先后参加赤卫队的有十几个人，组成了妇女队，由李群英任队长。妇女队白天到政治部或医院工作，夜间回队学文化。大家都遵守纪律，又能吃苦。李群英时常背一岁多的小孩，走路轻快如飞。各中队加紧训练，每日三操两讲，加强政治、文化学习。为了适应游击战争的需要，各部门也加强了整顿。

这时，各部门人员都充实起来了，积极准备向涪陵、彭水两县边区游击。一天拂晓，周晓冬和我正在看教导队早操，忽然发现大山浓雾中有人蠕动，并移向山麓。我们立即通知各中队准备战斗。王岳森指挥中路，我指挥左翼抄袭。敌人约有1000人。中路几次进攻受阻，王雅弦腿部受伤。左翼抄围几经截断归路，经奋力猛攻，彭水联英会团队才仓皇撤退到山顶与我对峙。我们一面喊话，一面由陈静率领手枪队五人，从左翼匍匐前进到山顶，向敌人猛射排子枪，敌人措手不及，自相践踏，落荒而逃。这一次虽然击退了敌人，但我们耗子弹很多，王雅弦又受重伤，经医务人员尽心治理，虽然伤愈，而子弹终未取出，他仍然坚持战斗和工作，表现出了共产党员的高贵品质。

我们不久离开了回龙乡，军事教导队的学员也分配到各中队充任干部，队伍化整为零。扇形式地向涪陵、彭水、石柱等边区推进。但干部没有独立作战的艺术，也没有协同作战的经验，联络和侦察工作都差，行动不灵活，没有做到一路遇敌，各路奔驰杀敌，如盘龙式地重重围困歼灭敌人。我们曾因此与敌人遭遇，曾子文英勇牺牲。他是从涪陵起义的红军游击队员，时年19岁。党政领导、战士、群众都隆重追悼，把他葬于回龙乡左侧山上，坟顶栽有月月红。

为革命牺牲本是常见的事，但没有深刻吸取血的教训，各路部队仍然过于疏散，彼此不能及时支援协同歼敌，以致一路又遭敌人袭击，李英贤手臂受伤。由于下级干部对游击战术运用不灵，作战经验差，军事会议决定：统一指挥，统一行动，避免敌人各个击破。继续执行前委决议，仍向彭水、涪陵、忠县、丰都、石柱等县边区前进。

中共前委书记苟良歌，在此期间前往中共四川省委汇报工作，我们在无群众基础的条件下，进行宣传发动，组织群众，分别派人侦察。总是在夜间行军，拂晓才选择适当地点隐蔽。尽管夜间行军困难多，但男女同志精神很好。跋山涉水都不畏难，越走越有劲。后来没有饭吃，连吃水都有困难。曾记得一次走了半天多，气候又酷热，一滴水都没有看到，四处寻找，才发现一凼水，每人分吃一碗，还剩一些，大家互相推让，其实谁也没有吃够。后来每人都准备了一个南竹筒带上开水和糍粑，到无饭吃无水喝的地步，就能解决困难了。有时尽管整天没吃饭，也没掉在后面或拿农民瓜果吃的现象，更没有打架闹纠纷等行为。艰苦的战斗中建立的友谊，深厚而又真挚。

六、二路红军游击队的解散

党代表苟良歌向中共四川省委汇报工作回来，见二路红军损失惨重，内心非常悲痛。经与王岳森商量后，召开前委扩大会议，传达省委指示，解散四川红军第二路游击队，去充实四川三路红军。我建议，应做到双方兼顾，可从二路红军里抽调部分同志去援助三路红军游击队，留一部分继续领导二路红军工作。后来王岳森、苟良歌说明情况，只得执行省委指示。会议决定周晓冬说服政治部和妇女队的人；李焕堂说服农民起义人员；我说服涪陵武装起义士兵和青年先锋队的人。会议结束后，首先召开党团员开会，说服党团员，发挥党团员作用。后又集中全队动员，讲明原因号召大家自行选择，回农村或打入白军中继续革命，今后哪里有红军，就个别或集体加入。会后每人发硬洋一块作路费。有些同志说“卖衣服也要把这个奇珍异宝留作永远纪念”。

二路红军解散后，党组织指示苟良歌回中共四川省委。官才、梁冰、邓震东、王岳森、赵毅君和我等到四川红军第三路游击队工作。周晓冬、陈静、湛一平的工作等听候省委指示。另有部分干部自愿回家乡或去别处工作而失掉党的组织关系的同志便由我代他们联系。

还有一项工作就是集中枪弹送交保存地点。我们将各中队的枪弹集中起来，较坏的步枪、鸟枪、大刀、矛杆，交农民赤卫队保存。好的手枪、步枪、掷弹筒以及手枪、步枪子弹和掷弹筒炮弹全部送交中共丰都县委保管。当晚我们一整夜都没有合眼，有的清理枪弹，有的哭着恳求不回家，有的整理便衣。幸好不甚冷，年轻的人，一件衣服也过得去。半夜里吃了红军里的最后一餐饭，大家虽然想通了，但表现出同甘共苦，危难相顾，情同手足，不愿分离之感。后来苟良歌、周晓冬和我率领背枪的同志将枪送到指定的一个大木仓，点交放好。大家离别情绪犹如母子分别，依依不舍，情笃而真挚。

（节选自中共四川省委党史工作委员会编：《川东红军游击队》，四川大学出版社1992年版。）

彭如春：
铜梁土桥武装起义的回忆

彭如春，中国共产党早期党员，参与创办了土桥平民夜校，并参加了铜梁土桥武装起义。

共产党的组织在土桥活动的情况，我知道有个雷汝维，他是土桥乡二村徐家湾的人，是黄埔军校学生，参加过广州起义，负过伤。1929年秋他回到铜梁，在王氏达立校教书，通过任教发展了我大哥彭东山入党。彭东山入党后又介绍我和谢炳清等人入党。南郭冷氏萃英校的周述良（潼南人，共产党员）老师是我们的上级，土桥区委的负责人。我和周述良去养正校开过多次会，听他说县委机关就在养正校。由于经常开会，所以我认识赖鸣柯、冉欣向、江正隆等人。有一次我同周述良去养正校开会，冉欣向宣布我负责土桥支部工作。这时在土桥场先后发展了党员10多人。

土桥武装暴动前，我们在土桥中心校办了平民夜校，以修铜（梁）大（足）公路的筑路工人和附近参加平民夜校的农民为基础，通过平民夜校宣传革命道理，发动群众，组织革命力量。

土桥武装暴动发生在民国十九年农历八月十一日（公历10月2日）。原定是农历八月十五日，因驻斑竹场的起义山防大队第八中队第二分队长黄明渊率队提前拉出去，起义就提前在农历八月十一日干开了。在暴动前夕，组织开过多次会议，主要是做好准备工作，谁负责什么工作，均作了具体部署。是日晨，党组织通知我参加暴动，当我走向指挥部的途中，见山防大队第八中队二分队长黄明渊率队打着四川省工农红军第七路川东游击纵队指挥部的义旗。我赶到黄明渊部时，他叫我把红布带发给参加起义的每个人，拴在左臂上作标志。黄明渊部向土桥挺进时，碰上土桥团总夏作舟带领团丁出场侦察我军动静，行至蒋家垣花生茔处，黄明渊将团总夏作舟击毙。随即黄明渊部进场攻打了土桥乡公所，赶跑了乡丁，捣毁了钱庄、当铺和税捐分卡。我们在街上张贴了布告、标语，散发了传单。总指挥万平还向群众讲了话。不幸县团练局派兵追来，我们起义队伍退至玉龙场龙神口，万平和黄明渊进行了转移，暴动失败了。我当天和彭海山从合川跑到了邻水。

（节选自中共四川省委党史工作委员会编：《土地革命战争时期四川党领导的武装斗争》上，四川大学出版社1987年版。）

漆鲁鱼：
重庆救国会与党组织的重建

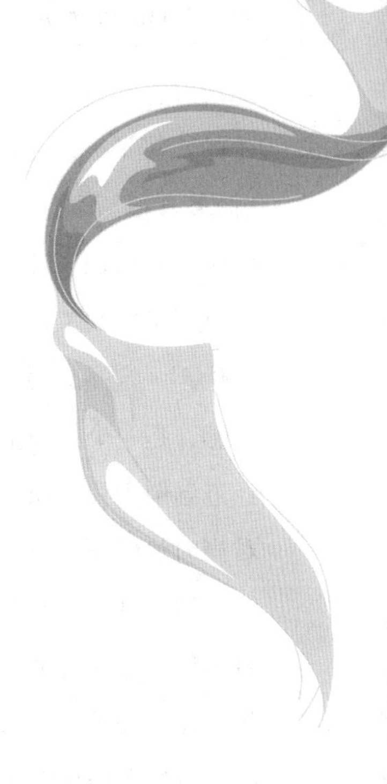

漆鲁鱼，江津人，先后任中央苏区工农民主政府卫生部保健局局长、江西省军区卫生部长、中共重庆干部小组组长、中共重庆市工作委员会书记、中共川东特委宣传部长等职。

1936年2月我得了伯父的同意，以到重庆找职业为名，在家里要了二三十元钱，到了重庆。到重庆的目的，一方面想找党，一方面也想找个职业来自谋衣食。重庆我的熟人不多，找职业没有把握，为了节约我的用费，就住在我的叔母（漆树棻的妻子）家里。为了找党，我异常注意重庆各方面的情况，我首先注意的是重庆的报纸，发现《新蜀报》当时是抱中立的态度的，既不骂国民党，也不骂共产党。发现当时重庆较进步的报纸，是市商会所办的《商务日报》，特别是副刊，经常刊登较进步的文艺作品和国际时事评论，并出刊了一种专门宣传新文字（即拉丁化）的副刊，论点多合乎马克思主义的观点，引起了我很大的注意。但我又不敢贸然前往接头，我为了试探该报的性质，采取了投稿的办法。当时日本帝国主义正大肆侵略中国，并在华北、上海等地实行武装走私（即不经过海关，就把日本商品运到中国，打击中国的民族工业），于是我就用“鲁鱼”这个笔名（漆鲁鱼这个名字就是从那时开始的）写了许多评论国际形势和日寇走私给予我国经济的影响等论文，投到《商务日报》，居然刊出来了，并登了启事，要我去领稿费。就在这投稿的过程中，我认识了该报的时事新闻兼副刊编者温嗣翔（后名温田丰，共产党员，在重庆市文联工作），他那时很年轻，才二十几岁。从我们的交往中，我看出了他不一定是党员，可能读过一些马列主义的文艺书和社会科学的书，有正义感，是一个很纯洁的青年。在他所编的副刊周围，团结了一些进步的青年。经过温嗣翔我认识了甘道生（名林蒙，在重庆工作）、侯野君。甘道生、侯野君当时经常给该报写文章，侯野君还给该报撰拟社论。在温嗣翔底下，还团结了重庆许多进步的中学生。在1936年的暑假期间，温嗣翔、甘道生、侯野君等还在重庆开办了一班新文字训练班，宣传改革中国文字、主张实行拉丁化，在该班学习的多为重庆的进步青年，如温厚华（温嗣翔的侄儿，后为共产党员，在中央宣传部工作）、丁雪松（后为共产党员，在中央国际指导活动委员会工作）、龚远英（后改名罗焚，共产党员，中国驻莫斯科大使馆的一等秘书），其他进步青年甚多，后来多参加共产党了。因此我认定温嗣翔是个纯洁的有正义感的青年，继续与他交往，想从交往中接触到党，谋求恢复组织关系。

1936年初，从前《新蜀报》的总编辑周钦岳先生回到了重庆（三三一惨案后，逃出四川的），并且回到《新蜀报》任总经理。《新蜀报》过去是个进步的报刊，萧楚女曾当过该报的主笔，我的叔父漆树棻也是在《新蜀报》当主笔时牺牲的，我很想利用这个报纸作为我在重庆开展工作的地盘。于是就请我的叔母（她是认识周钦岳的）把我介绍给周钦岳，她把我带到《新蜀报》去会周钦岳，他接见了。周钦岳知道我是漆树棻的侄儿，又是日本留学生，并知道我常为《商务日报》写国际时事论文，就同意我留在《新蜀报》工作，任国际新闻编辑，从此我就正式开始过记者生活了。

由于日本的加紧侵略，1936年时，中国的民族危机日甚一日，中国人民反对日本侵略的运动迅速高涨。中共中央已经到了陕北建立根据地，并发出了建立抗日民族统一战线的号召，在它的影响下，上海的名流如沈钧儒、邹韬奋等组织了救国会，主张抗日救国，成立联合战线。这给我当时在重庆开始工作以很有利的条件。我从温嗣翔和甘道生口中听出当时重庆已没有党的组织，因此我不能等着党来找我，我必须行动起来，组织群众，宣传抗日救国。当时曾经考虑到没有与党组织商量，就这样做是不是会犯错误，经过仔细的考虑，认为主张抗日救国是不会犯错误的，并认为只有自己行动起来，才容易找到党，我就这样做了。我开始影响《新蜀报》逐步改变它的中立态度，把它作为宣传抗日救国的讲坛（当时主张抗日犯法的）。周钦岳同意我的这些看法，并要我参加写社论，后来不作编辑了，作专业的主笔，主要是写社论。于是我就在报纸上写了许多以抗日为内容的文字。从此重庆就有两家报纸——《新蜀报》和《商务日报》，我们以此为地盘，开始行动起来了。

1936年8月，日本人要在成都设立领事馆，国民党卖国政府同意了，激起了成都人民的愤怒。日本人派了岩井到成都。成都人民举行了盛大的游行示威，并打坏了领事馆，岩井狼狈逃走，设领之议只得作罢。在重庆方面，温嗣翔、侯野君也想发动一次游行，以声援成都，当时我还在观察他们，所以没有参加筹划。由于他们缺乏组织能力，加之当时重庆群众基础甚为薄弱，国民党当局防止甚严，结果没有发动起来。但从这些事件中使重庆青年更加认识了国民党，感到抗日救国的工作重要。同时我对温嗣翔他们的认识，也就更进一步。鉴于这次发动示威游行的失败，感到重庆方面尚有深入发动群众、组织群众的必要，于是我建议利用救国会的名义来开始工作（重庆救国会事实上同上海救国会没有关系），发动群众，组织群众。重庆没有党，必须有个领导组织，我们当时把在重庆方面进步的青年中比较接近党的，理论水平较高的，组成了干事会，当时参加干事会的有如下的同志：温嗣翔、侯野君、陶敬之（《商务日报》记者，后来参加了共产党，1948年被捕，重庆解放前牺牲在重庆中美合作所内）和我等四人，由我任总干事，负责筹划重庆整个工作。后来继续吸收在干事会内的有黄宇齐（后任汉口邮电局局长）、郝文彪（共产党员，后名罗清）、杜延庆（《新蜀报》工人，在上海时是共产党员，失掉了关系来重庆工作）。从此我们在重庆进行一系列的工作，如鲁迅先生追悼会，救灾运动（1936年春四川遭天旱），援绥运动（日本进攻绥远），抗议国民党逮捕七君子（沈钧儒等七人）运动等，特别是1936年12月西安事变后，做了大量的抗日救国宣传工作。我们在《新蜀报》上批判了梁漱溟和晏阳初的“乡建”思想，大量地揭露了并反对国民党当局的对日帝国主义的投降妥协政策，反对德、意侵略西班牙和埃塞俄比亚等。在群众组织方面，我们以救国会为核心，组织了各种各样的群众团体，如学生救国联合会、妇女界救国联合会、职业青年救国会、工人救国会、文艺界救国联合会、自强读书会、民众歌咏会（唱救亡歌曲）、课余农村宣传队和戏剧团体（如怒吼剧社的街村演出队）等，群众基础是广泛的，差不多重庆33个中学和几个大学里均有我们的群众组织。我们还选送了大批青年学生，约100人到延安抗大、陕北公学去学习。留在重庆的青年约有百分之四五十，后来都加入了中国共产党。在这一段时间里，我把我在新蜀报社所领到的薪水百分之六七十均用在这个工作上了（因为重庆救国会没有其他经济来源）。

我们在重庆积极的行动，引起了党的注意，那时成都已有党的组织了，并在中央的决定下成立了四川省工委。重庆的青年学生假期回到成都时，就参加了党的组织。比如刘传茀就是这样。当时他对我保守了秘密，没有向我说他已参加了党。他在四川省委指示下，回重庆来对我进行了考查。有一次，刘传茀带了一个成都救国会负责人之一来找我谈话，我认得这个人，他就是我们同时代在日本留学，并参加过社会科学研究会的叶友杞（后名雨苍），因为是熟朋友，所以谈话就没有任何顾虑。我把我如何从江西出来，如何想与党取得联系的意见对叶友杞说了，他说他可能先到上海，然后设法到延安去一趟，我当时就委托他给我带封信到延安去，要组织上派人来领导重庆工作（这封信后来才知叶友杞到上海后未去成延安，把它毁了）。在谈话的时候刘传茀也在那里，他从此就摸到了我的底细，向四川省工委汇报了。四川省工委进行了讨论（这是1953年我在重庆工作时，西南统战部副部长程子健告诉我的，当时他是省工委委员之一）。当时四川省工委决定恢复我的党籍，以开展重庆工作。派了一个姓刘的陪同刘传茀到重庆来与我接头，传达了省委的意见，说决定恢复我的党籍，要我仍在重庆开展工作，并在重庆组织重庆市工作委员会，由我任书记，委员由我提出名单，经省工委批准，由此我开始组织市工委的工作了。这是1937年的事，因此我的恢复党籍是经过四川省工委审查批准的。据廖志高告诉我（单光淑亦对我说过，此人后在铁道部工作），在1943年延安整风时，对重庆救国会的工作，中央曾经作过结论，认为是一个进步的团体，组成人员都是爱国青年，只是在发展上还有关门主义的倾向。在救国会工作时期，我注意了发展党的问题。从长期的接触中，我注意了以下几个同志：郝文彪、杜延庆等。郝文彪1936年在北京清华大学读书时就参加了党，北平失陷后，他仍与外地有联系，这是不成问题的了。此外，杜延庆是与党失掉联系的，经我了解没有叛党的行为，现在还在积极工作，所以我决定恢复他两人的党籍，并向省工委写了报告，提出我们三人组织市工作委员会，经省委批准的答复（也是用密信形式）我们用碘酒把它显了出来，当时亲眼看到过这个密件的有郝文彪、丁雪松、杜延庆。

市工委组成后，我们就开始研究在重庆的建党工作。我们主张在救国会的积极分子中发展党员，第一批就是丁雪松、吴永英（杜延庆的爱人，她是老共产党员何叔衡的女儿）、李思源、王光第、朱斯白、陈倩华、陶敬之等。由于有救国会的长期工作，重庆的群众基础很好，不到几个月，就发展了几百党员。机关就设在郝文彪家里。

1938年春，四川省委的领导人之一罗世文（后在中美合作所壮烈牺牲）来到重庆，检查了我们的工作，带来一同志叫陈光，指定作组织部长，且为我们上了党的建设的课程。不久他又同当时的四川省工委书记邹风平到汉口去接洽工作（那时周恩来、董必武在汉口），道经重庆，两人找我们谈了话，并检查了工作。当时他们提出的意见是，重庆的群众基础很好，但在发展党的工作上有关门主义倾向，在今天全国抗日高潮到来的情况下，应大量发展。市工委根据他们的指示，进行了讨论，把吸收党员的尺度又放宽了一点。不久他们从汉口回到重庆，还带来了汉口方面转来的许多党员同志的组织关系，要我们去找这些同志接上头。这些同志都是在上海、南京撤退后，先后来到了重庆，组织关系是从汉口经过长江局转来的。

1938年10月，四川省工委决定改组四川省委，把四川工作改由两个特委领导，即川康特委和川东特委。川康特委负责川西、川北、西康地区的工作，川东特委负责川东、川南地区的工作，并派当时省工委委员廖志高任川东特委书记，由我任特委宣传部长，当时特委组织部长是宋林，杨述任青委书记。

由于我长期在重庆做公开的群众工作，国民党已经摸清了我的底细，只是在抗战高潮中不敢下毒手。我考虑到了这个情况，如再做秘密工作也不适宜，特别是特委宣传部长，要经常到廖志高处去接头。当时特委机关在南岸，要常去开会必须过河，经常有特务盯梢，可能会影响廖志高的安全，于是由我主动提出，辞去宣传部长的职务，让我多做一些公开的统一战线工作和《新蜀报》的工作。得了特委和南方局的同意（那时周恩来和董必武到了重庆），我就不负责特委工作了。这是1939年1月的事。特委指定王志中（当时是重庆市委书记，后任上海统战部副部长）与我接头，负责领导《新蜀报》的支部，当时在《新蜀报》中有陶敬之、夏奇峰等。不久特委把我的组织关系转到南方局，指定潘梓年（新华日报社社长）与我接头，并把我同张友渔（后任北京市副市长）编在一个小组，经常经过潘梓年与周恩来见面，谈当前形势和如何工作，一直到1940年1月。

（节选自中共重庆市委党史工作委员会编：《重庆救国会》，1985年内部出版。）

廖志高：川东党组织重建、发展和巩固情况

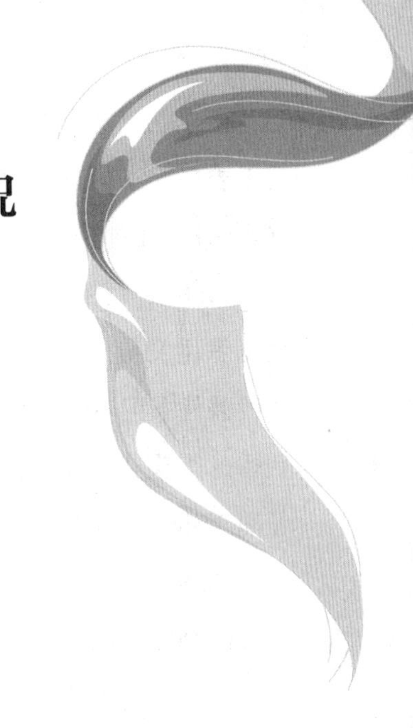

廖志高，四川冕宁人，曾任四川工委副书记、川东特委书记、西康省政府主席、福建省委第一书记、福州军区政委。

一、重庆秘密党组织重建的经过

1938年4月，罗世文从汉口返回成都，传达长江局指示说：一、四川省工委原由中央直接领导，此后改由长江局领导；二、要继续大量发展党员，不要搞关门主义；三、调廖志高到重庆兼任市委书记；四、决定自6月起，全川就原有党员数量发展10倍，成都、重庆、自贡三市各自都要发展到1000党员，限三个月完成。之后，我们就在长江局的领导下进行工作。

在此期间，我们相继建立了各地党的组织，并发展了一大批党员。

1937年底，成都市各大、中学已发展了一批党员。为了统一领导，加强学生工作，省工委下面成立了成都市学委，由韩天石任书记，康乃尔、张文澄等任委员。

1938年3月，成立了成都市委，由杜桴生任书记。5月撤销学委，由韩天石任市委书记。

在成立成都市委后，派赵利群到宜宾去建立县工委，侯太阶去乐山建立县工委；田家英（陈野苹）去庆符县任县委书记，欧阳克明任万县特支书记，赵章明任梁山特支书记。

1938年三四月份，杨述到重庆。5月重庆党员已发展到数十人，省工委根据罗世文传达的长江局的决定，将重庆市工委撤销，正式成立重庆市委，由我兼任书记（6月到任），漆鲁鱼任宣传部长，杨述任组织部长兼青委书记。秋季，李应吉（宋林）到重庆，即由李应吉任组织部长；王亦清亦到重庆，任职工部长；黄亦人任海员工作委员会书记。

1938年3月，我们根据张秀熟、罗世文的介绍，研究决定建立川南工委，由万静修任书记，要他们发展党员。7月，撤销川南工委，分别成立泸州、宜宾中心县委。泸州中心县委书记由李亚群担任，宜宾中心县委书记先由廖寒非，后由韩天石担任。

同时，还派饶孟文到自流井建立组织，发展党员。

至此，川西、川东、川南、川北，分别以成都、重庆、泸州、南充为中心，都有了党的正式组织，全川党的关系归于统一，各市、县的工作完全置于省工委的领导之下。

根据中央的指示，一开始我们就注意发展党员的工作。四五月份，传达了长江局“大量发展党员，不要搞关门主义”的指示后，我们就集中力量抓发展党员的工作。3月底统计，全川党员数为340多人；到10月底统计，党员数已发展到了3400余人（其中重庆市及所属各县800多人），增加到10倍。

大量发展党员，在哪里发展呢？我们研究确定：着重在大学、高中的青年学生和中、小学教员，产业工人以及国民党的机关职员中发展，同时要注意尽可能地发展农民入党。结果，发展的青年学生党员最多，占一半以上，其次是工人、职员，农民极少。

当时，我们很注意开展产业工人工作，特别是开展国民党重要工厂中的工人工作。所以，我们从大、中学生党员中动员了一批人到工厂中去工作。一方面锻炼他们，使他们逐步建立工农感情；另一方面重要的是让他们去向工人讲解革命的道理，宣传党的主张，把工人发动、组织起来。例如，国民党泸州二十三兵工厂（化学兵工厂），有一个劳工课长张荫堂是党员，我们通过他先后介绍了萧泽宽、江浩然、徐坚等十几名大、中学生党员到该厂。这些同志进厂后有做苦工的，有打杂的，有当低级职员的，工作都很辛苦。他们接近工人，关心工人疾苦，同工人的关系搞得很好，不久成立工人读书会俱乐部，发动、组织工人进行抗日救亡运动，发展党员。他们在这个厂的工作颇有成效，发展了几十名党员，打下了群众基础。

为了坚决贯彻党中央关于把四川党组织建成秘密的坚强的党组织，警惕国民党的突然叛变的指示，我们在大量发展党员的过程中，注意了及时地对新党员进行教育、训练工作，还开办了训练班。我们对党员进行教育、训练的主要内容是：党的建设、秘密工作、党的纪律、统一战线（包括陈独秀错误的教训）、中国革命、青年运动、工人运动、妇女运动，有时也讲形势。同时，还派党员参加南方局举办的训练班。这对新党员了解党的基本知识，提高革命觉悟，加强组织纪律性，保守党的秘密等都很有好处，特别是结合实际进行讲解，效果更好。历史已经证明：要使党员树立革命信心，增强党性、严守纪律，及时地对新党员进行教育非常重要。

此外，在这个时期，统战工作和抗日救亡群众运动亦有发展。特别是成都利用国民党的抗敌救援会，重庆利用宋庆龄为理事长的妇女慰劳会等公开的合法组织，搞救亡工作效果很好。

在党组织迅速发展壮大、抗日救亡运动有很大发展的情况下，为了加强领导，省工委于1938年10月间在成都杨德基家里召开扩大会议，研究成立四川省委。正当各地汇报工作时，王明、林伯渠、吴玉章等路经成都，他们决定：撤销四川省工委，不成立四川省委，四川分为川西（1939年国民党建立西康省后川西才改为川康，包括成都及川西、川北、川南一部分和康边）、川东（包括重庆及川东一带的县，如万县、涪陵，还有泸州、宜宾等数十县）两个特委。川西特委人选在这次会上议定，川东特委人选，由我回重庆请示决定。罗世文传达了这些决定后，到会同志交流了一下经验，会议就告结束。

至此，四川省工委即告结束。之后，川西、川东两个特委分别由中共中央南方局直接领导，互不发生关系。

二、川东特委的成立，继续大量发展党员，开展抗日救亡运动

1938年11月，我从成都回到重庆，立即向博古、董必武、叶剑英、凯丰、邓颖超等作了汇报请示。在博古的主持下，会议研究决定：

川东特委兼行重庆市委职权，两级机构合一，一套人员。我任特委书记，组织部长李应吉，宣传部长漆鲁鱼，工委书记王亦清，青委书记杨述。还一致同意邓颖超的提议，由陈奇雪担任妇委书记，管妇女运动。以上各方面负责人皆为特委委员。

11月，川东特委遂告正式成立。之后，宜宾、泸州两个中心县委又划归川东特委领导。

1938年秋，中共中央决定撤销长江局，成立中共中央南方局。1939年1月，南方局在重庆正式组成，周恩来任书记。南方局机关先是设在重庆城区机房街70号，这年“五三”“五四”日机轰炸重庆，机房街房屋被毁，遂搬至市郊化龙桥红岩嘴。

南方局在机房街的房子被炸前，为了准备市区被炸后有个适当的办公地址，要我们设法在郊区找一个地方。我想到红岩这个地方在郊区山上，主人饶国模虽是个地主，但为人开明，并且她的儿女都是我们的党员。特委认为这个地方适当。我请示南方局得到同意后，就要刘圣化和他的兄姐们去同他妈妈商量，饶国模欣然应允。以后就由办事处副处长周怡等去同她接洽。饶国模的哥哥饶国梁是黄花岗七十二烈士之一，她早年就受革命思想影响。这个人胆子大，同意我们在那里修房子。在备料和修建过程中为我们出了很多力。房子动工后，我们地下党同志就不与她家往来了，她的工作全由南方局（或办事处）的同志去做。不久，她的儿女们由南方局先后送到了延安学习。红岩这个地方就成了党的公开工作与秘密工作相结合的基地。

红岩是中共中央南方局的所在地，南方局的领导人周恩来、董必武、叶剑英等都在那里。在整个国民党统治区，党的各方面的工作是由南方局领导的。1939年到1946年，从南方局在重庆设立，到公开的中共四川省委撤走，红岩这个据点都一直起着重要的作用。

无论在机房街，还是在红岩嘴，南方局都是设在八路军驻重庆办事处里面。南方局对外不公开。从南方局成立到1943年，川东特委一直在南方局的直接领导下开展各项工作。

在南方局的领导下，我们主要抓了以下工作：1939年继续大量发展党员；开展群众抗日救亡运动；对新党员进行教育。9月中央下达了“关于巩固党的决定”以后，10月，我们召开了川东特委扩大会议，确定我们的工作重点应即逐渐转入巩固党的工作。1940年，在没有党员或者党员极少的地方，还可继续发展党员（这一年，发展了四五百人），继续开展群众运动。1941年1月初，川东地区才完全停止发展党员。这时统计（根据1941年1月底向中央的报告），除去1940年底以前被破坏及撤走的以外，还有党员2470多人。

川东地区发展党员最多的是1938年、1939年两年。南方局成立后，周恩来指示我们：继续大量发展党员，必须注意质量，按中央指示建立秘密的党组织，警惕国民党的破坏。抗日救亡运动尽可能利用公开合法的群众组织去做。这些指示，我们都作了传达贯彻，而且在1939年我们一再强调质量，反对“拉夫主义”，加强教育工作。同时仍然强调要按照过去的规定：入党人要写申请书，要有介绍人和介绍人的意见，经过审查批准后，要个别举行入党仪式，由上级负责人、介绍人、入党人参加，都要讲话。入党后要按规定交党费。1939年底统计，这一年又新发展了党员1100多人。但以后检查，因为1938年发展的大都是些“救亡”积极分子，比较暴露，比较“红”，特别是受王明的右倾错误影响，规定指标，限定时间完成（长江局限我们在三个月以内发展党员到1000人），以致许多地方降低了党员标准，有的只要是抗日积极分子就接收；有的只要是工农成分、政治纯洁，就不管觉悟程度；有的只看到他拥护党，就不管其他条件；有些是几个人在一起举行入党仪式；有的在审查入党申请书时，对政历审查不仔细，以致吸收了一些落后分子，混进一些投机分子和坏人；许多地方未严格执行候补期，有些候补党员也介绍别人入党。这些缺点错误，我们又检查纠正得慢，以致后来遭受一些损失。

现在看起来，当时漆鲁鱼等组织的重庆各界抗日救国联合会为党的发展打下了很好的群众基础，他们对川东地下党在短时间内很快得到发展是有贡献的。但是，也留下一些问题，暴露的人不少，加上发展时的缺点错误，就给巩固工作增加了不少困难。

1939年，我们普遍在大、中、小城市和各县发展党员，主要是吸收合格的工人、学生、教职员和农民入党，在各县发展了许多小学教员和一些农民入党。夏初，我到万县地区检查工作时，在云阳县的一个学校，发现了一些小学教员同农民的关系搞得很好，发展了一些农民入党。我向特委汇报后，特委就推广了他们的经验，并要他们注意做好盐厂工人的工作，发展工人入党。

1939年底，对于组织群众进行抗日救亡运动的工作，我们缩小了规模，改变了形式，继续进行。这时，停止救国会的工作，不再采用过去那样大规模的、轰轰烈烈的形式了。主要是成立比较小的一二十人或二三十人的读书会、联谊会、友谊会等。利用这样一些名义做群众工作，进行抗日救亡运动。同时还尽量利用公开的合法组织搞抗日救亡工作。如在邓颖超的指导下建立的妇女慰劳会，我们就是凭借该会理事长宋庆龄的特殊身份和名望开展工作的。又如搬到长寿县的重庆联中，1939年下半年，一场广大学生反对反动校长（青年党分子）的斗争取得胜利，就是统一战线做得好的典型。当时，学校当局开除进步学生，引起学生不满。我党支部组织进步学生、团结三青团和无党派学生，大家联合起来反对校长的这种做法。这次风潮闹得很厉害。结果这个校长被省教育厅撤换了。参加斗争的群众和领袖没有一个被捕或被开除的，而且没有发现是我们党的支部和党员在领导。这就是下层统一战线成功的经验。另外，也有错误的做法，如在北碚有的同志不认识国民党的真面目，擅自搞“自愿参军运动”，实际上是帮助国民党扩大军队。中心县委批评了他们，特委同意了中心县委的意见。总之，群众工作中的好坏典型都不少，这里不再多举。从1941年起，主要是做交朋友的工作。

三、各级党组织及领导人发展变化情况

川东特委：1938年11月成立，到1943年9月川东特委撤销，分别建立上川东特委、下川东特委，历时共四年零十个月。其间，1938年11月至1940年

1月，川东特委还兼行重庆市委职权。

这五年，川东特委书记一直由我担任。那时，我对外用过汪平、汪琦等若干个化名。廖志高是学名，在校读书、参加长征和重返延安以及新中国成立后都用的是此名。

组织部长先后有李应吉、余代生、曾淳，宣传部长先后有漆鲁鱼、林蒙、荣高棠（兼），工运部长先后是王亦清、王致中，青委书记先后是杨述（杨德基、陈光）、许立群（杨耳，代理书记）、荣高棠、孙敬文，妇委书记陈奇雪（1938年11月至1940年底），陈奇雪调延安后未再补上。以上均为特委委员。秘书长：李维（1939年1月至4月）。

海员工作委员会（特委直接领导的一个重要部门，专管长江轮船公司——民生公司经营的几十条轮船的海员工作）：书记先后有黄亦仁、江浩然、马六甲等；樊恒才、许建业也在其中负过责。下面分别建立有：水手、轮舵工、理货、领江等工会和支部，有的只有个别党员。他们的工作颇有成绩。

还有郝威、许晓轩、冯兰瑞、杨修范等任过特委青委委员，汪敏、徐邦贤等任过特委妇委委员。

重庆市委：从1940年1月单独成立到1943年9月，其间先后负责人如下：

开始时（1940年1月至9月）：书记王致中（兼），组织部长郭汶（郭祖烈），宣传部长赵立峰（赵秀谈），妇委书记汪敏。

1940年9月改组后：书记江涛（莫止、李德春），组织部长汪敏，宣传部长刘传茀，妇委书记汪敏（兼）。

1942年冬重庆市委书记是孙仁（湖南人，听说1948年在华蓥山牺牲）。委员有彭咏梧、何文逵。

1943年9月川东特委撤销，分为上、下川东特委以后：上川东特委书记孙敬文，下川东特委书记曾淳。

重庆市所属各区、县委：

城区区委：书记先后是甘丹、樊恒才、汪敏、白英。委员有过温士一、王文、李治平等。以后分为上城区区委、下城区区委。下城区区委书记是白英，委员有曾冕、黄晓行等。上城区区委书记是甘丹，委员有王文等。

新市区委：书记先后是江涛（莫止、李德春）、熊宇忠、魏新学。委员最初有汪敏、乌江、王世槐、许晓轩。

沙磁区委：书记先后是兰毓钟、陈实、黄大明、刘作先、荣高棠（兼）、魏琼。委员有过沙玉瀛（女，南京人）、曹子明（重大学生）、徐淡庐等。

化龙桥区委：书记先后是白英、王大化。委员有过赵忍安、李道源等。

江北县委（后划归江巴中心县委）：书记先后是郝威、黄觉庵、田家英、郑理中、曾德林。委员曾有王健明、刘大震、黄致祥、李光明等。

巴县县委（后划归江巴中心县委）：书记先后是罗浩（欧汝钦）、萧泽宽等。委员曾有徐邦贤、蒋浪歌、李思源、李书直等。

川东特委直属各中心县委和县级组织：

宜宾中心县委：书记（1940年初划归川康特委前后）先后是廖寒非、韩天石、林蒙、李维、彭世荣等。

泸州中心县委：书记先后是李亚群、涂万鹏、田家英、郭福玉（代理）、罗浩、廖林生等。李亚群任书记时，刘隆华（女）任中心县委妇委书记，万进修、何作舟、曾仲牧任常委，涂万鹏任江安县委书记。以后萧泽宽曾任中心县委职工部长。

北碚中心县委（即合川中心县委）：北碚最先是成立特区区委，书记是沈钧，组织部长江浩然，宣传部长方璞德。以后成立中心县委，书记先是李亚群，王世槐任宣传部长，江浩然任组织部长，妇委书记刘隆华（也兼任过一段组织部长），青委书记朱鸣（或徐鸣）。江浩然去延安后，冉启西任组织部长；李亚群走后，艾英（杨德培）任书记。

万县由特支发展到中心县委：特支书记是欧阳克明，中心县委书记先后是黄树澄、杨正南、艾英、彭咏梧。因有的组织被破坏，万县中心县委即移到梁山县，成立梁大中心县委。

南充中心县委：书记（1940年初由川康特委划归川东特委前后）先后是刘传福、陈震、田家英（这时中心县委移到广安）、杨正南（中心县委又移回南充）。

江巴中心县委：书记先后是赖少尧、罗浩、萧泽宽。委员有李治平等。

五县工委：书记是张显仪（王家释）等。

綦（江）、南（川）工委：书记先后是夏奇峰、陈慕桥、周应培、李思源、李治平。

江津县委：1941年重建，书记先后是秦朝亨、周朝生、周平。属江巴中心县委领导。

永（川）、荣（昌）、隆（昌）工委：书记先后是周平、廖林生。组织部长何乃述，宣传部长何君辉。

四、巩固党的组织，实行“长期埋伏，积蓄力量，以待时机”和“隐蔽精干”的方针

1939年秋，国民党加强了特务活动，采取秘密逮捕、威胁利诱暴露的党员自首叛变、跟梢、利用叛变的人出来抓人等办法，破坏我党秘密组织。取缔救亡团体，打击进步人士。在此情况下，中央发来了巩固党的决定。遵照南方局指示，特委于当年10月就认真讨论了这个决定，并逐级传达学习、贯彻执行，同时停止了救亡团体活动。1940年7月，又讨论、检查了巩固工作。

1940年，我们先抓学习“决定”，认清国民党反动派对我地下党加紧进行破坏的形势。这是一个大转变。我们除了加强政治思想工作外，主要抓了审查干部的工作，1940年、1941年，一直抓了两年。逐级审查，上一级审查下一级，把所有党员，特别是干部重新审查了一次。经过审查和处理，川东地下党的情况更清楚了，发现了好干部，清洗了一批坏人和动摇、投机分子。这一年在教育方面就抓形势教育，抓“坚持抗战反对投降，坚持团结反对分裂，坚持进步反对倒退”的宣传，以增强革命胜利信心；抓气节教育，普遍学习革命烈士传，效果很好。重庆《新华日报》的宣传，出版进步书籍（包括怎样做支部工作的书籍），对川东地下党的教育也有很大帮助。

1940年，中央决定增补我为南方局委员，同时还决定成立西南工委，由孔原任书记，钱瑛和我参加。不久，敌人发现了孔原，孔原即被调回红岩担任南方局组织部长，西南工委未能正式开展工作。

1940年11月，国民党军委会宣布“反共为今后主要任务”，并在该党四川县政人员训练班中宣称“你们尽管捉共产党，先斩后奏，宁可错杀一千，不可放走一个”。

1941年，国民党发动了第二次反共高潮，制造了皖南事变。南方局又决定成立西南工委，以便在南方局离开时管理西南各省的工作，由钱瑛任书记，我任副书记，调郑瑛来西南工委任秘书。机关准备设在成都，由钱瑛先去成都筹备。临行前要我接收、保存云、贵两省委的组织关系。但是，钱瑛到成都后，环境不好，过了一段又撤回重庆。所以，西南工委始终没有能正式成立开展工作。实际上郑瑛一直在川东特委任秘书。

1941年，中央对于如何保存力量、隐蔽干部、真正埋伏下去做了多次指示。

1941年初，南方局指示我们抓紧巩固党，迅速疏散暴露的党员。是年秋天，南方局又进一步检查、指示我们的工作，叫我去开会，周恩来主持，参加的有董必武、孔原、钱瑛等，讨论怎样进一步巩固党组织的问题。总的精神是要坚决贯彻执行中央确定的“长期埋伏，积蓄力量，以待时机”和“隐蔽精干”的方针。会议中研究了巩固党隐蔽党的办法。

1942年春，南方局又检查了我们的工作，进一步作了指示。

经过巩固工作，川东地下党更加纯洁、更加隐蔽了，质量也提高了，战斗力也更强了。

五、反特务斗争

反特务斗争，是巩固党的最重要工作之一。重庆是国民党中央、国民政府所在地，是国民党政府的陪都，特务多。在这里要隐蔽下来，要把秘密党组织巩固起来，工作是极其困难、极其艰苦、极其复杂的。要使党长期埋伏下来，并积蓄力量，最重要的工作之一就是要坚决同内奸、特务作斗争。内奸比特务更危险，因为他们知道内情。

要保护自己，首先要提高全体党员特别是领导干部防止奸特破坏的警惕性，绝不能麻木不仁，麻痹大意。

要保护自己，反对奸特的破坏，就要调查研究他们的政策、方法。这一点，除了南方局经常及时通知我们有关的情况外，要经常及时总结各地被破坏的教训，采取针锋相对的办法加以对付，并用以教育干部和党员，这样做最为有效。

南方局得到情报，一些与我们有关的情况，孔原或荣高棠就及时设法告诉我们，我们就立即采取相应的对策。这样，到1942年，就没有什么大的破坏了。党的组织基本上巩固下来了，特别是各级骨干绝大多数都保存下来了。

要继续加强秘密工作的教育、反特务奸细斗争的教育和共产党员气节的教育。气节教育，主要是讲共产党员先烈们的英勇悲壮、坚贞不屈的伟大事迹，坚定为共产主义事业奋斗的决心和英勇献身的自我牺牲精神，无论在任何情况下都要坚持斗争，保卫党的利益，严守党的秘密纪律，不自首、不叛变。要经常给大家讲形势，以鼓舞大家的信心和斗志。还有抓增强党性和整顿党风精神的教育，对巩固党也起了很好的作用。

但是，任何事物总有两个方面。在这几年里，特别是在国民党第二次反共高潮时期，有一部分党员，主要是基层的党员，被敌人的嚣张气焰吓倒了，自动退党的有三四百人。

总之，从1939年秋开始，到1941年底，川东的党组织陆续有被国民党反动派破坏的情况，特别是1940年、1941年被破坏得多一些。但是，川东特委、重庆市委及所属各区委，除个别人出事外，党组织都没有被破坏过。一部分中心县和县的党组织也没有遭破坏，到1943年9月间川东特委撤销时为止，它们始终正常地工作着。

（节选自中共中央党史资料征集委员会编：《中共党史资料》第12期，中共党史资料出版社1985年版。）

钱之光：
第十八集团军重庆办事处的战斗岁月

钱之光，浙江诸暨人，曾任八路军重庆办事处处长、中共中央南方局委员。新中国成立后历任纺织工业部副部长、党组书记。

1938年10月武汉沦陷前夕，第十八集团军和新四军驻武汉办事处（通称八路军办事处）奉命迁往重庆。经过两个月的旅途辗转，1939年初重庆办事处正式成立，并报国民政府军事委员会备案，办事处从成立到1946年迁往南京，共计七年多。这一段时间，是抗战时期我党同国民党进行复杂斗争的一个十分重要的时期。

重庆办事处是我军设在国民党区域内的一个公开的合法机关，直接由中共中央南方局领导，是南方局机关的组成部分。南方局对外不公开，它就设在办事处，办事处一方面直接同国民党当局打交道、办交涉，处理有关十八集团军和新四军的各项事务，另一方面也办理南方局交办的一切工作。在整个工作过程中，始终坚持了党的抗日民族统一战线的方针和政策。在这里工作过的同志，包括在南方局工作的同志，前后有数百人，他们都表现出英勇顽强、团结奋斗的革命精神，为完成党交给的各项任务，作出了应有的贡献。

一、办事处设在红岩的由来

还是在武汉期间，我们遵循毛主席在《论持久战》中提出的长期抗战的战略思想，为了加强大后方的工作，为撤出武汉作准备，已先派周怡、张玉琴到重庆筹建办事处，建立据点。通过地下党的关系，租用了机房街70号作为办公用房，以“十八集团军重庆通讯处”名义开展活动，周怡任通讯处处长。1938年10月20日，日军逼近武汉，武汉办事处和《新华日报》的部分同志分水陆两路开始撤退。一路是溯江而上，经宜昌、万县；一路经长沙、衡阳、桂林、贵阳等地，先后到达了重庆。我是从陆路到达的。重庆办事处成立后，原通讯处即行撤销。办事处由我担任处长，周怡负责南方局的情报科工作，对外称办事处副处长。

机房街的房子不大，我们到重庆后因人员增多，又在棉花街30号租了一所房子。但两处办公，诸多不便，南方局组成后，为了更好地开展党的工作，并预防日本飞机轰炸时有个退路，就决定在重庆近郊寻觅地址，设立机关。经我党川东特委负责人廖志高介绍，由党员刘圣化陪同周怡找到了红岩嘴大有农场的女主人刘太太（本名饶国模，刘圣化是她的小儿子），她有一片不小的山地，是个果园农场，树木多，四周住户很少，既便于党的工作，又便于防空。她正准备在这里盖房子，于是我们以办事处的名义同她商量，由我们给她3000元，将原计划建筑的两层楼加为三层，由她负责兴建，建好后我们住用三年，以后付房租。她当即应允。为了早日建成办公楼，南方局办事处的同志，发扬延安挖窑洞的精神，积极参加劳动。到嘉陵江边抬木头、竹竿，拌泥浆，夯土墙，一边劳动，一边歌唱，不仅感动了建筑工人，也在当地群众中产生了良好的影响。

1939年5月3日、5月4日，日本侵略者对重庆施行了惨无人道的大轰炸，整个山城变成一片火海。办事处机房街70号、棉花街30号和苍坪街、西三街的房屋都被炸毁，我们就都迁到了红岩，当时因房屋尚未建成，就在下面的嘉陵江畔搭了竹棚临时办公。在这样艰难的环境中，大家仍紧张而有秩序地进行工作。后来我回到机房街，还发现有一枚未爆炸的炸弹。在大轰炸的那几天，刘太太曾腾出一部分房屋给秦邦宪、凯丰、董必武等几对夫妇居住，还有一部分工作人员，住在她的柴草屋里。由于我们同刘太太的关系处得好，所以从当年夏天红岩办公楼基本建成后，我们一直住到1946年春。这就是红岩办事处的由来。

我们另外还有一处地方是曾家岩50号。1938年冬，邓颖超到重庆参加国民参政会，原先住在机房街70号；周恩来到重庆后，他俩便一起搬到曾家岩渔村居住。后来经过一个朋友的介绍，也是用办事处的名义，租下了曾家岩50号这所房子的一部分。这里三楼原先住的是“战地服务团”，二楼东边住的是国民党官员刘瑶章（新中国成立后曾任水利部办公厅主任，后任全国政协委员）和他的眷属。“战地服务团”迁出后，他们住的那部分房子也由我们租用。周恩来和邓颖超住在楼下一侧。因为周恩来当时任国民政府军事委员会政治部副部长，所以这里对外也称“周公馆”，实际上是南方局在市区的工作机关。南方局下设的党派组、文化组、军事组、外事组、妇女组的负责人和工作人员，大都住在这里。另外，新华日报社则设在化龙桥虎头岩。

在1939年以后的整个抗日战争期间，曾家岩的“周公馆”、红岩的八路军办事处和虎头岩的新华日报社，是我党在国民党统治区的活动中心，从这里传出了党中央、毛主席的声音，贯彻了党中央一系列的方针、政策，并成为国民党统治区广大人民群众瞩目和希望的所在。

二、重庆办事处的经常工作

十八集团军重庆办事处根据工作需要，在组织机构上设有以下一些单位：经理科，负责管理南方局和办事处的经费，科长是赖祖烈、梁隆泰、王华生；文书科，办理对内、对外文件，科长是刘士杰、朱语今、朱汉民；运输科，包括下设仓库、汽车修理厂，主要是向延安运送干部和物资（我们自己采购及国内外进步人士捐赠的物品），科长是刘恕、吴宗汉；总务科，下设招待所、休养所、托儿所、警卫班、勤务组、医务室、储藏室、传达室、炊事班等，科长是史唯然、邱南章、陈宇文、朱爱牧；机要科，负责和延安等地的电台联络，这部分工作由南方局秘书处童小鹏领导，对外童小鹏是办事处的机要科长；电台台长是申光等。1943年9月，我们的电台虽被国民党封闭，但事实上电讯联系从未中断。曾家岩“周公馆”由陈远绍、祝华、龙飞虎等负责。

办事处的经常工作，主要有以下几项：

第一，领取军饷、弹药和通讯、卫生器材。

从1937年八九月份开始，国民党政府每月给十八集团军军饷四五十万元。新四军建立后，每月军饷是20万元，由我们到国民党军需署领取，我们领到后就汇到十八集团军总部。当时军需署署长叫周骏彦，1927年他任两浙盐运使时，我曾在他那里工作过。有次我还陪同叶剑英见过他，向他宣传我们党的方针、政策。军需署里我有不少熟人，那时领款的手续繁琐，我们又不熟悉，这些人都曾帮过忙。有时还让我们提前领取，将款存入银行，可以得到一笔利息。后来军饷直接拨到第二战区，就不再由我们领取。皖南事变发生后，胡宗南的一个军需署署长叫汪维恒，是我的小同乡，他告诉我国民党将不给我们发饷了。我知道后，立即向叶剑英汇报，他叫我拟个电报报告中央。果然，不久军饷就停发了。至于军械、弹药、通讯、卫生器材等，在南京和武汉期间，都还象征性地发过一些，到重庆后，也是直接拨到战区领取。皖南事变后，就什么也不给了。这时我八路军已发展到50万人，部队的给养和军械、弹药，除了靠边区与根据地群众供给和从敌人手中缴获外，重庆办事处也担负采购重要物资、器材的任务。

办事处的经费来源，在军饷停发后，就主要靠我们自己筹措。一是靠国际上的援助。二是英国援华总会经过宋庆龄给予的援助，还有宋庆龄等民主人士组织的中国民权保障大同盟和华侨爱国人士，也为我们捐募了不少款项和物资，如药品、器材、服装等。这些物资都由香港经河内、友谊关、贵阳运到重庆交给我们，再由我们转运到延安。这两项援助本来就有，这时则已成为重要来源。三是我们自己也搞点贸易，因为当时重庆物价经常上涨，通货膨胀，货币不断贬值，我们便通过各种关系，想各种办法筹措款项来解决经济问题。比如新谷上市粮价要便宜一些，我们就买足一年食用的粮食，以防粮价上涨。我们又通过地下党的关系，开了一个公司经营土产、食糖和代购油料。另外，还通过其他关系，从香港进口一些器材和重要物资。

这些款项和物资，除过去所领军饷全部汇往总部外，对于海内外捐赠的款项，则是汇到西安办事处转送延安。周恩来、董必武往返于延安、重庆时，也亲自带过钱。有时，我们也托可靠的关系带送，并托过国民党驻延安的联络参谋带钱到延安。所有款项，大部分上缴中央，一部分留作地下党经费以及南方局、办事处工作人员生活费用的开支。此外，还要帮助民主党派和进步人士工作与生活之用。对这些开支，一般是经过周恩来和董必武审查后，定期报中央报销。对于革命烈属和干部家属的救济，也是由我们办事处统筹开支的。

我们的第二项经常工作是向国民党军事委员会、参谋本部、军令部等部门，报送八路军、新四军的战报和敌军动态。皖南事变后，新四军的战报就不送了，这是一些例行公事。

第三项是向延安输送物资和接送干部。

起初，我们往返于重庆、延安之间的交通工具只有运货卡车。这条路线从重庆出发，经成都、宝鸡、铜川、洛川等地到达延安。在一般情况下，需要8天到10天。如果遇到国民党检查站的刁难，有时就长达20多天。那时我们的家当很小，在武汉时只有一辆旧卡车。后来马来亚华侨温康兰先生（以后参加中国共产党）捐赠了一辆救护车，加上新加坡华侨人士的捐赠，我们共有了3辆救护车和4辆卡车，其中2辆送到延安，其余的留在重庆，算是解决了运输工具问题。新加坡的王天茂先生还组织了一个司机回国服务团，连同香港的司机服务团，前后五批共有司机60多人回国服务。这些同志有的在抗日战争期间英勇牺牲了，有的病故了；除个别人因不适应我们的艰苦生活而离去外，大多数留在我们队伍里，有些还成为各级领导干部。

皖南事变以前，我们和延安间往来的问题还不多，事变后的情况就复杂了，过去我们用自己的护照就可以通行，后来却要向国民党军事委员会申请护照。申请书的条目繁多，要填写申请去延安人员的姓名、籍贯、年龄，还要写明携带的物品，甚至书籍也要登记。沿途的检查站很多，其中以重庆附近的璧山县青木关和进入边区前的洛川站的检查为最严。除对我方人员盘问纠缠外，对所有物品、行李都要翻箱倒箧，没有几个小时走不了。皖南事变发生后，八路军高级参谋李涛等返延安，在中部县（即今黄陵县）被国民党驻军扣留，经多方交涉才放出。不久，八路军重庆办事处军车两辆由延安返渝，在三原也遭到扣留，押车副官和司机五人被捕，也是数经交涉才获释。1943年夏，南方局、办事处和《新华日报》撤退一大批干部回延安，行经褒城时，检查站如临大敌，竟在城门上架起机枪，先是扣留护照，然后把人集中到河边，并要检查我们警卫人员的枪支，随后又带到汉中司令部，刁难了很长时间，因为找不到任何借口，最后不得不放行。这一批干部足足走了20多天才到达延安。

当时除把撤回的干部送到延安外，也还输送一些地下党员到其他地方去。

在历次运输中，我们年轻的押车副官，担任的任务是很艰巨的。他们要指挥行车，又要同国民党检查人员办交涉，进行必要的斗争，还要安排照顾乘车人员的生活和安全。为了保护车辆，他们晚上睡在驾驶室里，得不到充分的休息。在革命的斗争岁月里，他们经受了艰苦的磨砺，为革命作出了贡献。

办事处机关物质生活是艰苦、朴素的，而精神生活则是很充实的。团结、紧张、严肃、活泼的作风，使机关真正成为一个革命大家庭。

南方局和办事处共有100多人，由于办事处建造在山坡上，开始用水全靠厨房的同志从嘉陵江一担一担地往上挑，十分辛苦。后来有个同志在办事处西边山沟坡的岩缝里发现了一股山泉，便用粗竹竿制成水槽，把水引进厨房，减轻了挑水的劳动，大家说是“自来水”。之后，又在防空洞附近打了一口井，这才解决了吃水问题。

当时大家生活的供给标准，最初每人每月的伙食费是3.5元，以后物价上涨，改为实物，都吃一样的伙食。1942年以后，才在领导同志就餐的那一桌加一个保健菜。延安大生产运动开始后，我们办事处的同志也在空地种菜、养猪，改善生活。服装是单衣每人每年一套，棉衣三年一套，还有蚊帐。对于不便穿军服的同志，每年按普通标准发一次服装费，由自己购买，男的穿中山服，女的穿旗袍。另外，每人每月有3.5元、4元、5元不等的津贴，作为购买零星生活物品之用。

办事处设有医务室，大病到医院治疗，小病就在医务室就诊。在离办事处较远的一个名叫高峰寺的地方，还为重病号设立了休养所。另外，又为婴幼儿办了托儿所，所长和保育人员都是从孩子妈妈中挑选的，孩子们从小就受到革命传统的教育。

在办事处的几年时间里，我们曾先后为许多同志和烈士寻找亲人，沟通音讯，抚养家属子女，把他们送到延安或转移到其他安全的地方去。我记得这里面有毛泽东的侄子毛楚雄，蔡和森的儿子蔡博，任弼时的女儿，叶剑英的儿子叶选平，李硕勋烈士的儿子李鹏，吴玉章的外孙女大兰、小兰、霞飞、署苹，李克农的父母、妻子赵英、女儿李冰，陈毅的父母，刘伯承的弟弟，叶挺、罗瑞卿、罗炳辉、夏曦、郭亮、严朴等的儿女，徐特立的亲属等。寄钱接济的有林伯渠、谢觉哉、唐延杰等的家属。这项工作由刘一清（即刘昂）负责。被接济的家属无不感受到组织的关怀和温暖。这对社会上那些反共分子诬蔑共产党“六亲不认”的谰言，是个有力的驳斥。

那几年，也有些同志和亲属病逝。刘太太在小龙坎找了一块墓地安葬他们。在那里有周恩来的父亲，邓颖超的母亲和黄文杰、李少石、吴志坚等11位同志和3个小孩。

由于当时的工作和生活是艰苦而又紧张的，大家很少有机会进城。平时对工作人员的政治文化教育，抓得比较紧。经常性的教育包括政治、军事、党史、时事；文化教育是语文、算术、作文。同志们通过这些学习，既提高了政治觉悟，又获得了各种基础知识。有空闲时，同志们就在农场、山沟里散散步。山坡上有不少房东的果树，如桃子、柚子、柑子等，大家自觉遵守红军的光荣传统和三大纪律、八项注意，从不采摘，而附近其他机关的驻地，往往果子尚未成熟就被采摘了，引起果园主人的不满，这也是一种鲜明的对照。我们的同志除自觉遵守群众纪律外，也很注意搞好群众关系，助人为乐。记得1943年5月下旬，有天连夜大雨，山间大水倾泻，不时有泥土、石块崩塌。办事处附近的一户人家房屋被冲倒，有人压在里面。因为这户人家平时有意注意办事处人员的行踪，我们有的同志对他们有怀疑，没有去抢救。周恩来就指出，这样不好，不管他本人如何，他有孩子、家属，我们应该讲革命的人道主义。于是，许多同志都奋力去抢救。这些事例，说明我们的同志正是通过一些具体事实，培养了高尚的革命情操。

办事处里还设有救亡室，每天晚上都可以在里面进行文娱活动。大家经常唱救亡歌曲。逢年过节，几个爱好戏剧的同志排练独幕话剧。我们还组织同志自己动手修操场、盖礼堂。自己办墙报，也常打桥牌，充分表现了革命的乐观主义精神。

至于办事处当时的外部环境，我们虽然是公开的合法机关，国民党反动派还不敢轻易公然袭击我们，但我们也从不麻痹大意。事实上骚扰还是经常有的。1939年夏秋之间，陈波儿等几位同志来到重庆，住在房东刘太太家里，国民党的宪兵、警察就借查户口为由，进行纠缠，并扬言要把人带走。我得到消息后立刻赶去，说明她们是我们的家属，宪兵无奈才走掉了。皖南事变后，办事处的张裕如在送宣传品到军委会稽查监督处时被扣留了，我得知后到歌乐山郭沫若处报告周恩来，但未遇见他。张裕如在出事后设法通过报童递了一个条子出来，于是我就和龙飞虎同去找他，途中遇到了空袭，恰好看到张裕如正被押送到防空洞。我们弄清了他的确切关押地点，就报告了周恩来，经周恩来写信给侍从室主任钱大钧，才把人放出来。那时我们被盯梢的事就更频繁了。有次办事处的张剑虹外出归来，路上突然有人搭她的肩膀，还叫了一声，她看是陌生人，未予理睬，就急忙赶回办事处，但那个“尾巴”紧紧跟随，一直追直到办事处门口，看到我们的哨兵，就说他跟了一个对象，赖在门口不走。我听到后出来对他说：“这里是十八集团军办事处，你的事我们知道了。”他一看有点不对头，才灰溜溜地走开。也许这是个盯梢的新手，但可以看出当时环境险恶的一斑。所以在皖南事变后，办事处还着重进行了对敌斗争的方法和革命气节、保守机密等方面的教育。同志们平时外出工作，实行请假制，一般是两人以上同行，并告诉值班室的同志，说明到哪里去，什么时候回来，以便出了事好及时查找。当时我们的保密工作也很严格，大家都养成一个很好的习惯，就是让你知道的事，会告诉你；不该知道的事，你也不要问。对平时所见所闻，也要守口如瓶，决不让特务从我们口中得到任何东西。

1946年初，国民党政府准备还都南京，国共谈判正在紧张地进行。1月间，刘少文奉派到上海，我们曾托他在南京、上海找房子筹备办事处。以后又派祝华、陈展去南京。在2月和4月，周恩来两次致函国民党行政院院长宋子文和蒋梦麟，要求在南京拨给两幢房屋，在上海拨给一幢，筹建中共代表团办事处。之后，就派龙飞虎、刘怒、石西民三人以中共代表团、办事处、新华日报社成员的公开身份去南京帮助筹备。

在中共代表团办事处筹备就绪后，周恩来、邓颖超和齐燕铭、章汉夫、廖承志夫妇、钱瑛、王炳南、章陆生等15人，于5月3日乘马歇尔专机由重庆飞抵南京，陆定一等30人也于同日乘中航机由渝抵宁。5月16日董必武、李维汉以及刘宁一、罗瑞卿、陈家康、张晓梅等一行，也由渝飞南京。我待搬迁工作大体告一段落后，于5月23日同张黎群、王华生等乘中航机飞南京。还有些未了事宜，则交给留在四川省委工作的袁超俊、朱爱牧等人负责处理。

我们在搬迁工作中，曾发生过一起碰船事件，在电台工作的女同志叶晋之不幸落水牺牲。还有一个女同志在船上早产，因缺乏接生条件，婴儿出世后就死了。

回顾重庆办事处7年多的战斗生活，我们在周恩来、董必武和南方局的领导下，尽管处于国民党反动派不时掀起反共高潮的险恶环境中，但由于正确地贯彻了党中央发展抗日民族统一战线的方针，对国民党当局的反动政策，进行了有理、有利、有节的斗争，因此团结和争取了广大的民主进步力量。如果说，在重庆初期，还只有文化教育界、进步青年学生靠拢我们；那么到后期，不但工商各界的民族资产阶级向我们靠拢，连各派地方势力、国民党的中间派中，也都有我们的许多同情者和支持者。我们党在国民党统治区的影响不断扩大，党的威望空前提高。相反，国民党当局由于坚持其反共、反民主的反动立场，加上军事溃败，政治腐朽，声望已一落千丈。当我们离开重庆时，国民党反动当局正在一意孤行，不断违反政协决议，破坏停战协定，这时全国已是战云密布。我们党为了争取中国的和平、民主，仍然顾全大局，继续为维护政协决议的全面实施而奋斗。我们也正是负着这个使命离开重庆而来到了南京。

（节选自中共中央党史资料征集委员会编：《中共党史资料》第14期，中共党史资料出版社1985年版。）

徐迈进：
《新华日报》概况

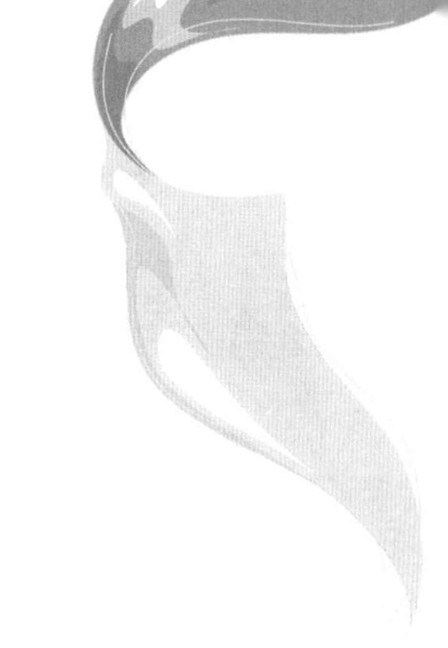

徐迈进，江苏吴县人，一直战斗在党的新闻文化战线。时任重庆《新华日报》编辑部副主任、报委兼办公厅主任。

一、机构设置及主要人员情况

《新华日报》的领导机构，在创刊至整风以前是管理委员会（简称“管委会”），整风以后是党报委员会（简称“报委会”）。管委会主要负责人先后是潘梓年、吴克坚，管委先后有潘梓年、华西园、章汉夫、熊瑾玎、吴克坚、许涤新、易吉光，我任管委会秘书。报委会主要负责人是潘梓年，报委先后有潘梓年、熊瑾玎、章汉夫、夏衍、孙成达（孙敬文）、石西民、刘自羽、宋平、胡绳、乔冠华、汤宝桐、于刚和我。

管委会下分设编辑部、印刷部、营业部和综合部门总务课、会计课。编辑部（有个编辑委员会）又分设新闻编辑室、采访部、副刊编辑室、资料室、《群众》编辑室、总编室等。印刷部又分设排字房、浇版房、机印房、装订房。营业部又分设发行课、广告课、图书课。

报委会下综合部门增加了报委办公厅、人事课，其余与管委会时相同。

创刊时（1938年1月）潘梓年任总经理，华西园任总编辑（4月以后增加了一个总编辑吴克坚），章汉夫任编辑部主任，杨放之任副主任，印刷部由袁冰、张尔华管了一个短时期。营业部由寿松涛管了一个短时期。3月调来了熊瑾玎、严启文、易吉光，潘梓年改任社长，熊瑾玎任总经理。

新闻编辑室先由章汉夫兼管，后来石西民任主任，我任副主任，采访部主任是陆诒。副刊主编先后有楼适夷（楼建南）、戈宝权。资料室先后由戈宝权、曹若茗负责。《群众》周刊主编为许涤新。

印刷部主任严启文，副主任周秉权。排字房先后有汤宝权、杨允庸领班。

营业部主任易吉光，副主任涂国林。发行课先后由寿松涛、范剑涯、陆从道、徐君曼负责，增设广告课、图书课后，广告课先后由范剑涯、向贤初负责，图书课罗戈东负责。

总务课主任先后有我、宗群、严启文、王自申、王福林，会计课主任先后有蔡馥生、孙及民。

整风后，机构改革，成立报委会，潘梓年任社长，熊瑾玎任总经理，章汉夫、夏衍先后任总编辑。采访部主任是石西民。副刊主编先后是戈宝权、刘白羽、胡绳。资料室主任是戈宝权，副主任是杨黎原、洪沛然。《群众》周刊主编是乔冠华。总编室主任先后是宋平、朱世纶。

营业部主任先后是易吉光、于刚，副主任是彭少彭。发行课主任是徐君曼，广告课主任是向贤初，图书课主任是罗戈东。

我任办公厅主任，人事课主任是孙成达，总务课主任是严启文、王福林，会计课主任是杨用之、朱端绶。

编辑部的骨干编辑、记者和编译有何云（后在太行办《新华日报》华北版，任社长）、王焕新、韦明、刘述周、刘惠之、任以沛、史乃展、李密林、李风展（李普）、李慎之、杨慧琳、陈昌谦、吴全衡、毕朔望、闵廉、汪琦、张谔、张企程、张子斋、孟秋江、林默涵、周而复、郑新如、郑德芳、郑之东、范剑涯、范元甄、胡若木、姚延宾（姚黎民）、徐克立、徐光霄、黄铸夫、鲁明、郭欲鸣、熊复（抗战胜利后最后一任总编辑）、廖沫沙、潘汉年等。

二、关于宣传报道方针

在党中央六届六中全会以前，《新华日报》在国内宣传方针是团结抗战。团结，不仅是国共团结，而要工农商学兵各界、各民族团结起来，全力以赴为取得抗战的全面胜利努力。抗战，不是一时一地的抗战，而是全面持久的抗战，争取最后的胜利，从而注意宣传抗日民族统一战线的方针政策和宣传八路军、新四军在敌后坚持抗战的业绩。在国际宣传方面，着重宣传反侵略、反法西斯斗争。与此同时，提出了提高质量和发展数量的三个口号，即编得好，出得早，销得多。这三个口号从武汉时期就提出来了，经过党中央肯定，就成了办好《新华日报》的三条基本的原则。

六中全会以后，《新华日报》的方针还是坚持团结、抗战。1939年1月国民党五中全会后，根据党中央指示的精神，提出了坚持抗战，反对妥协；坚持团结，反对分裂；坚持进步，反对倒退的报道方针。1945年日本投降后，《新华日报》的宣传报道方针，除了前面提出的如团结、进步等等还要继续宣传外，着重提出了和平民主建国的方针。

《新华日报》采用了一种以开展各种活动的方式来体现党的宣传方针。这就不是用文字、版面来反映，而是以艺术形象来反映。

三、关于封锁与反封锁的斗争

《新华日报》从筹备开始到停刊为止，限制与反限制、封锁与反封锁的斗争一直没有停止过。国民党虽然口头上同意出版《新华日报》，心里却是从来不愿意的。1939年5月初，日本飞机对重庆狂轰滥炸，即“五三”“五四”大轰炸。国民党便利用这个机会要重庆十家大报联合出版，使《新华日报》停刊了三个月又一个星期。在南方局和报馆再三交涉下，才在8月13日得到复刊。国民党本来是不让复刊，只因他无理，不得不答应。停刊三个月不好，但从另一方面讲也是个有利条件，我们利用这个机会把化龙桥虎头岩的报馆的编辑部、印刷部和生活用房因陋就简地建筑起来。原来的苍坪街、西三街地方很小，展不开，工作起来很受限制，报纸也印得不多，而化龙桥报馆地方宽敞，编辑部、印刷部和经理部门都在这里，又在郊区，工作起来比以前方便多了。

还有一次停刊，是在1940年5月，因河南遭受水灾、旱灾、蝗灾、汤灾(汤恩伯部在河南时的横征暴敛以及他属下士兵烧杀抢掠)，灾情严重，《新华日报》在5月14日的二版上发了一条新闻，标题为《河南灾情严重衮衮诸公竟坐视——若有天良已拨巨款即应放赈。诿称政治局势变化无理之至》，国民党对此十分恼火，蒋介石大发脾气，勒令《新华日报》停刊一天，遂有5月17日本报停刊一日的事。这次虽然被迫停刊了一天，但揭露了国民党蒋介石的“德政”，因此是值得的。还有一次停刊，我已不在重庆了，就是捣毁门市部（营业部)，杨黎原、徐君曼等几个同志都受了伤。

在新闻编辑和发行上的封锁与反封锁的斗争更是经常，蒋介石的政策是溶共、防共、限共、反共，新闻检查就是他的这个反共政策的具体措施。国民党的新闻检查，形式上各个报纸都要送检，实际上就是检查《新华日报》，不准向群众宣传共产党的方针政策以及讲清当前发生的许多问题。面临着这种情况，《新华日报》也采取了相应的办法来对付，国民党要扣、删稿子，《新华日报》就开“天窗”（即空白）出版，开大“天窗”不行就改小的，有的把字颠倒起来排，字一颠倒过来就成了一个小空方块，有的就在被删处打上××，读者不是可以从报纸版面上琢磨出来是什么吗？再有就是在报上登个启事，说明什么什么文稿奉命免登。对于新闻检查方面的斗争，章汉夫是有丰富经验的，很多时候是他亲自出面打这个仗。此外，我们写文章时在技巧上做文章，本来是要揭露他们的某个问题，但不直接讲，而是转弯抹角地把它写出来，读者看了能知道，国民党官员倒不一定能看出来，就是他们的新闻检查官员也不是每一篇文章都看得出来的。我们用隐晦的文字写出来，有一部分读者是能看得懂的。这样也就把问题真相告诉读者了。到皖南事变时，我们斗争方法又发展到改版、换版，就是先排好一个估计能通过检查的版面给他们检查，拿回来换上要发表的，如周恩来为皖南事变的题词，就是用改版换版的方式刊登出去的。无论是新闻报，还是副刊，《新华日报》都采用过开“天窗”或打××以及隐晦的文字表现的斗争方法，只是副刊没有过多改版换版。我们在编辑上就是这样同国民党的新闻封锁进行抗争的。

发行方面呢，花样就更多了，在这方面左明德、王匡时比我清楚。《新华日报》刚办起来的时候，除在门市销售部分和送给订户部分外，其他都是通过派报工会派人出售，这个派报工会是黄色工会垄断了的，叫他派报自然问题很大。初到重庆时，他们也来把《新华日报》领去，而他们并不认真派人去出售，过些时候又送回来不少，说是这部分已卖不掉，有的时候他们就干脆说卖不掉，把很多的报纸都退了回来，实际上就是不给我们发行。办了报纸发行不出去怎么成呢，逼着大家自己想办法。《新华日报》在1938年11月9日公开登报招收报丁、报童，条件有四：1.粗识文字；2.年龄在12至16岁；3.刻苦耐劳；4.熟悉本市街道。结果招收来的报丁、报童文化很低，什么是阶级，什么是民族都说不上来，还需要我们来培养训练，从读报开始，组织他们学习文化，学习时事，启发他们的阶级觉悟，教给他们斗争的方法。在招收的报丁、报童中，多数是好的，愿意去卖报，极少数有些害怕。有了报丁、报童就有了发行队伍，有了这个发行队伍后，是不是就没有斗争了呢？当然有，而且斗争仍然很尖锐。国民党见《新华日报》有了自己的报丁、报童，不派报也阻止不住《新华日报》的发行了，于是使出流氓办法，他们见报丁、报童年纪小，就指使特务流氓欺侮他们。这些家伙装作要买报，等把报纸接过手后，就给撕烂扔了，或干脆全部没收，开初小报童在报纸被撕毁或抢去后就跑回来哭，因为这不好交账呀！我们鼓励帮助他们团结起来，想各种办法同这些流氓斗，因而他们逐步顽强起来，而且很机智、勇敢。国民党觉得报丁、报童不好对付，撕毁和没收报纸的办法已威胁不到，就加上了殴打和抓人的一招。可是报丁、报童还是没被吓倒（因为我们平时注意了对他们的教育和帮助，并且在生活上也尽可能地给予一些照顾），他们仍然坚持天天外出送报卖报。在这个过程中，他们也想了很多办法，已引起国民党特务注意的地方不去，而把报纸送到同读者约好的地方。在形势最险恶的时候，报丁、报童还同某些读者约好将报纸放在石窟窿或树洞里，让读者找机会到那里去取，这就一方面保证了报纸的发行，另一方面也保护了读者的安全。后来，国民党进一步加强法西斯统治，对《新华日报》进一步加紧迫害，有段时间群众看《新华日报》都不行，凡订阅《新华日报》的，就被认为是赤化分子，加以监视、警告，以致有被搜查和逮捕的危险。为了保护读者，《新华日报》又不得不改变发行方法，这时除了通过报丁、报童公开的发行外，又增加了一种秘密发行方式——伪装送出。当时，成都、昆明、桂林都有营业分处（以前衡阳也有）。开始《新华日报》可以一捆捆的从重庆寄去，由那里发行出去，后来不行了，寄出的报纸一捆捆的被没收，有时接连几个月的邮寄报纸被扣。因而我们又采用分散隐蔽发行的办法，就是把发行的报纸，直接由重庆分别寄给一些读者。这种分散寄出的办法，也还要伪装，要在《新华日报》的外面包上其他报刊封皮，封面上寄件人不能写《新华日报》，否则就会被邮检扣下。

另外，还有一些文章和材料，《新华日报》上刊登不出来，又必须要读者知道的，比如毛泽东的《论持久战》《论联合政府》《在延安文艺座谈会上的讲话》以及一些重要的新闻资料等，就采取内部发行的办法，有的印成伪装的小册子。有一部分国际资料，南方局的同志就把它编辑成《国际问题研究资料》，进行秘密发行。南方局那边负责编这些东西的，我记得开始有章文晋，后来是罗青，报馆这边是我，陈伯达在那时发表的《窃国大盗袁世凯》《评中国之命运》《中国的四大家族》一套书，也是通过秘密方式发行的。报丁、报童不知道这些东西，我们就自己动手并通过统一战线的渠道来发行。

（节选自中共中央党史研究室科研管理部、中共重庆市委党史研究室编：《见证红岩——回忆南方局》，重庆出版社2004年版。）

孔原：在南方局工作的片断回忆

孔原，江西萍乡人，曾任中共中央社会部副部长、西北工委委员、西南工委书记、中共中央南方局组织部部长，长期从事地下情报工作。

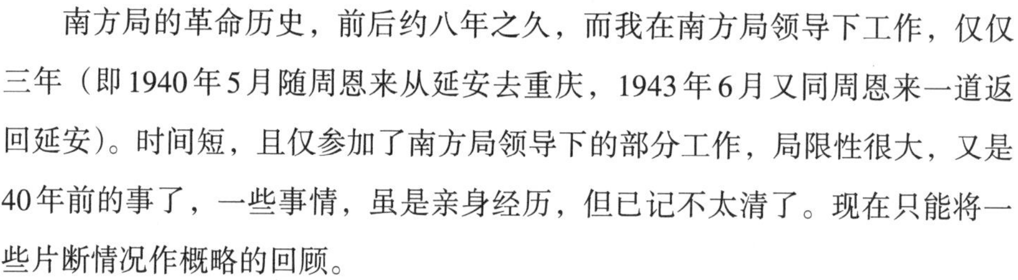

南方局的革命历史，前后约八年之久，而我在南方局领导下工作，仅仅三年（即1940年5月随周恩来从延安去重庆，1943年6月又同周恩来一道返回延安）。时间短，且仅参加了南方局领导下的部分工作，局限性很大，又是40年前的事了，一些事情，虽是亲身经历，但已记不太清了。现在只能将一些片断情况作概略的回顾。

我是在1940年5月随周恩来从延安到重庆的，同车去的还有徐冰、赖祖烈、张晓梅、刘昂、许明、康岱沙等留在南方局工作的同志们。为了便于隐蔽下来搞党的秘密工作，到红岩后，让我与童小鹏他们的“鸡鸭行”[①]住在一起。“鸡鸭行”在办事处的最顶上一层楼，房间又矮又小，夏天很热。但是，比较清静，接触范围小，可以减少与人交往相识。大概在七八月间，我同许明离开红岩到了重庆市郊江北木洞镇，秘密开始了西南工委的筹组工作。我

① 指南方局秘书处第一科（机要）和第二科（电台）。

的公开职务是广大华行（卢绪章、舒自清等秘密党员开办）的老板。很快我们建立了机关，共三四个人，很精干。接着同川东、川康、鄂西等地方党组织取得了联系。与此同时，钱瑛去了成都联系川西党组织的工作。我们西南工委的工作就算是开始了。

但为时不久，在皖南事变前夕，周恩来从国民党内部我们的朋友处，获得一份国民党开列的关于我党在西南搞秘密工作人员的名单，上面第一个就是我的名字——陈铁铮。周恩来还了解到有两个认识我的大叛徒在重庆，于是采取了紧急措施，立即派人通知我和许明马上转移上山，回到红岩。

因原任组织部长博古已调回延安，分配我接任组织部长。这时，还没有宣布取消西南工委，工委的一些工作转到南方局内进行。不久又派钱瑛以特派员的身份指导川康特委工作。就在这个时候，发生了皖南事变，成都的形势很紧张，工作无法开展，钱瑛也回到红岩。应该说，从这以后西南工委实际上就不存在了。

我在南方局工作三年中，在组织部工作有两年多，即从1940年冬至1943年夏。在这期间，先后在组织部工作过的有钱瑛、廖志高、荣高棠、于江震、龙潜、高文华、廖似光、张越霞、林蒙、管平等。组织部的工作，是负责党员干部的管理教育、审查党员、清理组织、调配选拔干部、整风审干、联系部分地下党组织和党员及帮助一些失掉联系的同志恢复和转移关系等。而最重要的工作，是在周恩来、董必武的直接领导下，遵照党中央的指示，实行“隐蔽精干、长期埋伏、积蓄力量、以待时机”的方针，继续巩固党的组织。

党中央鉴于抗战初期国民党地区党组织在大发展中存在的问题，鉴于时局的变化，自1939年以后，就一再指示大后方和敌占区的党组织，必须采取坚决措施，从政治上、思想上和组织上巩固党；务必使各级党组织真正做到既精干又隐蔽，坚决实行“长期埋伏、积蓄力量、以待时机”的方针。南方局为贯彻中央这一方针，进一步加强了对党员干部的思想教育，还把一些地区的负责人调回红岩，由南方局的负责人和组织部的同志分别和他们谈话，同他们一起学习研究有关问题。并多次下指示，督促各地坚决执行中央的方针。

例如，1940年夏，南方局向各所属省委、特委发出《紧急通告》，其中指出：为了巩固我们的组织，必须坚决改变我们的组织形式和工作方法，立即从半公开的组织形式转到地下党的形式；缩小领导机关，实行个别联系，公开工作与秘密工作分开；坚决撤退已暴露的干部，强调一切组织和每一个党员绝对遵守最近所发的秘密工作通知，违者必须受到处罚，直到把整个组织解体（重新组织）和开除党员出党。1940年秋，南方局召来各地党组织的负责人，分别同他们谈话，耐心阐述“隐蔽精干”方针的重要性，与之研究如何审查干部及彻底改变组织形式和领导方式等问题。1941年夏，南方局召集会议，讨论了地方党组织的工作，决定重新配置干部，使地下党的组织与公开机关脱离联系，完全转到地下。1941年12月至1942年1月，南方局再一次调回原西南工委各省、特委的负责人到红岩，总结两年来的工作，讨论和布置今后的工作。会上，周恩来、董必武等反复强调了必须坚决贯彻执行党中央“隐蔽精干”的方针。同时指示南委召开会议，总结南委成立以来的工作，检讨执行党的“隐蔽精干”方针的情况，拟定以后如何执行的措施。1942年，在南委遭到国民党破坏前后，南方局曾多次指示南委，坚决实行“隐蔽组织，深入社会”“长期埋伏、积蓄力量、以待时机”的路线，并要方方等立即撤退。

南方局在贯彻执行“隐蔽精干”方针的过程中，从实际出发，提出了一些具体的原则、方针以及许多行之有效的办法和措施。

例如，1942年1月，周恩来在南方局召集的总结两年来的工作会议上，提出的关于建设坚强的战斗的西南党组织的七项条件[①]，就是根据“长期埋伏、积蓄力量、以待时机”这个方针提出的具体原则和具体方针。在改变党的组织形式和领导方式上采取了以下一些权宜措施：在一个单位或部门允许建立三个以上的平行支部；由南方局组织部直接管理一部分问题较多的支部，直接管理执行特别任务的党员；广泛实行单线联系；缩小各级领导机构，多则二三人，少则一人，不设固定的机关；改变领导方式，禁止三人以上的会议，规定各级干部接头限期；取消巡视制度等。在选拔使用和教育干部上，

① 《周恩来选集》上卷，人民出版社1980年版，第110—111页。

除党中央的规定之外，还要求：在选拔干部时，要注意被选拔者的工作地点是否隐蔽，被选拔者是否肯于而且善于作长期埋伏，是否有适当的职业和有很好的社会关系。在使用干部时，要做到：以保存干部为主，工作为次；以干部职业为主，工作为次；以开展社会基层工作为主，组织工作为次。在培养教育干部时，首先是以如何隐蔽为前提，具体教以怎样做秘密工作，方式是以个别谈话和讨论工作为主，配合整风审干。

深入社会，到群众中去，和人民群众紧密地联系在一起，这是我们党的优良传统。在国民党反共活动日益加剧的严重形势下，要使我们党做到长期隐蔽、积蓄力量，最为重要的一环就是要深入社会，深入群众。要做到这一点，像抗战初期那样的“救亡作风”或职业革命者的派头是不行的。因此，南方局要求党员和干部，都必须做到“三化”（即职业化、社会化、合法化），要有公开的职业和合法的身份。同时还要做到“三勤”（即勤学、勤业、勤交友；后来又增加了勤调查研究）。每个党员都要学好功课或职业技能，以及在条件许可下努力学习时事、政治和党的知识；要精通业务，要广交朋友，深入调查研究。有的党员在学校里上学，不仅学习成绩优良，又尊敬老师，爱护同学，还会办伙食，受到师生拥护，许多进步师生都团结在他们的周围。有的党员当职员，精通业务，是行家里手，对人又和气，同事都愿意和他接近，老板或主管人员也认为这个人行，离不得。有的党员当医生，由于医术高明，不仅老百姓需要他看病，许多国民党要员和地方实力派的头面人物也请他治病。这样，我们的党员就受到了广大群众的拥护，得到许多中上层人士的同情，而且不易被反共分子发现。

由于南方局在党中央“隐蔽精干”方针的指导下，正确地实行了“三化”“三勤”政策，我们在国民党统治区域的党组织，就能在国民党法西斯特务统治下长期保存下来，而且日益坚强，影响越来越大。广大人民群众，爱国民主人士以及国民党中一部分中上层人士，都寄希望于我们，逐步团结在中国共产党的周围。因此，当1944年日军为了打通南北交通线，对豫湘桂大举进攻，国民党军队节节败退，以致造成独山失守的时候，大后方就掀起了爱国民主运动，各界人士和群众起来反对蒋介石的一党专制政策，拥护我党提出的建立民主联合政府的主张；1944年冬至1945年间，大后方有大批知识青年到解放区去，到农村去；1944年11月间，成都掀起了大规模的群众斗争；1945年春，重庆发生了胡世合事件[①]。抗战胜利以后，各地进步群众中的优秀分子纷纷加入中国共产党；毛泽东赴重庆谈判受到各界人士和人民群众的热烈拥护；各民主党派公开声明拥护共产党的主张；声势浩大的爱国民主运动一个接着一个，形成了强大的第二条战线。在解放战争中，国民党八百万军队迅速溃灭，蒋家王朝很快覆亡，我党比较完好地接管了整个国民党统治区的城市和工矿企业等。所有这些，都和南方局在周恩来领导下，坚定、正确地贯彻执行了党中央的“隐蔽精干”方针和政策是分不开的。

南方局在长期的革命斗争中，在十分艰难的条件下，把中国南部广大地区的党组织，建设成了坚强的战斗的堡垒，在争取抗日战争和解放战争的胜利进程中，发挥了重要的作用。南方局在工作实践中，依据中央的方针、政策和所属区域的具体特点所提出的具体的政策、原则和措施，所总结出的经验，丰富发展了党的革命理论，是毛泽东思想宝库中不可分割的重要部分。

（节选自中共中央党史资料征集委员会编：《中共党史资料》第12期，中共党史资料出版社1985年版。）

---

① 指1945年2月20日，国民党特务分子枪杀了前往中韩文化协会饮食部执行取缔违章用电的电力公司工人胡世合的事件。由此触发了一场以工人阶级为主体的反对国民党特务统治的大规模群众斗争。

许涤新：
南方局统战工作的回忆

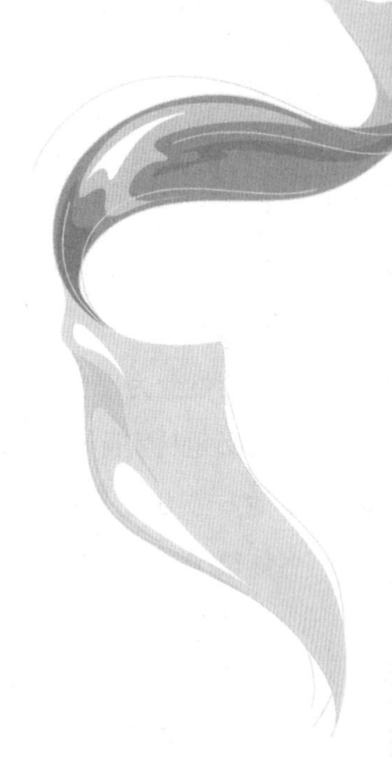

许涤新，经济学家，广东揭西棉湖人，抗日战争时期任武汉、重庆《新华日报》编辑，《群众》杂志主编。

统一战线是党的三大法宝之一。以周恩来为首的南方局，是贯彻了党中央、毛主席关于统一战线的有团结、有斗争的方针，是贯彻了党中央、毛主席坚持抗战、反对妥协，坚持团结、反对分裂，坚持进步、反对倒退的号召，因而取得了巨大成绩的。

南方局是在国统区的心脏中进行战斗、进行统战工作的，而当时国民党的武装力量比我们大，它垄断了国家的政权和财权；它的统治区中，特别是重庆，那真是特务遍地。在那种情况下工作，显然是困难的。但是，国民党的消极抗战，积极反共反人民政策，它的政治腐败、官吏贪污、通货膨胀、苛捐杂税，使得整个国统区民不聊生，民怨腾沸。这对于我们的工作，是有利的。

重庆是当时国民党的陪都，民主党派都在这里集中，高级知识分子和民族资本家也大体在这里集中。我们的统战工作的主要任务，就是要在揭发国民党顽固派的破坏抗战、破坏团结的罪行的斗争中，争取中间民主党派，争取地方势力，争取知识分子和民族资产阶级，认清形势，逐步摆脱国民党的影响，跟着我们一道前进。而多数民主党派、地方势力、高级知识分子和民族资本家，在不同程度上，是有可能跟着我们走的。要把这些有利条件，从可能性变为现实，决不能形式主义地用叫口号的办法，去执行党中央的政策；而必须从实际出发，从当时的政治矛盾的实际情况出发，从各个中间党派和地方势力的历史条件和现实处境出发。只有从实际出发，并根据各方面的具体情况，因时制宜，因事制宜，因人制宜，采取适宜的方式，把原则性同灵活性结合起来，才能在统战工作中，实现党中央的团结进步力量、争取中间力量、孤立顽固势力的方针。

为了打败日本帝国主义的侵略，国民党是抗日民族统一战线的成员之一，是我们的统战对象之一。

但是，以蒋介石为首的顽固派的政策却是消极抗战，积极反共、反人民。全民族抗战八年他们发动了三次反共高潮，平江事件杀害了我们许多同志；皖南事变杀害了我们更多同志。对国民党的这种破坏抗战、破坏团结的倒行逆施，以周恩来为首的南方局进行了坚决的斗争。而这种斗争，是有理有利有节的。

国民党的党员并不全部是假抗日真反共的顽固派。在顽固派之外，还有一部分人是进步人士，如冯玉祥、李济深、于右任、孙科、邵力子、张治中、贺耀组、王昆仑、朱蕴山、朱学范、李德全、倪斐君以及曹孟君等，他们是主张抗战，主张团结的。一般来说，国民党中，主张抗战和团结的人并不是当权派。但是，这种说法，并不完全合乎实际。举二个例，张治中和贺耀组就是当时的当权派。张治中三上延安，他同赫尔利到延安陪毛主席到重庆；毛主席接见各方人士的“桂园”就是张治中主动借用的。双十停战协定签订之次日，由于周恩来的联系，张治中用飞机送毛主席到延安。当晚党中央在杨家岭设宴招待。张治中在席上说：“希望中共历史学家将来写历史时不要忘记我张治中三上延安。”1949年张治中是国民党和谈代表团的团长，在和谈时，坦率地“承认错误，承认失败；交出军权，交出政权”。和谈失败，张治中欣然接受周恩来劝告，留在北京，同我们合作。和平解放新疆，张治中是出了不少力的。贺耀组早就同我们有联系，他的夫人倪斐君对南方局妇女组的工作贡献颇大。在曲折的道路上，他们跟我们走，走进新中国。还要谈一下陈布雷，他是蒋介石的亲信，但是，我们通过他的女儿陈莲（中共党员），专做他的工作，促使陈布雷在政治上感到矛盾，没法解脱。

对国民党顽固派和民主派的区别对待，促进了他们的分化。上述这一批人，除了于右任和孙科之外，都跟着我们进入新中国。在新中国诞生前夕，以李济深、何香凝为首的国民党进步派，于1948年秋，在香港成立中国国民党革命委员会。“民革”在新中国成立后，对于留在大陆的旧国民党军政人员，做了不少团结教育工作；今天，为了台湾归回祖国，这个党派正在发挥其特有的作用。

对国民党机关（包括报纸），我们也进行了统战工作。不少政治经济情报，是从国民党政府机关的中下层干部得到的。他们甚至把原件拿出来给我们抄录。

中间民主党派是我们争取的对象。当时的民主党派有救国会、第三党（后改为中国农工民主党）、中华职教社、乡村建设协会、国社党和青年党。在这里，救国会是中间党派中的左翼，总的说，它是相信中国共产党政治路线的正确性，相信中国的前途，只有依靠中国共产党。七君子中的邹韬奋和沙千里后来都加入中共；李公朴后来在昆明为民主事业而献出生命；但是，它也在分化。七君子中王造时同国民党CC系勾搭了；章乃器后来脱离了救国会。尽管如此，救国会总不失其为进步的民主党派。可惜的是，在解放初期，事前没有同周副主席商量，这个进步的民主党派迫不及待地自动解散了。在这些民主党派中，右翼是青年党和国社党。青年党是20年代反动的国家主义派。在英美派教授中，它有点力量。中华书局有一个时期被控制在这个党的手里。但人数不多。国社党的人数更少。这二个党，虽然参加过民主政团同盟，但后来都被蒋介石用利禄收买了。在这些民主党派中，代表中华职教社的黄炎培是中间力量的典型人物。他的中华职教社的社员，大部分是上海许多工商企业的老板；江南一带的开明地主，同他有千丝万缕的关系。他在两党之间，长期坚持中间立场。周恩来、董必武和王若飞对黄炎培做了不少工作。最后，他终于跟着中国共产党，走进了新中国。

皖南事变之后，救国会、第三党、中华职教社、乡村建设协会、国社党、青年党在重庆成立民主政团同盟。是年冬在香港出版《光明日报》。他们在重庆招待记者，蒋介石大为恼火。太平洋战争之后，该报搬重庆。不久，改名为民主同盟，即不以政团而以个人为成员。民主政团同盟之成立，是出乎蒋介石的意料的。蒋介石认为围击新四军，屠杀新四军的指战人员，并取消新四军的番号，打击了中共，其他党派必然会低头跟他走；而各个中间党派却认为蒋介石既然敢于打击强有力的中共，那么，小党派只有团结起来，才不会被蒋介石吞吃。民主政团同盟的成立在当时的国内政局，产生了不可忽视的影响。在皖南事变以前，不少民主党派是站在中间，有时甚至倾向国民党的，皖南事变以后，不少民主党派感到国民党的横暴，感到自己生存的危机，它们虽然站在中间，但逐步同我党靠拢。救国会是一贯同我们合作的。第三党和中华职教社，在这个时候，有着明显的变化，国社党和青年党虽然后来被蒋介石所收买（曾琦当了“国府委员”，左舜生、陈启天当了部长，蒋匀田当了次长），但总的说，民主同盟并不因此就丧失其中间偏左的性质。

南方局领导同志，特别是周恩来对知识分子做了大量工作。郭沫若、邹韬奋、陶行知、马寅初、洪琛、翦伯赞、邓初民、侯外庐、沈志远等人都是周恩来和董必武经常接触的朋友。郭沫若在那时的文化界，成为吸引了千万青年的旗帜！在皖南事变后的10个月左右，周恩来每晚到民生路《新华日报》门市部二楼会见各方朋友。不仅谈团结抗战，而且谈历史、谈哲学、谈戏剧、谈经济等。因人而谈，绝不千篇一律。这就把抗战救国的道理，同来访的朋友的专业结合起来。

在民生路《新华日报》门市部二楼接待朋友，是在政局恶化的条件下，进行统战工作的一种方式，同时，还采取“做生日”、开纪念会的方式。

对郭沫若创作25周年和50大寿、对洪琛的50大寿、对沈老的70大寿等，都利用这种形式，谈抗战、谈团结、谈民主。这就是对国民党的破坏，破坏团结，搞法西斯统治的抗议。沈老做寿那天，不但于右任、李济深出席，而且CC干将陶百川也出席。在大家纷纷指责国民党的法西斯统治和抗战动摇的时候，这位国民党中委的陶百川，处在十分尴尬的地位。

纪念鲁迅逝世大会，记得周恩来在1938年处于危急时期的武汉，就出席过并在会上发表了演说。在重庆，周恩来也出席了几次纪念鲁迅的会议。有一次，他从文化上和政治上对鲁迅与郭沫若作了正确的评价。每一次纪念鲁迅都开成为坚持抗战、反对投降、提高士气的会议。

甚至被蒋介石指定为同中共联系的张冲，在他的追悼会上，周恩来送了“安危谁与共？风雨忆同舟”的挽词。在追悼张冲的会上，副主席作了演讲，指出：“追悼淮南（张冲别号）先生，当继其志，加强团结，共御外侮。”这对于国民党中的一些人士，是产生了影响的。

不仅利用“红白喜事”，而且把戏剧作为武器，去揭露蒋介石的法西斯专政。郭沫若在重庆时期的《棠棣之花》《孔雀胆》等剧都收到很好效果。最突出的是《屈原》，它生动地影射了蒋介石的法西斯专政，成为国统区推动民主运动的一次有力的战斗。周恩来总是在上演之前，同郭沫若研究修改剧本；在上演之后，又组织南方局文委的有关干部写了剧评。每一篇剧评，周恩来都会动笔修改、补充。事实证明，郭沫若的戏剧、周恩来的剧评，的的确确是团结进步力量、争取中间力量，是推动民主运动，打击国民党法西斯统治的犀利武器。

周恩来多次同康心之、余名钰、吴晋航、卢作孚等民族资本家谈话。1942年参观余名钰的渝鑫钢铁厂时，并且写了题词：“没有重工业，便没有民族工业的基础，更谈不上国防工业。渝鑫钢铁厂的生产已为民族工业打下了初步基础。”

党的领导人同民族资本家集体座谈，我记得有两次。一次是在国民党在湘桂溃败之后，由王若飞出面，在上清寺“特园”举行座谈（事前由罗叔章和胡子婴二人联系），出席的有30多人。座谈会开得相当好。一次可能是在1944年冬，地点也在“特园”，由周恩来和王若飞出面邀请，出席的人数更多，有刘鸿生、吴蕴初、胡子昂、胡厥文、李烛尘、章乃器、余名钰、吴羹梅、颜跃秋，以及陶桂林、胡西园等40多人。周恩来在会上突出爱国主义，强调抗战要坚持到底，民族要独立，国家要富强，工业家要为国家做出贡献。

刘鸿生、李烛尘和章乃器诸人都发表了坦率的意见。座谈会开得有声有色。从此，我们就扩展了对民族资本家的统战工作。

1945年10月周恩来应西南实业协会的邀请，出席他们的星五聚餐会，讲《当前经济大势》，指出："战后工业建设，首先要求和平。中共不但要政治民主，经济上也要民主。工业界应派代表参加讨论和平建国方案。"周恩来在报告中阐明我党关于发展经济的方针和政策。

毛主席在重庆谈判时在"桂园"接见李烛尘、吴羹梅、颜跃秋等人时，作了长谈，阐明党对民族资产阶级的政策。

工商界在民主运动的斗争中，逐步形成了一支政治力量。1945年日本投降后，由黄炎培、李烛尘、章乃器、胡厥文和施复亮诸人发起，组织了中国民主建国会，它的成立宣言的主要内容，是求民主，要求发展民族工业。在"民建"中，李烛尘和施复亮同我们的关系较为接近。"民建"成立以后，以周恩来为首的中共代表团，举行招待会，并对该会代表人物作细致谈话。"民建"同我党是接近的。新中国成立初期，黄炎培要求周恩来派几个中共党员到该会推动工作。周恩来指派姚依林、钱之光、南汉宸和许涤新四人参加。

地方势力同国民党是有矛盾的。国民党排挤压迫地方势力，矛盾当然不可避免。

周恩来亲自做了刘文辉、潘文华和邓锡侯的工作。

1942年周恩来向刘文辉分析国内政治形势，指出当时全国人民的要求是坚持抗战，反对投降；坚持团结，反对分裂；坚持进步，反对倒退。而关键则在于坚持民主，反对独裁。那年6月南方局派王少春到雅安同刘文辉建立经常联系，并在刘文辉处设立秘密电台，一直坚持到1949年刘文辉起义的时候。

潘文华同我们早有联系，我们在潘文华处也长期设立电台。1949年的起义，决不是偶然的。

湘桂溃败时，邓锡侯发生动摇，派人来找周恩来，周恩来给他分析形势，鼓励他坚持抗战。

周恩来在1943年9月派华岗到云南向龙云做工作。但在此以前，南方局同龙云、卢汉、禄国藩（云南宪兵司令）等人已有联系。

代表地方势力的报纸有《新蜀报》《新民晚报》和《国民公报》。《新华日报》初到重庆时，困难很多，《新蜀报》给予我们以很大帮助。《新民晚报》同《新蜀报》一样，在言论上，要求民主政治。赵超构访问延安之后，在《新民晚报》连载《延安归来》的报道，帮助我们打破国民党顽固派对陕甘宁边区的造谣，影响颇大。

对南方局统战工作，我个人有如下体会：

（一）在坚持抗战、坚持团结、坚持进步的方针中，具体地体现了原则性与灵活性的结合。南方局对国民党的反共，特别是皖南事变前后，坚持原则进行斗争。根据中央的两个十二条，在政治上向国民党进攻，不出席那次参政会。蒋介石通过黄炎培、沈老、左舜生、梁漱溟等来劝说，周恩来、董必武耐心地向他们说明了蒋介石反动政策和我党立场、态度，表示我党决不能出席。1943年9月，因为国民党有了会上不反共的保证，董必武单枪匹马参加那次参政会，但何应钦在军事报告中，突然对八路军进行了诬蔑，董必武立即驳斥，并退席以示抗议。南方局领导对国民党的斗争，是立场坚定，毫不动摇，是执行党中央、毛主席有理有利有节的原则的。

（二）南方局在进行统战工作中，是从实际出发的，是区别对待的。如对国民党的顽固派与进步派的区别；如在中间党派中，对进步的救国会同对青年党、国社党的区别。如把黄炎培同曾琦、张君劢区别出来，对黄炎培做耐心的工作，这是争取中间分子的例证。

（三）要照顾同盟者的利益，要推动同盟者的进步，因此，当同盟者有了错误时，要进行和风细雨的说服，而这一点，南方局领导是做得十分出色的。如上所述，救国会是我们的亲密朋友，周恩来和董必武经常同他们交换对时局的意见，相当亲密。在希特勒进攻苏联前夕、斯大林同日本订立“中立条约”。国民党的陈立夫通过王造时，写了一个攻击斯大林的声明。诱劝救国会几位负责人签名，并在一家小报上发表。周恩来和董必武在次日约这几位朋友谈话，说明：中国抗战的胜利主要靠自己，苏日的中立条约，并不妨害我们抗战，而且当时的国际局势，苏联之所以这样做，有其不得已之处。一席话，使沈老等人都认识到这个声明的错误。

（四）抓住了知识分子的特点。“士为知己者死”是中国传下来的对知识分子特点的总结。南方局领导对这方面的工作，可以归纳为两点：一是尊重对方，倾听对方的意见，接受对方正确的意见。对于对方不正确的意见，做到入情入理给以说服。二是照顾他们的困难，如对洪琛、马寅初就是例子。

（五）在周恩来领导下，在统战工作上，原则性与灵活性，上层活动同下层活动，公开活动与秘密活动，国内活动与对外活动（如1941年周恩来会见罗斯福的代表居里，揭发了蒋介石制造摩擦的事实后，使美国对蒋政策那时有所改变，居里向蒋介石申明“美在国共纠纷未解决前，没法大量援华”）巧妙地结合起来了。

南方局在重庆八年的统战工作，争取了民主党派的多数，知识分子、地方势力和一部分民族资本家，跟着我们一道前进，进入新中国。在民主党派知识分子和民族资产阶级中，有的人是看风势的。在刘邓大军渡黄河以后，他们对国共两党的态度，进一步发生了根本变化。如果没有解放战争的胜利，许多民主人士，是不可能这样顺利地跟着我们走的。但是，如果没有这八九年的深入而细致的统战工作，他们要这么顺利地跟着我们走进新中国，也是不可思议的。

是不是可以这样说，南方局八年的统战工作，是在为以后在南京、上海以至香港的统战工作，打下了巩固的基础。1946年在上海成立的九三学社；1948年在香港成立的“民革”和致公党，也在这种影响之下，而跟着党走进新中国，是在为以后团结他们建立新中国，打下了巩固的基础。

新中国成立30年来，各个民主党派和民主人士，知识分子和工商业者，经历了“反右”斗争和十年浩劫。吃过不少苦头，但是，还是跟着党走下来的。这证明党的统战政策是正确的。证明统一战线的的确确是一大法宝。十一届三中全会以来，不但知识分子被宣布为劳动人民的一部分，而且作为阶级的民族资产阶级，也宣布不存在了（资本家原来对于摘帽子感到无望，天津资本家有“千金难买换阶级”的说法）。党中央不仅再次肯定了毛主席关于“长期共存，互相监督”的提法，而且加上“肝胆相照，荣辱与共战友般的要求”。这就使他们喜出望外，重振精神，兴奋地为社会主义服务。

南方局的统战工作的成功，当然要归功于党中央和毛主席，同时，亲身在虎穴战斗的周恩来，在分析阶级关系、贯彻党的统战工作上，作了巨大的贡献。

（节选自中共重庆市委党史工作委员会编：《重庆党史研究资料》1983年第8期，内部资料。）

童小鹏：
一条看不见的战线——回忆在国统区的机要通信工作

童小鹏，福建长汀人，曾任中共长江局机要科科长，南方局秘书处处长、秘书长，南方局候补委员，重庆工委委员。

武汉撤退前，长江局即派周怡到重庆建立了十八集团军通讯处，以后改为八路军办事处。《新华日报》10月25日在武汉出最后一张，10月26日就在重庆出第一张，由于准备工作做得好，出报的时间衔接得很好，一天也没有中断。

1938年9月至11月，中央召开扩大的六届六中全会，会上批判了王明的右倾错误，决定撤销长江局，成立以周恩来为书记的中央南方局。1939年1月，南方局在重庆正式成立。南方局成立之前设立了八路军办事处并建立了电台。从此开始一直到1947年3月8日四川省委撤退为止，前后近10年的时间内，重庆都有我们公开的或秘密的电台。当时环境复杂，条件困难，任务繁重，斗争尖锐。我们不仅完成了南方局本身的机要通信任务，而且在西南和华南国统区以及香港都布置了机要通讯网，在政治、军事、情报斗争中起了重要作用。

初期，办事处设在城内机房街，电台也架设在那里，机要科在棉花街。1939年5月3日日机大轰炸，当晚办事处即迁到了红岩。第二天，机房街被炸毁。当时红岩办事处还未修好，我们就在一间破房子里继续工作。房子修好后搬到二楼。南方局设秘书处，由我负责，下设第一科（机要），第二科（电台），第三科（抄写），后来就分散了。

从1939年到1943年，我们经历了国民党发动的三次反共高潮，南方局领导全体同志进行了英勇的斗争，并取得胜利。在我们这条战线上的斗争也是很激烈的。主要是国民党顽固派千方百计限制以至取消我们的电台，其中最根本的是想破译我党的密码，截取我党的核心机密。我们在周恩来、董必武的直接领导下，针锋相对，用合法与非法，公开与秘密相结合的方式进行了胜利的斗争，保证了机要通信联络的畅通，保证了党的核心机密的安全。

1939年1月，国民党在重庆召开五中全会，制定了《限制异党活动办法》，推行消极抗日、积极反共的方针。此后先后制造了湖南平江惨案、河南竹沟惨案和在华北搞军事摩擦，于12月发动了第一次反共高潮。与此同时，国民党对我们办事处和《新华日报》的活动也加强了限制，工作人员和家属都要搞"身份证"，对我通信联络工作也多方限制，要登记报务员及译电员和电台的波长、呼号、联络对象等。重庆卫戍司令部大约一个月来检查一次。每次检查，我都以办事处机要科长的公开身份，在传达室与他们应付。当时我们报了电台台长和一二名报务员、译电员，其余都报家属。每人都准备好一套假说辞，预先安排好相互间的"家属关系"，如董必武的外甥、林伯渠的侄女等，以应付国民党的突袭、检查。后来他们提出要到电台上看看，我们就把电台从三楼搬到一楼，让他们看。另外，我们在三楼还架设了一个小秘台，以大掩小，以公盖秘，准备在大电台被他们破坏后，我们仍能同延安等地联络。从这时起，我们的保密教育和保密制度更加严格了，译电员各管各台，不准通气；无必要不外出，外出时实行二人同行等。

国民党特务为了破译我党的密码电报，在办事处附近参政会楼内架设了侦收台，抄收我密电码，并成立了专门的破译机构。为此，我们采取了真假结合，以假报（乱密）掩护真报，以外围（战报）掩护核心的办法。遇到长报，就由几名译电员同时分译。总之，大家千方百计力保核心机密的安全。

为加紧对我们的封锁和限制，国民党对市场上的无线电器材实行严格控制，不经卫戍司令部通讯部门的批准，任何人不准购买此类器材。我们就通过地下党员或进步朋友，进行秘密购买，不仅够自用（自己装电台），还能不断供应延安三局。如真空管、漆包线、矽钢片、变压器等，只要有去延安的汽车或飞机，必定带一些去。为防不测，我们在办事处外面逐渐设立了几个秘台，钱松甫和江红，刘澄清和康瑛，都在外面建立了秘台。另外，周恩来派王少春到刘文辉处进行统战工作并建立电台，译电员是王少春的爱人秦惠芳，报务员是杨作爱、石励。这个台从1942年起直到1949年四川解放，都同中央保持联络。

在全民族抗战两周年时，我党提出了“坚持抗战、反对投降，坚持团结、反对分裂，坚持进步、反对倒退”三大政治口号，动员全党和全国人民打退国民党的投降活动和反共逆流。为了欺骗国内外舆论，国民党表面上又搞什么国共谈判，对我们的公开破坏活动有时紧有时松，但是对我们的机要通信工作却一直没有丝毫放松，而是日益加紧破坏的。

1940年10月，蒋介石指使何应钦、白崇禧向朱德、彭德怀、叶挺发出“皓电”，掀起了第二次反共高潮。1941年1月国民党顽固派制造的皖南事变，使反共高潮达到了最高峰。在1月11日晚上，周恩来正在参加《新华日报》创刊三周年纪念会，机要科收到关于皖南事变的特急电报，立即送到他的手里。当晚，南方局马上开会，布置了各种应急措施。面对国民党的倒行逆施，以周恩来为首的南方局领导全体同志进行了不屈不挠的斗争，揭露了敌人的阴谋，赢得了国内外人民和朋友的支持、同情。同时，我们也作好了应付敌人突然袭击的准备。国民党特务对我们整个机关进行封锁包围，并制定了袭击我们，包括监禁、逮捕周恩来、董必武、叶剑英、邓颖超等人的计划，形势很紧张，斗争特别激烈。为了减少敌人突然袭击时的损失，许多同志都向延安或外地疏散。留下坚持工作的同志都作好了坐牢、牺牲的准备。我们机要部门也有计划地实行了隐蔽精干、疏散人员、支援外地的办法。少数坚持工作的同志，更加提高警惕，从传达室到三楼，层层设防，保密措施更加严格，人人都有分工，遇有紧急警报（传达室电铃），各负其责，各守岗位。平时准备了火炉、火盆和盐酸，遇紧急情况，可迅速销毁密码。本来周恩来已批准我回延安进党校学习，由刘三源接替我的工作。因发生了皖南事变，形势急剧恶化，我就不能去学习了，留下来坚持斗争；刘三源转到香港工作。不久，我又得了副伤寒，住院治疗。只留下译电员邱松、紫非、郭庆标和电台的肖贤法等两三位同志，工作任务繁重，来往电报增多，但他们不怕困难，夜以继日地工作，保证了通讯联络的畅通。

1941年6月22日，希特勒发动对苏联的进攻。南方局事先得到这个情报，立即报告党中央，中央又立即转给斯大林。开始苏联还将信将疑，但还是根据这个情报作了准备，避免了不少损失。事实证明了我们的情报是准确的。后来斯大林对我们的同志说，中共的情报工作称得上是第一。最先得到这个情报的是被后来“四人帮”迫害死的阎宝航。他执行党的统一战线政策，广交朋友，是在同一个国民党的官员谈话中，得知这一消息，马上向南方局报告的。

1943年，南方局对干部进行了审查，并用密码将审干结论及时发往延安。这就使曾在国统区工作的许多同志到延安后免遭“抢救”，否则，将有更多的同志被康生等人残酷斗争。

同年，国民党发动第三次反共高潮，由于我党及时揭穿了他们的阴谋，并准备坚决回击，这次反共高潮被迫停止了。在1943年9月（周恩来已回延安），何应钦的军政部以各军办事处都不设电台为借口，把我们的电台封闭了，只让我们通过军政部的总台同延安和前总联络。这是对我们明目张胆的封锁限制。虽经周恩来致电蒋介石，要求将电台转交董必武作为党台使用，但遭到蒋介石的拒绝。1944年4月，军政部又要来检查我们的密码本，对此，我们进行了坚决的斗争。经董必武与何应钦交涉，何应钦答应暂缓检查。不过，我们还是准备他们随时来突袭的，在保险柜里放着假密码本，以应付突然检查，我们使用和备用的密码本则另外妥善保存。在通过他们军政部电台发报时，我们仍采用真假结合、以假乱真的办法。给他们发的主要是事务性的和报纸摘要；延安和前总来的主要是战报，用较简单的密码，这是准备让他们破译的。有时胡乱写许多“电报”让他们发去，这是真正的“无字天书”，事先约了记号，我们自己明白，收到后扔到一边就完了。可国民党的破译机关则大费脑筋，猜来破去，只能是一无所获。与此同时，我们还另外设有两部机密小台，一部使用，一部备用，这是绝对保密的，只有极机密的电报，才经它收发。

1945年8月28日，毛泽东应蒋介石电邀到重庆同国民党进行谈判。我们趁此机会要求国民党启封电台，但它仍不同意。在整个谈判期间的机密电报，全靠我们的机密小台收发。为了掩护，我们往军政部电台送更多的“无字天书”让他们发，有时也让他们发一些内容属半公开或公开的电报。蒋介石在重庆谈判的同时，命令阎锡山向上党解放区大举进攻。毛主席就是通过我们的这部五瓦小电台，指挥刘邓部队进行英勇反击的。毛主席在发给他们的电报中说：有敢来犯者，你们狠狠地打，你们打得越好，消灭敌人越多，我们就越安全。刘邓指挥部队取得了上党战役歼敌35000多人的伟大胜利，保证了毛主席安全地回到延安。毛主席还用这个小台发报给中央，督促用一切办法向东北派干部和部队，建立东北根据地。

1945年12月16日，周恩来率我党代表团到达重庆，出席政治协商会议。根据上次的经验，我们这次不向国民党交涉恢复电台，而是直接向马歇尔交涉。美军司令部派人给我们架设了一部400瓦电台。长期封闭我们电台的国民党当局无话可讲，也不敢来检查了。周恩来还亲自请来架台的美军技术人员吃饭和照相留念。这是我们斗争的胜利。1946年5月，我们从重庆迁往南京时，这部电台也一起搬迁，一直用到1947年3月回延安，才交还给美军。

在重庆期间，由于南方局的正确领导，我们做机要通讯工作的全体人员对党忠诚、埋头苦干、严守机密，较好地完成了机要通信工作。国民党的破译机关，虽然把我们的电码都抄收下来，并且请了许多“破译专家”“数学专家”进行破译，但根据各方面的可靠消息，这期间我们的密码除了准备让他们破译的战报密码外，核心密码没有被破开过。

我们机要通信队伍总的来说是可靠的，但也出现了少数败类。1941年河南洛阳办事处处长袁晓轩叛变投敌，有两名译电员带了密码跟他跑了。袁晓轩到重庆，当了特务，为特务机关出谋划策，起草了一个报告，要向王梓木、龚澎和我突击策反。这些情况，我们当时虽不知道，但大家都作好了一切准备，即使遇到了这种情况，宁可牺牲，决不叛党！

除了对付国民党特务的破坏捣乱之外，在工作上、生活上也碰到许多困难。1939年5月3日、4日，日本飞机大轰炸，我们连夜搬家，红岩村的房子还未盖好，就在一间破瓦房里打地铺，男女各一边。在“露天饭堂”吃饭。敌机来了，就钻到防空洞里译电报。由于大巴山、秦岭的阻隔和经常下雨，空中联络干扰很大，我们又缺少大功率电台，遇到不好的天气，联络很困难。为了使联络畅通，电台的同志们积极想办法，利用下半夜干扰少的有利条件突击工作。电灯不明、电压不稳，我们自买器材安装变压器升高电压，还准备了手摇马达，以应急需。终于克服了重重困难，较好地完成了任务。

重庆是有名的大“火炉”。原来建房的设计是二层楼，盖到二楼时发现不够住，又加上一层，所以三楼的房间很矮，又小，临时在屋顶上开了个天窗，活像个“鸡鸭笼”。我们在三楼办公，夏天一到，炎热得很，男同志打着赤膊工作也常常汗流浃背。1943年以前，经费很困难，大家动手种牛皮菜吃，还买些榨菜、臭豆腐乳。1943年以后开始规定伙食标准，生活有些改善。结婚生孩子后，爸爸妈妈就更加辛苦。

由于来往电报多，大家经常夜间工作。尽管工作繁重，生活艰苦，但大家情绪饱满，积极负责。秘书处党的生活、政治学习和文化娱乐等方面，都是比较活跃的。大家不仅没有被困难吓倒，反而在完成任务过程中锻炼了革命精神，增长了工作才干。

（节选自中共中央党史资料征集委员会编：《中共党史资料》第12期，中共党史资料出版社1985年版。）

阳翰笙：从第三厅到文化工作委员会

阳翰笙，四川高县人，抗战期间曾任国民政府军事委员会政治部第三厅主任秘书、文化工作委员会副主任。

一、第三厅的成立

1937年七七事变后，日本侵略军大举进攻中国。国民党军队在正面战场上望风披靡，节节败退。不到半年时间，北平、天津、上海、太原、南京等大城市和大片国土相继沦丧，国民党中央、国民政府和军事委员会也被迫迁至武汉。

全国人民、各民主党派，对国民党的腐败愤怒已极。中国共产党向全国提出了抗日救国十大纲领，要求国民党结束一党专政，实行国共合作，改组政府，共同抗日。共产党的要求立刻得到了全国人民、各民主党派、各人民团体的热烈拥护，纷纷表态坚决要求国民党改组政府，共同抗日。蒋介石迫于民心丧失、大敌逼近的形势，不得不作出一点“改革”的姿态，取消了原军事委员会下面专搞特务活动因而声名狼藉的行营政训处和军委第六部，恢复了北伐时期负有盛名的政治部。蒋介石请共产党的重要领导人周恩来任政治部副部长，请北伐时期政治部副主任郭沫若任第三厅（宣传厅）厅长，完全是为了挽回声望，收揽人心而打出的“改组政府”的招牌。

我党对蒋介石的反动意图是很清楚的，但是认为争得一点政权机构对突破国民党的片面抗战，推动全面抗战是有利的，所以我党同意了周恩来任副部长，同时积极将第三厅筹建成由我党领导下的抗日民族统一战线机构。

围绕着第三厅的组建及其以后的发展，我党与国民党之间的斗争一刻也没有停止过。这是一场在抗战时期国统区文化宣传战线上的斗争。这场斗争，是由武汉时期的中共中央长江局和重庆时期的中共南方局所领导的，由周恩来直接负责的。

在三厅的组建过程中，我党与国民党之间控制与反控制的斗争非常激烈。

在确定郭沫若为三厅厅长后，蒋介石派复兴社特务骨干刘建群来充当副厅长。显然这是派他来控制三厅的实权，把郭沫若架空。对此，郭沫若向政治部主任陈诚提出要潘汉年作三厅副厅长。但国民党坚决不同意，并企图用既成事实的办法硬将刘建群塞进三厅。于是，郭沫若愤然出走长沙。

郭沫若的出走，使蒋介石的这台戏唱不成了。所以国民党不得不撤走刘建群，但也不同意潘汉年当副厅长。后来我们就采取了一个折中办法，由郭沫若推荐无党派学者、武汉大学教授范寿康当副厅长。国民党同意了之后，陈诚又派范扬来作第三副厅长，范扬虽是国民党员，但起不了多大作用。这样，第三厅虽然在国民党控制的政府机构里，却可以相对地在我党领导下进行工作了。

党组织多次开会研究第三厅的工作，讨论和确定了：第三厅的任务，是根据我党提出的救国十大纲领来进行宣传工作；机构设置，在三厅下面设文字宣传处、艺术宣传处和国际宣传处，各处下面再设三个科；必须把第三厅建成以共产党为核心的，动员各民主党派、人民团体和民主人士参加的抗日民族统一战线的机构；三厅的领导干部成立一个党的秘密小组，直接由周恩来领导，成员有郭沫若、我（公开职务是三厅的主任秘书）、杜国庠、冯乃超、田汉、董维键；基层党员成立一个特别支部，由冯乃超任支部书记，刘季平任组织委员，张光年任宣传委员。党组织是全部秘密的。同时，周恩来指示我和湖北省委宣传部长何伟联系，一起行动，内外一致，互相配合。

一切工作就绪之后，第三厅于1938年4月1日在武汉正式成立。

二、国民党对第三厅的迫害

蒋介石虽然被迫抗日，也口头承认共产党合法，但他真正想的是消灭中国共产党。日寇占领武汉以后，开始对蒋介石、国民党采取以政治诱降为主，而把军事重心指向八路军、新四军的新战略。日寇发表宣言和声明，一再公开要求和蒋介石一起反共、反苏，蒋介石虽然没有像汪精卫那样公开投降，但是在1939年1月召开的国民党五中全会上，却制定了一个《限制异党活动办法》，提出了"溶共、防共、限共、反共"的反动方针，设立了专门的防共委员会。从此，蒋介石就毫不掩饰地搞消极抗战、积极反共的反动勾当，先后掀起了三次反共高潮。

实际由共产党领导的第三厅，夹在国民党的政府机构里。虽然不断受到蒋介石反动派的挤压、刁难和破坏，但是由于党的工作植根于人民群众之中，坚持抗战、反对投降，坚持团结、反对分裂，坚持进步、反对倒退的思想已普遍深入到国统区的人民群众中去，因此抗日民族统一战线的工作仍在蓬勃开展。

第三厅的工作越有成绩，蒋介石就越感到不舒服。开始时，他以为第三厅可以为他装潢门面，宣传他这位"抗战领袖"，但是随着第三厅工作的展开，他越来越感到这是扎在他内脏里的一颗钉子，于是想方设法把它除掉。从1939年起，蒋介石对第三厅的迫害日益加深。

首先，由陈诚亲自出面，将三厅赖以开展抗日宣传活动的10辆卡车夺去。然后，陈诚和谷正纲又阴谋策划用军事委员会的命令将全国慰劳总会和全国寒衣委员会从三厅夺走。与此同时，他们在各地逮捕、监禁三厅所属演剧队、宣传队的队员，对各地的战地文化服务站加以压制、捣毁，甚至对三厅派到前线去放映抗战电影的放映队也横加迫害。到1940年夏，蒋介石强令取消了战地文化服务处。他妄想把三厅在国民党军队、地方和人民群众中的各种组织和机构统统摘掉。

蒋介石对三厅人员步步紧逼，采取“溶共政策”，先后三次逼三厅全体人员加入国民党。

第一次是在1938年底。当时三厅的同志都还分散在撤往桂林途中，国民党要三厅全体人员加入国民党。由于大家不予理睬，国民党的阴谋未能得逞。

第二次是在1939年下半年。当时周恩来暂时离开了重庆，郭沫若也正好回乐山奔丧。陈诚、贺衷寒、张励生便再次策划要三厅全体人员加入国民党。我得此消息后，立即派人到乐山请郭沫若火速返渝，同时和冯乃超一起到南方局汇报。和我们谈话的是博古（当时是南方局的组织部长），他听到这个消息后也十分气愤，我说：“三厅绝大多数人都坚决不愿意加入国民党，是不是我们就撤出三厅？”博古迟疑了一下说：“三厅的工作是恩来同志管，现在他不在，这个问题，要等他回来以后才能决定。”我问：“不撤怎么办？”博古激动地说：“不撤困难当然很多，但你们要顶住！就是死，也要死在这个岗位上！”我们回答说：“好！就这样办！”

一天深夜，新提升为政治部秘书长的贺衷寒，率领了一二十个喽啰，突然来搜查三厅存放宣传品的堆栈，把一捆捆书报翻得个铺天盖地。我一听说这个情况，知道这是国民党反动派企图抓三厅的辫子，要向三厅开刀。我便气冲冲地找到贺衷寒，提出质问：“你们要搜查，为什么不通知我们一起去搜查？如果有坏人借搜查之名塞些什么东西进来诬陷三厅，怎么办？三厅从武汉到现在为抗战做了许多工作，不辞辛劳，这是有目共睹的，而你们竟这样对待我们，还要不要抗战？”贺衷寒支支吾吾，十分尴尬。

这时郭沫若赶回来了。他听到这些情况后，气愤地提出辞职以示抗议。由于三厅在社会上的影响很大，国民党在没有任何证据的情况下，也不便于公开搞三厅，所以没有批准郭沫若辞职。于是强迫三厅全体人员加入国民党的事也就暂时不提了。

第三次是在1940年8月。蒋介石反动派免去了郭沫若的厅长职务，让他当一个挂名的部务委员；派国民党反动分子何浩若任三厅厅长，同时又第三次逼三厅全体人员加入国民党。蒋介石亲自下手谕：“凡在军事委员会各单位中的工作人员一律均应加入国民党。”这是蒋介石肆无忌惮地公然大搞“一个政党、一个主义、一个领袖”的法西斯专政。国民党反动派以蒋介石的手谕最后通牒，声称：“凡不加入国民党者一律退出三厅。”他们在赖家桥三厅每个人的办公桌上都摆上一张填写加入国民党的表格，并对许多人进行威胁利诱。但是三厅人员中的进步人士（占绝大多数）都坚决拒绝加入国民党。某副厅长气焰嚣张，竟召开全体动员大会，大会上以威胁性的口吻说：“要革命要抗战，就必须要留在三厅，就必须加入国民党！”郭沫若气愤填膺，立刻站起来严正抗议。他针锋相对、慷慨激昂地说：“入党不入党，抗日是一样抗的；在厅不在厅，革命是一样革的！”而且当场打电报向当局辞职，郭沫若这几句响当当的誓言，至今同志们记忆犹新，被誉为“金刚矢誓，坚似金刚”。当时郭沫若的言行，极大地鼓舞了三厅全体进步人士的斗志，随即大家也纷纷提出辞职。

郭沫若在大会上誓毕，就在会场摆开书画台，挥笔题赠诸同志。他在严酷的白色恐怖下与诸同志告别，大有“易水寒”的气概。

在三厅的工作人员中，绝大多数是进步人士，他们宁愿受着失业和政治迫害的威胁，也绝不向国民党反动派屈膝投降，与之同流合污。如翁泽永是陈布雷的外甥，他不顾各方面的压力，一再拒绝了张治中和何浩若对他的利诱，坚决追随郭沫若。有的民主人士拖儿带女，家累很重，也毫不迟疑地提出了辞职，他们这种坚持真理、坚持进步、坚持革命、不怕个人牺牲的精神，使我们从事地下工作的同志们受到极大的鼓舞。

三、退出第三厅，成立文化工作委员会

周恩来返渝听了我们的汇报后，指示我们要先沉住气，随即去找新上任的政治部长张治中晤谈。张治中曾问周恩来：三厅哪些人是共产党员？他一一点名问郭沫若、阳翰笙、田汉、杜国庠、冯乃超是不是共产党员？周恩来机智地笑着回答说：“他们都不是共产党员。他们是文化人但是他们拥护共产党，因为共产党抗日，如果国民党抗日，他们也一样拥护国民党。三厅只有一位女演员陈波儿是共产党员，还有一位学电影技术的钱筱璋是共产党员。我已经将他们撤回延安了。三厅这些人都是有名的文化人，都是为抗战而来

的，你们居然搞到他们头上来了，好！你们不要，我们要，请你借几辆卡车让我把他们送到延安去。”张治中一听，感到事情严重，连忙说：“等我报告了蒋委员长再说；这事情还要好好商量一下。”

没隔几天，蒋介石突然想见郭沫若、我、冯乃超、杜国庠、田汉及“慰总”的总干事简泰梁。蒋介石假心假意地说：“现在正是国家用人之际，你们不能离开。”我们表示：“我们在朝也是抗战，在野也是抗战，我们离开了政治部也一样抗战。”蒋介石说：“我们想另外成立一个部门，还是由第三厅的人参加，仍然请郭先生主持，详细情况由李维果同你们诸位商谈。”

李维果是蒋介石的机要秘书。我们到了外面会客室，他说：“诸位都是学问渊博的知名人士，委员长的意思，部里成立一个文化工作委员会，其宗旨是对文化工作进行研究，现在研究工作也很重要，仍然请郭先生主持，请诸公参加，这样也就是离厅不离部嘛！”

这显然又是蒋介石的羁縻政策了，蒋介石知道，如果这一批人真的到延安去了，不但他面上无光，反而给共产党增加了威望。于是，他变换花招要我们搞研究，一方面是为了挽回面子，另一方面更主要的是束缚我们的手脚，不让我们在群众中进行宣传活动。我们回答说：“我们这些人本来就是要搞研究工作的，在野一样可以抗战，现在委员长要我们参加另外一个机构，让我们考虑考虑再说。”

回来以后，我们向周恩来汇报了情况，并说：“蒋介石分明要把我们关起来，怕我们去延安，你看怎么办?”周恩来说：“就答应他吧！他划圈圈，我们可以跳出圈圈来干嘛！挂个招牌有好处，我们更可以同它进行有理、有利、有节的斗争，从而展开我们的工作。”大家认真地研究以后，决定答应蒋介石。

就这样，我们在周恩来的机智灵活而又坚持原则的领导下，退出三厅之后，又建立了文化工作委员会，继续和蒋介石反动派进行斗争。

四、文工会在战斗中结束

1945年1月25日，周恩来自延安返回重庆，代表中共中央对时局发表了纲领性的谈话，提出废除一党专政、成立联合政府，取消特务活动、保障人民权益，停止内战、承认解放区和抗日军队等一系列主张。周恩来的讲话，受到人民群众的热烈拥护。各民主党派、人民团体纷纷发表声明、宣言，一时造成强大声势。我们根据南方局王若飞的建议，郭沫若、冯乃超、杜国庠和我，按照党中央的精神讨论拟定了六条提纲，由郭沫若执笔，写成《文化界对时局进言》。宣言中要求国民党政府“改弦易辙”“及早实行民主”“结束党治，还政于民”。要求召开党派会议，“组织一战时全国一致政府”“使人民享有集会结社言论出版演出等之自由”“取消一切党化教育”“停止特务活动”“释放一切政治犯及爱国青年”“枪口一致对外”等。我们决定以秘密方式发起签名运动，郭沫若和我以及文工会所有领导干部都投入这项工作，四处奔走。2月23日，《文化界对时局进言》在《新华日报》上发表，有300多位文化界代表人物签名，其中不仅包括了在重庆的进步文化人士，还包括了不少中间的文化人士。显示了文化界统一战线的威力，这使蒋介石大为震怒。当他们的特务追查出文工会是这次签名运动的发起者和组织者时，蒋介石暴跳如雷，下令立刻解散文化工作委员会。对于国民党反动派这一招，我们是早有思想准备的。根据南方局的指示，我们研究决定文工会以战斗的姿态结束，以揭露国民党的法西斯专政，扩大统一战线力量，促进民主运动的新高潮。同时，尽可能妥善地安排好文工会工作人员，保护革命力量。4月1日晚，文工会招待重庆新闻界、文化界和民主党派的代表及国际友人，宣布文工会解散。4月8日，重庆各民主党派、人民团体以沈钧儒为首设宴慰问郭沫若和文工会全体人员。在这两次会上，各方面进步人士热情赞扬了郭沫若和文工会的贡献，控诉了反动派摧残文化、绞杀民主的罪行。重庆市的许多进步青年、爱国人士纷纷到文工会致意。延安、香港、昆明、桂林、成都等地的文化团体，都来电来信对郭沫若和文工会工作人员表示敬意和慰问，并进一步提出民主自由的要求。文工会就这样以战斗的姿态结束了，在国统区人民心中留下了极为深刻的印象。

从第三厅到文工会，经历七个年头。在长江局、南方局和周恩来的领导下，在国民党的心脏地区进行了一场特殊的战斗。第三厅和文工会成为国统区抗日民族统一战线的一个战斗堡垒，而且团结了国统区整个文化艺术界，不畏白色恐怖，对蒋介石反动派反共反人民的法西斯统治进行了针锋相对的斗争，在中国新文化运动史上写下了辉煌的一页。

不久，抗战胜利，我们又面临着两种命运、两种前途的斗争。在党的领导下，我们投入到争取民主的运动中去，和广大人民群众一起迎接新中国的曙光。

（节选自中共中央党史资料征集委员会编：《中共党史资料》第14期，中共党史资料出版社1985年版。）

童小鹏：
毛主席到重庆

童小鹏，福建长汀人，曾任中共长江局机要科科长，南方局秘书处处长、秘书长，南方局候补委员，重庆工委委员。

一、英明的决策

1945年8月28日，这是历史上一个不平凡的日子。延安的天空特别晴朗，宝塔山在阳光照耀下显得格外雄伟。延安的党、政、军机关干部和广大工农兵群众，因为都想到机场欢送伟大领袖毛主席和敬爱的周副主席，那天起得特别早。上午8时起，欢送的队伍分别从枣园、桥儿沟、王家坪、杨家岭、新市场等地向机场进发，10时左右，机场周围早已站满了层层的人群，有的拿着标语和彩旗，有的荷着步枪、红缨枪。10时半，毛主席在中央负责同志陪同下乘车来到了机场，人群中的欢呼声、口号声震荡着延河两岸的山谷。这一切，显示着延安军民是要努力争取和平的，也决不怕国民党反动派把战火强加在中国人民头上。我们虽然只有小米加步枪，但英雄的人民是知道怎样对付反动派的。11时，毛主席、周副主席、王若飞和前来欢送的中央负责同志握别后，登上了专机。毛主席站在机舱门口挥动着帽子，满怀胜利的信心，向欢送的广大军民告别。专机随即升上了延安晴朗的碧空，朝着重庆的方向飞去。毛主席就这样代表着党和人民的希望，去进行一场新的战斗。

8月的重庆，正是酷热时节。28日午后，欢迎毛主席的人们，从四面八方涌向九龙坡机场。欢迎队伍中有张澜、沈钧儒、黄炎培、郭沫若、陶行知等知名人士；有八路军重庆办事处和《新华日报》的工作人员，国民党方面有邵力子、谭平山等，还有蒋介石的代表周至柔。下午3时45分，载着中国人民的伟大领袖毛主席的专机降落了。虽然经过四个多钟头的飞行，毛主席仍然精神饱满，容光焕发。他屹立在机舱门口的舷梯上，举起坚强有力的右臂，频频向人们挥手致意。人群中顿时爆发出热烈的掌声。毛主席稳步走下专机后，周副主席把在场的各界人士给主席作了介绍，毛主席感谢他们到机场迎接的盛情，同他们一一握手。毛主席来到八路军重庆办事处和《新华日报》报馆的同志们面前时，大家以无比崇敬和幸福的心情，向毛主席亲切问候，热烈鼓掌，欢迎毛主席的到来。毛主席在机场发表了书面谈话，说明到重庆来的目的，庄严指出，目前最迫切者，为保证国内和平，实施民主政治，巩固国内团结。国内政治上、军事上所存在的各项迫切问题，应在和平、民主、团结的基础上加以合理的解决，以期实现全国之统一，建立独立、自由与富强的新中国。希望中国一切抗日政党及爱国人士团结起来，为实现上述任务而共同奋斗。这篇简短的谈话，把中国共产党对当前时局的政治主张，光明磊落地宣告于中外。毛主席的来临，像一轮红日照亮了烟雾迷蒙的重庆，使整个山城群情激动。这个消息立即被中外记者报道给全国和全世界。毛主席亲赴重庆谈判，是一件惊天动地的壮举。这英明决策反映了全国广大人民的愿望，挫败了国民党反动派的阴谋，充分显示了毛主席无产阶级革命家的伟大胆略和大无畏气概。长期在国民党反动派统治下的重庆人民和各阶层爱国人士，齐声颂扬毛主席带来了新中国的曙光。

这一天《新华日报》出版得特别早，天刚蒙蒙亮，报馆的几十个勇敢而机警的报童就把比往常多几倍的报纸，送到了广大市民手中。人们争相阅读着这张令人欢欣鼓舞的报纸，因为它在第一版用大字标题刊登了《毛泽东同志来渝》的特大喜讯，并刊载了中共中央《对目前时局的宣言》和“和平”

“民主”“团结”三大口号。在毛主席到达重庆的当天下午，《新华日报》报馆又发行了报道毛主席到达重庆的号外。在市区的一些街道，人群拥塞，争相索取，奔走相告。重庆市的广大工人、农民、妇女、青年纷纷向《新华日报》报馆表达他们对毛主席到达重庆的无限喜悦、希望和敬意。当天晚上，《新华日报》报馆接到一封由许多人签名写给毛主席的致敬信，信中说：“您毅然来渝，使我们过去所听到的对中国共产党的一切诬蔑完全粉碎了。这证明中国共产党为和平、团结与民主而奋斗的诚意和决心。希望谈判成功。”这封信，表达了多少人民群众的心声啊！

9月1日晚，毛主席在周副主席陪同下，出席了中苏文化协会举办的酒会。几天来，重庆广大群众一直都殷切渴望见到想念已久的中国共产党的主席毛泽东。毛主席要出席酒会的传闻不胫而走。下午5点多钟，从七星岗到黄家垭口一带，人群熙熙攘攘，呈现前所未有的热烈景象，都在盼望着他的到来。晚上7时许，一辆黑色座车向中苏文化协会门口驶来，这时人群沸腾，万头攒动，都把视线投向这辆汽车，车里坐着的正是人们日思夜想的毛主席。人们高兴地呼喊着“我看见毛泽东啦！”“毛主席到了！”毛主席在周副主席陪同下进入会场，会场内又是一片欢腾，笑声和掌声不时传到大街上。宴会结束后，毛主席离开会场健步走在大街上，向伫立在周围的人民群众亲切地微笑着，连连招手致意，热情问候。人们再也抑制不住激动的心情，迸发出热烈的掌声：“欢迎您，毛先生！”反映出国民党统治区广大人民群众的新的希望。

二、针锋相对的斗争

在重庆谈判期间，毛主席亲临前线，以伟大的无产阶级革命家的雄伟胆略和斗争艺术，指挥若定，以谈对谈，以打对打，针锋相对，寸土必争，谈判中坚持维护人民的根本利益，战场上坚决回击国民党反动派的军事进犯，领导全党和解放区军民进行了英勇的斗争，夺取了重庆谈判和解放区战场上的伟大胜利。

重庆谈判，始终是一场严重尖锐的政治斗争。正如毛主席所说：“蒋介石的主观愿望是要坚持独裁和消灭共产党，但是要实现他的愿望，客观上有很多困难。这样，使他不能不讲讲现实主义。人家讲现实主义，我们也讲现实主义。人家讲现实主义来邀请，我们讲现实主义去谈判。”毛主席到达重庆的第二天，就同蒋介石和国民党的代表开始了谈判。在会谈中，蒋介石和国民党的代表竟然提出了“没有内战”的谬论。毛主席和我党代表驳斥了他们的欺人之谈，指出抗战八年，内战是没有断的，要说没有内战，是欺骗，是不符合实际的。这就揭穿了国民党反动派在“没有内战”的烟幕下积极准备打内战的阴谋。接着，9月2日、4日，毛主席又两度与蒋介石会谈，阐明我党关于解决国内问题的一贯政治主张。同时，周副主席、王若飞也同国民党的代表王世杰、张群、张治中、邵力子等人对谈判的问题和程序进行了磋商。蒋介石对谈判并无任何准备，连一个方案也提不出来，只是派了几个代表来敷衍应付，妄图使谈判得不出结果，并把毛主席拖在重庆。

谈判桌上的斗争，是与战场上的斗争互相配合的。蒋介石的和平骗局在谈判桌上被揭穿了，于是就在会谈之外策划内战升级，妄图以此向中共施加压力，捞取谈判桌上得不到的东西。早在毛主席到达重庆的第二天，即8月29日，蒋介石就密令重新印发了所谓《剿匪手本》，用法西斯信条在其军队中实施反共内战的动员，后又密令国民党反动军队大举向解放区进犯。毛主席早就预见到美蒋反动派的阴谋，曾明确指示全党：“有来犯者，只要好打，我党必定站在自卫立场上坚决彻底干净全部消灭之。”各解放区的党委坚决执行了毛主席的指示。9月中旬，我军首先击退了逼近张家口的蒋军。10月间，我军又歼灭了向上党地区进犯的阎锡山部35000余人，俘虏敌军长、师长多人，这就是著名的上党战役。接着，我军又在邯郸地区消灭了沿平汉线进犯晋冀鲁豫解放区的蒋军七万余人。这三次战役，使我军取得了击破蒋军进犯的重大胜利，也有力地支援了重庆的谈判斗争。蒋介石妄图用军事冒险扭转政治局势的阴谋彻底破产了。

这时，重庆谈判能否取得成果，已成为全国人民和国际舆论极大关注的问题。当时，《新华日报》报馆不断接到许多读者的来信，要求公布谈判的进展情况，重庆各阶层人士也经常询问谈判结果。一时议论纷纷，甚至传出了国共谈判濒于破裂的消息。为了公开阐明我党的政治主张，为了澄清舆论和答复全国人民的要求，在谈判期间，毛主席曾广泛地会见了各方面人士，多次举行了各党派和各界人士座谈会，介绍谈判情况，说明目前谈判尚未达成协议的症结所在。与此同时，为了打破谈判的僵局，促成谈判达成协议，我党代表根据毛主席在不损害人民基本利益的原则下容许作一些让步的指示，对有关人民军队和解放区政权问题，继续向国民党提出了一系列的建议，作为重要的让步。在人民军队问题上，我党提出在未实现政治民主化之前，可以先行公平合理地整编全国军队，重划军区，愿将我党所领导的军队缩编为24个师，以至20个师。在解放区政权问题上，我党提出对现有的18个解放区，可以重划省区和行政区，但必须承认经过当地人民选出的各级地方政权。并且决定将我党领导的广东、浙江、苏南、皖南、皖中、湖南、湖北、河南（豫北除外）等八个解放区让出来。我党这种顾全大局的精神和一系列的让步措施，粉碎了国民党反动派的造谣诬蔑，揭穿了国民党的内战阴谋，赢得了全国人民和各民主党派的热烈赞同和支持。我党还草拟了国共会谈纪要稿，建议把已经取得一致意见的原则问题加以公布，把尚未取得协议的问题留待两党代表继续商谈，并交由行将召开的有我党和各党派参加的政治协商会议讨论解决。经过反复的斗争，蒋介石迫于国内外形势，最后不得不同意我党的提议，并以我方提供的会谈纪要草稿为基础进行修改，双方决定于10月10日签字，这就是《政府与中共代表会谈纪要》（即“双十协定”）。至此，这场历时43天的谈判，就告一段落了。

在这期间，毛主席领导全党和解放区军民以及大后方人民，运用革命的两手政策击败了蒋介石的反革命两手政策，在政治战线和军事战线上取得了伟大的胜利。正如毛主席指出的：“谈判的结果，国民党承认了和平团结的方针。这样很好。国民党再发动内战，他们就在全国和全世界面前输了理，我们就更有理由采取自卫战争，粉碎他们的进攻。”

三、广泛的团结

在重庆谈判期间，毛主席曾广泛深入地对各民主党派和各界人士进行了团结、教育的工作，宣传了党的政治路线和政策，帮助他们认识中国共产党在谈判中主张的“和平建国”大计代表了全国人民的根本利益和愿望，提高了他们对国民党坚持独裁、内战反动政策的认识，推动了他们参加争取和平民主的运动，发展了我党领导的革命统一战线。

毛主席到达重庆后，张治中特意把他在市区上清寺的公馆“桂园”腾出来，作为主席会见中外人士的场所。毛主席在周副主席陪同下，曾先后会见了宋庆龄、沈钧儒、张澜、谭平山等许多爱国民主人士，同他们进行了亲切的交谈。柳亚子是毛主席在广州工作时期的老朋友，他一见到毛主席就兴奋地流下了热泪，促膝畅谈后当即赋诗一首赠给毛主席：“阔别羊城十九秋，重逢握手喜渝州。弥天大勇诚堪格，遍地劳民战尚休。霖雨苍生新建国，云雷青史旧同舟。中山卡尔双源合，一笑昆仑顶上头。”这首诗，充分表达了这位老朋友的炽热感情，也代表了一部分坚持孙中山先生革命传统的国民党左派人士的政治态度。后来，毛主席应柳亚子先生的索求，把写于1936年2月的《沁园春·雪》手书赠给他。这首气势磅礴的伟大诗篇很快传闻中外。

冯玉祥是受蒋介石集团排斥打击的一位知名人士。他同周恩来、董必武早有来往。当他在重庆第一次见到毛主席时，同毛主席久久握手，向毛主席热情问候，举杯敬酒，称颂毛主席的到来象征了国内的团结、和平。随后，他又设宴欢迎毛主席。毛主席对冯玉祥进步倾向的赞许，鼓舞了他在晚年向人民靠拢的勇气。不幸的是，1949年当冯玉祥从美国动身回国准备参加我党领导的人民政治协商会议时，在中途因火灾遇难，没有实现他参加新中国建设的意愿。

毛主席还广泛接触了社会各界人士。在会见民族工商业人士时，毛主席指出，在帝国主义掠夺和官僚买办的统治下，中国民族经济是不可能得到发展的。只有建设一个民主团结的新中国，才是发展民族经济的唯一正确道路。使工商界人士逐步认识到改革政治，是发展经济的先决条件，并进一步了解到我党对民族资产阶级的政策。当文化界、妇女界、新闻界人士在聆听了毛主席关于当前国内外形势的分析和我党的方针政策后，人们用各种方式表达他们对毛主席、共产党的爱戴和拥护，进一步推动了国民党统治区各阶层人士反对蒋介石内战、独裁的和平民主运动。

毛主席不仅对各界民主人士进行团结教育工作，而且还登门访问了当时国民党的顽固派何应钦、陈立夫等。毛主席光明磊落地向他们介绍了我党对时局的主张，指出全国人民反对内战独裁，要求和平、民主运动的形势，使这些人也不得不假意地表示要“和平建国”。

毛主席在外交战线上也进行了卓有成效的工作，会见了许多外国人士和朋友。毛主席曾在“桂园”设宴招待各国援华团体的代表和国际友好人士。在招待会上，毛主席对一切援华抗日的各国友好组织和个人，在八年抗战期间给予陕甘宁边区、各解放区和八路军、新四军的支持和援助，表示诚挚的感谢，并表示希望各国朋友在中国人民争取和平民主的斗争中，继续发展和我国人民的友谊。毛主席还接见了日本的进步作家，表示了对所有在华的日本进步人士的慰问。

毛主席还连续会见了许多国家驻重庆的使馆官员，同他们交谈，向他们阐明中国共产党的对外对内政策，揭穿了国民党反动派所制造的谣言。

当时一些在华服军役的美国青年军人得知毛主席到重庆谈判的消息后，曾携带着他们的礼物，来到红岩村八路军办事处，要求会见毛主席。毛主席热情地接待了他们，兴致勃勃地同他们交谈，询问着美国的种种情况。毛主席同美国青年军人爱德华·贝尔、杰克·埃德尔曼和霍华德·海曼在办事处侧门口芭蕉树下合照的一张有历史意义的照片，已经成为象征中美两国人民友谊的珍贵纪念品，至今还陈列在红岩八路军办事处纪念馆和珍藏在爱德华·贝尔的家里。

毛主席和周副主席在重庆时同中外人士的广泛接触和所做的大量工作，形成了一股反对蒋介石内战独裁、要求和平民主的强大舆论力量，推动着重庆谈判期间的政治形势朝着更加有利于中国人民革命的方向发展，使国民党反动派更加孤立，不得人心。正如毛主席所指出的：“我这次在重庆，就深深地感到广大的人民热烈地支持我们，他们不满意国民党政府，把希望寄托在我们方面。我又看到许多外国人，其中也有美国人，对我们很同情。”“我们在全国、全世界有很多朋友，我们不是孤立的。反对中国内战，主张和平、民主的，不只是我们解放区的人民，还有大后方的广大人民和全世界的广大人民。”

四、红岩的光辉

8月30日夜晚，天气还是像往常那样闷热，红岩山上灯光闪烁，办事处同志的心情格外激动，因为伟大领袖毛主席晚上就要住到办事处来了。前两天，毛主席刚到达重庆，蒋介石不得不假惺惺地请毛主席到他的别墅“林园”住下了。当时，办事处的同志们一方面为毛主席的安全担心，怕蒋介石捣什么鬼，另一方面也因未能立即见到毛主席而着急。今晚毛主席就要到来了，《新华日报》报馆和曾家岩的同志，吃完晚饭就到红岩来集中，红岩的同志更是忙碌地准备着迎接毛主席的会场，好让全体同志聚集在这里亲受毛主席的教诲。电台的同志为了改变电灯不明的状况，特地找来了一个110伏电压的灯泡，把会场照得特别明亮。当晚10时，敬爱的毛主席来到了，大家热烈地鼓掌、欢呼，把毛主席和周副主席簇拥在人群中。毛主席虽然已忙碌了一天，又一连上了100多步石阶，衬衣都湿透了，但见到这些坚持在重庆斗争的同志时，显得十分愉快，向同志们亲切地微笑着，同大家久久握手，还询问一些同志的姓名和工作情况。孩子们也特别高兴，从人丛中钻到毛主席面前，连声叫着“毛主席好！”毛主席俯身抚摸着孩子们，说：“小朋友们好！”接着，举行了欢迎晚会，业余乐队演奏了陕北的“郿鄠调”，合唱队唱了秧歌剧选段，表演了一些小节目。同志们和敬爱的领袖毛主席在一起愉快地度过了这个永远难忘的夜晚。

毛主席在重庆43天的不平凡日子里，在红岩办事处度过了40个夜晚。他白天到城里广泛会见中外人士，夜晚回到办事处二楼一间简陋的房间里，继续工作到深夜以至清晨。毛主席同周副主席和有关同志商议着和国民党的谈判斗争，思考着有关国家民族前途的重大问题，指挥着全党和解放区的工作，为人民的解放事业日夜辛勤地操劳。在这期间，为了有利地配合谈判斗争，毛主席批准了刘伯承、邓小平提出的粉碎蒋介石、阎锡山大举向我进犯的上党战役计划。在战争进行中，毛主席还发出了许多指示，使这次战役取得了重大的胜利。为了建立具有极端重要战略意义的东北根据地，毛主席在这里作出了英明的决策，不断指示从延安中央机关、冀热辽和山东解放区，尽一切可能以最快的速度，抽调大批干部（包括中央委员）和部队向东北进军。毛主席明确指出，只要我党干部和部队到了东北，发动群众，依靠群众，就能够站稳脚跟，逐步把根据地建立起来。为了赶路，可以把武器放下来，只要人到了东北，就会有武器的。毛主席的许多重要指示，通过红岩上空的电波，飞过重重云雾，传到延安传到各解放区，变成无穷的革命力量。

五、胜利返回延安

重庆谈判的《政府与中共代表会谈纪要》在10月8日定稿后，双方决定在10日签字，12日公布。毛主席决定在11日离开重庆。8日晚，重庆各界知名人士数百人齐集一堂，出席张治中举行的宴会，热烈而隆重地欢送即将返回延安的毛主席。毛主席在宴会上讲话，再次明确地表示了我党坚持和平、民主、团结的方针，指出这次会谈解决了若干问题，其他未解决的问题，将继续商谈。毛主席指出，在建设新中国的革命道路上，还有许多困难，但是中国人民是可以克服任何困难的，我们一定能够建设一个新中国。这个讲话，是对国民党反动派的警告，是对一切爱国民主人士的巨大鼓舞。

10月10日下午6时在“桂园”举行了签字仪式。签字后，毛主席接见了双方代表。“双十协定”的签订标志着中国共产党提出的“和平”“民主”“团结”三大口号的胜利。

在这时，保证毛主席安全返回延安，就成为最严重的问题了。周副主席在得悉张治中将于“双十协定”签订后去兰州时，立即抓住这个机会提出：希望张治中亲自护送毛主席返回延安，然后再去兰州。张治中答应了。10月11日上午9时半，毛主席乘车来到九龙坡机场，重庆各界人士代表和八路军办事处、《新华日报》报馆的同志等几百人赶到机场热烈欢送。毛主席对中外记者发表了简短的谈话，“对中国的问题是可以乐观的。困难是有的，不过困难都是可以克服的”。在同欢送的各界人士握别后，由张治中陪同，毛主席登上专机。下午1时半，毛主席平安抵达延安。这时，机场两边黑压压地站满了人群，无论干部、学生、战士、群众，看到毛主席神采奕奕地走下飞机时，都热烈欢呼，欣喜若狂，尽情表达他们对伟大领袖毛主席的无限爱戴，欢呼重庆谈判的巨大胜利。张治中事后也对人说："延安的军民对党的领袖最大的关切，真叫人看了感动。"

毛主席在回到延安一个星期后，向延安的干部作了著名的《关于重庆谈判》的报告。这篇光辉著作，精辟地阐明了重庆谈判的必要性，总结了重庆谈判取得的成果，深刻地分析了当前形势，并告诫全党："已经达成的协议，还只是纸上的东西。纸上的东西并不等于现实的东西。""成立了'双十协定'以后，我们的任务就是坚持这个协定，要国民党兑现，继续争取和平，如果他们要打，就把他们彻底消灭。"

（节选自中共重庆市委党史研究室、重庆市政协文史资料委员会、红岩革命纪念馆编：《重庆谈判纪实》，重庆出版社1993年版。）

吴玉章：
美蒋和平阴谋的破产

吴玉章，我国杰出的无产阶级革命家、教育家、历史学家和语言学家，新中国高等教育开拓者，时任四川省委书记。

我党出席政协会议的代表为周恩来、董必武、王若飞、叶剑英、陆定一、邓颖超和我，共7人。这时董必武已在重庆（叶剑英后来参加了军事调处执行部的工作，由秦邦宪代替他为政协代表）。我们在周恩来的率领下，于12月16日飞赴重庆。重庆，这个我曾经生活和斗争过多年的故乡城市，却一直呻吟在黑暗的反动统治之下，如今我又从革命的圣地延安归来，我到达重庆的时候，心里充满了无限的感慨。

我们到重庆后，即向国民党提出：必须在政协开会之前，实行无条件停战。国民党在当时军事政治都处于不利的情况下，被迫同意了我们的主张。1946年1月10日，我党中央和国民党政府同时下达了停战的命令，并规定这一命令于13日起生效。但是，蒋介石在停战令公布之前，却先向他的军队发出了“抢占战略要点”的密令，这就清楚地证明了蒋介石绝不肯真心停止内战，只不过是要利用停战来作为其进行内战的烟幕罢了。

发布停战令的同时，政治协商会议也于1月10日开幕。参加政治协商会议的各方代表共38人，其中国民党8人、共产党7人、民主同盟9人、青年党5人、无党派人士9人。它的成分极为复杂，大致说来，可分为左、中、右三种势力。左派即革命派，以共产党为代表，它代表着工人阶级和人民大众的利益，主张推翻国民党的一党专政，建立新民主主义的国家；右派即反动派，以国民党为代表，它代表着大地主大资产阶级的利益，坚持一党专政的法西斯统治；中间派主要代表着民族资产阶级的利益，幻想在中国实行资产阶级专政的旧民主主义，民主同盟基本上属于中间派。这时的青年党已公开脱离民主同盟，成了国民党的附庸，民社党虽然表面上还留在民盟里面，实际上也属于右派的势力。在无党派人士中，既有左派，也有右派，而以中间派居多数。我们的方针是争取团结中间派以便和反动派进行斗争。

这次会议前后共历时22天，开了10次全体会议和许多次分组会议（分组会有政府组织、施政纲领、军事问题、国民大会和宪法草案等五个组，我参加的是宪法草案组）。无论在全体会议上还是在分组会议里，都充满了斗争。争论的焦点仍然是军队问题和政权问题，即所谓军队国家化和国家民主化的问题。

国民党反动派及其仆从提出了“军队国家化”的问题，说什么必须先有军队国家化，然后才能政治民主化，企图以“民主”作钓饵，来钓去人民的军队。针对蒋介石的这一阴谋，我党指出：要想实行军队国家化，必须首先实行国家民主化与军队民主化。即是说要把国民党一党专政的国家变为民主的国家，要把蒋介石私人军阀的军队变为人民的军队。在这两条原则的尖锐斗争中，有些中间派人士居然想走“第三条道路”，他们幻想国共双方都交出军队，由他们来代表“国家”加以接收。但是，天地间哪有这么便宜的事情呢？他们的幻想终于落了空。

关于国家民主化的问题，争论也是一样的激烈。国民党既不愿在当时把它的独裁政府改组为民主联合政府，只希望以扩大几个政府委员之类的办法来搪塞全国人民的压力，也不愿在以后实行真正的民主与宪政，只想在旧国大代表仍然有效和所谓“五五宪草”的基础上，作点换汤不换药的改变，不仅如此，它甚至妄图在“统一国家主权”的名义下，把解放区一口吞掉。针对着蒋介石的这一阴谋，我党一方面坚持要实行地方自治，各省民选省长，自制省宪，以此来保障解放区新民主主义政权的存在和发展；另一方面则要求把国民党反动政府改组为真正的民主联合政府，并且要在它的领导之下，召集真正的国民大会和制定真正民主的宪法，以此来结束国民党的一党专政，为人民革命在全国的胜利创造一些条件。在这个问题上，中间派人士注意的中心是政府委员的分配以及什么总统制、内阁制之类的东西，也就是说，他们争的是旧民主主义和个人的地位，并不是新民主主义和人民的利益。

经过一场尖锐的斗争，政治协商会议终于通过了关于政府组织、施政纲领、军事问题、国民大会和宪法草案等五项决议案。这些决议虽然离我党的要求还很远，但却在不同程度上有利于人民而不利于蒋介石的反动统治。

政协会议的召开和政协决议的公布，使全国人民特别是国民党统治区的人民欢欣鼓舞，不少的人都以为中国从此即将走上和平民主的新阶段。其实蒋介石只不过是利用政协来进行和平欺骗，以配合他这时正在那里进行的全国规模的内战准备。

对于蒋介石的一切，我党从来不抱任何幻想。蒋介石曾在政协会议的开幕词中提出了所谓给人民自由权利、各党派平等合法、推行地方自治和释放政治犯等四项诺言。在要求国民党释放我们被捕同志的时候，我们曾反复考虑，是开出一大堆的名单好呢，还是只提出个别的同志？我们估计到国民党的反动性，认为把某些同志提出来，不仅不能使他们得救，甚至反而会引起国民党对这些同志的注意，增加他们的危险。因此，我们最后只提出了廖承志和叶挺。此外，我们还提出要释放张学良将军。果然不出所料，国民党虽然惧于全国的舆论和我党的力量，不得不把廖承志和叶挺放了出来，而对其他同志则一个也不放。甚至连张学良将军（虽然当时各界人士都提出了释放张学良的要求），它也不肯释放。所谓释放政治犯，原来是一个骗局。

还在政协会议开会期间，国民党特务就开始了对政协的破坏活动，沧白堂事件[①]和搜查民盟代表黄炎培住宅的事件都是在这时发生的。而当政协会议

① 政治协商会议进行期间，重庆各界人士每晚在沧白堂集会，听取政协代表报告开会情况，国民党特务曾多次捣乱会场，人们称为沧白堂事件。

闭幕后，2月10日，重庆各界人民正兴高采烈地在较场口举行庆祝政协成功的大会时，国民党特务却大打出手，在会场上打伤了郭沫若、李公朴等60余人，这就是轰动一时的较场口事件。接着，22日国民党反动派又无耻地在重庆制造反苏游行，组织特务流氓捣毁了《新华日报》营业部，并把我们的工作人员杨黎原等打得遍体鳞伤。与此同时，民盟机关报——《民主报》的营业部也遭到特务的捣毁。类似的挑衅事件，一时曾遍及国民党统治区。所有这些，都证明国民党已蓄意撕毁政协决议。果然，在3月上半月召开的国民党的二中全会上，蒋介石就公开声明，对政协决议要“就其荦荦大端，妥筹补救”，就是说要从根本上加以修改和撕毁。3月下旬至4月初，国民党又召开了它御用的国民参政会的四届二次会议。在这个会议上，蒋介石发表了又长又臭的演说，大谈其反动透顶的法西斯的法统论之老调，表示要坚决撕毁政协决议和3月27日刚订立的东北停战协议。至此，蒋介石发动内战的阴谋已经昭然若揭了。

蒋介石这一套阴谋诡计，都是在美帝国主义的导演下进行的。美帝国主义一面用各种方法支持蒋介石打内战，特别是用海军把大量的国民党军运到了内战前线；一面却装作“和事佬”来进行“调处”。马歇尔一开始就只主张在关内停战，不主张关外也停战，他和蒋介石一样，妄图让国民党军占领东北后，再集中力量到关内来消灭我们。当时设立在北平的军事调处执行部和它派出的执行小组，虽然是由美、蒋和我们三方面组成的，但美国人总是站在蒋介石方面，拿“调处”来为蒋介石的军事服务。哪里对国民党的军事不利，执行小组就被派到那里去，以阻止我军的前进，和挽救国民党军的失败，而当国民党军发动进攻时，执行部却任意不理，或借故拖延，不去调处，以便让国民党军放手进攻，取得某些军事上的便宜。美帝国主义的这套把戏，一时确曾欺骗了一部分人，特别是那些所谓中间人士，但到后来，它的马脚就逐渐露出来了。

对于美、蒋的阴谋，我们进行了针锋相对的斗争。我们一方面和它们进行谈判，一方面又不断揭露它们的阴谋。例如对蒋介石在国民参政会上的演说，我们《解放日报》就发表了著名的社论——“驳蒋介石”，彻底地揭穿了他恶毒的阴谋，狠狠地打击了他疯狂的气焰，把他驳得体无完肤。但是，更重要的，还在于壮大我们解放区的力量。这时，为了充分发动群众，我们已放手让农民去解决土地问题，为此，我党中央曾于5月4日发布了具有重大意义的“五四指示”。在群众发动的基础上，解放军的实力得到很大的发展和巩固。

我们虽然主要地依靠解放区的力量，但同时绝不放弃在国民党统治区的斗争。由于国民党政府要“还都”南京，我们的代表团也必须迁移，我党决定把四川省委公开出来，以便进行统战工作和对国民党作斗争。4月30日，周恩来在重庆最后举行的一次记者招待会上公开了省委会，介绍我和王维舟是省委的正副书记。周恩来和董必武等离开重庆后，没有他们的直接领导，我们更感到自己肩上担子的沉重了，但是，我们省委的全体同志都很有信心，愿意兢兢业业地去完成党所交付的光荣任务。

省委一经公开，我和王维舟即四处活动，争取在事实上得到合法的地位。5月19日，冯玉祥在重庆北碚召开了一个张自忠殉国的纪念会，我们故意用省委的名义送了一副挽联，写道：“已使日寇灭亡，忠魂可慰；再令生灵涂炭，民命何堪?”由于这副挽联被放在灵堂中最显著的地方，而各报纸又纷纷加以报道，因此引起了国民党的注意。国民党重庆市党部打电报问国民党中央：“为什么允许他们公开?”国民党中央令其重庆行营查复。这时，行营主任张群不在，国民党重庆市长代行营主任张笃伦跑来找我，他说：“你们公开，我是知道的，但手续不周到……你看该如何电复中央呢?”他言词中有责难之意。我于是立即向他指出：“第一，蒋介石在政协开幕时答应的四项诺言中，有各党派平等合法的一条，我们的公开是有根据的；第二，中国共产党是有组织的政党，我们在这里有办事处，有报馆，有党员就应有党的组织；……我们的理由是很充足的。”张笃伦无法，只好说：“我就这样回复中央吧。”经过这一番压迫无效之后，事实上，我党的公开，国民党官方已被迫承认了。

但是，这时的情况已十分紧张。国民党在美帝国主义的帮助下，已侵占我东北的四平街、长春和永吉。而且它对我中原解放军的大举进攻，也如箭在弦上，即将开始。我们办事处的门前屋后，这时也是军警林立，岗哨如麻。而且国民党的报纸天天造谣：或说王维舟已到川北搞武装，或说我们要在重庆搞暴动，企图以此为借口来搞我们。我们沉着地应付了这种局面，我对张笃伦说："请你们注意，我们是不会在这里搞暴动的，但他们（指特务）如果要搞我们，那么，对地方上是很不利的。"重庆国民党各机关为此曾开会讨论，有人主张搞我们，张笃伦考虑到自己的利害，说道："没有中央的命令，不能搞。"就这样，我们暂时地度过了这场风险。

为了便于应付更为困难的环境，经过审慎的研究，我们决定王维舟撤走，同时还疏散一大部分同志。王维舟在重庆，他们害怕；王维舟要走，他们又故意为难，不给飞机票；国民党反动派就是这样的毫无道理。为此，我去找张群，张群是国民党反动派政学系的首脑之一，我很早就认识他，他为人极其圆滑。我一提出要求，他立即答应第二天送来飞机票。张群的说话很有意思，他说："王是搞军事的，他不走，大家不放心。你倒不要紧。"张群在无意中说出了真心话。啊！原来反动派害怕的就是武装斗争。好，让我们在战场上狠狠地教训他们吧。

到6月间，时局更加恶化了。美帝国主义在这时提出了所谓"军事援华法案"。国民党反动派则向我们提出五项荒谬的要求，这五项要求，就是要中国人民解放军退出下列各地：一、陇海路以南的一切地区；二、胶济线全线；三、承德和承德以南的地区；四、东北的大部分；五、1946年6月7日以后解放区人民武装在山东、山西两省从伪军手里解放出来的一切地区。国民党反动派企图强迫我们屈服。而且在谈判过程中，蒋介石竟提议把国共谈判的最后决定权交给马歇尔。对于这些狂妄的要求和无耻的建议，我党表示坚决的拒绝。6月22日，毛主席发表了反对美国"军事援华法案"的声明。美、蒋看到它们的威胁手段和欺诈伎俩都无从得手，于是蒋介石摘下面具，于6月26日大举围攻中原解放军，开始了全国规模的内战；而马歇尔也宣告他的"调停"失败，让蒋介石放手来打我们，露出了他的帝国主义者的原形。7月12日，国民党军50万人在安徽来安至江苏南通的800里战线上对苏皖解放区展开进攻。至此，全面内战爆发了。

对于美帝国主义的加紧干涉中国内政和蒋介石的扩大内战，全国人民异常愤慨。6月23日，上海工人、学生及其他各界人民十万余人为此举行了声势浩大的游行示威，并推出马叙伦等十人为代表赴南京请愿。马叙伦等人行抵下关车站时，遭到了特务匪徒们的殴辱，多人受伤，造成了下关惨案。这时，我们在重庆也发动了一个反内战的签名运动，这一运动，极其广泛，包括各界著名人士在内，参加签名者达3000余人。实业界、银行界的签名也很踊跃。宗教界也卷入了运动，佛教会为此做了三天道场，伊斯兰教、天主教、基督教也都做了和平祈祷。

于是，蒋介石加紧了他对民主运动的镇压。7月11日和15日，民盟领袖李公朴、闻一多在昆明先后遭到国民党特务的暗杀。消息传来，人们不胜悲愤。一时重庆的政治空气极为紧张，有些民主人士感到恐怖。为了打击国民党的反动气焰，稳住我们在重庆的革命阵脚，我们决定筹备一个盛大的追悼会，以鼓舞士气、振奋人心。但是，由谁来发起呢？如果由我们发起，参加的人很难广泛。就是民主人士发起，也有许多人不敢参加。正在踌躇之际，恰好张群到重庆来了。由于国民党内部的重重矛盾，张群对特务系统有所不满，因此蒋介石要他去昆明查讯李闻案件，他却拖延不去。而且这时重庆的国民党部和三青团之间正闹内讧，它们对外的力量并不集中。我们正好利用这种情况来开展工作，于是决定拉张群来领衔筹备追悼会。经过邓初民、史良和鲜特生到张群那里去反复劝说，张群为了装点面子，借此捞点政治资本，同意了领衔发起并作大会主席。这样，参加的人就多了。28日，盛大的追悼会按计划举行。人们看见有张群、胡子昂等人参加，而且由张群任主席，顿时自由了一些。会上，张群、邓初民、史良等人和我都讲了话。胡子昂在讲话中三呼要和平，博得了热烈的掌声。而且，由于讲演的人们又一再提及陶行知日前（25日）在上海因愤激而死的消息，使全场的情绪更加悲愤。随后，我们又开陶行知的追悼会。这样，就把重庆的革命氛围提高了。

由于我军采取的是集中优势兵力、各个歼灭敌人的方针，我军的目的在于消灭敌人的有生力量，而不计一城一地之得失，所以在战争初期，国民党军还能以极其惨重的代价（例如头三个月它即损失了25个旅的兵力），暂时换得侵占我解放区一些城市和地方的表面胜利。但是，这些“胜利”却使蒋介石的头脑发昏，他竟不顾我党的严重警告，于10月初猛力进攻晋察冀解放区的首府张家口。11日，我军自张家口撤出，疯狂达于极点的蒋介石于当日下午即下令召集违背政协决议的独裁的伪国民大会。其实，侵占张家口已是国民党军进攻的顶点，这一“胜利”正是它失败的开始，从此以后，它的攻势即逐渐下降，而且我军很快即将它的所谓全面进攻粉碎了。

为了召开伪国大，国民党不惜用高官厚禄和大量金钱来对中间人士进行收买。于是，那些醉心于利禄的官僚政客和无耻文人，一个个都脱下了“中间”的伪装，现出了反动的原形。而且也确有一些中间人士，在国民党的利诱特别是在它的威胁之下发生过动摇。青年党就不用说了，那批逐臭的狮子狗[①]为了争着当国民党政府的部长和委员，真是丑态毕露，出尽洋相，因而受到全国人民的唾骂。民社党这时也暴露了它的封建官僚和洋奴买办的本性，张君劢彻底地自我出卖了，被人呼为“张君卖”。而所谓社会贤达的王云五、傅斯年、胡霖等人，也跳入了国民党的火坑。至于美帝国主义所豢养的胡适之流，则早已做了蒋介石的过河卒子了。这时，罗隆基、范朴斋等“中间人士”也大肆喧嚷，说什么中间派必须对双方都骂，不宜左袒。范朴斋这人很讨厌，成天在张澜那里挑拨我党和民盟的关系。但是，由于全国人民都一致反对伪国大，把它视同猪仔国会，因此，民主同盟和绝大多数怀有正义的中间人士，都接受了我党的劝告，终于和人民站在一起，拒绝去出席伪国大。民盟主席张澜是我的旧友，他自8月18日在成都举行的李公朴、闻一多追悼会上被特务分子殴打后，对国民党反动派益增不满。10月初，他来到重庆，住在“民主之家”（即鲜特生的住所“特园”，当时为民主人士经常聚会之处，被称为“民主之家”）。从此我们经常见面，关系十分密切，而这时范朴斋又到上海去了，他更容易接受我们的意见。伪国大开会前夕，无党派人士邵从恩来到重庆，想去南京。他对我说，他到南京去不是出席伪国大，而是要“说服”蒋介石恢复谈判。我劝他别去，他正犹豫，张澜故意说：“要去我们

① 青年党在第一次大革命时期出版的机关刊物叫《醒狮》，所以人们把它的党徒称为狮子狗。——编者注

同路。”就这样，我们把他留住了。

11月15日，在举世咒骂声中，蒋介石悍然宣布伪国大开幕。参加伪国大的尽是狐群狗党和无耻之徒，连美帝国主义的《纽约先驱论坛报》也不得不说“听蒋主席报告的都是反动分子”。就是这批反动的猪仔，居然通过了一部遗臭万年的伪宪法。12月28日，我党郑重地声明：蒋记国大和它制订的蒋记宪法均属非法与无效。同时，中国民主同盟、三民主义同志联合会等民主党派和全国许多人民团体都先后声明绝不承认伪宪法。于是，国民党费尽九牛二虎之力才扮演出来的伪国大，遭到了全国人民的嘲笑，而它所装模作样地通过的伪宪法，在全国人民眼里也一文不值。蒋介石本来想利用伪国大来孤立我们，但现在弄巧成拙，反而把自己孤立起来了。

蒋介石一面加紧反对人民，一面又加紧进行卖国。11月4日，国民党政府和美帝国主义签订了前所未有的卖国条约——“中美友好通商航海条约”。这一条约较之袁世凯、段祺瑞以至汪精卫所订的卖国条约，均有过之而无不及。蒋介石的驻美大使、著名的卖国外交家顾维钧曾经无耻地声明：“按照中美商约，全中国领土均向美国商人开放。”根据中美商约以及其后的一系列协定，美帝国主义已经从蒋介石手中把中国的许多根本主权席卷而去。美帝国主义既然这样毫无忌惮地干涉中国的内政和侵略中国的主权，那么，它的伪善面具很自然地就要被揭穿，一个强大的反对美帝国主义的爱国运动是一定要兴起的。果然，到12月下旬，圣诞节前夕，美军在北平强奸北大女学生的暴行，终于引起了从北平开始的包括各地城市的全国规模的抗暴运动。从此，国民党统治区的革命运动又走向新的高潮。蒋介石不仅在前方碰到了英勇无比的解放区军民的坚强战线，而且在他的后方，又出现了一条波澜壮阔的人民运动的强大战线，蒋介石已逐渐陷入全民的包围中，再也无法逃脱其死亡的命运。

面对着中国人民强大的反美运动，美帝国主义感到它的一切阴谋诡计已再难得逞，于是，马歇尔在政协会议周年前夕，即1947年1月7日，灰溜溜地夹着尾巴逃回了美国。他虽然在离华之前，还发表了一通颠倒黑白的声明，但已经觉悟起来的中国人民，再不是花言巧语所能欺骗的了。一年间的变化是多么巨大啊！

反对美军暴行的运动，在重庆搞得特别激烈。当北平美军强奸暴行的消息传到重庆的时候，重庆的学生无不切齿痛恨。他们满怀愤怒，立即行动起来。这时适值国民党的党徒们在庆祝伪宪的颁布，他们沉浸在狂欢中。因此，1947年1月6日，我们顺利地举行了一次规模盛大的15000余人的游行示威。由于这次运动的声势浩大，国民党不敢轻易实行镇压，所以运动延续的时间很长，一直到元宵节，还举行了一次反对美军暴行的宣传周。在宣传活动中，学生们巧妙地利用了“车车灯”这种民间形式，把美蒋勾结的丑态表演得惟妙惟肖，淋漓尽致，老百姓看了都感到非常痛快，而特务们则感到非常窘迫。于是他们恼羞成怒，在2月5日和8日，派出了大批军警，公然袭击重庆学生抗议美军暴行联合会的宣传队，以致造成两次严重的血案。

反动派的镇压，不但不能使学生们屈服，反而激起了学生们以及各界人民更大的愤怒。无数工人、店员、教师和农民络绎不绝地去慰问受伤学生，并发动募捐来援助学生的抗暴运动。广大人民的支援更加鼓舞了学生们的斗志。11日，重庆学生又发动总罢课，抗议国民党特务的恐怖罪行。此后他们的运动仍继续发展，从未终止。

当抗暴运动正在高潮的时候，国民党的重庆市警备司令孙元良跑来找我。他的口气表示他知道运动是我们鼓动起来的，希望我们帮助他们去制止学生运动。我说：“学生们的抗暴运动，出于爱国至诚，绝非哪个人鼓动起来的。他们的行动是正义的，谁也不该去制止，而且，制止也是不行的。”同时我严正地指出：“特务打人，实在无理，你们只有依法惩办特务，才能平息学生们的愤怒。”孙元良见无结果，只得怏怏而去。第二天，张笃伦又来了，他一见我就说，学生们逼得他受不住了。他还说我们报馆有人参加到学生里面，并指责我们的报纸登载鼓动学生的消息和言论太多了。他最后并威胁着说：“这样下去，迟早要搞出乱子来的。”我严肃地回答了他，把他打发了回去。这时我已感到，对我们的严重的迫害即将到来。从他们两人的谈话中，我估计他们的迫害很可能首先针对着学生运动和《新华日报》。

当时的学生运动仍在蓬勃地发展，国民党反动派对此非常头痛。眼看2

月22日就要来到，估计到他们会利用“二二二”反苏游行的周年纪念来搞我们，于是我们有意把反美运动扩大和延长，以抵制他们卑劣的行径。这样就使他们终于未敢在2月22日作反革命的发动。

至于《新华日报》，更是他们的眼中钉，他们无时不想把它搞掉。还在1946年4月，当我们在《新华日报》上转载了“驳蒋介石”一文的时候，他们就曾经企图下手，但终因整个形势对他们不利，使他们未能如愿。为此，他们后来还捏造了一些团体，到柳州法院去告我们，说我们侮辱了“国家元首”，想借此来打击我们和封闭我们的报馆。柳州法院把这一案件转到了重庆，我们法律界的朋友们即来帮忙，他们充分利用了合法斗争的条件，结果使重庆法院这样批示：查我国法律无侮辱元首之条文，如系毁谤，须本人起诉。蒋介石怎样到重庆来和我们打官司呢？反动派的诡计于此又完全落空。但是，现在的情况不一样了，蒋介石由于军事、政治上的一连串的失败，已经和我们撕破了脸皮，不再有所顾忌了，看来他是一定要拔掉这个眼中钉的，我们必须沉着地准备应付最坏的情况。

这时，全国的形势对蒋介石更为不利。蒋介石在全国各个战场上都遭到严重的失败，特别是在山东失败得更惨。1947年1月中旬，我军一举在鲁南峄县、枣庄地区歼灭敌军52000余人，并活捉其整编师长马励武和周毓英。为了取得喘息时间，准备重新进攻，蒋介石经过美国驻华大使司徒雷登向我们要求允许他派张治中到延安进行“和平谈判”。这一新的骗术立即为我党彻底揭穿。接着，1月底至2月中，我军又打败了陈诚在徐州亲自指挥的所谓鲁南之役，歼敌四十二集团军第一、二师全部，并生擒郝鹏举。2月19日至23日，我军又在鲁中莱芜地区获得辉煌胜利，将敌军7个整旅6万余人一举歼灭，其第二绥靖区副司令李仙洲和第七十三军军长韩浚皆被我军生俘。至此，蒋介石对我解放区的全面进攻基本上被粉碎了。

在这种情况下，蒋介石被迫着要改变他的军事进攻方针，把他的全面进攻改为重点进攻，而将其两个进攻的矛头指向山东和陕北。既然进攻陕北，势必要最后关闭和谈之门。因此他决定驱逐我党在国民党统治区的一切机关和人员。为了应付一切可能发生的突然事变，我们早已作了充分的精神准备。

还在1946年的冬天，我看到环境一天天的险恶，就深深地感到必须对我们的干部加强政治思想教育，特别是要加强革命气节的教育。为此，我特地把毛泽东的一些文章和党中央的若干文件，编印成一本名为《中国革命的理论和实际》的小册子，以供同志们学习。在学习过程中，我还为大家作了许多次讲演，把从古到今著名的民族英雄和革命烈士的英勇事迹向大家讲述。这些讲演，也曾在一些进步分子和民主人士中举行。当我讲到那些英雄烈士慷慨就义的时候，全场的人无不为之动容，而我自己的情绪也特别激昂，有时不禁声泪俱下。那时我和大家的精神简直已融成一体，彼此都受到深刻的感动。我从人们坚毅的神情里得到这样的信念：只要我自己能以身作则，临危不惧，我们的同志也一定都经得起任何严峻的考验。

1947年2月下旬的头几天，重庆有些民主人士从司徒雷登发表的声明中，知道了国民党要我们撤退的消息。他们有点恐慌，跑来问我们是否撤退。我说："我们是国民党政府请来的，除非它有明文要我们撤退，和我党中央来了命令，否则我们是绝不会走的。司徒雷登是外国人，他管不了我们国内的事，更无权过问我们党内的事。"过了两天，《大公报》有人打电话给我说，南京有我们撤退的消息，我同样地回答了他。因此，《大公报》登的不是我们要撤退的消息，而是我的不撤退的谈话。这时，恰好传来了莱芜大捷的消息，我们的报纸特地用大字把它登出来。人们看了这个消息，都异常兴奋。我于是对民主人士说："国民党的垮台是注定了的，它即使把我们逼走，对它也无济于事。"

由于事前已经有了充分的精神准备，所以国民党来包围逼迫我们的时候，我们并不感到突然。2月27日深夜，国民党反动军警100余人，突然包围了我们的联络处——曾家岩23号（就是以前周恩来、董必武住的50号办事处）。一阵猛烈的打门声，把我们的同志从睡梦中惊醒。一时荷枪实弹的军警特务极端无礼地冲进了我们的大门，他们翻箱倒柜，到处搜查，形同盗匪。把我们的同志都强迫集中于楼下客厅之后，他们又蜂拥上楼，闯入我的卧室。我穿衣急起，质问何事，他们声称："为'保护'你们的安全，要你们撤退。"我问他们有无公事，他们的一位杨处长说有。我接过一看，知是孙元良来函要我们于3月5日前撤退。我当即声明："我党驻京、沪、渝的联络处，是你们政府允许设立的，非有你们政府的明文和我党中央的命令，我们一定要坚守我们的岗位，不能撤退。"旁边一便衣特务插嘴说："你们破坏和谈，称兵作乱，与人民为敌，使人民不能安定……"我一听十分气愤，严厉地反问他："谁与人民为敌？谁破坏和谈？谁在积极打内战？谁使人民生活不安？你看，我们的对面，就是你们的兵工厂，数月以来，日日夜夜在赶造军火；请问这是干什么的？你们到处征兵征粮，急于星火，把一切交通工具，全作军运，一切都是战争状态。谁要打内战还不明白吗？"他见我声色俱厉，就表现十分狼狈。于是那位杨处长上前来说："请先生把公文看完，如果油印的不清楚，这里还有一份笔写的，上面还有司令愿备车并派人护送回延安等事，请先生不要着急！"我这时最担心的是怕他们危害我们的同志，因此特对他说："你们半夜三更来此胡闹，简直无理已极，你们绝对不能捕走我们一个同志！我要去找孙司令、萧参谋长、张市长谈谈，一切谈后再说。"这时他们才对我说明，同志们已经集中在楼下客厅里。我于是赶紧下楼去和同志们见面。大家一见我就指着那批军警，控诉他们乱抢金钱手表和衣物等暴行，一时人声沸腾，群情激愤。我见同志们毫无惧色，便对大家说道："孙元良司令有公事来，要我们撤退。但是，我们非有国民党中央政府的明文，和我党中央的命令，是誓不撤走的。我们要坚持我们共产党人的立场，保持我们革命者的气节。至于军警们不先给公文即破门而入，并且肆意搜查，是完全不对的。我要去见孙司令、张市长，一切等我回来再说，现在我就去打电话。"但是，电话早被他们切断了，打不通。他们见我很生气，便来说道："吴先生年老了，请上楼休息吧！天明后，孙司令就会来的。"我说："你们如果让我的同志们都回房休息，我就上楼去休息，否则我要和我的同志们在一起。"他们说："他们在此地也可以休息，还是请老先生休息去吧！"这时同志们都来劝我，我估计同志们的安全暂时不会有问题，才回到楼上房里去。这时，我们的联络处已经变成了一个临时的集中营，数十名军警和许多便衣特务来来去去，四处逡巡。在这样严重的关头，我的肩上又担负着如此重大的责任，我必须想出正确的对策，以维护党的荣誉和保障同志们的安全。我反复地考虑了当时的整个形势和眼前的具体情况，想到：既然我军在不断地取得胜利，全国的民主运动又日益高涨，有了这样坚强的后盾，还有什么可怕的呢？国民党会不会像在皖南事变时对待叶挺和新四军那样来对待我们？一般地说它不敢那样，但也不是绝对地不可能。它会不会把我们全部安全地送回延安？它绝不情愿，但要取决于我们的斗争。最大的可能是：表面上说把我们送回，而又尽可能地来分化瓦解我们。因此我们的同志必须团结一致，坚决斗争！至于我自己的安全，由于年纪大，又是政协代表，条件要比同志们好得多，我必须挺身出来，领导同志们一起战斗。有没有危险呢？当然也会有的。但早年参加革命，即已不顾一切，现在偌大年纪，尚有何可惜……想着想着，有时眼前忽然浮现出邹容[①]烈士的形象，有时又出现杨闇公[②]的形象。这些形象虽然一刹那就逝去了，但是我的斗争决心却更加坚定起来。就这样，不知不觉地便到了天亮。

第二天（28日）10时左右，孙元良来了。他毫无表情地把他的公文复述了一遍。我也把我们的态度告诉了他，并且严正地向他说："我们要坚守我们的岗位，不怕任何压力。我现在是已近70岁的人了，从同盟会辛亥革命以至现在，一切革命运动我都参加过。自参加革命以来，生死早已置之度外，我常想得一适当的死所，此地或者就是了。人谁不死？只要死得有价值，死一个人可以激励起千万个人来。我们中华民族的优秀儿女是有不怕牺牲的光荣传统的。我要为革命党人共产党员保持最高尚的人格。现在和谈虽停顿，但门尚未关死，你们此等行动，将最后关死和谈之门。你们知道这种关系吗？"我越说越激昂，他虽毫不感兴趣，但也只好听着。我要他撤退监视的军警，他说："为慎重'保护'起见，不得不如此。"我要求去见行营参谋长萧毅肃和重庆市长张笃伦，他说他可以去和他们商量。我又问他《新华日报》报馆的情形，他说情形"很好"，请我放心。是的，对于同志们的斗争精神，我是放心的；但是，在这般豺狼横行的地方，对同志们的安全，我怎么能放心呢？

---

① 邹容，重庆人，1903年因在日本中国使馆反对官僚事件后被迫逃上海，发表有名的《革命军》，被帝国主义者投入监狱，死于狱中，时年仅21岁。

② 杨闇公，我党的先烈，在1927年的三三一惨案后牺牲于重庆。

于是我提出要和新华日报社的负责人见面。孙元良无法，回答说可以转告。孙元良走后，我即拟电致张群（他仍是蒋介石的重庆行营主任，当时在南京），抗议28日的军警暴行，说明我们的坚决态度，并要他电告重庆警备司令部立即撤退监视人员，让《新华日报》继续营业。此后，我即利用时间，向同志们讲革命故事，以激励大家斗争的情绪。在这种情况下讲先烈们可歌可泣的事迹，更加感动人心。不仅我们的同志都凝神谛听，有感奋而泣下者，连那些监视我们的国民党士兵（他们大部分都是青年学生出身），也都慢慢地围拢来听，有的人也似乎颇受感动。

由于过度的紧张和兴奋，并且没有休息，我身体有些不适。他们想给我找医生看病，我拒绝了，但要求我们自己找医生，我觉得这样靠得住些。3月1日下午，平常即很同情我们的薛大夫来了。他看完病之后，故意大声地说："血压高，要绝对的安静！安静！"我便趁此把监视我的人赶出了我的房门。午后6时许，萧毅肃和张笃伦来了一趟，萧毅肃对军警的无礼行为，竟佯装不知。接着，到晚上，重庆美国副领事布德持董必武来电说："美国飞机将于5日及6日各来一架，各载50人飞回延安。"我说："两架飞机怎么能载得下？必须至少添四架，我一定要同大家一起回去，否则我决不走！"我最担心他们采取"分割"我们的办法，以便在途中尤其是在西安谋害我们的同志，因此坚决要求要萧毅肃代电张群，必须多准备四架飞机，他答应了。那些监视我的军警特务，特别是那些当官的，见美国人来表面上对我都很客气，因此以后对我们也客气多了。这种没有骨头的奴才习气，实在令人可笑而又可恼。和联络处一样，2月27日晚，我们在乡下的《新华日报》报馆和在城内的营业部、宿舍，也遭到国民党反动军警的包围和搜查。这三处的同志们都被他们拘禁在乡下的报馆里。但是，我们的同志和国民党的军警特务展开了英勇的斗争。他们雄壮的歌声响彻云霄，使周围的群众听了也感到激愤。3月2日，《新华日报》的负责人在宪兵和特务的监视下来向我汇报情况。他们刚说话，一个特务即气势汹汹地说："只许讲45分钟！"我立刻火起，严厉地问他道："为什么？我们不是囚犯，难道连讲话的自由都没有了吗？我准备讲三个钟头，要趁我还没有死，把话讲完。"那个特务就此不敢作声了。他们报告完毕之后，我对他们说："国民党这次暴行，是它要最后关死和谈之门，决心内战到底。我们要保持共产党员的人格，不怕牺牲。我们在重庆、成都、昆明（那时，除重庆外，成都、昆明尚有《新华日报》分销处）的380人要团结得像钢铁一样，不怕任何压力。我们牺牲一个人，会有一万个人来代替……"我越讲越兴奋，特务们想来制止，我于是更加上劲，讲个不停。同志们怕我又累了，劝我不必讲了。临别时，我又要他们回去告诉报馆的同志们，要团结得像钢铁一样。他们大声地回答："我们一定不怕！"态度异常悲愤。所有在场的同志都很激动。

从此以后，我又有意地向那些监视我们的军警，特别是对其中的青年做些工作。我继续给他们谈话、讲故事，并送些书给他们。慢慢地，他们的态度有所转变。他们的一个连长也曾来要求我题字，我便顺手给他写了一句"为革命而奋斗"。谁知他见此作何感想？3月8日，孙元良和一位什么连长同我坐在一辆小汽车里，一左一右，把我"护送"到了飞机场。但到机场一看，却只有两架飞机。我非常生气，坚决不走。这时孙元良很着急，反复说保证第二天一定还来三架飞机。经了解：那三架飞机没来，确系临时气候原因，次日一定可到。而同志们经分析后，也觉得情况属实，劝我不必担心，可以先走一天。这样，我才上了飞机。要回延安，我心里是多么高兴啊！但对重庆，却又有些恋恋不舍。它是我的故乡，是我最熟悉的地方，我怎能任它老被反动统治者去蹂躏践踏呢？重庆，我是一定要回来的，而且我相信，当我回来的时候，你的面目一定要焕然一新。

第二天，其余的同志也都胜利地回到了延安。与我们的撤退差不多同时，我们在南京和上海的机关和人员也都撤退了。

解放战争初期的这段经历，一直铭刻在我的心底，永不能忘。这段历史使我们深刻地认识到：对反动派绝不可存不切实际的幻想；必须用革命的两手来回击反革命的两手；必须坚定地依靠人民，同反动派进行坚决的斗争；只有这样，才能取得人民革命的最后胜利。

（节选自李新编：《吴玉章回忆录》，中国青年出版社1978年版。）

廖伯康：
解放战争时期重庆学生运动的战斗历程

廖伯康，1949年3月至5月任中共沙磁区特别支部委员。新中国成立后，曾任重庆市委书记。

重庆学生运动有着光荣的传统。解放战争时期重庆的学生运动，是抗战胜利前后在南方局直接领导下奠定的基础。抗战胜利以后和解放战争期间，重庆的广大学生在党的领导下，对国民党的反动统治多次发起冲击，开展了多方面的斗争，规模一次比一次大，影响一次比一次深。他们在第二条战线上冲锋陷阵英勇战斗，在革命的舞台上作出了一幕一幕威武雄壮的演出。

抗战胜利后，中国人民强烈期望国家走上和平、民主、团结建国的道路，而蒋介石却要趁机限制和削弱乃至消灭我们的党、军队和解放区。为了实现全国人民的愿望，毛泽东、周恩来和王若飞来到重庆和国民党谈判，签订了“双十协定”。1946年1月10日，旧政协开幕，1月30日闭幕。在重庆谈判和旧政协开会期间，重庆学生在中共代表团和南方局领导与推动下，掀起了高涨的民主运动，形成了广泛的社会舆论，对会内的谈判和斗争起到了有力的配合作用。这个运动的中心是“争和平、反内战、争民主、反独裁”。长期沉闷的重庆学生运动，又在人民斗争的舞台上显露崭新的头角。运动的高潮是1946年1月25日的大游行。这次游行是由中央大学、重庆大学、四川教育学院、中央工校、中大附中、重庆中学、蜀都中学、育才学校等11所学校，一万多学生组成的。当时刚刚被解除软禁的、以仗义执言著称的经济学家马寅初也参加到游行的行列。“一·二五”游行提出了七项国是主张，强烈要求“团结、和平、民主”。当游行队伍到达国民政府所在地时，周恩来对游行学生发表了讲话，给广大学生极大的支持和鼓舞。他说：中共代表团愿意与大家一起，为这七项要求而奋斗，你们的要求一定要达到，我们永远和你们在一起，为独立、自由、民主的新中国而共同奋斗。“一·二五”大游行，表明重庆学运在战后的民主浪潮一开始发展就站在斗争的最前列。当时，南方局青年组的负责人刘光、朱语今、周力行等都深入到各个学校直接做工作。

这段期间党的地下外围组织是南方局刚刚批准建立不久的新民主主义青年社和在抗战后期建立并保留下来的若干“据点”组织。这时的进步力量还比较弱小，多数学校还没有形成核心领导；广大学生还处在中间立场、中间状态中，对国民党的认识还存在着正统观念和某些幻想。但是，通过“一·二五”运动，群众开始觉醒起来了，干部也得到了培养和锻炼，这就为迎接下一步的更大更深入的斗争做了准备。

1946年下半年，国民党反动派撕毁了旧政协决议，依靠美国的支持，全面发动内战，大肆侵占解放区。12月24日，驻北平的美军强奸了北大学生沈崇，由此而触发了广大人民，特别是青年学生对美帝国主义的强烈义愤，爆发了全国性的学生抗暴运动。在重庆，当时南方局已东迁南京，由1946年3月在重庆公开建立的四川省委领导了这次抗暴运动。省委书记吴玉章亲自过问，负责日常工作的省委副书记张友渔直接主持，省委青运组和《新华日报》社会服务科的齐亮和曾德林、马西林、张子英都在第一线领导和指挥。省委统战部的洪沛然、妇女组的兰健，以及《新华日报》编采两部的邵子南、田伯萍、王诚等都积极投入了斗争。1946年4月建立的重庆地下市委彭咏梧也在省委的统一领导下积极配合工作。

走在这一斗争前列的是重庆女师学院、渝女师和各校的女同学，她们首先起来大声疾呼，抗议美军暴行，要求严惩凶手，美军滚出中国去！在省委领导下，经过几天紧张的工作，“抗暴联”主席团召集女师学院、重庆大学共31所大中学校的代表开会，宣布全市学生举行五天的总罢课，1947年1月6日举行“抗暴”大游行。1月6日那天，全市63所大中学校的1.5万多名学生参加了游行。整个游行队伍组织严密、秩序井然、气氛悲愤，深得市民的同情和支持，取得了很大成功。当然，事情并不是这样一帆风顺的。这期间，各校的三青团、国民党和特务分子四处活动，企图对抗。敌我双方斗争十分激烈。三青团、国民党和特务分子操纵欺骗少数人，炮制了一个“重庆市学生抗议美军奸污暴行联合会”，提出“一切外国军队从中国退出去”代替“美国军队从中国滚出去”的口号用以反共反苏。同时还提出“反对阴谋分子混入我们行列作政治活动”的口号，企图制造混乱、混淆是非、转移方向。在我们举行63校大游行的当天清早，他们提前拉了个寥寥数百人的队伍，招摇过市，这是他们惯用的手法，想搞一个“双包案”。

大游行的当天，“抗暴联”宣布该组织继续存在到美军退出中国为止。为了把“抗暴”运动深入下去，省委决定继续开展宣传活动。“抗暴联”决定从15所大中学校中组织文艺活动骨干分子100多人成立宣传总队，深入到各阶层群众中去，进一步揭露美军暴行和美蒋勾结残害人民的罪行。

“抗暴”运动在重庆是成功的一战，它有力地配合了全国的反对美蒋的斗争。运动先从反对美军暴行开始，当国民党出面包庇和镇压，就转而反对蒋介石，反对美蒋勾结。特务出来捣乱，又提出“打倒特务统治”。斗争一浪一浪地向前推进。这次斗争对广大学生、青年和人民群众都起了很大教育作用，锻炼了一大批积极分子，为学生运动的进一步发展打下了良好基础。

1947年春，国共关系全面破裂。2月28日，四川省委和《新华日报》被国民党查封，所有同志于3月初被迫撤回延安。此后，各个学校党的组织和积极分子，逐步转由重庆地下市委领导。

由于国民党坚持内战政策，扩军备战，滥发纸币，弄得物价飞涨，民不聊生，教师学生也生活在饥饿线上。南京中央大学开始了反饥饿、反内战的斗争，京、沪、苏、杭、平、津的学生立即起而响应，遭到了国民党的疯狂镇压。“反饥饿必须反内战”，一个轰轰烈烈的“反饥饿、反迫害”的学生运动迅速开展了起来。毛泽东曾高度评价这次学生运动，称为和蒋介石进行战斗的“第二条战线”。这时的重庆学生在“抗暴联”的基础上，成立了重庆市学生反饥饿、反内战、反迫害联合委员会。重庆大学、女师学院在5月24日开始罢课。反饥饿委员会决定全市学生在6月2日举行总罢课和全市大游行。正当全国学生运动风起云涌地开展起来的时候，各地国民党反动当局也加紧镇压，布下杀机。重庆的大逮捕是在6月1日凌晨进行的，抓捕的学生100多人，其他各界人士100多人。被捕的多是“抗暴”运动、“反饥饿”运动和其他斗争中涌现出的积极分子。被捕同志经多方营救得以陆续出狱，但仍有几位同志一直未被释放，重庆解放前夕牺牲在渣滓洞中美合作所的监狱中。

1949年2月初，上海大中学校的教师，由于物价飞涨、工资低微、生活艰难，迫于生活，起而罢教、请愿，要求国民党当局提高教师待遇。这一斗争随之影响、扩大到国统区的各大城市。重庆地区是先从零星分散的斗争逐步酝酿发展成为统一集中的运动。开始，一些教师从请“告贷假”去借钱，“典当假”去当铺当东西等方式怠课罢教。2月下旬中央工校教授首先宣布集体罢教三天，学生同时发起“尊师运动”，募捐支援教师。接着重庆大学、女师学院、川教院等教师罢教，学生罢课，成立争温饱委员会，组织上街尊师义卖。省立八院校、市立七个中等学校、市立各个小学的教师和私立各大中学校都纷纷行动起来，参加到斗争的行列。一段时间，尊师义卖的大中小学生活跃在山城的大街小巷，形成十分生动热烈的场面。许多学校的教师、学生甚至校长都结队轮番地到国民党的西南长官公署、市政府去请愿，要求迅速改善教职工的生活，弄得反动当局疲于应付，狼狈不堪。

这个阶段的斗争特点是教师首先起来，学生积极配合，群众逐渐发动。斗争的内容是从经济和生活方面开始的，矛头直指国民党当局。校际之间已初步有了一些小的联合。地下党员和地下社员积极投入斗争，但尚未取得运动的领导权。

3月中旬，投入运动的学校和学生越来越多，校际之间互相访问互相推动。3月17日有九所公立院校的4000多学生在市内举行了大的游行请愿，出现了运动的第一个高峰。游行不仅提出了“反饥饿、争温饱、争生存”的经济斗争口号，还进一步提出了“要求停止征兵征粮，立即接受毛主席的八项和平条件”的政治性口号。这次游行使运动的规模、斗争的内容都向前推进了一步。为了显示重庆学生的团结和力量，3月27日，在重庆大学运动场举行了名为“活命晚会”的盛大营火晚会。有市中区、沙坪坝和远郊区北碚、青木关来的各校学生近一万人参加。晚会的各种活动、演出和节目都表现出鲜明强烈的政治色彩，将群众改善生活的要求提高到“团结起来，打倒国民党反动王朝”的高度，用各种生动的文艺形式表现出来，具有很强烈的感染力。“团结就是力量”的歌声此起彼伏，成为这个晚会的主题歌。在热烈的掌声中，重庆大学这个运动广场被命名为“团结广场”。通过一次游行，一个晚会，进一步发动了群众，把运动推进到又一个新的高峰。

4月1日南京学生6000多人举行游行示威，要求国民党政府接受我党提出的八项和谈条件，遭到国民党反动当局血腥镇压，打死两人，打伤100多人，造成“四一”惨案。消息传来，全市广大学生义愤填膺。“四一”惨案进一步推动了全市学生大团结。4月15日，全市有42所学校的80多名代表在正阳学院开会，成立了重庆市学生争生存联合会，号召学生总罢课，并决定在4月21日举行全市学生示威请愿大游行。报名参加游行的学校有57所，占全市大中学校总数的2/3以上。游行准备期间，各校广泛开展各种校内和校际间的活动，全市学校一片沸腾，反动当局惊恐万状。在西南长官公署的主持下，建立了一个镇压学运的专门机构，国民党、三青团、军警宪特倾巢出动，开出名单，准备实行大逮捕，制造大血案。在此紧急关头，我们党打进敌人内部的袁鉴承掌握了敌人的动态，获悉了他们镇压学运的计划和部分黑名单，为了避免无谓的重大牺牲，重庆地下党领导当机立断，于4月19日晚上决定，把集中的全市大游行改为分区或校内游行集会。党的决定迅速传达到学联总部和各区、校联络点，通过各校的党员、社员分头做工作，说服了同学改变游行方式。敌人从4月20日下午宣布全市大戒严，交通要道设置路障，封锁两江渡口，将市中区与沙磁区、江北区、南岸区、九龙坡隔绝开来，又派出军警特务包围了市一中等重点学校。21日这天，各校同学在敌人重重包围封锁下，在各区或校内举行了游行集会。沙磁区游行队伍包括前一天从北碚、青木关来的学生达7000人。南岸海棠溪地区的游行队伍也达3000多人。江北盘溪地区民建、蜀都中学等校，也集中了几百人沿着嘉陵江岸游行，与重庆大学等校的游行队伍隔江相望，互喊啦啦词，互相呼应，互相鼓励声援。其他学校大都在校内集会游行，发表演说、演出话剧等。全市性大游行虽被迫取消，但在敌人重重围困中举行的游行集会，气氛更为悲愤壮烈，形成了这次运动的最后高潮。

国民党反动派强行取消“四二一”全市大游行后，仍不放松迫害和镇压。从4月21日当晚到22日，伪警备司令部先后在市一中、重庆大学、中工等学校，采用绑架、拘留、传讯等办法将运动中的积极分子50多人抓去，还拘捕了支持学生运动的市一中校长文艺陶，宣布市一中“永远解散”。这些被捕的同志经过斗争和多方营救，陆续得到释放。

4月23日南京解放，宣告了国民党反动统治的覆灭。战局急转直下，全国解放的胜利指日可待。重庆地下党估计到敌人可能狗急跳墙，会更加凶暴地对革命人民进行镇压与迫害。所以“四二一”以后，即将斗争转入校内活动，疏散和转移暴露的骨干，发展一批运动中涌现出的积极分子参加地下社。“四二一”运动是解放战争时期重庆学生最后一次大规模的群众运动。这次运动从教师发展到学生，从校内发展到社会，从经济斗争发展到政治斗争，是一次很成功的学生运动，通过运动的斗争实践教育团结了广大学生，为迎接解放做好了思想准备。

各校复课以后，地下党和地下社通过各种合法形式，在各校内进一步开展社团活动，培养积极分子深入扎实地做了许多广泛地团结教育同学的工作。有的还举办了工人夜校、农民夜校，开展社会调查。10月以后，又发动“应变护校”的斗争，保护学校校舍校产的完整，避免破坏和损失。1949年11月30日凌晨，社会大学的同学在“精神堡垒”（即现在的解放碑）上升起了第一面迎接解放的红旗，留下了解放前重庆学生运动最后一幅生动壮丽的画面。

（节选自中共重庆市委党史研究室编：《廖伯康回忆文集》，2016年内部出版。）

萧泽宽：我在川东地下党的经历

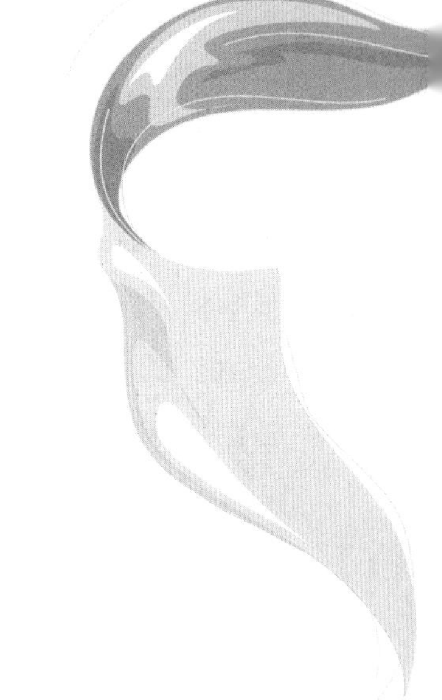

萧泽宽，时任川东临委委员、川东特委书记，此后曾任重庆市委组织部部长、北京市委组织部部长。

1946年5月，南方局迁南京，在重庆成立公开的四川省委。1946年“双十节”，我到中山路原中共代表团住地向吴玉章、于江震汇报工作。于江震说他将要离开，以后由张友渔联系。同时介绍魏文颖（后在四川省党校作副校长）来协助我工作，没有明确职务。魏文颖当时在建川中学以教书为掩护。1947年1月，省委调他到川北去了。

1947年春节后，我到省委住了一晚，向张友渔汇报工作，并交给他几个转到外地的关系。张友渔说，南京通知叫作好事变准备，当时他还告诉我邓照明的情况（没有说名字），说是秀山有个关系，敌人怀疑他们是民盟的被捕了，目前还没有出问题。因为当时秀山来的信是由我们代转的，他叫我们接到信立即送去。所以我知道了秀山的关系，至于邓照明、刘兆丰的名字，是后来才知道的。

从省委回来不几天，我在报上看到，省委和《新华日报》被敌人包围，撤回延安。我们当时比较镇静，虽然不知道四川是否滞留有人，但估计上海、南京一定会留人，一定会找我们联系。于是我们作了两方面准备，一是把可能暴露的同志撤离，如裕中电料行的经理杨宗明，因他是个文化人，爱写文章，就把他转移到蜀都中学教书；一方面把中心县委下属各个头头分别找来，向他们说明，我们已和上级断了联系，要他们按照过去的方针，积极认真地工作，不要乱找关系，避免出问题，等候上级来找我们。

1947年5月，刘国定在街上碰见我，说正要找我。他说，钱瑛在上海，通过张文澄写信，叫他去上海见了面。他还说，他们是重庆市委的，还有王璞也要找我。对他的这个说法，我是相信的。第二天，我与王璞见了面，互相交换了情况和对形势的看法。他们进一步说明了到上海的情况，中央委托钱瑛管四川工作，钱瑛指定王璞负责清理川东的组织。钱瑛还交了几个大头的关系，说酉秀黔彭有个姓邓的大学生，七大代表，从延安回来，作过县委书记，打过游击；川南有个组织，负责人的名字不记得了，下川东有个涂万鹏，是七大代表，还有我。前面几个人，王璞他们都不熟。我介绍了我所知道的情况，邓某某的通讯关系在我这里，对他本人不认识。川南泸州中心县委，1941年罗浩去后，1943年又遭破坏，由廖林生负责，独立作战搞了三年，日本投降后，廖林生通过荣昌组织（廖林生原在荣昌工作），找到了我，由我把廖林生带到重庆，与南方局接上了关系，我可以找到他。下川东的组织，涂万鹏到万县后，与省委间的交通是冉益智，我下面有个党员沈知作，可以通过沈知作带信给涂万鹏。我和涂万鹏在泸州是认识的。

于是通过党员陈俊逸的关系，我找到刘兆丰，又通过刘兆丰，与邓照明接上头，同时与川南组织接上关系，又把涂万鹏找来重庆。1947年暑假，大约是8月间，大家先后都分别由我给王璞介绍碰了头。王璞准备了一个提纲，估计了当时形势，分析了川东地区的各种矛盾，提出了发展农村武装斗争和城市工作的意见。大家讨论同意。在这以前，骆安靖又到上海，向钱瑛请示汇报了回来。各地组织已经过清理，大部接上了关系。9月，王璞到上海，向钱瑛汇报，10月回来，传达钱瑛指示：基本同意王璞的汇报提纲，指出，工作重点在农村，城市支援农村，但城市工作、统一战线都要加强，武装斗争应多发展小型游击队，如搞大规模的打旗号的武装起义，一定要经过上级领导批准。还谈到，中央拟派在解放区的一些四川的军事干部组成队伍，从陕西、大巴山打回四川，以策应解放区战场，要我们积极配合（当时我们估计这支队伍可能在1948年春进来，可能有在四川工作多年的于江震参加。我们在农村要准备，在城市也要准备。以后，1949年7月我们在武汉时，钱瑛说，中央已组织“川干队”，就是由于江震负责。但由于形势的变化，他们没有进入四川）。当时王璞在汇报中，估计已掌握千把人枪，比较乐观。钱瑛决定成立川东临时工作委员会，王璞任书记，涂万鹏任副书记，刘国定、彭咏梧和我任委员。当时邓照明没有参加川东临委，因他在黔江被捕出来，由王璞和我负责审查。本来在向钱瑛汇报时已提出，邓照明在老解放区作过县委书记，搞武装打游击有经验，应该参加临委。钱瑛说，我们相信他，但应有个组织审查手续，你们赶快派人调查，现在先干工作再说。王璞回来，即向邓照明说明上级意图，并要他作上川东一工委书记，到达县大竹发动武装斗争。同时由宜昌特支陶敬之，通过打进敌人军队的党员明昭，查看了敌人的档案，说明邓照明、刘兆丰等在被捕期间没有问题（1948年3月樊恒才从宜昌回渝向我口头汇报的）。准备1948年5月再到上海汇报时，把邓照明补进川东临委，但未实现即开始遭到破坏。

当时川东临委的分工和下属组织情况是：成立上川东地委，王璞兼书记，骆安靖、曾霖任委员。成立下川东地委，涂万鹏任书记，彭咏梧任副书记，杨虞裳（艾英）、唐虚谷任委员，彭咏梧并立即到下川东，组织武装起义。改组重庆市委，刘国定任书记（王璞在上海时曾向钱瑛汇报，认为刘国定在城市工作太久，生活不艰苦，经济上不检点，打算调他到农村，但他不愿意。钱瑛说，那就暂时不动，以后再说），冉益智任副书记，负责学运，李维嘉任常委，负责宣传、统战，许建业任委员，负责工运。巴县中心县委撤销。原巴县中心县委在重庆市内的关系，工人交许建业带去，学生交周应培带去，我只保留少数上层关系和必要的交通联络人员。我分管的地区有：涪（陵）南（川）工委，由原綦南工委和涪陵、丰都党组织合并组成，李治平任书记，刘渝明任委员；川南工委（以原泸州中心县委为基础），廖林生为书记，李培根为副书记；荣昌工委（以原永荣隆工委为基础），书记周平，委员何君辉、桂永安；黔北组织，包括绥阳的温凯廷，桐梓的余时亮，1948年3月又派张立等十多人到黔北，原打算建立一个黔北工委，在筹备中，重庆市委遭破坏，怕受牵连暴露，没有成立，仍然分别开展了工作。原巴县中心县委管理的裕中电料行，根据钱瑛指示，决定撤销，黄绍辉、徐勋另做生意。随即涂文素去万县，王开智调上海。川东临委成立后，我准备到川南工作，泸州不能去了，可以在江津、合江一带活动。我先到江津设立了几个联络地点，清理了关系，布置了川南的工作。

1948年的农历正月初三或初四，我与王璞、涂万鹏在重庆碰头，知道了下川东起义失败，彭咏梧牺牲。邓照明在达县、大竹的游击战已经打开，没几天也失败了，当时待不住，带一批人回到重庆。决定缩小活动，不再暴露。因当时重庆市委支援农村搞武装斗争，工作量大，头绪很多，为避免重庆市委暴露，决定把川东临委和重庆市委分开，由我任川东临委秘书长，驻重庆，并把北区工委交给我领导。北区工委所辖包括江北县和北碚一带，书记齐亮，组织委员黄友凡，宣传委员王朴。王朴家是大地主，他动员母亲金永华卖了大量田产，支援川东地下党，贡献很大。我与北区工委只接过两次头，就出了事。

我作为临委秘书长，当时最重要的工作，一是安排好邓照明带回的几个同志的疏散工作，这笔经费是靠北区工委王朴家提供的，二是组织好与各地的交通联络。

就在春节那次碰头时，还传达了川康特委蒲华辅从上海回来转达的钱瑛的指示，主要内容有：一、开展对敌人的攻心战，强化敌人的危机感；二、加强统一战线工作；三、有些能起特殊作用的对象，可以发展为特别党员。根据对敌开展攻心战的指示，王璞决定把《挺进报》寄给敌人头目，来动摇瓦解他们。

4月3日，我与爱人曾朝华到南温泉找贵州回来汇报工作的余时亮接头，走前曾到志诚公司找许建业，没有见着。志诚公司是重庆电力公司的一些职员共同集资办的一家私营公司。由电力公司会计科长黄某某作董事长，我们的党员刘德惠也参加作董事。许建业在那里作会计为掩护。因为重庆市委支援农村的干部、武器、电台，都要通过我转出去，所以我和许建业经常接头。志诚公司的职员工友许多都认识我。4月7日，我们从南泉回来，由曾朝华找电力公司的会计胡生寒（进步群众）借点钱。胡生寒说，许建业和刘德惠都被捕了，矮子（指刘国定）被抓住了，现在到处在抓胖子（指我）。我到南泉之前，曾与刘国定碰过头，知道他的老婆住在宽仁医院生孩子。我马上赶到宽仁医院，刘国定的老婆正在哭。这时刘国定的联络员、汉利药房的周光福也在那里，他很紧张，说刘国定本来每天都来的，现在已两天没有来了。我安慰了她一番，把周光福喊出来，告诉他：刘国定被捕了，相信他能坚持，但要作好准备，叫他通知刘国定老婆准备出院。晚上我回到江北（我家住江北），烧掉文件。第二天清早我到化龙桥中央电工器材厂找冉益智，当时估计，刘国定可能坚持，也可能叛变，要作两手准备，能撤离的撤离。我在冉益智那里住了三四天，每天研究新的情况。当时已知道敌人曾去逮捕刘国鋕，刘国鋕逃脱，因此决定冉益智二三天内一定要离开，并约定4月16号中午12时，我、冉益智、李维嘉在北碚图书馆碰头。同时，我又通知了邓照明，并由王璞的爱人左绍英和曾朝华通知了有关头头（如齐亮、罗志德等），凡是刘国定知道的地方，都要避一避。一天凌晨，我找到樊恒才，由他写信，介绍我到北碚的两个乡长（党员）处去住。临走时樊恒才给了我200元作盘缠。

作好这些安排之后，我先后在小龙坎和青木关双河场住了几天，16号中午12点到北碚图书馆门口接头，李维嘉先到，冉益智没有来，我们迅速离开，估计冉益智出了事。我与李维嘉商量，因为他所联系的人还没有出问题，决定他看看发展情况再作部署。同时我又交了一个关系给他，西南实业协会的廖石城，这个关系，刘国定、冉益智都不知道。我们分别在北碚住了一晚，第二天清早，我到车站看着李维嘉上了车，才回青木关。李维嘉到重庆后，形势很紧，已有人被捕，无处隐蔽，已经待不住了，他作了布置之后，转移到了成都。

后来知道，冉益智4月15日上午9时许在北碚被捕，当天就叛变，出卖了北碚学运特支书记胡有犹和北碚几个学校的党员。

我从青木关随即到荣昌，何君辉告诉我，刘国鋕在荣昌被捕，重庆来人和吉普车抓的。荣昌地方组织没有被破坏。我们断定冉益智叛变了，因为刘国鋕在荣昌的住地，只有冉益智知道。我在荣昌与周平、何君辉研究，刘国鋕、冉益智虽不知道荣昌关系，但也要有所准备，红一点的人能转移的转移，不能转移的作好武装自卫的准备。

我通过左绍英与王璞约定4月底在璧山蒲元乡碰头。他先派交通员袁尊一来看看情况。袁尊一说，我的交通员罗志德被捕了。情况更加严重，罗志德知道的情况很多，綦江、荣昌等地的关系他都知道。我本已通知叫罗志德走，但他有一亿元的款子没有拿到手要等这笔钱，说："炮还没有打响，人哪能就跑了！"不肯走。罗志德的被捕，不是刘国定、冉益智的直接出卖。他是通过一个社会关系做一个特务的工作，拿《挺进报》给这个特务看，想动摇瓦解这个特务。《挺进报》被破坏，风声一出去，这个特务怀疑罗志德，把他逮捕了。罗志德任我的交通联络员多年，在青年馆对面纸业公会作会计为掩护，我经常去他处，那里的人都知道我们是"表兄弟"的关系，罗志德的被捕也增加了我在工作上的很多困难。罗志德被捕后，没有出卖组织，被特刑庭判处了死刑。

在这同时，北区工委的王朴也被捕了。在刘国定被捕后，王璞叫骆安靖到重庆来处理问题，见到王朴，准备由王朴拿两条金子给我们，作下川东的活动费用，并已知道形势严重，王朴当时有可能转移，飞到香港，但他犹疑了一下，骆安靖也没有坚决要他立即离开，结果被捕。王朴被捕，我们的经济来源又成了问题。形势发展日益恶化。

袁尊一当天即返渝，第二天，王璞到了璧山，在蒲元乡荣怀民家里我们研究了一天一夜。我们分析：王璞和我已不能在重庆活动了，但邓照明在重庆，住南温泉，刘国定、冉益智不认识他，还可以活动。刘国定、冉益智知道下川东的涂万鹏，我已告徐勋要他通知涂万鹏，刘国定被捕的情况，叫他注意。同时决定我到铜梁，把铜梁的关系交给我领导。5月初我到铜梁，5月下旬，王璞又来铜梁，商定派人到上海向钱瑛汇报。王璞和我都无法去了，决定由涂万鹏去。还研究了邓照明的工作安排，有两种考虑：一是调到华蓥山地区，准备打游击；一是留在重庆清理组织，但又担心达县起义回去的人与重庆关系多，怕受牵连，涉及邓照明。我建议还是留在重庆为好。我和王璞还研究了重庆组织被破坏后的方针。当时判断刘国定、冉益智已叛变，重庆的形势正在继续恶化，要想尽一切办法通知所有刘国定、冉益智知道的关系，必须迅速转移，而刘国定、冉益智不知道的关系，则要避免暴露，尽可能隐蔽下来。同时发动川东各地动员在重庆立得住脚的同志到重庆去，找好社会职业，扎下根来，继续工作，以便积蓄力量，保持重庆的阵地。因此也就最后决定邓照明暂时不动。

农历五月端午节，我从铜梁到合川，在胡树英的学校住了三天，又与王璞碰头，研究了几个问题：（一）知道钱瑛到了香港，并通知我们派人到香港接头。当时还不知道涂万鹏被捕，因此决定仍然通知涂万鹏到香港找钱瑛。（二）王璞的交通员袁尊一也被捕了。袁尊一知道的情况也多。我们与袁尊一、罗志德多年相知，估计不会出问题，决定袁尊一、罗志德知道的关系不动，放手干。事实表明，这两个同志表现很坚强，保守了党的机密，没有造成损失。（三）研究了广安、华蓥山地区起不起义的问题。估计起义会站不住，不起义，又暴露太多，群众性的暴露，掩护不下来。这个问题，当时没有决定下来，约定8月1日在南充开会再定。

接着，我通知川南的廖林生和荣昌的周平到铜梁开会。这时荣昌也出了问题，一个石匠党员搞抢粮运动，暴露了，石匠跳河牺牲。我们研究决定，本地的同志设法掩护下来，外地去的同志撤走。于是把周平、张耀龙等撤到川南，发展小型武工队。并由周平去向李治平通告当时的情况。

7月底，我到合川，胡树英说，王璞派人通知，不要到南充去了，他们已经决定起义。叫我们也准备起义，如起义不成，则组织支援。

回到铜梁，江伯言参加了王璞在岳池罗渡召开的会议，向我传达说，骆安靖被捕，广安组织暴露，只好背水一战，被迫起义。打响后，要破仓分粮，烧红契，开农民大会，部队拉上华蓥山。王璞还说，在起义中，如果有人被捕，为保存力量，可以允许自首，承认自己身份，只要不暴露组织，由他向上级负责。

我到璧山，从报上看到，华蓥山起义已经失败了。之前从报上看到万县的涂万鹏也被捕了，而且从消息报道透露的细节可以看出，涂万鹏有问题。本来我们已由徐勋告诉了重庆出事的消息，徐勋他们也已转移，但涂万鹏还没有转移，就被捕。

当江伯言传达起义决定后，我们即着手准备，考虑到可能胜利，也可能失败，如果失败了就要组织收容，安排善后。就在江伯言走后20多天，约在9月上旬，我在铜梁，在一个赶场天，游文俊急急找我汇报说，陈伯纯来了。是国民党师管区的一个参谋、陈伯纯过去的同学向伪县政府、警察局报告的。当时说得很形象：陈伯纯坐在滑竿上，滑竿上绑一捆草鞋，前面挂一架灯笼，往斑竹场方向去了。县政府、警察局赶紧派保安队和警察去追捕陈伯纯。当时游文俊在县银行当经理，阮绍成作巴山镇镇长。警察和保安队出去抓人，要钱要饷，向县银行借钱，我们一方面由游文俊以要手续齐备为名，非县长签字不可，拖延时间，一方面由阮绍成出面和警察、保安队的人周旋，也是拖延时间，同时派杨德进赶在前面去通知陈伯纯，从铜梁到斑竹场40里路，两小时就赶到了，终于抢在警察、保安队之前截住了陈伯纯，避开了敌人的追捕，又把他带回铜梁，安全隐蔽在李湘石家里。我到李湘石家见到陈伯纯，他汇报了起义失败的经过，并说王璞在起义中因身边的同志手枪走火，已经牺牲。在此之前，已有参加起义的川教院学生赵克家到铜梁斑竹场，两人所述完全相同。考虑到陈伯纯在铜梁、潼南一带无法活动，乃决定由廖林生在11月间把他带到川南工作。

由于刘国定、冉益智的叛变和上川东起义失败，造成了川东地下党的大破坏。这个过程，从1948年4月到9月，前后经过了将近半年，9月以后形势才开始稳定。当时川东临委所属组织，除我直接领导的川南工委、涪南工委和长寿、铜梁、荣昌等县，以及黔北组织基本保持完整外，其余各地大部遭到破坏，或受到严重牵连，需要重新清理。这时邓照明在重庆，我们无法联系，不通情况。他积极主动地对上、下川东和重庆地区的组织，分别清理，恢复联系，安排善后，重新聚集力量。我在铜梁一带也做了一部分工作。我曾通过川南的组织派人到重庆找邓照明，他于9月中到上海找钱瑛，没有找着，11月回来，通过川南组织的联系到铜梁来，我们接上了头，汇集了情况，交换了意见，总结了经验教训，决定在农村不再搞大的武装起义，在有条件的地方搞小型武工队，也不大量发展党员，注意积蓄力量。此时，重庆、川南、上下川东各地组织均已经过清理，建立了联系。

在此之前，在华蓥山起义失败、王璞牺牲后，我曾和江伯言研究如何找上级领导的问题。大概是10月或11月，我派江伯言去南充，拟通过南充川西的党组织商量我和川康的负责人见一面，互相交换情况，商讨如何与钱瑛取得联系的问题（因我们不知道钱瑛的通讯地址）。但经过江伯言的努力，毫无结果。后又听说李维嘉在遂宁，他和川西的同志熟悉，我又派江伯言到遂宁找李维嘉，也未找到。

在铜梁，我和邓照明研究当时形势，认为我在铜梁已有些暴露，决定离开铜梁，转移到江津。铜梁的党组织是1948年初王璞派熊伯涛、敖明富去清理的，通过近一年的工作，当地的老党员经逐个考察，能恢复关系的已经恢复，并发展了一批新党员。铜梁的党组织和党员这一时期的工作是很有成绩的，他们在支援川东临委领导，掩护川东各地到铜梁的干部，安置华蓥山起义失败后撤退下来的同志，组织交通联络站，以及为川南的武工队提供经费、枪支等各方面都作出了重大的贡献。我离开铜梁时决定，铜梁工委由游文俊、杨德进负责，熊伯涛、马叔静、张兰星随我到江津，调敖明富到重庆工作。

1949年1月，张兰星、熊伯涛先后调去江津。张兰星在江津刁家场做基层工作，熊伯涛与在重庆的谢长琮通过一个统战关系（江津县粮食局会计主任和双和乡征购主任张孝昌），在江津组织了一个字号，作为我们的掩护，同时开辟经费来源。在我离开江津前决定，将来川南的经费由江津方面来筹划，如有必要，可以将李培根从川南调到江津。这时江津还没有建立统一的县级领导机构，分别由我联系。

1949年春节前，我在江津刁家场刁光明家召开了一次川南工委、涪南工委的工作会议，有廖林生、周平、李治平、李培根、胡晓风、张兰星等参加。会议听取了各地的情况汇报，并根据我与邓照明研究的工作方针布置了工作。决定：在川南和涪南地区都不搞武装起义，仍然继续坚持在叙（永）古（蔺）

边境深山老林地区搞小型武工队，加强泸州的城市（特别是二十三厂的工人和泸州学生）工作，涪南工委原调出的干部调回涪南，加强涪陵、南川、綦江、荣昌等工矿城镇的工人工作和统战工作，纠正川南个别地方（纳溪）大量发展新党员，降低质量的不妥当做法。这个会议日夜加班，开了四五天。1949年春节后，邓照明来江津和我碰头，传达了他到香港与钱瑛接头时钱瑛的指示。钱瑛分析了当时形势后指出，全国即将解放，川东地下党的工作重点应从农村转移到城市，以迎接解放、配合接管为中心，加强学习，学好《将革命进行到底》等文件，加强调查研究，加强统战工作，注意整顿组织和积蓄力量，不再搞农村武装起义；决定成立川东特委，由我任书记，邓照明任副书记。为了培养提高干部，决定分批调川东的骨干去香港学习和总结工作，每批不超过5人，并指定我也必须立即去。经研究决定第一批到香港去学习的，除我之外，还有廖林生、江伯言、李家庆、黄友凡，下批人选等我们回来再定。鉴于我当时的处境，不便经重庆飞香港，乃决定到泸州，经川滇公路到昆明，再飞香港。

2月中旬，我通知涪南工委的李治平到江津刁家场，向他和张兰星传达了钱瑛指示，进一步研究了涪南地区和江津的工作。随后，我去铜梁，向铜梁工委的游文俊、杨德进作传达、布置。并和李家庆、江伯言碰头，听取了汇报，传达布置了工作，同时通知他们去重庆联系，转赴香港学习。

3月中旬，我到泸州住泸南中学李培根处（泸南中学校长刘国瑞是老党员），向川南工委的同志作了传达布置。听取了汇报，并通知廖林生于3月底去重庆转香港。当时周平在古蔺山区搞武工队，一时无法见面，由李培根派人向他或由他到泸听取传达。当时在川滇公路上已发展了几名汽车司机入党，我与他们商量如何去昆明的问题，他们几次慎重研究，认为川滇公路上经常有土匪拦车抢劫，班车已不能正常通车，安全没有保障，因此不能成行，只好与重庆邓照明联系，另外设法。邓照明来电说可以由重庆起程，乃决定仍回重庆转香港。在泸州期间，我会见到了阔别多年的过去泸县中心县委时期的老同志和二十三厂的工人同志，向他们传达了形势任务，大家情绪很高，劲头很大。

4月初，我从泸州回到重庆，住小龙坎树人中学内（校长博世屿，教员覃正中、胡志松都是我领导的党员），邓照明到学校来，我们研究了当时正在全市兴起的学生运动的斗争方针策略，和我去香港的办法。并决定，如果我们的工作有变化，由刘兆丰、卢光特、李培根、李治平等临时负责川东党的工作。因为他们对川东、川南地区的情况比较了解，叛徒都不认识他们，比较容易活动，能够承担这个任务。4月19日下午，邓照明到学校找我，恰逢这天下雨，我们各乘一部人力车，把篷遮上，进城往林森路石林、老马处。第二天由石林送我到珊瑚坝机场，直到飞机起飞后，石林才离开。

当天到香港，三天后见到了李应吉（宋林），他是抗战时期川东特委的组织部长，我们不认识，但彼此都知道。李应吉告诉我，钱瑛得到中央通知，已将川东、川康在港学习的干部带回北京，香港的学习班已经不办了，钱瑛要我和邓照明都随她到解放区，因为我们都太暴露，不能在重庆、川东再待下去。他还说，钱瑛等了我约近两周，还不见来，他们日夜都在惦念，又恐发生了问题。他并要我立即拟好发给邓照明的电报，要邓照明迅速来港转赴解放区，电报经李应吉审查后发出。李应吉又说，廖林生还在香港等船到解放区去。我即搬到廖林生处住下。

5月初，邓照明、曾昭华等从重庆到香港，当晚见到了李应吉。邓照明向李应吉汇报工作情况，李应吉又告诉我们，他的任务是执行钱瑛的决定，把我们送到解放区，见到钱瑛后由她决定工作。

5月下旬，我们离港经烟台到济南，山东分局告诉我们，钱瑛等已去武汉中南局。7月1日，我们到达武汉，向中南局组织部报到。7月2日我们见到钱瑛，也和随同钱瑛进解放区的原川东、川康地下党的同志见了面，大家十分高兴，同时也十分挂念留下的同志。邓照明向钱瑛汇报了情况。鉴于西南即将解放，我们都很暴露，钱瑛决定我们不回去了，也不派人去了，川东特委的工作由我们提名的刘兆丰、卢光特、李培根、李治平他们暂时负责。重庆大破坏后，川康方面曾派人到重庆填补空白，开辟工作。这时钱瑛叫马识途把川西在重庆的主要负责人罗民什、刘康的关系交给了邓照明。6月中下旬，在我们到武汉前，钱瑛曾组织川康、川东的同志对1947年以来的工作进行一次总结。我和邓照明到后，没有赶上参加，也没有向我们详细传达，只叫我们根据上海、武汉地下党在临解放前的斗争经验，拟订一个川东党的工作提纲，经钱瑛审查修改批准后，派江伯言回重庆传达贯彻。7月中旬，江伯言动身返重庆。

在武汉时，钱瑛为了帮助四川的同志学习在执政的情况下如何工作，曾组织部分川康、川东的同志，参加武汉的接管“实习”，以便取得经验，回川参加接管。川东参加工作的同志有：黄友凡在中南局统战部，李思源在中南局外事办公室，王觉在文联，吴斌在团委，曾昭华在华中贸易部。邓照明和我没有参加武汉的工作，整理材料。钱瑛还给了我一项临时特别任务，给武汉大学一个要求入党的进步学生涂某某办三天学习班。我给他讲了党的建设、秘密工作等问题并吸收他为预备党员，要他去贵阳做他叔父（贵州省伪保安司令）的策反工作，同时派李思源和涂某某同去。10月，李思源顺利完成任务返武汉向钱瑛汇报后，随军回重庆，与我们在行军途中会合。

党中央决定由二野刘邓大军进军西南。8月，钱瑛派我去南京，向邓小平、宋任穷、张际春等汇报川东党的情况，请示任务，并向西南服务团的一些负责人作了汇报，他们都很高兴。领导决定，川东、川康的干部都到南京，我即返武汉复命。

9月中到南京，邓小平、宋任穷、张际春等接见了我们，马识途、邓照明分别汇报了川康、川东的工作。首长们肯定了我们的成绩，给予了亲切的慰问，并设宴招待了我们，大家很受鼓舞。领导又决定，川康的同志到西安随一野去成都；川东的同志随三兵团和川东区党委返重庆；川南的同志随川南区党委返泸州。9月30日下午，我们离开南京，随川东区党委政策研究室的陆凤翔等进军西南了。

行军到湖南常德，川东区党委研究配备川东地区（包括各县）的主要领导干部，区党委组织部长魏思文邀邓照明和我参加，我们把所了解的川东地下党各地干部情况作了介绍，提出了使用意见。重庆解放后接管时，干部大体是按这个方案配备的。

11月底重庆解放，大军入城第二天，我们也到达重庆，先后和留下坚持工作的刘兆丰、卢光特、李培根、李治平，以及在重庆的其他同志见了面，大家都投入到了紧张的会师工作，追悼死难烈士的筹备工作，地下党干部、党员组织关系的审查、转移工作，党的外围团体的交接工作，以及党员干部的思想工作等。到此，川东地下党完成了她的历史任务。

（节选自中共重庆市委党史工作委员会编：《川东地下党的斗争》，1986年内部出版。）

陈伯纯：
我参加华蓥山武装起义的情况

陈伯纯，华蓥山武装斗争期间，先后担任五支队二总队政委、四支队司令员和三、四、八支队合编的西南民主联军华蓥山游击纵队司令员兼副政委。

起义准备好后，1948年农历七月初五，上级通知我去开会，陈尧楷、贺天测护送我去指定地点参加会议。出席这次会议的有杨玉枢、谈剑啸等。杨奚勤传达了王璞的指示，安排了广安暴动的时间，确定广安这支队伍为西南民主联军川东游击纵队（也叫华蓥山游击纵队）第五支队。司令员杨玉枢、政委刘隆华（有说是谈剑啸）支队下设两个总队。代市为一总队，谈剑啸兼总队长，温静涛任总队政委，观音阁为二总队，邓志久任总队长，我任政委，张德沛任总队参谋长。当时杨奚勤还传达了王璞的指示，叫我在广安交代一下情况和任务后立即回合川参加起义。但谈剑啸、杨玉枢叫我把队伍拉出去后再走。队伍拉出去后，我们这支总队第一仗是打观音阁，农历七月初八拂晓打观音阁乡公所时被敌人发现了，队伍便退下来拉上山准备与谈剑啸那支总队会合。队伍在山上走了几天几夜，没有找着谈剑啸那支总队。一天早晨，队伍到了桂花场附近一个山上，正准备吃早饭，被敌人的保安团、警察队伍包围了，杨玉枢指挥大家冲出去后，队伍被冲散了，我和杨玉枢、胡正新、肖玉芳（女）、刘隆华（女）5个人与队伍失掉了联系。我们五人除胡正新有一支手枪外，其余都是赤手空拳，于是只好在半山腰一个草丛中隐蔽起来准备夜晚才活动。国民党的队伍和保甲武装都在搜山，我们隐蔽时被当地的一个保长张世敏带的队伍发现了，而我们没有发现他们，后被他们包围抓住了。他们将我们捆起来搜身，凑巧在我们身上搜出了一封还来不及送出去的书信，此信恰好是我部参谋长张德沛写给他的侄儿张世敏的，信上的意思是动员张世敏把他那十几支枪拖出来参加我们的队伍。张世敏将信一看就犹豫了，便不将我们送乡公所，而送到一个幺店子的大碉堡里关起。刘隆华和我就给他做思想工作，到了半夜他就把我们放了，并把我们隐藏在一个山洞里，派人给我们送饭。我们几个人商量后，怕夜长梦多，就派胡正新去找当地党的二线组织。肖玉芳腿被摔坏了，又是本地人，她就回家去了。一个叫何建福的党员把我们四人接到了他的家里。在他家正吃饭时，敌人又清乡来了，便把我们四人藏在仓里。胡正新因是本地人，我们就叫他走了。剩下我们三人，后来被安插在农民家里住。因为找不到队伍了，我想到王璞指示过叫我赶回合川，我便决定离开广安回到金子沱去。

第二天一早，我和胡正新、刘隆华三人便向广安县城方向走了，途中我们保持了一定的距离，刘隆华走在最后，后因途中下大雨，我便在路边一个幺店子烤衣服，结果刘隆华与我们走失了，经过回头去找也没找到。

我们到广安后不便住旅馆，当晚就到我大舅子那里，他在广安作邮政局长。我和胡正新在他家住了一晚，他给了我们一些钱。我们又到我外婆家，了解了一下情况又转到小沔溪我姨妈家。在那里派了一个农民去告诉我母亲，再通过我母亲去告诉当地党组织。第二天我母亲就到我姨妈家，告诉我说组织上有人来接我。住了一天，党组织派张笃（内江人，西南联大学生，在金子教书时发展的党员）来接我了。他说："王璞同志在合川金子等你，明天他要见你。"第二天我便回到家里。见到了王璞，我便汇报了广安观音阁起义的情况。这时罗永晖在起草四支队的起义布告，王璞修改。起义军命名为西南民主联军川东游击纵队第四支队，王璞叫我任司令员，他任政委，还叫刘乐中刻了一枚大印。

1948年8月25日（农历七月二十一日）起义军派张伦、秦鼎带领100余人去武胜打下真静乡后便转攻金子沱，打金子只是一个形式，为了掩敌人耳目。因为乡公所的乡长陈缉熙是我们的统战对象，乡公所的文书、乡丁早已是我们共产党的人了。在金子集中队伍时有100人，大多数人没有枪支，便动员没有枪的人都留了下来。攻打金子后，队伍便开往金子二郎庙宿营。8月26日（农历七月二十二日）起义军在武胜真静家花园与武胜警察中队、乡保丁队伍打了一仗，便到武胜石盘大龙山与王屏藩的队伍会师了。以后和一些乡公所的乡丁打了一下，没有什么大的战斗。8月29日在黄花岭战斗中，南充伪警察局长被当场击毙。9月1日队伍到了三元寨，同蔡依渠带领的部分武装人员会合，并将三支队伍并为一支队伍，与南充、岳池、武胜、广安等县的保安团、自卫队，伪乡丁、内二警的部队共约3000余人，进行了三天的激烈战斗，9月3日转移撤退。第二天发觉队伍在转移时分散成了两截。前队由王璞、蔡依渠、我、王屏藩等带领，沿途打了些小遭遇战，于9月7日转移到武胜石盘木瓜寨。在寨上研究对策时，罗又新手枪走火，王璞不幸中弹牺牲，晚上我们便突围出去。王屏藩等一部分同志就地隐蔽，我与易难、刘瀛洲等20多名外地同志则由王屏藩安排在附近的刘家院子隐蔽起来，然后分散转移。第二天拂晓，敌人又来围攻我们，我们在突围中队伍被冲散了。

突围出来后，只剩下我一个人了，我便转移到武胜沿口响水滩（现武胜师范校）隐蔽在一个水磨下面藏了一夜，我的手枪撞针已打断了。待黄昏时刻出来，真凑巧，碰上我原在江北悦来场重庆中学教过的一个女学生唐克毅。她正牵着孩子在田坎边散步，看见我便说："哎呀！陈老师，是你呀！我们正在谈你哟！到处都在抓你，快到我家里去！"她便引我到她家住一晚，把一身泥巴衣服全换了，草鞋也换了。第二天一早跟随卖小猪的一道去沿口，准备到重庆。一到沿口，看见满街都是国民党的部队，对船只检查甚严，陆路又不通，怎么办？我就从河边上街进厕所蹲着想办法。最后还是决定赶船，便化装成船夫子，屁股插一根烟棒。走到河边，发现一只检查过的粮船正要起航。我便趁机跳上船去，随机招呼一声："兄弟伙，搭个捎！"船老板便答应了。我在船舱中用草帽遮着脸，离开沿口到了武胜县城中心镇，船靠岸受检查，那些兵也未发现我。船顺江到了金子沱，伪军又在岸上喊停船检查，我可有点慌了，我原是金子的乡长，谁不认得我?！船老板似乎有点心照不宣，便站在船上回答说："我们这是米船，在武胜是检查过的！"不管那一套就顺流而下。到合川鸭嘴靠岸，晚上我又不能住栈房，便在河边徘徊，待伪军检查过了又上船，并对船老板说："栈房臭虫咬死人，船上蚊子我不怕，就怕臭虫咬。"便在船上宿了一晚。第二天随船到了磁器口，便上岸搭车进了重庆城。

（节选自中国人民政治协商会议四川省合川县委员会文史资料组编：《合川文史资料选集》第1辑，1983年内部出版。）

卢光特：1949年下半年重庆地下党的策反工作

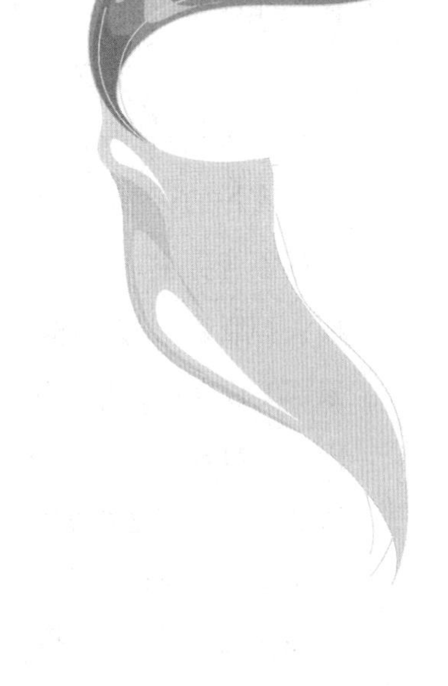

卢光特，重庆巫溪人，时任川东特委委员、奉大巫工委副书记。

一、策动蒋军反正

军事策反，在各个时期有不同的目的与做法。“九月指示”以前，主要是掌握小部队，发动兵变，拉出队伍，用于特定目的。

1948年秋冬，川西党员张学云（烈士）打入罗广文的一一一师三二二团四连当连长。队伍开到重庆接新兵，川东特委派王庸、周一生、张宾、龚堪国进入部队，组成一个支部。王庸任书记，以班长、士兵身份帮助张学云掌握部队，设想是：如该部乘船出川，就在奉节、巫山航段（这是必经之路）在船上发动兵变，拖上山打游击（王庸是下川东干部，与当地党组织有联系）。如经川陕公路出川，就相机在战场起义。1949年1月，川西组织遭受破坏。张学云在泸州被捕、王庸等主动撤离。

1948年冬，川东特委派党员刘正平打入驻江津的二六三师某团政治部工作，打下一定基础。1949年特委增派从华蓥山下来的向杰栋、潘炎协助刘正平掌握部队，待队伍向华蓥山转移时，拉上山支援在当地坚持的游击队。后因工作难以开展，向杰栋、潘炎主动撤离。刘正平仍留部队，以待时机。

1949年，川东特委还为营救“中美合作所”监狱被囚战友，由林向北经手组织过三次打入蒋军的活动。1949年夏秋，派廖亚彬、傅正华、周德全到驻唐家沱的蒋军七十九师二三六团一营一连当兵，后因该部开进方向与我方目的不合，主动撤离。1949年8月，派陈昌（二战时期党员，四川省委撤走而失掉联系，通过林向北与川东特委接上关系）打入志农部队（交警一旅），该部是以大特务马志超、戴雨农（戴笠）命名的特务武装，驻“中美合作所”内，陈昌任中队长，又派徐云恒、曹志国、席勒、文伟和刘某去协助陈昌掌握部队。后因敌内部争权夺利，陈昌职务被挤掉，其余党员主动转移。1949年9月，派张平和、杜文举、陈立洪打入志农部队的干部训练班，当传令兵和勤杂兵。该班分军官队和军士队，共300余人，专门训练打游击和搞潜伏的特务，地址在“中美合作所”五灵观立仁小学内，“中美合作所”戒备森严，设三道警戒线，通行证分临时、夜间、特别三种，我们的人地位低，只能在有限范围内通行，不能接近渣滓洞、白公馆监狱。但他们想方设法，绘制一份地图，标明从歌乐山、红槽房、童家桥、二十四兵工厂（石井坡）等四处进入“中美合作所”的路线及沿途警戒，于11月中旬，由陈立洪送出，可惜因未找到相当兵力劫狱，地图还未用上，“11・27”大屠杀即已发生。他们所了解的敌情在重庆解放后镇反中仍发挥了作用。

“九月指示”以后，军事策反的目的，着重在策动高级军官带领大部队投诚起义，这就不是派人去当士兵或下级军官所能济事的，而必须通过适当的社会关系，深入蒋军上层指挥机构，这首先是从与地方人士联系较多的四川部队入手的。

川东特委托成都特支熊扬、杨正南利用川康的关系，与川康特委协力，加紧对刘文辉、邓锡侯、潘文华所部的策反工作（中央已派人直接联系）。川西地下党先遣组亦在重庆与川东特委协力，广泛开展策反活动。

试探郭汝瑰部（七十二军）。该部军法处长冷孝炎，与吴昌文（第二次国内战争时期团员，曾在洪湖根据地工作，回川后失掉联系，在文化界谋生，

1947年与党恢复联系）、严镜予有旧交。据冷孝炎向吴昌文、严镜予反映，郭部很注意保存实力，似有争取可能。川东特委樊恒才即通过冷孝炎、吴昌文、严镜予的关系，将郭汝瑰父亲及弟弟接来重庆，郭父深明大义，表示愿意出面教育儿子，坚决反正。并写亲笔信，恳切直言起义事，命次子专程送给郭汝瑰，郭汝瑰对信不表态，此举作罢。当时以为白费气力，颇感失望。重庆解放后才明白，郭汝瑰早与中央有联系。

策动彭斌部（内警）。该部对重庆治安及营救“中美合作所”被囚战友都有重要作用。川东特委、“西光”均着力争取，现知有七条线索通到彭斌处。川东特委四条：一是刘兆丰经胡子昂、卢子英、“彭大律师”（彭斌兄）；二是廖石城经彭万高（彭斌侄子）；三是樊恒才经刘主生再经彭应昌（彭斌叔）；四是蒋仁风经高允斌再经张佑斌（彭斌副手）。“西先”三条：一是陈显志经陈济光再经彭勋武（彭斌弟）；二是陈显志经陈廷栋（彭斌少校副官）；三是杨子明经某某某，并在内二警发展“民青社”社员。以上策动均未成功，其原因是：一、蒋介石对彭斌有警觉，将其家属运台，又解除彭部警备重庆城市的任务，调赴南岸设防，担任野战任务；二、我方运用的关系与彭斌渊源不深，彭斌不便表态，但工作并非毫无结果，该部未能在渝起义，到金堂便起义了。

二、一个重要的中介力量

1949年10月，保护各兵工厂及大专院校的活动，已由工运、学运组织加紧在进行。但维持市区秩序和营救战友的事情尚无头绪。恰于此时，川东特委与一个重要的中介力量取得联系。主要是五个人：

曹德渊：二战时曾入党，在程子健领导下工作过，后脱党，混迹旧文化界，思想上同情党，又与同时脱党的一批人保持着较深的关系。曹德渊的政治经验、活动能力较强，为人较正派，为其朋辈所信任。

高允斌：1927年武汉中央军校学生，共产党员，参加过保卫武汉、反击夏斗寅叛军的战斗。宁（蒋）汉（汪）合流，大革命失败后，他受党派遣回川在邝继勋部当排长。1929年秋，邝继勋部起义，他在强渡嘉陵江时掉队，离开革命队伍。1935年趁蒋介石在图谋强化四川的时机，参加国民党复兴社庐山星子训练班，依靠康泽挤进重庆政治、文化、工商界上层，任《商务日报》总经理。抗战时期，一面依靠三青团，一面间接与我党有所接触。他活动面广，在军、政、三青团、袍哥、工商界都有相当地位。

张晓云、邹隐樵、汪克明：都曾在二战时期参加党的组织与活动，也都在被捕后程度不同地变节。他们都接触了不少蒋方人员。临近解放，他们自度罪恶不大，急于立功，取得党的谅解，对曹德渊说："脑壳都碰肿了，也不得其门而入，找不到中共组织。"

他们的政治地位，在特定的时刻发挥了中介作用。1949年10月，曹德渊通过与刘兆丰联系的党员刘绍府（刘力生）与党接触，做了一些工作，便利我党集聚各方面力量，保护城市，迎接解放。

三、保护城市，迎接解放

10月，蒋仁风与曹德渊接上头，曹德渊详实地介绍了本人及其朋辈的历史。蒋仁风感到曹德渊态度诚恳，表示对曹德渊等信任与欢迎，委托曹德渊作高允斌、张晓云、汪克明、邹隐樵的联络员，后为消除高允斌、张晓云等的疑虑，蒋仁风又直接与他们见面。他们都有党的地下工作经验，一经接头，便直截了当研究策反、保护城市的问题。他们十分积极主动，常常提出自己所能承担的任务，征得蒋仁风同意后实行。

高允斌与范众渠（市参议会议长）、蔡鹤年（市商会会长）、柯尧放等工商界上层人士素有交谊，便由他出面联络工商界。高允斌与他们通气后，大家都表示愿意接受地下党领导，为迎接解放出力。蒋仁风分别与范众渠、蔡鹤年、柯尧放等见面，同意他们组成一个实际的联络中心——迎接解放筹备小组。范众渠作组长，高允斌、蔡鹤年作副组长，柯尧放作秘书长，李和甫作秘书。不挂牌，不集会，以个别方式联络，对外用参议会名义。高允斌、蔡鹤年出面联络商会中的朱叔痴、康心如、汪云松、李志青、陈诗可、周荟柏、吴卓咭、蒋华村、王竹修，参议会中的温少鹤、李仲平、张宗等。同时，樊恒才联系的进步人士和彭友今、刘大震、汤逊安联系的统战人士也在积极活动，但他们不打通关系，只在活动中全力互相支持。经过一些酝酿，工商界对筹集生活物资、控制交通工具、保护水电等均有所分工。范众渠与杨森保持接触。

汪克明承担策动廖开孝反正的任务。11月中旬，贵阳解放后，原警卫重庆市区的蒋军，调南岸前线设防，城内仅余廖开孝部。廖开孝曾在川军当过师长，杨森纠合反共武力，委他为重庆反共保民军第一师师长，该部士兵多是市内工商界从业人员，由区、街道的自卫队改编而成，中级军官多是区长兼任，易留难走。工商界曾想廖师维持治安，而廖开孝坚持要取得杨森同意，迟迟未决心反正。11月中旬，解放军接近重庆，经汪克明策动，廖开孝及参谋长段举之同意起义，接受维持城内治安，防止散兵游勇、地痞流氓骚乱，布防小什字，横截下半城，配合解放军渡江两任务。推却了营救“中美合作所”狱中战友的要求。廖师反正给工商界壮了胆，市商会发给每个士兵五块银元，另给军官300银元，官兵伙食由各同业公会负担，该师号称数千，实际脱产执勤的约四五百人。

高允斌的另一贡献是策动陈鸿模起义。陈鸿模与高允斌同乡，黄埔五期学生，二战时期与党有过关系，后来与高允斌一起跟康泽跑过，抗战时期任过国民党驻延安的联络参谋，受党的影响较多。此时陈鸿模任国防部独立三六四师师长，驻合江，负江防任务。参谋长江硕朋（一说张云）为民盟成员，经高允斌策动，陈鸿模偕参谋长来渝，与蒋仁风见面洽谈起义。他们颇具诚意，愿意接受我方任务，并请求派人指导。因其距重庆较远，不能承担保护重庆任务。蒋仁风只要求主战场起义，为解放军渡江拉开缺口，陈鸿模做到了。还有些任务则因联系不周，完成得不够理想。

张晓云认识敌特很多，又是蒋军后勤部的现职军官，据此蒋仁风便要求他侦察潜伏特务，为日后镇反准备材料，不搞易露的活动。重庆解放后，张晓云在检举敌特分子方面起了积极作用。他还做过提供证件、掩护我方人员的工作。邹隐樵也多有立功表现，因客观原因，未大见成效。

做了上述种种准备后，11月27日，川东特委决定在罗汉寺外《商务日报》仓库，设立策反指挥部，由蒋仁风主持，调廖亚彬、张平和、杜文举、黄道周（进步群众）等参加工作。接着策反指挥部又通知范众渠、温少鹤、蔡鹤年、柯尧放等工商界人士集中商会办公，联络各方，保护城市。

11月下旬，“西先”也派杨子明、周楷策动渝市警察起义。早些时候他们就派李兆麟、胡涤尘、童梦佛、时民扬等打入市警察第四分局骡马店分驻所，11月中旬取得局长赵之梁、所长封放君的支持，开始以该所为据点，筹组渝警解放大队，28日向新闻界透露消息，开始行动。它的任务是争取巡官、警察留下来，在混乱时不离岗位，执行勤务，反对破坏。结果有200余人参加，并与市商会取得联系。它与廖开孝师配合，为维持市区秩序作出了贡献。

这样，在解放军入城前三天，重庆一至七区（相当于现市中区）即由地下党实际控制。商会则按策反指挥部的要求，于27日起开始巡夜，半凭武力，半靠金钱，来处理治安问题。例如27日晚蔡鹤年在都邮街宝凤银楼发现有敌散兵抢劫，即出面阻止，给了300银元了事。29日清晨，蔡鹤年接大溪沟电厂经理傅友周电话告急，有乱军去破坏电厂，与护厂工人战斗，蔡鹤年即赶至现场，经交涉，送了600银元，配合工人保住了工厂。

总之，在三天真空时间里，做到城内无抢劫、无火警，交通正常，市面稳定，准备和控制了支前物资、车船，解放军渡江进城时，军需民用有求必应。

四、软化杨森

11月，蒋军嫡系在渝主力调前线并迅速被击溃，杨森对重庆城市的存毁可起重大作用。特务死党极欲拉杨森承担罪责，毛人凤、徐远举说：“杨森是重庆卫戍总司令，把（破坏）责任放在杨森身上，一切就好办多了。”但据杨森的秘书葛覃（通过吴昌文与川东特委通气）反映，杨森对破坏重庆不甚积极，似有争取可能。川东特委通过鲜英和工商界两个渠道做杨森的工作。

曾在《新华日报》工作多年的党员干部苏云与鲜英（鲜特生）有旧交，1949年又与鲜英的儿子鲜继坚合伙开店做大米生意。鲜英是民主同盟的重要成员，鲜继坚思想进步，要求入党。同年10月，川东特委便指定马克奇、苏云负责与鲜继坚、鲜英商量做杨森的工作，鲜英愿意冒险一试。他通过正与杨森女儿田七小姐谈恋爱的鲜恒与杨森打通关系，得知杨森的矛盾心理，11月下旬便要鲜恒径直转告党的四项基本条件：不破坏重庆市，保护“中美合作所”的政治犯，率部起义，活捉蒋介石。杨森同意与鲜英见面。鲜英和杨森接谈时，杨森表示国民党败势已成，但他身不由己，且对共产党疑虑，只保证不破坏重庆市区，和在他走后由喻孟群、杨汉烈率部起义。其余婉言推却。

在高允斌与我党接触稍前，范众渠即以市参议会长身份与杨森商议市区安全问题。杨森默认范众渠出来维持秩序，迎接解放，条件是“将来我们转来，也要迎接我们”。蒋仁风也默认范众渠等与杨森保持接触，以减少阻力。11月初，杨森向蔡鹤年表示，他不烧重庆，也不勒索，但要美丰银行给他十万银元，以抵销杨森在美丰的二万元股本。经过蔡鹳年折中，实付了三万银元。11月下旬，杨森参谋长范延生通过温少鹤向工商界勒索3000条黄金，作为不烧重庆的代价。蒋仁风建议温少鹤表面答应，实则拖延。后因廖开孝反正，勒索未成。在迎接解放过程中，除各同业公会供给廖开孝师数百人几天伙食外，重庆工商界共花费4800余银元。

五、结束语

经过党的上述工作，其结果是：除未能阻止蒋介石督办毛人凤、徐远举执行的大屠杀外，重庆这个大工业城市较完整地回到人民手里。敌人爆破得逞的只有三处，即二十一兵工厂白药库及发电所一半、鹅公岩电厂、二十九兵工厂发电所。

为什么相对薄弱的重庆地下党组织，能够赢得各界人民的支持，挫败蒋介石的破坏呢？这只能从特定的历史中找答案。

大势所趋，时机成熟。我们党领导的正义的人民解放战争已经取得决定性胜利，中华人民共和国已经成立，党在人民中有崇高威望，蒋帮完全孤立，真是到了“瓜熟蒂落，水到渠成”的地步。

解放军神速进军。解放西南战役的成功部署与执行，迅雷不及掩耳，敌人丧失了实行破坏计划的时间和条件。

党的政策合乎民心，工人们说："工厂就是我们的家。"童少生（民生公司副总经理）说："保护自己的财产，是和我切身利益一致的。"立功受奖的政策又有力地瓦解着敌人的内部。

党中央南方局在重庆打下了坚实深厚的基础。除一些与中央保持联系的爱国人士各自独立进行工作外，与地下党取得联系并发挥了作用的人士中，不少人是受过南方局、四川省委的熏陶的。地下党组织本身，也是南方局培育出来的。

党风良好。共产党和"新青""民青""民协"等社员，都积极主动执行"九月指示"，同心同德，竭智尽心，主动、自觉地利用一切关系，无私无畏地开展工作，取得周围群众的衷心信任。

（节选自中共重庆市委党史工作委员会编：《重庆党史研究资料》1984年第9期，内部资料。）

李达：
解放大西南之战

李达，时任中国人民解放军第二野战军参谋长，中国人民志愿军参谋长、国防部副部长，开国上将。

1949年春末，国民党政府拒绝和谈，中国人民解放军遵照毛主席、朱总司令“向全国进军”的命令，势如破竹，以秋风扫落叶之势，攻占了南京、上海、武汉、杭州、南昌、太原、西安等重要城市。分崩离析的国民党反动派，并不就此甘心。它们在美帝国主义继续支持下，绝望地进行挣扎，准备把退集在华南、西南、西北、台湾及沿海岛屿的部队，全部组织起来，以白崇禧、胡宗南两个仅有的集团为骨干，建立陆上和海上基地。在华南地区，以白崇禧集团和鄂系余汉谋部队，组织“湘粤联防”，阻我进军两广。在西南地区，以胡宗南集团和川陕边的部队扼守秦岭、巴山，防我由陕入川，以宋希濂集团和孙元良兵团布防川湘鄂边，防守川东门户；并把若干个军摆在川康云贵境内机动。打算以川康云贵为后方，割据西南，建都重庆，等待国际事变，卷土重来。一旦上述计划破产，即退往云贵；再无法存身时，则逃亡国外。

毛主席指示全军，在继续进军时，对白崇禧集团及西南各敌，应采取大迂回、大包围动作，断其后路，先完成包围，然后再回打之。毛主席还提出，在军事打击的同时，必须兼用政治方式。在作战部署上，确定以第二野战军之四兵团归第四野战军指挥，于1949年10月配合四野部队攻占广州，继而迂回白崇禧部，聚歼该敌于广西境内，而后西出昆明，令二野主力在广州解放后，与广西作战的同时，以大迂回大包围的动作，从东南面直出贵州，进占川东、川南，切断胡宗南集团和川康诸敌退往云南的道路，以华北野战军第十八兵团及第一野战军的一个军，在贺龙司令员、李井泉副政委率领下，积极吸引和抑留胡宗南集团于秦岭地区，待二野断敌退路时，迅速南下，由北面越过秦岭，追击胡宗南集团，会同二野主力聚歼其于四川盆地。

毛主席这一英明的决策，是使蒋介石100万人马腾翅难飞的一着。为圆满实现毛主席所制定的大迂回大包围的作战意图，必须首先给蒋介石造成错觉。因之，在军委统一部署下，我们进军西南的部队在刘、邓、贺诸首长指挥下，并和兄弟部队密切协同，给敌人设置了许多“迷魂阵”。

先是1949年六七月间，活动在鄂西北地区的湖北军区部队，对川鄂边之敌，积极展开佯动，叩击东面入川的门户——巴东。活动在汉水中游的陕南军区部队，对敌大巴山防线发动了两次进攻，重创守敌九十八军，并攻占平利、安康等城。8月底至9月初，集结在秦岭北麓的十八兵团等部，开始向秦岭防线实施佯攻，造成由北面入川的声势。10月，当全国人民欢庆中华人民共和国成立的时候，一个晴朗的日子，南京人民热烈地欢送第二野战军北上。一列列的火车，从浦口开出，从津浦路转到陇海路。我军到了郑州，人民又在车站举行了盛大的欢送会，新华社发出了刘伯承司令员在会上讲话的消息。

蒋介石原来就有这样的判断：认为我军入川的话，一定会从北面或东面两个方向，特别是北面开始行动。他认为：在川贵边方面，由于地势险要，交通不便，大兵团行动困难，而且白崇禧集团又集结在湘桂地区。他判定：“共军不会舍近求远”去碰白崇禧，而川北方向是我军入川的捷径，又有陇海路，和背后的老解放区，补给问题较易解决。我各兄弟部队从6月开始以来在鄂东、陕南的一系列行动，更使蒋介石有了事实的依据，证明他原来判断的“正确”。于是，他急忙调兵遣将，命令主力集团胡宗南三个兵团，依秦岭主脉构成主要防线，并沿白龙江、米仓山、大巴山线构筑第二道防线；又以宋希濂的两个兵团和孙元良兵团，在川鄂边建始、恩施、巫山、奉节一线布防，扼守川东门户。同时还将罗广文兵团控制于南充、大竹地区，准备向北或向东机动。蒋介石并令白崇禧、胡宗南及川境诸将领，密切合作，背靠云贵，组成所谓“大西南防线”。

正当蒋介石进行上述部署之际，第四野战军的各路部队，正浩浩荡荡地向湘、粤、桂地区急进，打算夺取广州，并准备在衡（阳）宝（庆）地区，痛歼白崇禧集团主力。这时，我第二野战军的部队，就按照毛主席的安排，乘机以秘密和公开的两种面貌出现，从敌意料不到的方向，向西南进军了。四兵团在四野统一指挥下，由赣南向广东进击。五兵团以参加衡宝战役的姿态，由上饶隐蔽地开向湘西。随野战军指挥机关行动的三兵团，亦由郑州秘密南下集结湘西。四兵团和五兵团，在开进途中，完全以四野部队的名义出现。这时二、四两个野战军的情形是，向华南进军的四野是浩浩荡荡，锣鼓喧天；向西南进军的二野是偃旗息鼓，不显踪迹。在武汉，刘伯承司令员和邓小平政委都说，毛主席就是要这种气氛，这很好。在武汉，我们还可以和四野的同志们在解放电影院那样小的场所联欢，等过了长沙，就连这点都要避免，越秘密越好。我们正是要在四野行动的掩护下，实现出奇制胜的企图。

蒋介石正心神不定，四野在衡、宝地区歼灭了白崇禧主力一部。在此同时，秘密集结在湘西地区的三、五兵团，遵照毛主席的指示，仍按兵不动。待攻占广州，国民党政府迁往重庆后才开始向预定方向开动。而在秦岭和大巴山北麓的各兄弟部队，则仍佯动，作试探性的进攻。在兵临汉中城下时，又进展迟缓，攻而不破，以稳定蒋介石守四川的心理。被装进“迷魂阵”中的蒋介石，这时仍望眼欲穿地注视着川北的秦岭、巴山防线。

毛主席制定的大迂回、大包围部署，是一个“关起门打狗”的决策。这个门既不能早关也不能迟关。正如我们所料，10月14日晚，当南线我军刚刚占领广州不久，国民党反动政府的残余，便急忙逃到重庆。其他各地乱七八糟的敌人，也像一群失散的鸭子，纷纷向西南流窜，甚至连过去远在东北地区的“冀热辽边区第二路绥靖总指挥部”也先期逃到四川了。我们秘密隐蔽在湘西地区的野战军主力，大张挞伐的时机到了。刘、邓首长立即命令五兵团和三兵团的第十军为左翼部队向贵州进击，要他们“一刀子插到贵阳”，接着直驱毕节、遵义，切断川境诸敌退往贵州的大道，然后向川南兜击。同时令三兵团主力和四野第四十七军为右翼部队，向川东南进击，割开和吸引宋希濂集团。四兵团部队则从广州乘胜西进，迂回向广西逃窜的敌人，断敌逃往海上的通路，协同四野主力全歼白崇禧于广西境内。

11月1日，我二野的三、五兵团和四野一部以迅雷不及掩耳的动作，从敌人意料不到的，也是敌人大西南防线最薄弱的黔、川部分，突然挺进。于十日之内，连续解放了镇远、三穗、秀山、酉阳、恩施等城。这时蒋介石才慌了手脚，急令罗广文兵团向川东增援，以配合宋希濂集团，依托乌江，阻我西进，令何绍周兵团坚决死守，确保贵州。但是，为时已太晚。我各部队不仅行动突然，而且轻装疾驰，每日以100里以上的速度，昼夜不停。排除各种困难，克服一切障碍，越过许多云雾弥漫的山峰，涉过急湍的河流，从敌人认为不可通过的地区，杀奔贵阳和遵义，逼近川、鄂边境；并在咸丰、黔江地区，歼敌十四兵团大部，俘敌兵团司令钟彬。蒋介石这时一面勒令宋希濂和罗广文凭借乌江天险阻止解放军前进，一面又将孙元良兵团由川东急调重庆外围布防，同时又将防守川北地区的胡宗南一个军，车运重庆。并准备在防守不了的时候，向云贵撤退。

当蒋介石布防重庆之际，白崇禧则在他的家乡——广西境内，正在遭受着四野大军的围歼，这时，从左翼对敌实施战略迂回之五兵团等部队，在击退何绍周兵团的抵抗后，以突然神速的动作，于11月15日攻占了贵阳市。接着我军越过层层大山，沿着当年红军长征走过的道路，于21日攻占了遵义城。然后一步不停，向川南实施兜击。

在中国工农红军的战册上，曾经有过两占遵义、佯攻贵阳的记载，那是14年以前的事，那是中国革命危机的关头，是毛泽东思想重新照亮中国革命前程的开始，是中国工农红军从失败走向胜利的转折点。14年后的今天攻克贵阳，占领遵义，是人民解放军——以前的中国工农红军无敌于天下的时代，是全国人民欢庆新中国诞生的时候。14年前，蒋介石坐镇贵阳，耀武扬威，兴兵动师追歼北上的红军。今天他坐镇重庆，像一个几乎将输净全部家当的赌徒，两只眼正瞪着赌场上的最后一注。这一注还没有全部亮开，他就目瞪口呆了。我军攻占贵阳、遵义，切断了四川境内之敌向贵州逃跑的道路。11月下旬，三兵团主力和四野一部从彭水等地分别突破乌江后，在南川地区歼灭了宋希濂、罗广文主力三万余人，形成直捣重庆的威胁。但为了迷惑和抑留敌人，便利左翼部队之迂回，我军又暂不去攻占重庆。另以四野一部从涪陵北渡长江，向垫江推进，迂回重庆外围。蒋介石此时发觉大为不妙，乃于11月30日天不亮，爬上飞机逃之夭夭。我军当日解放重庆。接着我军又组织部队向成都方向急进。从贵州向川南兜击的左翼部队三个军，日夜不停，于12月初，占领了纳溪、泸州、自贡等地后，迅速向乐山、大邑、邛崃一线迂回。

进军西南的伟大胜利，是毛主席军事思想、军政兼施政策的光辉结晶，也是刘伯承、邓小平、贺龙等领导全军坚决而又有精巧措施地执行毛主席指示的结果。在战役进行中，由于各兄弟野战军密切协同、主动配合，全国人民特别是西南地下党和游击队的全力支援，更加速和保障了这一伟大战役的胜利。

（节选自中国人民解放军战士出版社编：《星火燎原》选编之十，中国人民解放军战士出版社1982年版。）

陈锡联：
重庆解放与接管

陈锡联，曾任重庆市军管会副主任，中共重庆市委第一书记、市人民政府市长、川东军区司令员，后任国务院副总理，中共中央政治局委员。

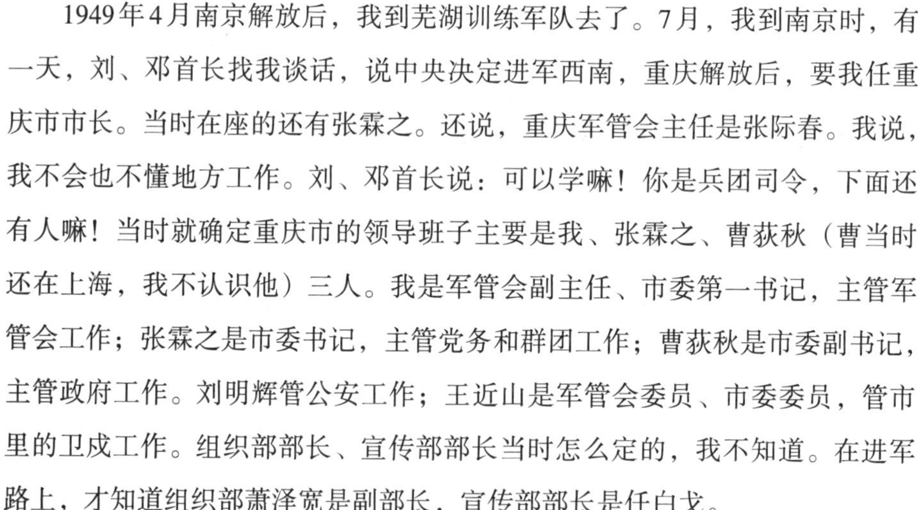

1949年4月南京解放后，我到芜湖训练军队去了。7月，我到南京时，有一天，刘、邓首长找我谈话，说中央决定进军西南，重庆解放后，要我任重庆市市长。当时在座的还有张霖之。还说，重庆军管会主任是张际春。我说，我不会也不懂地方工作。刘、邓首长说：可以学嘛！你是兵团司令，下面还有人嘛！当时就确定重庆市的领导班子主要是我、张霖之、曹荻秋（曹当时还在上海，我不认识他）三人。我是军管会副主任、市委第一书记，主管军管会工作；张霖之是市委书记，主管党务和群团工作；曹荻秋是市委副书记，主管政府工作。刘明辉管公安工作；王近山是军管会委员、市委委员，管市里的卫戍工作。组织部部长、宣传部部长当时怎么定的，我不知道。在进军路上，才知道组织部萧泽宽是副部长，宣传部部长是任白戈。

1949年7月，在南京就拟定了进军西南的作战方案。三兵团的十军、十一军、十二军及四野的四十七军（曹里怀）跟我们一路进军。按当时部队的队形，进军到哪里就接管到哪里。十军进军到川南自贡，成立川南军区，杜义德是司令员，王维纲是政委；十一军到川东，成立川东军区，司令员由我兼，谢富治①是川东军区党委书记、政委，副司令员是王近山，阎红彦是副政委；十二军就到重庆。

1949年9月，部队到常德时，曹荻秋从华东带来的一批地方干部和学生与二野的军队干部会师了，开过一次会，参加会的还有四川地下党的少数同志。

在常德期间，主要做了三件事。一是军事准备。对解放重庆几个军的进军路线、战斗部署作了具体布置。有关这方面的详细情况，可详见《二野军战史》，此书是在刘邓首长亲自主持下，具体工作由我负责的。二是班子准备。由华东调来的地方干部和军队干部及部分地下党的同志组成接管班子。军管会下设几个接管委员会。三是政治准备。分析了重庆的军事、政治、社会、经济情况。重庆是蒋介石抗战八年的陪都，也是全国解放前蒋介石企图盘踞的最后据点，全国不少省份的反动势力、社会渣滓（如西北、河南、湖南等）都汇集到重庆，敌情复杂。还分析了抗战八年，蒋介石对人民的欺骗性。在部分人的心目中，错误地认为你再骂蒋介石，抗日战争还是他领导胜利的。同时，研究了到重庆后军管中可能遇到的问题。请参加接管上海、南京的同志们介绍经验。

在常德期间的工作，主要是由张霖之、谢富治主持的。上述三个方面的准备工作可以说都很重要。到重庆后接管工作之所以能按我们原定的部署顺利开展，与常德期间准备工作做得好有很大关系。离开常德后，他们还一路行军打仗，一路研究问题。我到前线打仗，首先在酉（阳）、秀（山）、黔（江）、彭（水）歼灭了大量敌人，打通了通向重庆的通路。然后对敌迂回包围，强渡了乌江，于11月24日占领南川城。

11月28日，我们就到了重庆的南温泉，将敌宋希濂集团和罗广文兵团，大部歼灭于南川以北，共歼敌几万人。29日，十二军的先遣营到达重庆。十

① 谢富治，1980年10月中共中央决定开除其党籍，1981年1月中华人民共和国最高人民法院特别法庭确认其为林彪、江青反革命集团的主犯。

一军和四十七军的一部分也进了重庆。我是30日进城的。

重庆解放前，蒋介石亲自到达重庆，还从台湾调了“技术大队”，用飞机运来许多炸药，企图对重庆进行大破坏。由于我军进军神速，也由于重庆的工人、职员、学生等在地下党的领导下，英勇护厂、护校，这使得蒋介石的阴谋没有得逞，只炸了国际广播电台就逃跑了，大部分工厂、学校都完好地保存了下来，使重庆免遭严重破坏。

重庆解放后，遇到几个急待解决的问题：

一是反动势力嚣张。我们针对敌人的反动宣传，大力宣传党的政策，以事实揭露蒋介石的反动面目，抗战时期他躲在重庆消极抗日，镇压进步力量，欺压剥削人民。我和刘明辉、任白戈经常分析敌情，研究对策，及时揭穿敌人的阴谋，打击敌人。如12月10日公布人民币兑换金圆券、银圆券后，敌人造谣说这是共产党欺骗老百姓，企图制造混乱。由于我们兑换办法正确，宣传工作深入，人民有了货币，城乡物资流通了，买得到东西，生活有了保证，切身体会到共产党是为人民的，拥护共产党，人心也安定了。宣传工作做得好，任白戈是有功劳的。

二是特务多，散兵游勇多。重庆解放后，上层人士、工商界的头面人物经常收到恐吓信，反动派还给我恐吓信，曾两次打我黑枪。我们经过周密调查，掌握敌特线索有六七百人，经刘邓批准，于1950年1月18日上午进行了第一次大逮捕，封锁了大街小巷，控制了交通要道，全城统一行动。我和刘明辉、尤太忠坐车在街上巡视，那些特务和受蒙蔽的人吓得把蒋介石的头像，国民党的旗帜、委任状，还有枪支、弹药、电台等扔得满街都是，缴枪的、自首的、检举的都不少。逮捕后的当天下午，我在电台上讲了话，着重讲了党的政策，打击敌人，教育人民。这次行动，狠狠地震慑了敌人，人民拍手称快，大得人心。这次逮捕的大都是浮在面上的敌人，所以采取了快抓快审快放的办法，用他们引出暗藏的重要的敌人。上午捕人，下午电影院、戏院、茶馆等都开放营业，一些反动头子以为没事了，又出来活动。当天晚上，我们公安便衣又出动，抓了100多人，这些人大都是有名的特务。这两次逮捕，狠狠打击了敌人，社会秩序逐步好转了，恐吓信少了，抢劫案也少了，人心更加安定。

三是乞丐问题。全市有乞丐1000多人，白天见到穿得好一点的人就拦路要钱，耍无赖，扰乱社会。一些民主人士、大小资本家对此反映强烈。我们采取收容教育的办法。第一次收容没有经验，跑了很多。第二次收容进来后，就给他们理发、洗澡，因为他们很脏，虱子、跳蚤满身，还给他们换上新衣服，管吃管住，不把他们当犯人看待，给他们治病，让他们戒烟，组织他们学习、劳动。收容的人中，有部分是中学生、大学生，有学问、有技术，在蒋介石的反动统治下，流离失所，就业无门，生活无着，沦为乞丐。我们给他们看报纸，向他们讲述旧社会对人民的压迫，通过教育，大都改邪归正，要求工作，愿做新人。当时，中央已决定修建成渝铁路，这些人就成为修建成渝铁路的劳动骨干。

四是整顿码头。重庆市码头工人多，人力车夫多，把头对他们剥削很厉害。搬运行李、拉客人漫天要价，过一档要收一档的钱，经常闹事、打架，码头上非常混乱。我们派军队协助维护治安，公安局抓了几个把头，对民愤大的判了刑，送去劳动改造。对于码头工人和人力车工人，通过组建工会把他们组织起来，进行教育学习。经过整顿，情况很快好转，工人中该救济的就救济，该就业的就就业，有个别的坏人就送去劳动改造。

对妓女，我们也是采取收容教育的办法，也收到了同样好的效果。

五是治脏问题。解放前重庆脏得很，下水道不通，污水满街流，老鼠又多又大，猫怕老鼠。这个问题在召开的各界人士座谈会上许多人提出来，要求解决。我们很快把国民党搞的市政工程地图找了出来，组织人力整修下水道。这不但解决了脏的问题，而且还解决了部分失业人员的就业问题。

我们采取上述措施之后，各方情况很快有了好转，人民生命财产得到了保障，社会治安好了，人心日益安定。

还有劳资关系问题。重庆工厂多，劳资关系问题很突出。官僚资产阶级办的工厂我们接管了，其他人办的工厂如何处理？工厂开工需要原材料，工人生活需要改善，就要搞好生产。这方面政策性很强，花费的力量最大，张霖之和曹荻秋管得多。李震主管工会，主要抓工人方面的工作。我只参加讨论和处理方针、政策方面的问题，具体事情管得少。

以上是重庆解放与接管前后的一些情况的回忆。

（节选自中共重庆市委党史研究室编：《城市的接管与社会改造（重庆卷）》，西南师范大学出版社1995年版。）

王蕴瑞：
川东剿匪回顾

王蕴瑞，中华人民共和国开国少将，参加过大革命、土地革命、抗日战争、解放战争、抗美援朝战争等，时任川东军区参谋长。

1949年12月下旬，成都战役结束后，第三兵团部队奉命组建川东、川南军区和重庆警备区。兵团率第十一军、十二军负责组建川东军区。军区司令员王近山，政治委员谢富治，副司令员曾绍山，副政治委员阎红彦，政治部主任钟汉华，我任参谋长。下辖五个军分区，第十一军三十二师兼大竹军分区，辖大竹、渠县、广安、梁山（现梁平）、垫江、邻水六县。第十一军三十三师（开始由十一军部）兼万县军分区，辖万县、忠县、云阳、奉节、巫山、巫溪、城口、开县八县。第十二军三十五师兼璧山军分区，辖璧山、合川、铜梁、江北、巴县、永川、荣昌、大足、江津、綦江十县。第十二军三十六师兼涪陵军分区，辖涪陵、长寿、丰都、石柱、南川、武隆、彭水七县。第十一军之补训师改为酉阳军分区，辖酉阳、秀山、黔江三县。第十二军三十四师兼重庆市警备区司令部。第十一军三十一师为军区机动部队。1950年元旦，各部队按区分的地区先后到达各地。摊子刚铺开，准备开展各项建设工作，国民党潜伏的匪特和各地封建势力趁我军立足未稳，胁迫部分群众，组成一股股土匪，掀起了大规模的武装暴乱。我军仓促转入剿匪斗争，历尽艰险才将匪患平息。

川东地区解放之初，国民党匪特慑于我军的压力，一时不敢轻举妄动，社会治安曾一度较为平静。1950年1月初，国民党匪特趁我们忙于接管城市，农村工作尚未展开之际，勾结封建势力、惯匪、旧乡保人员，收罗溃军和散兵游勇，胁迫群众，发动了公开叛乱。3月中旬，匪情发展到最高峰，全区股匪约八万多人，1000人以上的有26股。按地区说，以酉阳、璧山、涪陵三个地区最为严重，大竹、万县两地区次之。匪特到处强抽壮丁，逼民为匪，收集枪支，抢粮劫仓，杀害地方干部和征粮人员，破坏交通运输，抢劫运输车辆和船只，袭击小部队和区、乡政府，并攻打酉阳、黔江、彭水、璧山、永川、铜梁、大足、奉节、垫江等县城，占去秀山和龚滩等地。

当时，解放军的情况是，成都战役结束后，部队未得到休整和进行剿匪的思想动员，即急速回师川东，转入剿匪作战。对国民党预置匪特组织暴乱，和对川东地区封建势力之雄厚认识不足，思想上轻敌麻痹，认为“国民党的主力已被歼灭，土匪没有什么了不起”。在执行政策上，却又片面强调宽大。在战术上，习惯于正规化作战，不善于分散剿匪，加之平均分散使用兵力，以致顾此失彼，处处陷于被动。全区2月份的剿匪工作，除璧山分区外，其他分区均无大收获，导致处于被动应付状态。

3月5日，川东区党委根据西南局和西南军区的指示，召开党委扩大会议，检查并总结了剿匪工作，明确规定了剿匪的方针和步骤，认真贯彻“军事打击，政治攻势，发动群众”三者相结合的方针。军队要地方化，要建立一元化领导的剿匪机构，大力发展地方武装。在剿匪步骤上，集中主力有重点的进剿，先消灭最大最强最坏的股匪。在地区上则先净化交通要道和产粮富庶区。具体部署，以璧山、涪陵两军分区为重点进剿；大竹、万县两军分区是进剿与清剿，防匪有机结合；酉阳军分区暂时采取有阵地的扩张发展，求得将基本地区股匪歼灭，而后抽调兵力歼灭边沿股匪。

会后，各部队经过深入动员，统一思想，树立起长期艰苦剿匪的思想，下定“不剿灭土匪誓不罢休”的决心，并针对剿匪斗争的特点在兵力和战术运用上进行了研究和转变。

从2月中旬开始，各分区部队都进入了战斗。

璧山军分区第一〇三团主力，于2月11日合击荣昌西北巩固场扑空。部队根据群众报告转向铜鼓寨，八连正面攻击，九连则穿上便衣伪装匪之援兵从侧翼迂回，七连机动。部队靠近围寨后，寨门已被匪关闭。寨墙上坚固高耸，部队未带梯子，只好在火力掩护下，用刺刀揳入寨墙攀登上去，攻入寨内，激战一小时，毙匪70余人，俘匪180余人，缴获长短枪246支。与此同时，第一〇三、一〇四、一〇五团各一部合击永川王坪场、立石场、韩坡场地区，当天仅俘匪20余人。翌日，部队组织小型包围搜剿，于韩坡场石宝寺歼罗万才匪部170余名。第一〇三团主力在地方工作同志配合下，奔袭清江场，俘匪160人，其中匪首3名。2月20日，被我打击后的匪“川东人民救国军”总司令黄荣卿率残部百余人逃至璧山、合川间的乾洞子。我第十二军军直部队一部连夜跟踪追击，将该洞紧紧包围，连续进行了四天政治攻势，匪仍据洞顽抗。我对洞口前后进行了三次爆破，匪众被迫出洞投降。战士们进洞搜索，将匪首黄荣卿抓获。第一〇五团三连到江北县五、六、七区剿匪征粮。部队到后即召开群众大会，宣传我军政策，当场就有两名群众报告并带路捉住土匪11人，同时捉住匪队长的女儿，经教育后送回。该匪队长大受感动，自动到政府自新，并召回两股匪130人、带枪70支投诚。

在涪陵地区，潜伏在涪陵、丰都、垫江、忠县的匪特邬孟儒、谭行易，勾结当地封建迷信的“刀儿教”会首，胁迫部分群众，于2月11日，以涪陵沈家乡为中心，先后发动武装叛乱。涪陵（北岸）、丰都、垫江三县的政府工作人员被杀害150余人。2月15日，匪首带领“刀儿教”600余人，气势汹汹，妄图消灭解放军仅有两个排兵力的驻军。解放军奋勇还击，毙、伤180余人，将匪击溃。接着，部队采用多种方式，宣传我党政策，使受胁迫的匪众纷纷悔过自首。至3月10日止，涪陵、丰都两县自新匪众达3570余人，交出轻机枪四挺、长短枪1429支。3月16日，第一〇六团、一〇八团各一个营由涪陵龙潭、同乐地区出发，将盘踞同乐罗家寨之匪“中华保国救民军”谭席珍部之第一、二大队400余人包围。匪发觉被围后，依仗寨内修筑的十个碉堡进行顽抗，并连续发动三次反扑，均被我军击退。部队又在寨北两里处阻击由安镇坝前来增援的千余匪徒，主力则于当日13时攻寨，战斗至17时将匪全歼，计歼匪454人，缴轻机枪3挺、长短枪277支。

大竹军分区3月9日晚，以六个连的兵力，分兵18路，对以大竹西山为老巢的匪“六县人民救国军”司令吕健康股匪进行合围攻击，接着又重点清剿彭家山、王家沟、牛奶尖三角地带，迫使吕健康股匪化整为零，分散隐蔽。莫焕章、叶建铭两股匪则向我达县剿匪部队投降。第九十六团二营两个连采取夜间奔袭战术，在一个月内将邻水的四股土匪消灭三股。第九十四团九连连续奔袭广安明月场、天宝寨，俘匪48名。

万县军分区先后在云阳中坝场、巫溪等地，歼灭杨宪章等股匪。第九十八团六名战士押船运子弹回巫山，行至曲尺盘附近，被匪50余人截击。我船上六名战士在伤亡各一人的情况下，一人留船掩护，三人登岸抗击，匪被我打死打伤20余人后溃散，三名战士安然归队。

酉阳军分区部队2月28日收复秀山，歼匪190余人，3月9日又在酉阳学堂坪歼匪200余人。该分区第一团和九十五团共同扫荡酉阳以东地区，在泡木坪、毛家山、水车坪、徐家寨、涂家寨等地连续进行清剿战斗，使这一地区的大匪首、原国民党四川省八区专员、匪“川黔湘鄂民众自卫军”总指挥庹贡庭，被迫向我中南军区友邻部队投降。

经过2月份和3月份的清剿，全区共歼匪25650名，匪风开始下降。全区部队在兵力使用及战术动作上均有了逐步转变，初步适应了土匪时集时散的这一斗争形势，并探索了以集中对集中，以分散对分散等剿匪经验。干部战士的斗争情绪也随之提高，为下一阶段的重点进剿打下了基础。

从1950年4月开始，川东区剿匪斗争转入重点合围阶段。各军分区根据西南军区指示和区党委会议决定，于4月上旬先后建立起县、区武装，每县成立了一个警卫营或独立营约400人，每区成立一警卫队约50人，全区新增兵力2.3万人，加强了各地的守备力量。并自上而下建立起各级剿匪委员会，统一领导该地区的剿匪斗争。这样，我们便能抽出机动部队，对土匪较为集中的地区进行合围、清剿，有计划有目的地进剿一片，净化一片。

涪南巴铁壁合围。涪陵、南川、巴县之间的三角地区是个富庶的产粮区，地形复杂，山多林密。3月末，该区有土匪七股约8000人。4月初，军区以第九十三团、补训团六个连、一〇六团、涪陵分区直属三个连、一〇八团一部、军区直属四个连、一〇四团一个连和炮九团一部，共计33个半连，组成四个剿伐队和两个守备区进行合围、清剿。4月6日，各参战部队进至二圣场、木洞、麻柳场、洒垭场、蔺市、五马石、松子溪、丰隆场、观音桥、石龙场、马武场、庙垭场、百顺场等地，构成第一道包围圈，并扫荡包围圈外之敌，或将其消灭，或将其赶入包围圈内。同时，以一〇六团一部、炮九团一部，分别在水江石至陈家场、莲花场至凉水井段控制要点，防止漏网之匪南窜。军区直属四个连、一〇四团一个连于4月1日到达永兴场后，获知太和场有400余匪，指挥部当即决定主力连夜迂回至太和场以东设伏。2日拂晓由北、西、南三面攻击太和场。战斗发起后，匪徒稍行抵抗即东逃。我预伏部队突然出击，一举将匪歼灭，计俘该地区大匪首“人民反共救国军”司令王嘉谋以下214名，毙、伤匪30余名，缴获轻机枪一挺、长短枪107支。7日，进剿部队以排为单位，分成84路，同时向合击中心点乾丰场方向推进，在间隔大的地方加派战斗小组。在前进中，很少遇到匪徒抵抗，我军一打，匪徒即向圈内逃跑。合围第一天，各剿伐队进至观山场、羊鹿口、两汇口、中央场、同乐场、冷水场、石溪岭、清和场、白鹤场、双胜场之线，构成第二道包围圈。8日，各剿伐队除留一部分兵力控制要点外，主力继续向前推进。当日下午，各队进抵天赐场、太平场、增福场、大顺场、胡家场、黄荆岩、龙潭场、重突场、高庙子、土溪场、钟家桥之线，构成第三道包围圈。合围圈越来越小，兵力密度越来越大，满山遍野都是兵，遍山烟火，四方号音。股匪解体，走投无路。我第三道包围圈控制不动，无论军民，没有通行证不能出包围圈。同时各单位以一部兵力向合击中心点乾丰场进击。各路部队到达时，匪全部分散隐蔽，藏在密林深草里，山沟、山洞里，水塘、厕所里，甚至钻入床底下、柴堆里，有些则化装为民到处隐藏。我们遂令部队用7天时间分成班、组到各处细致搜索，战士们大声喊叫：“我看见你啦！赶快出来。”终于，一批隐藏的土匪被搜了出来。

搜剿完毕后，部队分遣至各个中心机动位置实行分散驻剿。此阶段采用奔袭、小合击等办法反复捕捉漏网之小股，直至三五成群的小股匪基本被消灭，或被迫疏散为止，而后转入第三阶段实施抉剔清剿。

抉剔清剿阶段，部队大量分散，以班、组为单位，使之村村有兵，实行军事管制。部队执行工作队任务，发动群众，广泛开展政治攻势，号召自新。正确贯彻镇压与宽大相结合的政策，首恶者经批准后公审处决，胁从者在大会上当场取保释放。凡是来自新者登记释放，不自新者捉住扣押。经过宣传，很快掀起了群众性的清匪运动，父母叫儿子，妻子叫丈夫。增福乡一天之内就有70人自新，交枪70余支。乾丰场参加土匪的有232人，从4月17日至30日，除两名尚未找到下落外，其余全部自首，交出长短枪104支。涪南巴合围至5月15日结束，共歼匪万余人，其中自新者6000余人。

涪陵军分区5月10日，以五个营的兵力对武隆北桐梓山区之股匪实施大合围。首战歼匪350余人。部队随之分散驻剿，开展政治攻势，并配合地方干部建立农民组织等。至5月30日，歼匪1300余人。6月18日，该分区又以18个连的兵力合击南川以南之鱼泉河、观音岩及永安场、三会场、小河坝、德隆等地，七天歼匪500余人。璧山军分区第一〇四团四个连，于4月11日夜分路合击江津鹤山坪匪巢，歼匪320名。一〇四团两个连于5月23日分七路冒雨合击云露坪，歼匪一个大队。万县军分区第九十八团六连奔袭奉节五马，将抢公粮的曹耀宾股匪全歼，毙、俘匪118名。4月29日，大竹军分区以23个编成单位同时向大匪首吕健康盘踞的17个老巢进行奔袭，歼匪傅流全、累有文等五股，连续进剿120天，捕匪首12名，股匪全部被歼，仅大匪首吕健康漏网。分区组成五个精干的小型远征队，命自新匪带路，跟踪线索，实行穷追，连续冒雨三昼夜，于5月10日在宣汉普光寺将化装逃窜之吕健康缉拿归案。大竹军分区在进行武力进剿的同时，广泛开展政治攻势，予匪精神上以严重压力。通过以匪劝匪，指名警告，利用匪属及旧乡保人员、农民代表等规劝土匪自新，收效很大，自新来降的匪众达3688人，占全地区歼敌数的70%。

7月，军区决定涪陵、酉阳两军分区部队，以半个月时间会剿酉阳、黔江、彭水之间地区的股匪，由涪陵军分区副司令员王汝照统一指挥。7月14日，第一〇六团进至桑柘坪以南，第一〇七团进至桑柘坪、郁山镇地区，第三团主力进至太极场地区，第九十五团三营进至酉阳北两河口，第一团三营进至大河口，酉阳独立营进至马鞍山之线，构成了包围圈。三团二营守备两河口、濯河坝、河口场据点，控制该河段之船只，防匪东窜北逃。黔江独立营守备两会坝东西之线，防匪北逃。15日、16日，会剿部队分别合击包围圈内的火石垭、渗场坝、庙溪等地之股匪。部队不分昼夜反复清剿，历时13天，将合围圈内的大小53股匪全歼，计歼匪4800余人，黔江和酉阳西北地区趋于净化。

经过第二阶段四个月的清剿，取得了歼匪9.6万余人的重大胜利。腹心地区股匪已被歼灭。涪陵、璧山两军分区由重点进剿区变为清剿区；大竹、万县两军分区则进而变为防匪区；酉阳军分区则转为重点进剿区。

从8月开始，川东区剿匪斗争转入边沿地区会剿阶段，腹心地区则继续进行清剿，追捕漏网匪首，肃清残余散匪。9月下旬，奉西南军区命令，川东区抽出第三十一师主力进入贵州，组织黔东北会剿。第一〇〇团、第十二军侦察营及第九十四团、九十九团各一个营则到酉阳军分区，协同友邻军区部队组织川黔湘鄂边沿区会剿。

经过1950年的艰苦斗争，全区腹心地区已全部净化，边沿地区的大股土匪也被歼灭，只剩三五人的小股土匪四处流窜，个别匪首隐姓埋名，化装潜逃。各军分区组织地方武装及民兵继续清剿，军区主力部队奉中央军委命令入朝投入抗美援朝的斗争。在近一年的剿匪中，全区歼匪19.3万名，缴获迫击炮8门、六零炮28门、轻重机枪361挺、长短枪8.1万余支。但我军有1146名战士负伤，817名同志献出了宝贵的生命。

剿匪斗争的重大胜利，沉重打击了川东地区的封建势力，使川东地区的社会秩序日益安定，经济日趋繁荣，为逐步抽出主力部队支援伟大的抗美援朝斗争和我军军兵种建设，为巩固人民民主专政，加速实行土改和城市中的民主改革创造了条件。

（节选自中国人民解放军历史资料丛书编审委员会：《剿匪斗争·西南地区》，解放军出版社2002年版。）

刘文权：
重庆的抗美援朝爱国主义运动

刘文权，1947年参加革命工作，曾任中共重庆市委常委、宣传部部长、市政府顾问等职。

1950年10月，美帝国主义把侵朝战争的烈火燃烧到我国鸭绿江边。刚刚诞生的中华人民共和国的安全受到严重威胁。党中央发出“抗美援朝，保家卫国”的号召。10月19日，中国人民志愿军“雄赳赳，气昂昂”地跨过鸭绿江，赴朝参战。此后，全国掀起了轰轰烈烈的抗美援朝运动。

富有光荣革命传统的重庆市，当时是直辖市，是西南局、西南军政委员会和西南军区的所在地，西南的政治中心，抗美援朝的爱国主义热情空前高涨。

11月4日，全国各民主党派发表联合宣言，坚决支援抗美援朝。宣言讲：救邻即是自救，保卫祖国必须支援朝鲜人民。11月23日，重庆市成立了中国人民保卫世界和平、反对美国侵略委员会重庆分会，市委宣传部长任白戈任主席。广大人民群众爱国热情高涨，各机关、学校、工厂开展了爱国主义时事学习，进行“仇美、鄙美、蔑美”的教育，纷纷控诉美帝国主义侵华罪行特别是在重庆的罪行。解放前夕在渣滓洞、白公馆“中美合作所集中营”的脱险志士罗广斌、刘德彬等人以及烈士家属们，声泪俱下地控诉美蒋在“中美合作所集中营”屠杀200多位烈士的滔天罪行。大学生们控诉美军在1946年底强奸北大女生沈崇的罪行时，有一位同学一字一泪地控诉她的母亲在邛崃被美军强奸致死，群情激动，义愤填膺，台上、台下发出“向美帝国主义讨还血债”的怒吼。青年学生特别是教会学校的师生控诉美帝文化侵略的毒害，有的当场烧毁了毒害青少年的黄色书刊。据统计，全市共召开控诉会2860次，参加的有25万多人。通过学习、控诉，认清了美帝国主义的本质，提高了民族自尊心，有力地洗涤了旧社会遗留下来的“亲美、崇美、恐美”思想。

12月25日，全市两万多愤怒群众，举行了声势浩大的抗美援朝爱国大游行。

当祖国发出“参加军干校，加强国防建设”的号召，青年学生一片欢腾，高唱“祖国召唤我们的时候到了”。他们每天早起学拼刺刀，掷手榴弹，女学生则学护理常识。有的学生怕高度不够，拉单杠，以为可以把人拉长；有的学生怕眼力不够，早晨起来看远山；还有学生写血书，上书毛主席表示自己参军报效祖国的决心。在短短的时间里，全市即有15040名适龄学生报名，占适龄学生的95%以上。西南地区有8万余人报名，掀起了参军的热潮。1951年1月24日，全市人民敲锣打鼓，燃放鞭炮，载歌载舞地欢送青年参军。

广大人民群众决心以实际行动支援抗美援朝，全市80%以上的居民订立了以爱国增产为主要内容的爱国公约。山城广大工人展开了爱国增产节约竞赛运动，喊出了“把工厂当战场，以机器当武器，在生产战线上战胜美帝国主义”的口号。兵工厂的工人们说：“我们多生产一粒子弹，就是多杀一个敌人。”重庆一〇一厂（现重庆钢铁公司）在国民党溃退时遭到破坏，增产节约运动中，不仅迅速恢复了生产，而且产量比国民党时期高出七八倍。

广大翻身农民加紧生产，踊跃缴纳公粮。璧山来凤乡农民接到缴粮通知后15个半钟头，即把1950年的225000公斤公粮全部完清。

广大人民群众还掀起了捐献和慰问志愿军的活动。重庆一〇一厂陈文敏捐献了在生产竞赛中所得的全部奖金900多万元。重庆大学师生三天内捐献了价值300枚手榴弹的钱。有的姑娘捐献了自己的“私房钱”，孩子们捐出了“糖果钱”。在抗美援朝活动中，重庆市共收到慰问捐款800多亿元，可购买飞机54架，超过原计划的42%。重庆巴蜀中学师生一周内给志愿军写慰问信1.3万多封。全西南共写慰问信72万封。妇女们则制作慰问袋，重庆市第六区（现南岸区）王树芳，一夜即绣制了13个慰问袋。全西南共收到慰问袋36万个，还有慰问品61万件。

工商界纷纷订立爱国公约，踊跃缴纳税收。宗教界表示坚决割断与帝国主义的联系，许多教徒、和尚、尼姑、道士积极参加爱国游行，参加“拥护世界和平反对美帝侵略”的签名活动。

回忆抗美援朝运动中山城人民那种强烈的爱国热情和无私奉献的精神，至今仍催人奋进，难以忘怀。

（节选自中国人民政治协商会议重庆市委员会学习及文史委员会编：《重庆文史资料》总第52辑，西南师范大学出版社2005年版。）

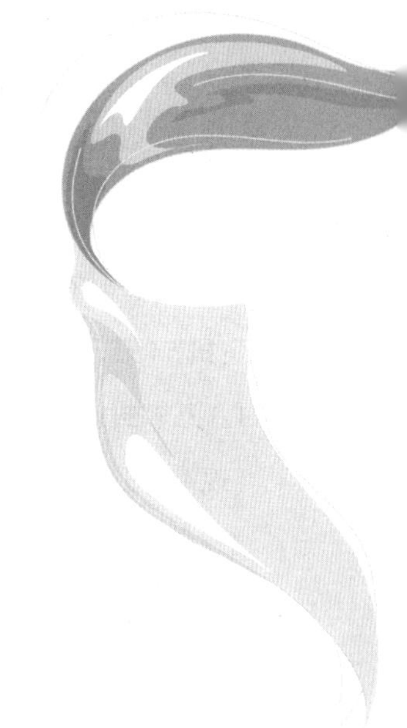

张文澄：
回忆解放初期邓小平在重庆

张文澄，1937年加入中华民族解放先锋队，先后在成都等地从事党的革命工作，曾任中共成都市委组织部部长、重庆市人大常委会主任等职。

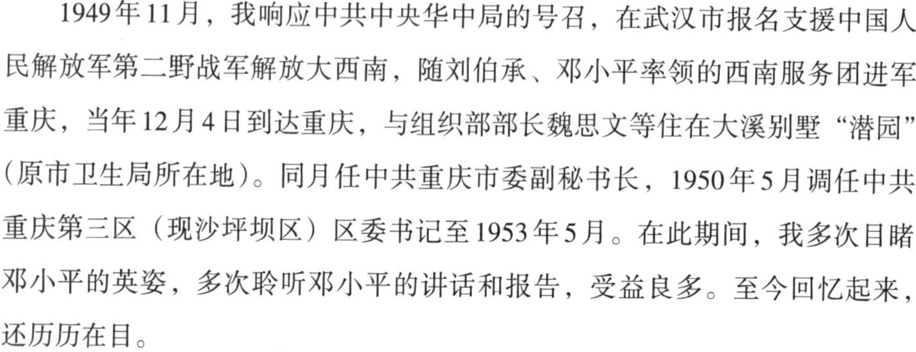

1949年11月，我响应中共中央华中局的号召，在武汉市报名支援中国人民解放军第二野战军解放大西南，随刘伯承、邓小平率领的西南服务团进军重庆，当年12月4日到达重庆，与组织部部长魏思文等住在大溪别墅“潜园”（原市卫生局所在地）。同月任中共重庆市委副秘书长，1950年5月调任中共重庆第三区（现沙坪坝区）区委书记至1953年5月。在此期间，我多次目睹邓小平的英姿，多次聆听邓小平的讲话和报告，受益良多。至今回忆起来，还历历在目。

一、中共川东区委与重庆市委

1949年11月，在进军途中，中共中央西南局在湘西常德宣布中共川东区党委与重庆市委一个机构、两块牌子。12月8日，刘伯承、邓小平率领西南一级机关进驻重庆市，立即着手政权建设。两三天后，邓小平提出重庆是大工业城市，人口多，工业多，情况复杂，城市工作量大，建议中共川东区党委与重庆市委分开。川东区党委机关，原驻枇杷山“王园”，分开后去了南岸黄桷垭；重庆市委机关则从大溪别墅“潜园”搬进“王园”。此事被时任中共中央西南局第一书记的邓小平知道后，他对中共重庆市委第一书记陈锡联和第二书记张霖之说：“枇杷山最好开辟为公园，目前市委可暂住那里。反正要开辟成公园。”

张霖之立即向市委全体成员传达了邓小平的指示。1954年冬，西南大区一级机关撤销后，市委迁中山四路，便按照邓小平的原指示，将“王园”所在地改建为枇杷山公园，将部分办公用房分别拨给重庆市博物馆和重庆市图书馆。

二、关心地下党同志

1949年12月中旬的一天，进军干部与地下党同志举行会师会。会场在曙楼（原国民党市政府所在地，现儿科医院住院部），我担任会议司仪。会议开始前，西南局组织部副部长于江震汇报第一届中共重庆市委委员组成情况，并把名单送给邓小平审阅。邓小平仔细看过名单后问：“名单中有无原地下党的同志？”于江震说有。邓小平点头认可道：“好，好，不要忘了地下党的同志。”

刘伯承、张际春、陈锡联、张霖之、曹荻秋等领导出席了会议。会议开始后，邓小平代表西南局宣布了市委委员名单，分别是：陈锡联、张霖之、曹荻秋、任白戈、李震、康乃尔和我。他勉励大家搞好团结，努力工作。

三、关心上层统战对象的思想改造工作

1951年秋天，我受市委委派前往巴县，协助巴县县委搞农村土改工作。在一个月协助土改工作中，亲身感受了邓小平对上层统战人士的关心和党的统战政策的强大感召力。

当时西南地区有许多上层统战人士，西南军政委员会吸收了刘文辉、但懋辛、熊克武、邓锡侯、田颂尧等人分别担任副主席、委员等职务。农村土

改工作开始后，根据邓小平的指示，西南统战部安排这批统战人士到巴县参观土改。他们住在南泉。县委凡是召开土改工作会议，每次都请他们列席，还组织他们下乡参加土改活动。这对他们思想转变起了很大作用。记得一天晚上县委在南泉公园召开土改小结会，我结合党的土改政策做工作小结，大约讲了三个小时，刘文辉等统战人士都认真做记录。

据曹荻秋市长事后告诉我，刘文辉在向西南局统战部汇报时说参加土改，思想上震动很大，特别是听了我的讲话，对土改从理论到实践都有较深的了解。曹荻秋还问我："你对他们讲了什么？"我开玩笑地说："臭骂了他们一顿。"实际上是我将青少年时知道的四川军阀和地主对农民的残酷剥削的惨情，与邓小平对新区提出的土改政策相结合，讲了土改的必要性和对各个阶层的具体政策，其中包含了统战政策，讲事实、讲道理，说得他们口服心服，完成了市委交给我的任务。

四、关心城市民主改革政策

1951年上半年，城市的民主改革工作开始起步。对于这一新生事物，我们没有经验，于是便组织力量深入磁器口、小龙坎等街道进行调查。通过调查，发现城市的民主改革情况复杂，人员成分难以确定，不能简单照搬农村土改的那套。如商人就包括资本家、小企业主、小商小贩等。民主改革对象不明确，政策吃不准，我们又认真学习西南局和市委有关文件，提出城市小企业和自由职业者（如开业医生），不算民主改革对象，而应类似农村的中农，作为团结对象的设想，用第三区区委名义，给重庆市委写报告，市委又把报告上报西南局。邓小平亲自批示"同意"，并建议加上西南局批语，在《西南工作》上全文刊发，指导了整个城市民主改革工作。

五、举家入京

1952年7月，因工作需要，党中央调邓小平入京，任政务院副总理。邓小平接到中央通知后，不讲任何条件，毫不拖泥带水，很快安排好西南局工作，立即举家北上。由于去得太快，以致到北京后，中央有关部门尚未为邓小平及其家属准备好住房，他们全家只好住在招待所内。事后听市委书记张霖之和市长曹荻秋讲，毛泽东主席对邓小平此举十分赞赏，大加表扬，认为他干脆果断，不讲价钱，“人才难得”，是有一定历史渊源的。

（节选自中国人民政治协商会议重庆市委员会学习及文史委员会编：《重庆文史资料》总第57辑，西南师范大学出版社2009年版。）

邹用陆：
重庆市菜大地区减租退押土改概况

邹用陆，原重庆市市中区档案局局长，菜大地区减租退押土地改革的参与者。

重庆市第一区人民政府1950年6月1日宣布成立后，为开展我区菜大地区农村依照法令进行减租退押和土改工作，1950年12月27日成立了由郭焕中任主任委员，韩季贤、孙毓亭、舒军为副主任委员，辛易之、陈述、王莲秀、戴开礼、陈振东为委员组成的重庆市第一区反霸减租退押协进委员会。抽调冯时雨、樊清云、娄宝根、顾大明组成菜大地区工作组，由冯时雨、樊清云负责，进驻菜大地区农村，开展减租退押和土改的调查摸底工作。

菜大地区包括菜园坝、烂泥湾、飞机码头、王家坡、徐家坡、大溪沟、张家花园、黄花园、曾家岩，共有菜农217户740人（其中，76户182人是附带种菜的小商小贩），约有500亩的零散山坡地和长江、嘉陵江一侧的河滩地（不含1952年10月划入菜大地区范围内的黄沙溪、遗爱祠、李子坝地区的农户529人157户租佃的山地、河滩地和很少的稻田）。整个菜大地区环境特殊，是中心城区唯一的农业区。土地均在山坡上或每年都被洪水淹没的河滩上，它与近郊农村土地连块成片又不被淹没的实际情况不同，农民思想意识也不够单纯。这些特殊情况都给减租退押和土改工作带来一定的难度。

一、减租退押

1951年1月11日，工作组进驻菜大地区后，开始着手对整个地区农业人口、地主阶级进行调查摸底，分析阶级状况，宣传减租退押的政策，筹建菜大地区农民协会。在掌握地主阶级剥削农民和农户交纳佃租、押金数量的基础上，召开了第一次菜大地区农民代表会议。首先，组织学习了有关减租退押工作的文件，进行谁养活谁的教育和减租退押工作必须注意掌握的政策界限。其次，运用地主阶级残酷压迫剥削农民的实例，对贫雇农进行阶级教育。活生生的事实，说明地主阶级是靠残酷压迫、超经济剥削的手段养活自己，已达到无以复加的地步。通过大会、小会诉苦、对比、算账，不仅启发了广大贫下中农的无比仇恨，而且要求参加农会的热情很高，按照入会条件吸收了170户193人（其中男137人、女56人）参加农会。为切实搞好减租退押工作，我们以农会会员为主体，把整个菜大地区的农户划分为5个大组，14个小组和押金登记组、算账组，并推荐正副组长各一人。紧接着又召开了两次动员大会和小组会，学习讨论有关减租退押的文件，开办农民夜校，培养积极分子，使之正确领会掌握党的政策，明确减租退押工作的界限和注意的方式方法，重点抓好那些积极退押地主分子的工作，以利减租退押工作的逐步开展。

随着减租退押工作的日益深入，反映了贫下中农对减租退押截然不同的两种态度。深受地主阶级剥削的农民态度坚决而积极，少数未交或交得很少押金的农民则表现不够坚决，态度一般，好像与己无关，会上不发言，顾虑重重，甚至害怕地主反攻倒算。地主阶级则装穷叫苦，极不老实。有的在说理斗争会上，拒绝承认农民交有押金；有的软顶硬拖，迟迟不退押；有的地主分子造谣惑众，说农会“不好”“非法吊打”等，气焰十分嚣张。

针对地主阶级不同的思想状态和表现，充分发动广大苦大仇深的农民积极分子，分别采取不同形式的说理斗争策略。对多数地主分子主要是进行政策法令教育，使其丢掉幻想，想赖是赖不脱的，只有积极退押，才是唯一的出路，任何侥幸心理都不可取；对态度恶劣，软顶硬拖，拒不承认剥削行为的地主分子，召开大会进行说理斗争，打掉嚣张气焰，促使低头认罪，订出限期退押的保证书交由小组监督执行；对个别顽固不化的不法地主分子，则采取大小会相结合的说理斗争方法，从政治上打垮他们，直到认罪服输，登报悔改，由大组监督限期全部退完押金为止。这样既达到争取多数，孤立打击少数不法地主分子的目的，为顺利完成减租退押工作奠定了坚实基础。

到1951年初，共退出押金中熟米575.61石，折合人民币6726.33万元，另有五户地主退出超经济剥削佃户九年和每年地租劳役150天的血汗钱6199.95万元，并将所有胜利果实（押金）按65户各自投佃押金多少分两次发完给农民。对少数富农通过学习自愿捐出的1208.5万元，将其中104.36万元分给较贫困的农民购买种子和添置农具或作生产资金。广大贫下中农无不欢天喜地庆翻身，特别是分得胜利果实的农户纷纷表示要努力搞好蔬菜种植，生产出更多更好品种，以供应城市人民群众的实际行动来感谢共产党、毛泽东和人民政府对贫下中农的恩情，进一步调动广大农民的生产积极性。

对于少数农会会员在减租退押工作中表现不够积极，甚至存在某些模糊认识的个别农民，按照“依靠贫雇农，巩固地团结中农”的方针，以教育为主，通过开办农民政治夜校，深入进行阶级教育，不断提高他们的思想觉悟，克服小农经济自私保守观念，从思想上分清在农村谁是朋友、谁是敌人，达到团结多数的目的。至于极个别立场不坚定，在减租退押工作中对地主阶级抱同情的不纯人员，则通过整顿农会组织的办法，将其清理出去，保持农会组织纯洁性。同时，根据农民的要求和入会条件，又吸收299人（其中男198人，女101人）参加农协，扩大了农协会组织。至此，整个菜大地区减租退押工作宣告基本结束。

二、土地改革

为了切实做好土改的准备工作，1951年2月17—18日，召开了第二次菜大地区农民代表会议。会议总结了减租退押之所以取得胜利，主要在于党和政府的领导，充分发动贫下中农，认真贯彻“依靠贫雇农，巩固地团结中农，中立富农，打击地主”的方针政策的结果。部署土改和划分阶级成分的工作，组织学习讨论市郊“土改法”以及划分阶级时应当注意掌握的政策界限。结合划分阶级成分工作，继续整顿组织内部，绝不让反动党团、封建会道门等反坏分子混入其中，以保证土改工作如期完成。最后，选出王云五、聂芝华（正副主席）等11人为菜大地区农民协会委员，负责农协会的工作。

第二次农代会以后，从1951年2月下旬开始，以大组为单位，分小组学习讨论有关划分阶级成分和《土改条例》等文件，在初步了解和掌握政策界限的基础上，由委员分工负责，根据平时积累掌握的材料，在划分阶级成分阶段，采取先易后难，自报公议，民主评定，三榜定案，上级批准的方式。首先，从委员、小组长评起，待取得经验后，再评农会会员和其他劳动者，然后是评地主成分。整个划分成分工作中，各阶层也反映出不同的想法和认识。贫民小贩说过去是农民，为啥不评为雇贫农评为小贩，富裕中农怕划为富农，佃富农则怕被开除农会，地主兼工商业者硬说应评为职员，极个别不法地主怕划为恶霸地主等。针对反映出的种种疑虑，除反复讲明政策外，主要通过面对面地摆事实、讲道理的说服教育后，这些问题均得到了恰当解决。在划分阶级成分工作告一段落后，便转入查田定产、丈量土地、校对契约等工作，待取得土地数据后，结合我区人多地少，多在山坡、河滩的实际状况，召开大会、小会反复强调我区处于中心城区，而所有土地均归国家所有，现在分的土地只能考虑那些以农业劳动为主的无地或少地的农民使用，今后国家建设需要还要收回农民耕种土地的使用权。同时，我区的土地改革，与近郊农村土改有着根本的区别。所以，只能根据土地肥瘠、产量高低和地域情况相互搭配进行分地，适当考虑部分人口多生活困难的农户在土改后生活有所改善。经过各大组小组反复讨论后，将没收和征用的山坡地、河滩地，按照以上原则，采取抽、调、补和基本不动的方式进行分地。分得土地的141户564人，土地9945.6方丈，另有未分土地和基本不动的有176人。整个划分阶级成分和土地改革工作到1951年4月初基本结束。

土改后，菜大地区农协会的工作，在区委、区政府的领导和工作组的帮助下，主要是充实调整农协会组织成员，筹建党团组织，积极组织广大农民进一步搞好生产，提高单产面积蔬菜产量，增加花色品种，以实际行动支援抗美援朝运动，积极配合政府坚决镇压反革命的工作，巩固经过斗争来之不易的胜利果实。

（节选自重庆市渝中区政协文史资料委员会编：《重庆渝中区文史资料》第10辑，2002年内部出版。）

白银彰：一手抓接管，一手抓金融

白银彰，曾任中国人民银行重庆分行行长，重庆市财政局局长兼税务局局长、银行党组书记，中国人民银行重庆分行行长、党组书记。

刚解放的山城，一方面是一队队青年学生集会游行迎接解放；一方面是工厂停工，商店关门，市场混乱的一片萧条景象。如何在短时期内把山城搞活，困难显然是很大的。从金融战线来说，由邓辰西、张茂甫从北京出发经武汉、常德，沿路集中，于1949年12月到渝的干部约46人；由王磊带领到渝的15人，其中干部13人；西南服务团分配来的干部10人左右，加上地下党的干部约80人。以此少量干部在短期内接管旧银行，成立新机构，整顿混乱的金融秩序，以至开拓新业务，如果不是党的政策和广大职工的支持，在短期内完成这样艰巨的任务，显然是不可能的。

入城后，为了迅速建立革命新秩序，重庆军事管制委员会立即宣布成立，下设几个部。金融部由邓辰西、张茂甫分别任正、副部长，负责接管金融单位。金融部赓即于12月5日派出军代表和联络员（张茂甫、郝振乙、余勉、毛步奇、李士彬、余跃泽、陈心波分别当过接管行局的军代表）分赴中、交、农、合作金库，保险公司，四川省银行以及外地驻渝的省市地方银行办事处及重庆市银行、大川银行等18个单位进行接管（重庆刚解放时，共有纯属官僚资本的金融单位20家，其中中央信托局、邮政储金汇业局分别由贸易部门和邮政局接管）。除纯属官僚资本的国家行局外，尚有公股比重大的川康、川盐、工矿以及川盐银行保险部四个金融单位也是金融部派人进行接管的。1949年12月18日，正式成立接管小组，1950年1月20日就完成了接管任务。仅纯属官僚资本的17家行局，共接管留用员工2433人，黄金5517两，白银77793两，美钞7300元，房地产305栋（3408间），地皮10块，大小机动车64辆（不包括大川及官股比重大的川盐、川康等四个单位）。发动群众登记、清点、造册、汇总，工作量是很大的，而仅仅一个多月的时间就顺利地完成了接管任务，其原因除了全国解放人心所向、地方党的帮助以外，最主要的是党的政策的感召。接管一开始，军代表立即召开员工大会，详细讲解解放军入城八条，即约法八章（早在1949年4月就以毛主席、朱总司令的名义发表——见《毛泽东选集》第四卷），把党的政策讲得既全面又清楚。宣讲“包下来”的政策，即留者欢迎，去者欢送，解除了职工的思想顾虑，调动了他们的积极性，从而顺利地、迅速地完成了接管任务。同时，对留用职工采取团结、教育、改造的方针，在工作分配上、工资待遇上尽量照顾了他们的资历，开始对他们的工资还略高于老区来的同志。对其家属凡有一定文化程度，能工作的，经过学习，吸收他们参加了工作（解放初期十分重视人才培养，专门办了银行学校）。以上不仅对接管的官僚资本金融单位是这样，对接管的官股资本大的几家金融单位也是这样处理的，深受广大职工的好评，也对以后建行和开展业务打下了基础。

接管工作之所以顺利，与我党解放前的宣传和地下党的工作是分不开的。这次接管，除中央银行解放前就将重要资财、档案、账表运走及人员遣散外，其他单位大体保持完整。中国银行、交通银行两行的职工在解放前夕还组成防护团，保护资财安全，迎接解放。中央印刷厂的职工在解放前夕封存物资，造具清册，等待接管，这都为接管工作创造了有利条件。

一手抓接管，一手抓建行和建立统一的人民币金融市场。

1949年12月10日，中国人民银行重庆分行正式成立，同时在市中区、近郊区按经济区划成立了若干办事处。重庆分行以原中央银行重庆分行为班底，适当增添力量在原中央银行地址开始营业。张茂甫任经理，余跃泽、郝振乙任副经理。1951年上半年张茂甫调区行。余跃泽任重庆分行行长，我任副行长（我是1951年7月被任命的）。

1950年5月12日，西南区行正式成立。王磊、邓辰西分任正、副行长。1951年上半年，王磊、邓辰西先后调离银行，张茂甫、张连方（原贵州省行行长）分别任正、副行长。

1950年2月1日，川东分行正式成立，郝振乙、李士彬分别任正、副行长。1950年4月11日，川东分行与重庆分行合并；10月，两行又分开，分开后川东分行正、副行长分别为郝振乙、张宗汉。

1950年1月23日，西南区保险公司在重庆成立。

1950年12月10日，中国银行复业，办理出口业务。毛步奇为经理。

1950年12月10日，交通银行复业，专营扶助工矿、交通、公用事业、整顿投资机构。江冬任经理。

1951年4月1日，保险公司川东分公司成立。张宗汉兼经理。

1951年12月1日，重庆保险公司正式成立，白银彰兼经理、张维仁为副经理。

重庆是西南重镇，解放初期是西南局所在地。大区级和省市级金融机构就有八个，它们是西南区行、西南保险公司、重庆分行、川东分行、重庆保险公司、川东保险公司、中国银行、交通银行。处、科级基层机构就更多了。仅重庆分行与川东分行合并期间（1950年4月—1950年10月），基层单位就有70多个。至1951年8月，仅重庆市分行就有科级机构15个，办事处26个，分理处和储蓄所38个，以上共79个基层机构。而老区来的干部，1949年底不过70名，加上川东地区也不过100多人。1950—1952年从老区和部队以及西南地区银行系统陆续调来一批干部，如参加重庆分行工作的周炳琳、晋希侃、张益民、曹建业、吕文扬、吴绍文等，参加西南区行工作的张连方、段其寿、曹子文、牟正茂、胡明、张汉、张恩等，加上川东地区随军来的干部，总共也不过100人。如果不主要依靠接管干部和新吸收的干部，显然是不能应付当时局面的。

为迅速扭转混乱的货币局面，稳定金融秩序，为重庆以及西南的经济发展打下良好的基础，我们做了艰苦的工作。1949年12月10日，在中国人民银行重庆分行正式成立的同时，重庆市军事管制委员会发布军金字第一号布告：一、宣布人民币为唯一合法的货币；二、禁止黄金、外币计价行使；三、银圆券作废。留在人民手中的银圆券按1∶100的比价由人民银行收兑。银圆券是国民党掠夺人民的工具，我们是可以不负责任的，尽管我们当时还处在十分困难的条件下，也明知收兑回来的银圆券只是一堆废纸，但我们想到人民的困难，还是收兑了。仅五天时间，在重庆就收兑银圆券1000多万元，兑付人民币10亿元（旧币，下同），使山城人民体会到共产党处处为人民。

为了照顾人民群众使用银圆的心理习惯，也由于我们还缺乏货币手段，在宣布黄金、外币禁止计价使用的同时，还允许银圆以1∶6000的比价进行使用。后来由于特务造谣，投机分子兴风作浪，出现了银圆黑市，影响人民币的币值稳定和群众的根本利益，因此于1950年1月12日开始禁止银圆流通，只允许储存。随即，在党政统一领导下，发动群众，展开了全市性的“拒银运动”，清除了银圆公开市场，同时，对黄金、外币进行严格管理，从而建立起人民币的统一市场。

1950年4月，川东、重庆两行合并，组织人民币下乡为当时重要工作之一。一面扩展川东地区的建行工作，一面配合财政贸易部门，对物资进行适当吞吐，调节货币流通，严禁银圆交易买卖，使人民币流通领域逐渐由城市扩大到农村乡镇。随着城乡物资交流，人民币逐渐深入农村。

1950年6月，朝鲜战争爆发，国际金价波动，导致我国上海、天津、武汉、广州等大城市金价上涨，走私活跃，牵动重庆。重庆分行及时拟定打击投机、消灭黑市的具体六条意见，经上级同意认真贯彻后，金银黑市受到进一步打击。在继续加强管理调整税收价格后，金银黑市活动逐渐销声匿迹，更加巩固了人民币市场。

采取利用、限制、改造的政策，改造私营行庄，一直是我们的一项重要工作。

重庆解放前金融业最多时达150家（不包括保险公司）。由于恶性通货膨胀，工商萧条，加上“九二”火灾，金融业纷纷倒闭。但解放前夕仍有奄奄一息的金融业93家（不包括私营保险25家），除国家接管24家外，尚余私营银行、钱庄69家。

由于通货膨胀、货币贬值，临近解放时这些行庄多已内部空虚，负债累累，解放时基本上陷于停顿状态。为了工商企业也为了私营金融业恢复创造条件，1949年12月17日重庆军事管制委员会发布《关于清理银圆券债权债务之决定》。1950年1月部分私营行庄陆续开门营业。先后开门营业的有上海、新华、四明、聚兴诚、和成、金城等22家银行；有宜丰、信通、深后、金源等12家钱庄，共占69家行庄的近50%。尽管这些行庄恢复营业，但一方面由于国家银行普设机构充任了主要融资业务，私营行庄存款来源枯竭，放款对象难找，另一方面取缔了私营行庄过去惯行的囤积居奇、投机倒把活动，1950年1月底私营钱庄亏损即达15.5亿元。尽管我们采取了“管理与疏导相结合”“积极疏导、深入改造”“成立联合贷款银团”“委托代理业务”政策措施，但到1950年6月只剩新华、四明、中实、建业、聚兴诚、和成、上海、金城、浙江兴业、永利、大同11家继续营业，其他23家相继停业。这11家钱庄存、放、汇业务的百分比比1月份显著增加，而绝对金额很小；又由于人浮于事，开支庞大，加之利率下降，收入减少，收不抵支，看来除引导合营外别无他法了。

重庆私营金融业合营是由小到大的。最初合营的是新华、四明、通商三家。1950年3月，因通商违法，责令停业。4月中实、建业参加合营，增加到四家，即所谓“小四行”。随后，浙江兴业、聚兴诚、和成银行相继参加合营。1951年5月27日在京组建公私合营银行联合总管理处，重庆则由以上七家组建成公私合营银行联合管理处西南办事处。1951年9月，上海商业储蓄银行、金城银行也相继参加合营。从此，重庆九家私营银行走上了联合经营的道路。

1952年11月，根据西南区行制定的《西南区整顿合营金融实施办法》，将新华集团的七家银行和金城、上海两家银行合并成立了一个合营银行，原九家银行的行名及机构一律撤销。因重庆是聚兴诚、和成总行所在地，允许两行分别挂“公私合营银行聚兴诚银行”和“公私合营银行和成银行”的牌子。合并后的合营银行成为人民银行对私业务的一部分，主要面向中小工商业。

合营银行走上公私合营以后，进行了精简机构，一部分职工留下继续工作，一部分经过学习，参加了人民银行。

对停业清理的60家私营金融业，是采取积极慎重的态度的。对资不抵债的15家行庄是将其资产负债移送法院破产清偿后结束的；对资产负债基本相抵的36家是偿付公私债务后结束的；美丰、重庆、华康等9家金融机构经过清理后尚剩财产价值143.77亿元，动员投入生产，一部分职工资遣，一部分经过学习参加人民银行工作。由于对停业行庄采取了积极慎重的态度，清理终于顺利结束，达到了安定民心的目的。

特别值得一提的是清理解放前存款的问题。它是一个涉及人民群众利益的大问题。重庆解放不久，我们就组织人力着手清理，到1953年底止，共登记15923户，应折付人民币70亿元。从6月开始偿付，到1953年共付人民币63.8亿元，存户反映良好。

围绕恢复经济，发展生产，稳定物价，银行做了大量的工作。1950年3月政务院发布《关于统一国家财政经济工作的决定》，这是新中国成立后，对财政、经济、金融工作采取的第一个重大措施。其基本内容为：一是统一全国财政收支，使国家收入中的主要部分，集中用于国家的主要开支；二是统一全国的物资调拨，使国家所有的重要物资，从分散无力的状态中，集中起来变为有用的力量；三是统一全国的现金管理，把所有属于国家的，但又分散在国营企业、机关、部队的现金，由中国人民银行统一管理，集中调拨，增加国家能够使用的现金。通过以上措施，力争做到三个平衡，即全国财政收支平衡、物资调拨平衡和现金收支平衡，以达到制止通货膨胀，稳定物价的目的。这三个平衡是互相影响的统一整体，至今仍有借鉴的价值。赓即中央人民政府于1950年4月公布了现金管理办法，规定各国营企业、机关、部队的现金除经核准保留的库存现金外，必须一律送存中国人民银行；上述各部门的一切交易往来、货币收支，除零星小额及准予使用现金者外，一律用转账办法，集中人民银行进行清理，不得使用现金。从此，中国人民银行就成为全国的现金中心和结算中心了。为了贯彻统一的财经决定，实现“三平”，总行规定1950年全行的重要任务是“收存款、建金库、灵活调拨”。

银行十分重视存款工作，特别是储蓄工作。早在1950年1月9日，“三平”政策尚未公布前，就紧跟全国，成立储蓄部，举办折实存款，保证市民职工利益，回笼货币，支援建设。此种储蓄，储户存款时银行将存入的人民币按照当日五种实物（大河上熟米三市斤、双喜白布一市尺、熟菜油一市两、合槽煤三市斤）的定额价格的总和折成折实单位，支取时银行按支取日的五种实物单位牌价付给人民币。

1950年5月，由于物价基本稳定，停办折实储蓄，但从人民生活实际出发，不受物价上涨或下跌影响，在停办折实存款的同时，举办了保值存款。

1950年12月，还举办了保本保值定额储蓄和保本保值有奖储蓄。

几种储蓄开办后，对稳定币值，鼓励储蓄，发挥了重要作用。1950年全市折实保本保值储蓄存款余额为人民币182.96亿元，占当年储蓄存款总余额224亿元的81.68%。说明以上几种储蓄是受广大人民拥护的，至今仍有现实意义。由于“三平”政策的见效，物价稳定，1951年、1952年两年大力开展各类货币储蓄，经过三年多的努力，1952年底全市储蓄存款余额为1699亿元，比1950年的224亿元增加了6.5倍，为争取财政经济状况好转作出了贡献。

信贷工作一直是银行的一项重要工作，要把消费的山城变成生产的山城，是离不开银行贷款支持的。银行对国营、私营工商业的贷款是逐年增加的，1950年底贷款余额为738.3亿元，1951年为1753.3亿元，1952年底贷款余额为3673.5亿元，1953年为12989.5亿元，1952年比1950年增加4.98倍。第一个五年计划开始的1953年又比恢复初期1950年增加16.6倍。

以下着重谈谈对私营工商业的贷款。解放后不久，就对中小企业发放了小额贷款以活跃市场；1950年5月，发放了55亿元扶助航运事业，促进物资交流，结合开展廉价多汇的汇兑业务，争取兄弟行的支持，克服商品缺乏的困难，使日需“千猪百羊万担粮”的120万人的山城市场逐渐恢复正常。

1950年8月，推出了各农村贷款（桐油加工贷款、土产运销贷款、土产加工与手工工业贷款、农业贷款四种），并试办稻谷储押贷款共计600亿元，以发展农业生产，促进城乡物资交流；1950年12月，由于农村退押进入高潮，部分工商业抽资退押，市场资金短缺，银行除发放公营贸易贷款外，向私营工商业贷款82亿元。1951年4月，本着“广泛开展、深入联系、大出大进、公私两利”的方针扩大办理小型工商业贷款50多亿元。1952年4月，为活跃市场，扶助中小工商业，又推出小额贷款50亿元。这只是有案可查的、集中的、大批的贷款。因为信贷工作是银行的一项经常重要任务，集中的、大批的只是贷款的一部分。以上只在说明，在恢复时期对私营工商业采取利用、限制、改造的同时，国家还是大力支持的。因为恢复时期国营商业是采取商业金库制度，上贷下拨，工业企业的自有资金比重比较大，相对来说私营工商业贷款，占了很大的比重。

银行的现金是经过信贷投放出去的，现金能否平衡，很大程度取决于贷款能否按计划执行。因此银行特别重视贷款的三性，即计划性、保证性、期限性，既注意效果又强调按期归还，强调三查制度（贷前调查、贷时审查、贷后检查）。这些至今仍是值得提倡的。

由于采取了一系列有效措施，1950年底重庆就与全国一样，经济形势开始好转，再经1951年、1952年两年的努力，顺利地结束了国民经济恢复阶段。1953年开始进入了第一个五年计划建设时期。

重庆解放初期的金融工作是有成绩的，效果是显著的，这应当首先归功于党的政策，党的政策是适合民意的，不少政策措施至今仍有参考的价值。

（节选自中共重庆市委党史研究室编：《城市的接管与社会改造（重庆卷）》，西南师范大学出版社1995年版。）

马永明、洪帮仁、徐褒、孙曙：社会风气日趋好转

马永明、洪帮仁、徐褒、孙曙，当时均为重庆市公安局干部，见证了重庆解放后社会风气的变化。

重庆市的社会改造，是解放初期，根据中共中央西南局的统一部署，在中共重庆市委和西南公安部的直接领导下，大张旗鼓开展的一次大规模的群众运动。这次运动，从1949年底开始到1953年结束，历时3年多。主要集中在收容散兵游勇、收缴非法武器，取缔金银黑市、稳定金融市场，收容游民乞丐、加强对野力[①]的管理，取缔台基（一种情色服务机构）、改造妓女、禁止赌博等方面。通过一系列的改造工作，人民的生命财产得到了保障，新的社会秩序得以建立，社会主义建设得以顺利进行。具体的改造工作，分别详述如下。

① 解放初期所谓的野力，指非正式搬运工人，靠出卖劳动力为生，常对客商进行强运争运甚至敲诈勒索，聚群殴打在业工人，扰乱搬运秩序，阻碍城乡交流，影响社会治安，因此，人民政府对他们逐步加以取缔并安排出路。

一、收容散兵游勇，收缴非法武器

重庆是大陆解放最迟的大城市之一，抗日战争期间曾是国民党政府的陪都，解放前夕，又为国民党政府“行营”，还是西南地区军、政首脑机构所在地，地方封建把头、地痞流氓与军警、特务汇集丛生，社会情况非常复杂。人民解放军在各个战役中击溃的国民党军队官兵，流散、窜逃、隐藏在重庆的数量，据统计，在1万人以上，约占当时全市总人口的1%。内有将级军官212人，校级军官900人。他们大多无生活来源，以摆摊、跑小生意和售毒品为生，有的与特务、土匪、帮会头子沆瀣一气，是导致社会不安宁的一个重要因素。其活动特点为：

一是以茶馆、旅栈、烟馆为集结地，以喝茶为名，策划阴谋活动。重庆刚解放，他们趁解放军主力追击残敌、人民政权刚刚建立之机，四处活动，大肆勒索敲诈群众。如敌军排长刘大申冒充军管会张贴布告，公开接收国防舰队、工厂及收缴国民自卫队武器，伪造符号，接收我军存放江南的物资。兵痞周维新冒充解放军，召开群众大会，逼令群众杀猪摆宴欢迎。

二是针对我们的工作部署，不断转换活动方式。当我们按系统组织接收，宣传收缴非法武器、敌军用物资时，他们模仿我们的工作方法，欺骗群众，趁机作恶。当人民政府禁止银圆流通时，他们又冒充检查人员，趁机贩卖银圆，败坏人民政府威信，危害甚大。

三是勾结土匪，城里压力大时，跑到乡下，郊区出现紧张又跑回城里，四处流窜作案。有的在城区组织土匪武装，拉人上山，以山区为据点，到城里作案后又跑回山上。在破获的匪特案件中，敌军官兵参与案件占案件总数的75%。

1949年12月12日，重庆市警备司令部颁布《蒋军溃散官兵登记办法》，并在城区设12个登记站，办理登记手续。截至12月20日，共收容溃散官兵6500多名。收容的官兵内有国防部中将1名，少将10名，校官340余名，尉官1800余名。12月21日，市警备和公安两部又派出大批检查组，深入旅馆、公共场所检查，发现改头换面的散兵游勇中的特务分子，仍在不断散布蒋介石“反攻大陆”“第三次世界大战就要打起来”等谣言。而且抢劫案频繁发生。于是市委于12月31日发布《深入清查散兵游勇的决定》，同时加强了户口管理工作，使漏收的散兵游勇无处藏身。

国民党遗留的散兵游勇，虽是一种消极因素，但只要做好工作，就可化消极因素为积极因素。对他们进行改造的方针为“改恶从善，不咎既往”。警备公安部门还办了学习班，要求他们放下包袱，正确认识过去，改造旧思想、旧作风，树立为人民服务的人生观。在学习过程中，组织他们参加一些简易劳动，如担米、运煤、打草鞋、上山打柴等，不仅解决了一些生活问题，而且学会了劳动，使他们初步树立了劳动观念。经过短期集训，他们都有不同程度的转变。不少人不仅检讨自己的错误，而且还能揭发坏人坏事。有的在检讨自己的历史劣迹时说：“自从参加国民党十多年，对人民犯下了很多罪恶，人民政府和解放军，不但宽大处理，还帮助组织学习，准备送回老家，只有回乡努力生产，来报答人民政府。”要回家的，都订了生产计划，打算重新做人。

1950年3月31日，重庆市成立了散兵游勇资遣委员会。除少数安置工作或需要打击处理以外，其他的全部有计划、有组织地发给路费，遣返原籍。重庆市共遣返散兵游勇5185人，其中送往华东的830人，中南的2382人，华北的57人，西北的329人，东北的73人，就近资遣的514人。

在收容散兵游勇的同时，也开始了收缴非法武器的工作。其措施如下：

1.布告周知。使人人皆知私藏、隐瞒、毁坏武器是违法的。运用报纸、广播等舆论工具，大张旗鼓地宣传军管会《收缴非法武器、电台办法》，结合典型案例，反复向人民群众讲清私藏武器的危害，做到家喻户晓。动员广大群众自觉缴出非法武器，检举私藏武器的违法行为。用强大的社会舆论，敦促非法武器持有者到公安机关呈缴。

2.设立收缴站，集中收缴。各公安派出所均设有收缴站，组织专门力量，负责动员、收缴。如第十三公安分局山洞派出所，在20多天内就收缴了200多支枪。截至1950年4月30日，全市收缴轻机枪65支、步枪7034支、手枪1615支、卡宾枪19支、汤姆逊冲锋枪25支、各种炮15门、手榴弹14368枚、子弹70242发、炮弹3231发、地雷14个、炸药18箱又113包、电话机75部、电台2部、收发报机2部。

3.建立水陆检查站，检查收缴非法武器。全市在进出口要道共建有8个水陆检查站。陆地有土桥、新桥、小龙坎3个，水上有望龙门、储奇门、千厮门、磁器口、朝天门5个。检查过境旅客，收缴携带的非法武器。截至1950年10月，共查获收缴短枪32支、步枪1支、手榴弹1枚、子弹1296发，基本上制止了非法武器出入市区。

经过集中处置，基本上收缴了群众手中持有的非法武器。但是，特务、土匪、敌伪顽固分子是不会轻易缴械的。他们妄图变天，抢劫杀人、为非作歹、上山打游击，就是仗恃手中的非法武器。政府的对策是一靠群众，二靠政策，充分发挥专门机关的职能作用，进行彻底清查，坚决收缴。

一是清匪肃特，政策兑现。1950年1月18日和5月19日重庆市的两次大搜捕，对1331名匪特做彻底搜查，缴获电台11部、手枪15支、炸弹5箱、子弹4000余发。对隐藏武器的，结合其他罪行，给以从严惩罚。一方面号召敌特人员立功赎罪，另一方面发动群众检举。1950年1—9月，由群众检举，经查实私藏武器的就有328起，都及时地予以追缴和处理。

二是集中优势兵力，侦破大案、要案，坚决及时地镇压持枪匪特的破坏活动。公安机关自重庆解放后的10个月内，破获持枪抢劫案218起，其中较大的64起，收缴了大批武器。

三是加强户籍管理，追缴非法武器。1950年初，接管工作完成，即着手查对户口，整顿户籍，建立户口登记管理制度，配合清匪肃特的中心工作，密切联系群众，深入调查。1950年12月1日，西南军政委员会公安部批准重庆市公安局颁布市人民政府《奖励检举私藏武器、非法物资暂行办法》，对收缴非法武器起了积极的推动作用。

由于以上举措，截至1950年底，全市共收缴非法武器计有枪支10822支，子弹477箱又295133发，手榴弹145箱半又2259颗，炮弹713箱又2011个，炸药15箱半又167包以及其他武器。

二、取缔金银黑市，稳定金融市场

解放前夕，重庆市场流通的主要是国民党政府发行的银圆券和银圆。由于长时期、大幅度的通货膨胀，法币、银圆券等急剧贬值，物价轮番上涨，人们的生活必需品的价格一日数变，导致经济崩溃，投机倒把盛行。刚刚解放的重庆面临百业凋敝、生活物资奇缺、民不聊生，金融市场极度紊乱的局面。那时，银圆与人民币混合流通，金银、外币投机盛行。

奸商囤积居奇，操纵、扰乱市场，高价买卖银圆，使银圆由6000元（旧人民币）的挂牌价格一度上升到9000元以上。银圆价格上涨，带动物价随之上扬。各类金融投机分子见有利可图，大肆倒卖银圆。从事金银投机活动者，数以万计。

为了整顿紊乱的金融市场，重庆市军事管制委员会于1949年12月10日颁布了《关于使用人民币及禁止使用伪币的规定》。规定“中国人民银行发行之人民币为市场流通之唯一合法货币”“伪银圆券及其辅币券自即日起宣布作废，禁止流通”。为照顾群众生活，市军管会规定人民币100元（旧币）合银圆券1元的比价，限期收兑散在民间的银圆券。仅10天时间即收兑银圆券1017万元，支付人民币101700万元（旧币）。

为了保持人民币币值的稳定，确保人民群众的生活安定，市军管会于1950年1月20日公布《西南区金银管理暂行办法》，禁止银圆、外币计价流通和私相买卖。《办法》规定人们可以持有银圆，暂不兑换。这样虽对持有少量银圆的市民有些不便，但数量不多，影响不大，而主要限制了持有大量银圆的地主官僚和投机商人的非法活动的余地，国家避免了因大量收兑增大货币发行量，导致物价上涨的风险。同时，国家按规定牌价，分别由人民银行收购黄金，中国银行收购外币，以充实国家外汇储备。主要措施如下：

1.发动群众开展“拥币拒银”宣传活动。为了树立人民币的信誉，1950年春，在各级党委领导下，在全市范围内广泛发动群众，运用报纸、广播大造舆论，宣传《拥护人民币宣传提纲》，组织“拥币拒银”的万人大游行。以工人、学生为主力，运用文娱、秧歌的形式，在工厂、街道和农村场镇宣传讲演人民币是保护人民群众根本利益的唯一合法货币。由于广泛深入的宣传动员，广大工农群众反映强烈，纷纷要求统一人民币制，取缔金银黑市投机行为，为人民币的正常发行、流通澄清了认识，扫除了障碍。

2.加强金银管理。《西南区金银管理暂行办法》规定：制止金银投机和防止走私贩卖；准许私人储存金银及其制品，但不得流通或私相买卖。发现无证携带或计价交换的，按情况轻重没收1/3或1/2；用于走私资敌者，全部没收，情节严重者按扰乱金融罪处罚；买卖金银累犯者，除全部没收外，并课以1—10倍的罚金；操纵金银买卖，对物价、民生造成影响者，没收其全部财产并视情节轻重处以3—15年徒刑。对检举告发者奖，违法乱纪者罚。1951年，市政府又颁发了《重庆奖励检举违法使用与买卖金银暂行办法》，进一步加强管理，严格禁止银圆流通、金银买卖，人民银行亦不兑换，使之与物价脱钩，让它暂时冻结在持有者手里，成为有价值但不能交换的东西。这对银圆大户、银楼、钱庄的黑市投机活动进行“釜底抽薪”，有效地制止了金融市场的紊乱局面，保证了市场物价的稳定。

在冻结金银、禁止银圆流通期间，人民银行仅对因减租退押、缴库、捐款等收入按牌价收兑金银及其制品，直到1951年3月，才开始收兑甲类银圆及少数杂牌银圆和银锭。1952年后，随着土地改革、“三反”“五反”运动和清理敌伪财产等工作基本结束，国家财经状况好转，金银收兑数量减少，人民银行才放宽收兑，不加限制。

国家收兑金银多是金银饰品、冶炼业副产金银、砂金和银圆，收兑总量以20世纪50年代初期数量最大。

3.取缔黑市，打击投机。在整顿金融市场、货币流通与加强金银管理的同时，在西南财政经济委员会的统一部署下，积极开展依法打击破坏人民币信誉和金银黑市投机的违法犯罪活动。1949年12月至1950年9月的10个月内，公安机关依靠群众，对发生的扰乱金融市场案件，查处了1083起，抓获相关各类人员968人。仅1950年上半年就收缴非法黄金1219595市两，白银5676930市两，银圆1319900元，美金1000000元。截至1953年底，共收缴非法黄金130万两、白银1800万两、银圆3500万元、美钞157万元。

三、收容游民乞丐，加强对野力的管理

解放前的三年里，蒋介石热衷于反共反人民的内战，政治腐败，经济崩溃，法币贬值，物价飞涨，人民处于水深火热之中。加之连年水旱灾害，大批失去土地的贫苦农民、失业工人和公私职员被抛向社会，流落街头。其中许多人或因好逸恶劳，或因染上烟毒，为环境所逼不得不沿街乞讨或以偷扒为生。长年累月，养成好吃懒做、依赖、寄生、不思自力的惰性，丧失做人的尊严。这支“队伍”随着年月的增加，越来越庞大，对社会正常生活构成严重的威胁，极容易被坏人利用，成为反革命的社会基础。

重庆解放后，为了巩固新生的人民政权，建立革命秩序，维护社会治安，市军事管制委员会和市人民政府根据党中央、政务院和西南军政委员会的有关政令，一开始就着手整顿市容秩序，在收容遣返国民党散兵游勇的同时，于1950年2月25日颁布收容处置、教育改造游民乞丐的布告，并制定了《重庆市游民乞丐收容处理办法》（以下简称《办法》）。《办法》明确指出收容处置游民乞丐的必要性和迫切性，以及收容处置的方针、政策和措施、办法。

游民乞丐分布面广、量大，成分复杂，分散在城区各个角落，《办法》规定分区设点、设站收容，集中管理，组织劳动，进行政治思想教育，清除其依赖、寄生意识，使之逐步实现自食其力。把他们从堕落、死亡的边缘拯救过来，以根治这类丑恶的社会现象。

为了及时有效地处置游民乞丐，1950年3月，按《重庆市游民乞丐处理委员会章程》，以市民政局为主，联合重庆警备司令部、市公安局、市卫生局等行政、军事单位组建处理乞丐委员会，集中社会各方面的力量，统一领导，统一安排。在该委员会下设两个收容所（后因实际收容人数超量增加，又添设一个，共三个收容所）。第一收容所负责收容处理有劳动力的；第二所收容老弱病残无劳动力的。各所配备足够的管理干部和必要的医务人员，对游民乞丐进行规范化管理。针对游民在游乞生活环境中养成的寄生、依赖、懒惰、邋遢等恶习，首先从规范其正常生活秩序入手，组织参加生产劳动，培养劳动习惯。在劳动过程中进行思想政治教育，并辅以文化教育，使他们懂得劳

动光荣、寄生可耻，促其逐步树立劳动观念，学会一定的生产技能，以达到自食其力的目的。其次是政治学习，由专职干部上课，主讲新旧社会对比和社会关系，分析他们沦为游民的社会原因和个人原因，指出游民乞讨对社会的危害和自身堕落毁灭，使他们认识如何争取改造自新的道理。课后组织分组讨论，启发他们在无拘无束的气氛中自觉倾诉沦为乞丐的堕落过程和遭遇的苦难，以期找到自新的道路，恢复做人的尊严。

重庆市有计划的收容游民乞丐工作是从1950年3月开始的，到年底共收容了八次，合计8269人。直到1952年底，三年内共收容20685人。在经过劳动教育的基础上，开始了分别审查，并按《办法》规定进行分别处理：对来自农村有家可归的，资助其返回原籍，在原籍分田参加生产劳动；凡无家可归有劳动力的，送需要劳动力的部门（如城建、交通等）安排劳动，以工代赈；查明是国民党散兵游勇，送驻军警备司令部处置；属于老弱病残又无家可归的，转送生产教养院或保育院予以教养，对其中可以习艺的，施以技术训练，使之学得一技之长，以便自谋生路；对表现较好，又有谋生能力的，给以必要的资助，准其自谋就业。三年内先后共遣返7885人；分配到厂矿、交通、城建等单位的2210人（其中送去修筑成渝铁路的计1293人）；介绍就业的64人；介绍结婚或领养的133人；转入教养院的6119人；逮捕的潜伏反革命、恶霸和乞丐头子34人（仅1951年数）；因病不治死亡593人；尚未处置的675人（截至1952年底）。

解放初期所谓野力，即非正式搬运工人，靠出卖劳动力维持生活。据重庆市公安局1953年5月份统计，当时重庆的野力有6074人，且有逐年增加的势头。原因是“一五”计划的执行，经济建设规模扩大，往来的物资逐渐增多，搬运公司无充足人力，且搬运手续较复杂，客人怕麻烦，为了方便省时，就雇佣野力搬运。这就给野力留有余地，人数逐渐增多。

野力的来源成分复杂，一是农村中一部分羡慕城市生活而流入城市的农民；二是破了产及一时失了业，以肩挑收入，补助家庭生活的小商小贩；三是转业军人中不愿回乡务农而滞留城市的；四是劳改释放人员，期满释放找不到工作的；五是“五反”运动中垮杆破产的奸商；六是各工地遣回街道的建筑工人，一时分配不到工作的。

野力对社会的危害是明显的。1952年4月，公安部门在2533名野力中，抽样调查了956名，其中就有反革命分子和敌人的社会基础分子——特务2名，把头4名，释放人员10名，现管分子5名，毒犯50名，敌军官17名，偷扒4名，地痞流氓7名，反革命分子25名，其他12名。1954年4月，公安部门调查到的68名野力头子中，就有66名是反革命和敌人的社会基础分子，占总人数的97.6%——土匪3人，逃亡地主9人，把头5人，释放人员7人，现管分子8人，毒犯8人，敌军官3人，小偷5人，地痞流氓8人，兵痞2人，其他8人。这些人不但品质恶劣，而且有的思想反动。因此在他们的掌握支持下，各码头经常发生打架斗殴、敲诈勒索、偷扒拐骗以及白吃等事件，不但严重妨碍码头秩序，同时对人民的生命财产也是一种威胁。外地客商经常抱怨说："重庆码头还有这种人?！我们不敢再来了。"

1954年1月11日，重庆市人民政府认为目前要求消灭野力不可能，决定改变方针为减少野力，逐步消灭。减少的办法：凡是能转移到居民生产组的，尽量动员转，并配合公安部门发动生产队员对他们实行监督；留下不能转的有两种，一是外地农民，二是地痞、坏分子等，前者能动员返乡者，可动员返乡，后者在街头捣乱，破坏社会秩序者，采取逮捕劳改办法处理。

事实上，中共中央西南局早在1950年为了搞好城市治安工作，就做出了将在城市内无法安插的人员，包括野力以及被裁减与被管制的分子，遣送还乡，参加农业生产的规定。中共重庆市委也研究了这一问题，指出除尽量收容安置外，其余全部遣送回农村（原籍）。但是，过去遣送时各级政府均不收留，市委曾于1951年2月22日报请西南局转请各省、区协助办理，其办法是：

1.凡是重庆市遣送回乡之一般失业人员（包括野力在内），持有市劳动局发给还乡证者，各级政府、乡村农协（以原籍为限），应负责安置，土改时分给一份土地。

2.被管制分子遣送回乡者，由市公安局派定专人并持市公安局正式介绍信负责押送各省、区或专署，然后由省、区或专署分别送回原籍管制。

为了做好这项工作，重庆市还制定了《野力工人戒毒转业委员会组织草案》。据此成立转业委员会，下设六个分会，委员会设秘书、宣教、总务等三个处。第一任转委会主任委员为尹楠如，副主任委员为陈其祥。

为“野力工人”生活出路计，市人民政府曾于1950年9月17日责成搬运公司协同失业工人救济处，负责动员其中真正失业的人员转向铁路工作（1950年9月份的野力是送到成渝铁路修路的），谋取正当职业，同时劝告新从农村中来的季节性野力返回原籍，各安生计。

根据以上方针政策，单1950年2月就转走1321人，同年8月参加市政建设7169人，1951年6月逮捕34名。搬运秩序日趋正常，社会治安逐渐好转。

四、取缔台基，改造妓女，禁止赌博

抗战期间，重庆为国民政府的陪都，既是政治中心，又是经济中心，可以说是纸醉金迷的花花世界，嫖妓宿娼的现象到处可见。据不完全统计，全市妓女不下1万人。

解放初期，由于新生的人民政府注意力集中在对反革命活动的打击上，这就给妓女造成一些误解，认为她们是被压迫的，现在解放了，她们也要“解放”，一度肆无忌惮，猖獗一时。

当时这些流落街头的妓女，从早到晚经常活动在临江门、沧白路、兴隆巷、人民公园、小什字、北区干路、较场口、中兴路、木货街、解放碑、老衣服街、夫子池、七星岗、金汤街、两浮支路、南区公园一带。此外，舞厅等娱乐场所也是妓女栖身之地。她们拉截行人，估要敲诈，扒窃偷盗，影响极坏。

为了整顿社会秩序，改造无业游民，重庆市人民政府从1950年3月即开始收容工作，每次收容都包括有流落街头的妓女在内。1951年8月，重庆市公安局根据民政局1951年7月24日发布的关于收容本市妓女游乞会议的决议，决定8月10日开始收容这些流落街头的妓女，并决定以后随时发现随时收容。截至1952年底，共收容了游离分子20457人，其中妓女6000余人。

当这些妓女被收容到集中地点时，妓女对自己行将开始的新生活抱有各种不同的想法：在外面无法谋生或想改造的都愿意到收容所；也有不想来的，如台基老板，她们平时勾引好人，剥削妓女，过惯了不劳而获的寄生生活，在收容时就要无赖不来。但是，不管妓女当时想法如何，对收容改造妓女，广大群众是拥护的，一般看到的人都拍手称快："人民政府又办了一桩好事。"

妓女情况复杂，思想混乱，生活方式和遭遇各有不同，比如沦落较久的妓女，恶习就深，寄生思想就重，怕劳动，怕吃苦，善应对，虚伪，口是心非。这种人教育改造比较困难，特别是劳动习惯较难养成；流落不久的年轻妓女，恶习不深，易于接受新鲜事物，比较容易改造。因此在改造妓女方面，就不能"一刀切"，必须耐心细致，区别对待。具体做法如下：

1. 管理教育。政府的管理教育，就是针对上述实际情况来进行的，大体上分为以下三个阶段：

第一阶段，稳定情绪，建立秩序，戒除烟瘾，培养集体生活习惯。

第二阶段，以抗美援朝、镇压反革命为中心，结合她们的切身遭遇启发她们诉苦，使她们认识到自己浪迹风尘的根源和今后努力的方向。同时组织参加实际劳动，使她们认识到劳动的光荣和寄生生活的可耻。

第三阶段，根据不同情况进行深入调查与教育，以求进一步提高思想觉悟，并结合劳动生产方针，鼓励她们走向独立谋生的途径。一般地说来，经过教育，她们思想上都有不同程度的转变。

2. 分别处理。经过一段时间的教育改造后，即按其不同情况，分别予以处理。

在农村，由于即将进行或正在进行土改，故处理游离分子的重点，是以遣到农村生产为宜，处理妓女亦不例外。所以处理的原则：凡属有家可归的，尽量动员其资遣回籍生产，无家可归而有劳动力的，在她们自愿的原则下，并商洽原籍政府同意，资遣回籍生产；其无法资遣而有劳动力的，组织起来参加力所能及的工作和各种手工业生产；至于无家可归的老弱病残妇女，则分别转入各院继续教养，组织其可能参加的各种劳动生产。政府在处理上采取认真负责的态度，资遣回原籍生产的，绝大部分都得到了适当的安置。例如：璧山县在土改中曾留下一部分土地，并发动群众代为种好，被资遣回籍生产的，立即分得已经插了秧的田，她们对政府非常感激。

但也有部分回籍生产的，因为长期流落城市，不习惯于农业生产，又跑回本市来了。经查有30多人，政府依然收容，重新安置。

其他参加劳动生产的1009人，由生产教养院来领导，在不断劳动锻炼中，身体日壮，工效日高，并有400多人先后经各生产部门挑选为正式工人。其余继续教养的，仍根据其体力、智力分别参加各种生产劳动。比如老弱病残——还能做点工作的，也参加了制酱油，做雨伞、棕绳、棕刷等手工业生产。生产教养院的每月收益已达全部院民供给的60%，生产情绪一般都很高，并自动订立了爱国公约。总的说来，经过分别处理后，基本上已转向生产劳动的途径。

赌博是旧社会遗留下来的恶习。解放前，重庆这个水陆交通大码头，各公口社（指青洪帮的社会茶馆）招待应酬费用，多是靠茶馆后面的赌场抽头而来，因此赌场成了半公开化；其次是赌头、赌棍所开的私人赌场比比皆是。他们靠赌假钱稳赢，靠抽头，有百利而无一灾。其他赌徒靠运气、凭手性，想发财、想捞本的也纷纷参与其中，遂致赌博成风，无法禁止。解放后，人民政府禁止赌博，特别是1950年7月至8月，中央公安部召开了第一次全国治安行政会议后，公安机关的治安管理部门配合全国范围的镇压反革命运动，进一步禁毒禁赌，旧中国遗留的赌博风气基本绝迹。但是，禁赌是一个比较复杂的社会问题，不可能一劳永逸，还会经常出现反复。据重庆市公安局城二分局1953年7月至9月份的案件登记看，就有大的赌博案32起。同年，城一分局龙王庙一个所，28天内就缴获赌具10余副。由此可见，赌博流毒流传甚广。

参与赌博者，当时多是旧货业、钟表业、成衣业、屠宰商、百货等行业的资本家、店员及家庭妇女，也有从乡下来的农民、摊贩以及自首的反革命分子和管制分子。

赌博的方式，一般桌上不摆钱，以“打子子”“火柴签”“算盘子”“心记”等花样来记输赢。输赢的数额由几百上千元（指旧币，下同），进而慢慢地发展到输赢数万元、数十万元，乃至数百万元不等。其结果是不仅耽误了正当工作，更严重的还会引起家庭不睦，闹离婚、闹自杀。在工商业及小型工厂中，因老板赌输而拖付工人工资，有的赌输了无法生活或偿债，就铤而走险，去偷、去抢，造成了社会极大的不稳定因素。

重庆市委和市人民政府对禁赌工作十分重视，专门制定出《关于严禁赌博活动的布告》，公安司法部门根据这一精神，采取了以下的具体措施：

1. 广泛深入地开展严禁赌博的宣传教育。运用报纸、广播等舆论工具，大力宣传严禁赌博的《布告》，反复向群众讲清赌博的危害，动员广大群众自觉反对和抵制赌博活动，造成强大的社会舆论。在广泛宣传的基础上，通告有参与赌博活动的违法人员到公安机关坦白交代，登记悔过。

2. 大力开展查禁赌博的工作。依靠各级党政领导，发动群众，密切掌握本地区、本单位的赌博活动情况；对进行过赌博活动的人员，普遍进行调查摸底，分别情况，采取措施，加强教育管理；对聚众赌博的赌头、赌棍、窝主和赌博情节比较严重、屡教不改的人，掌握名单，核实材料，根据违法犯罪的不同情况，分别给予惩处。

3. 坚决打击赌博犯罪分子。在查禁赌博的工作中，对以营利为目的，聚众赌博或以赌博为业的赌头、赌棍坚决依法公开处理；对有一般违法行为的人，以教育为主，处罚为辅，采取广泛宣传与个别教育相结合，加强治安管理与政策措施相结合的办法，促其登记悔过；已停止活动，并能主动交代问题，揭发检举他人的，免予处罚或从宽处理。

4. 加强对禁赌工作的领导。各地区、各部门、各单位要把禁赌工作纳入议事日程，确定一名领导抓这项工作。对赌博活动不加禁止以至蔓延成风的单位和地区，要追究领导者的责任。

经过上述各种措施，在整个20世纪50年代，公开的赌博基本绝迹，以赌为生的赌场不复存在，人民群众的心目中也知道赌博是犯法行为，赌徒再也不敢明目张胆地赌了，社会风气日趋好转，治安案件相对减少。

（节选自中共重庆市委党史研究室、重庆市档案馆编：《新重庆的起步》，西南师范大学出版社1996年版。）

董术华：新中国第一条铁路

董术华，时为重庆市工商联干部，参与了新中国成立初期成渝铁路的修建工作。

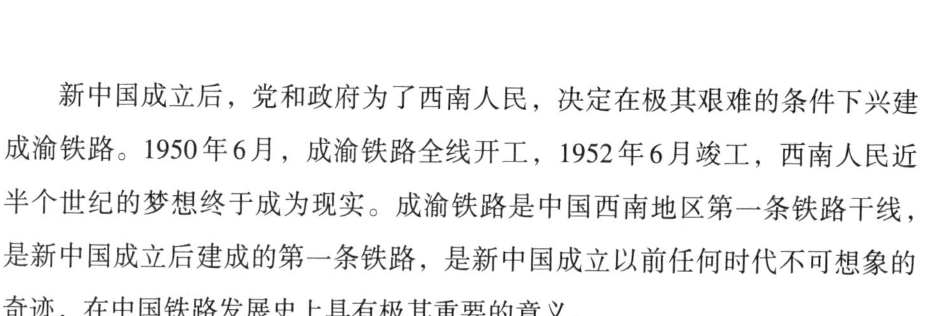

新中国成立后，党和政府为了西南人民，决定在极其艰难的条件下兴建成渝铁路。1950年6月，成渝铁路全线开工，1952年6月竣工，西南人民近半个世纪的梦想终于成为现实。成渝铁路是中国西南地区第一条铁路干线，是新中国成立后建成的第一条铁路，是新中国成立以前任何时代不可想象的奇迹，在中国铁路发展史上具有极其重要的意义。

修建成渝铁路以前，重庆的工业呈现支离破碎、崩溃的局面。究其原因，一部分工厂在国民党撤退时被破坏了，一部分工厂被美国的经济侵略所扼杀，早已陷入瘫痪状态。由毛泽东、周恩来亲自决策，邓小平、刘伯承等老一辈无产阶级革命家亲自主持修建的成渝铁路，自通车以来，为四川乃至整个西南经济的发展和人民生活的改善发挥了巨大作用，取得了举世瞩目的成就。抚今追昔，我们更难忘怀，成渝铁路在新中国成立初期对重庆工商经济的恢复和发展所起的巨大历史作用。

修建成渝铁路，拯救和带动了重庆的私营工商业。筑路工程涉及各行各业，在成渝铁路的修建过程中，人民政府坚持执行“就地取材、以交通养活工业、以国营带动私营”的政策，用订货的方式解决了私营工厂的生产问题和一部分国营工厂的生产问题。成渝铁路的首批料具加工订货，使400多家钢铁、机器厂和1000多个铁作工场迅速恢复了生产。首批料具有土石方、小钢轨配件、道钉、铺轨及架桥的工具器材等附件的订货共2700吨。私营工厂只要求承制300吨，各私营厂负责人表示“不图赚钱，只希望能维持下去”，而西南工业部本着“公私兼顾”的精神，优先照顾私营厂，分配了500多吨。凡是公私营工厂都有能力承担的业务，西南工业部总是先让给私营工厂做，宁可让部分国营工厂停工发维持费，工人只发半开工工资，也要把订货分配给私营厂，且价格相当优厚。这情形可从私营厂增加工人工资中窥见。如承制道钉的工厂，技工的月薪高达150万元旧币以上。政府采取加工订货直接扶持，不仅救活了企业，也调动了企业职工的生产积极性。如四川水泥厂因产品滞销，债台高筑，早已停工。西南工业部用预付款订货予以扶持，使该厂起死回生，恢复了生产。该厂生产的水泥几乎全是成渝铁路的订货，数目十分可观。员工们说：“死了的四川水泥厂是共产党救活的，我们不能忘记共产党是我们的救命恩人。”“为了使成渝铁路早日完工，我们不但要照计划完成生产任务，而且要超额完成任务。”全厂掀起了澎湃的生产热潮和技术革新浪潮，研制出了降耗节能的供旋窑用的改制火砖、轧石机的“弹子压力培林”以及提运机的倾斜式漏斗，从而保证了生产上的大批量。由于政府采取加工订货的扶持措施，私营钢铁、机器业从停顿、关厂的状态中复苏过来，恢复了生产。如私营渝鑫钢铁厂接受成渝铁路订货后，总厂和各分厂都恢复了生产，一改过去吃光资本为有利可图。400多家机器业中的甲、乙、丙三等厂几乎全都获得了订货。如顺昌机器厂自接到磨木机、热压机、水轮机、叶氏鼓风机等订货后，业务情况逐日好转，三次订货金额分别为数千元、四亿多元和十亿多元。铁作业中，有185家企业获得订货，如张瑞生铁工厂接受成渝铁路订货后，当年营业额即达七亿多元。伴随钢铁、机器业和铁作业的恢复生产，对铁的需求猛增，从而带动了四川的土铁业。如江北、合川的大昌铁厂接受订货600吨，永荣区的永和铁厂接受订货800吨，綦江的东原、联一等铁工厂也因有了订货业务而相继复工。开山工程所需大量炸药，促使永川等地停产已久的硫黄业恢复了生产。与筑路有关的木材、建筑、砖瓦、运输、电工器材、化工、五金等业也都相应得到了恢复和发展。当年，机器业曾在《重庆机器业复兴计划》中指出，“我们今天有的是设备，有的是将来的希望，好比一部加好油的引擎，但是电瓶里没有电，必须有人帮助它发动一下，它就可以连续不断的转动”。成渝铁路的订货，给“电瓶”输了电，使遍体鳞伤的重庆私营工商业得到了救治，出现了蓬勃生机。

成渝铁路通车，打破了交通封闭的状况，促进了城乡物资交流，改善了人民群众的物质生活。成渝铁路沿线物产丰富，盛产水稻、小麦、玉米、薯类、棉花、花生、油菜籽及猪肉等，经济价值十分重要。如内江的糖，居全国产量第二位；资阳、简阳的烤烟，远销上海、广州等地；自贡的井盐；隆昌、资中的青麻和夏布；江津的红橘、广柑；川西的中药材，都是在西南乃至全国享有盛誉的土特产。以前由于交通不便，农副产品及土特产空间转移困难，既制约了生产的发展，又影响了人民群众生活的改善。随着成渝铁路通车，物畅其流，若干主要物品价格不断下降，地区差价缩小。据1952年史料记载：中国花纱布公司内江支公司的布匹价格普通降低3%—4%，纱的价格降低1.85%—3.2%。内江糖和自贡盐，因火车运费大大低于轮船和汽车，销区价格普遍下降。如原来由内江运糖到重庆，汽车运费每吨120万元，木船运费每吨78万元，改用火车后仅12万多元。盐亦如此，火车从内江运盐至重庆每吨只需9万元，这就大大减低了人民的负担，促进了人民群众生活的改善，所以，成渝铁路被人们誉为幸福之路。

“土特产畅通，百业兴”，通车以后物资交流的加速，使复苏后的重庆工商业得到了较快发展。据史料记载，1952年与成渝铁路通车前的1950年相比，重庆私营工商业户数增加10.3%，资金增加19%，其中，钢铁、机器业资金增加210%，电工器材业资金增加439%。重庆的私营工商业已彻底走出困境，迎来了繁荣。

由于成渝铁路的兴修和通车，新中国成立初期的重庆工商业得以迅速恢复，并出现了良好的发展势头，从而为重庆发展成为西南最大的工业城市和长江上游经济中心，为今日重庆的经济起飞奠定了坚实的基础。

（节选自政协重庆市中区委员会文史资料委员会编：《重庆市中区文史资料》第五辑，1993年内部出版。）

黄凉尘：宝元通转向国营的经过

黄凉尘，曾任重庆宝元通公司经理、副总经理、总经理。1950年宝元通公司交给国家经营后，任西南军政委员会贸易部副部长、财经委员会委员，西南行政委员会商业局副局长。

1982年3月，姚依林副总理在国务院召开的国家商业部门机构调整会议上，宣布我为新组建的商业部顾问，那时谈到了宝元通公司，姚副总理指出：宝元通是全国第一家转到国营的民族资本企业。

而在"文化大革命"中，"造反派"曾追问我：何以会那么早就希望转到国营部门？怀疑宝元通有特务组织，是伺机"打入国家机关"。他们毫不听我解释，真令人啼笑皆非。

回想当年，宝元通转为国营，西南贸易部举行欢迎会，宝元通创办人萧则可激情满怀地说："这是宝元通自1920年创办以来，盼望已久的一件翻天覆地的大事。"他的确说出了宝元通同人的共同心愿。

宝元通兴业公司具有中国民族工商业的共性，又有它的特性，就是搞改良。宝元通主要创办人萧则可长期担任总经理，思想进步，有事业心。他钦慕邹韬奋办生活书店的创业道路。在20世纪30年代，就倡导劳资合作，吸收职工入股，使股东、职工一体化；限制股额，节制个人资本；总经理由全体职工选举，实行企业民主管理；建立福利制度，注重职工思想教育，长期订阅《生活周刊》，把邹韬奋著《事业管理和职业修养》列为职工必读书，邀请李筱亭、李紫翔、章乃器、江问渔等进步人士为职工作报告，培养职工的民主进步思想，树立终生为宝元通事业服务的志向。解放后担任内江地区专员的张某某、北碚区财贸部长的刘志军，就是当年从宝元通奔赴延安，投身革命的。我也受到萧则可的影响，追求民主进步。1945年在重庆的星五聚餐会上，听到周恩来《当前经济大势》的讲演，领悟到民族资产阶级应走的道路，这次讲演给我留下了极深的印象。这些就构成了宝元通得以动员全体职工转向国营的思想基础与物质基础。

到了20世纪40年代后期，国内局势急剧变化，解放战争节节胜利，国民党政权腐败不堪，垮台在即。宝元通年年出现亏损，几乎难以为继，于是确定了“现在拖得过，将来站得起”的应变原则，进行艰苦的努力。

1947年夏天，宝元通总管理处在重庆北温泉召开了主干人扩大会议。经过秘密探讨，分别交谈，终于取得了基本一致的看法：宝元通倡导的“团体”精神和“事业”意义，不仅不足以妄自尊大，退而求保持其“划地为域的好人社会”也将落空，另谋新路已是势所必然。宝元通只有在人民解放和建设的伟大事业里，才能求得新生。

那时，宝元通已经换届，萧则可身体欠佳，推辞不当总经理，由我继任，郑星垣出任董事长。因我同一些中共地下党员和进步人士有交往，遂决定由我出面寻求宝元通新的前途。

1948年10月，我和樊陶斋、李清法到香港视察宝星纺织厂筹建工作时，会见章乃器，同他商讨宝元通的出路。章认为全国解放不会太近，也不会太远，要我们靠拢进步力量。我们深以为然。1949年3月，我再到香港，经陈铭德、邓季惺介绍，在华人行楼上会见了中共有关方面负责人许涤新、夏衍。许涤新详细讲了当时政治、军事形势和党的民族资产阶级政策。我则向他们介绍了宝元通的情况和倾向革命的心情，并约定以后再谈。同年5月，我回重庆参加股东会，用隐蔽的办法，带回了《新民主主义经济》《论联合政府》

等小册子和解放区的一些剪报。总管理处极少数主干人如饥似渴地阅读这些书报，又一次结合党的政策酝酿解放后的出路。时值重庆局势动荡、混乱，人心思变，民族工商业萎靡不振。宝元通连维持日常开支尚属不易，又逢一些非在职股东闹着要分钱退股，这比经营方面的问题更令人苦恼。为了安定人心，我给职工们讲共产党的政策。有的同人说讲得太露骨了，国民党晓得了要出事。但我觉得应让大家感到有盼头。

以后，我再次与成都地下党员易野源（他的两个弟弟都是宝元通的主干人员）接触，讲了转向人民事业的决心。易野源说重庆解放不会太远了，他完全赞成宝元通拟转向国营、公私合办或交给政府的愿望。他的话更坚定了我们的决心。

1949年8月4日，我离开重庆赴香港，准备自港转赴北平。此时我已正式受命联系宝元通的出路，决定在重庆解放前不再回来。离渝前，我对爱人讲了一些情况，嘱咐她带着孩子等到团聚的一天。我说波折肯定会有，但宝元通同人会全力保护你们的。我就带着国民党特务追捕的进步学生杨代蕴（民生公司杨成质之女）脱离了虎口，一道飞往香港。

1949年11月，我经天津抵达北京，由章元善陪同见到了黄炎培、章乃器。他们对宝元通转向国营的意愿表示赞成。随后，章乃器即在政务院会议上代宝元通向中财委主任陈云申请。不久，章乃器告诉我，中央财经委员会原则同意。重庆解放后，章又告知中财委原则同意的电报已发，嘱我回重庆向西南财委申请。章乃器给西南财委秘书长刘岱峰、西南财贸部副部长李斌和川东行署财委副主任沈兰芝写了信，表示在政治上他对宝元通负完全责任。

我当即发电报回渝，将情况报告总管理处。总管理处为了使全体职工提前做好转向国营的思想准备，于1949年12月9日发出解放后的“通关信”，号召全体职工“认清新民主主义所规定的革命任务……提早转向社会主义性质的国营经济”。广大职工闻讯后欢欣鼓舞。

我于1949年12月4日离京去上海，与樊陶斋一同取道武汉回重庆。到武汉后，我找到以前认识的地下党员赵忍安，由他写了一封信，让我面交西南局统战部秘书长林蒙。

回到重庆后，我第一个见到的是林蒙，我向他介绍了宝元通的情况。总管理处指定我和樊陶斋向西南区财经贸易方面的负责同志洽商，提出转向国营的申请。我们与西南贸易部副部长刘卓甫、李斌恳谈，樊陶斋连续数晚向李斌介绍宝元通的经营管理和人事情况，问答极详。总管理处又广泛开展民主讨论，召开了重庆、成都、宜宾、泸县四地总、分公司主干人和职工代表扩大联席会议，取得了一致的意见。很快，西南财委正式批准宝元通贸易部门转向国营。

1950年1月25日，中共中央西南局第一书记、西南财经委员会主任邓小平在林蒙陪同下，接见了我和樊陶斋。邓小平亲切地问我："让你担任西南贸易部副部长，怎么样?"我回答说听从党的安排。他还谈到任命樊陶斋为中国百货公司西南区公司经理。邓小平说，在旧社会，宝元通是"划地为域的好人社会"，近于空想的社会主义，培养了一批有经营管理经验的人才，这些经验是有用的，要批判地运用，为开创西南国营贸易工作作出贡献。

之后，樊陶斋在北京参加了中国百货公司成立会议。1950年4月上旬，他按照中央贸易部副部长姚依林的指示，由北京去香港，将宝元通设在香港和印度加尔各答的贸易机构交给国家，之后回到上海，将上海、南京两地的贸易机构转为国营。至此，宝元通申请转向国营的愿望，得以完全实现。

行文至此，不禁令人由衷地怀念郑星垣。郑星垣是从教育界延揽进宝元通的，他在宝元通受到普遍的尊敬。他热爱祖国，向往革命。解放前夕，在宝元通面临各种困难的情况下，他极力主张维护这个企业到解放后参加国营，并协调各方，力促其成。还有宝元通的创办人熊郁村、熊荫村先生。他们对宝元通事业的发展颇有劳绩，对萧则可的民主思想，也是一贯支持。

1954年，在全国政协二届一次会议期间，周恩来总理在怀仁堂看见我，亲切地询问我的情况及宝元通职工的工作和生活情况，令我十分感动。党和政府的关怀与爱护，给广大宝元通职工以极大鼓舞。

〔节选自中共重庆市委统战部、中共重庆市委党工委编：《中国资本主义工商业的社会主义改造（四川卷重庆分册）》，中共党史出版社1992年版。〕

余跃泽：
始终抓住对人的团结教育改造

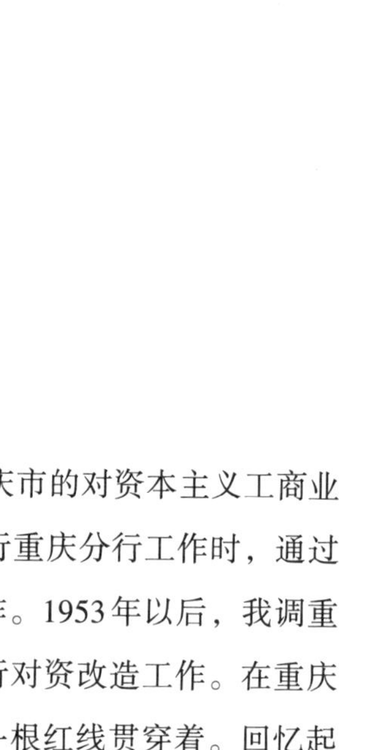

余跃泽，曾任中国人民银行重庆分行行长，重庆市工商联党组书记，重庆市财政局局长，重庆市财委、计委副主任，重庆市委财贸部部长，重庆市副市长。

20世纪50年代，我在重庆工作期间，参加了重庆市的对资本主义工商业的社会主义改造工作。1952年以前我在中国人民银行重庆分行工作时，通过对私营工商业的贷款等业务关系参与了对资改造工作。1953年以后，我调重庆市财委和市委财贸部工作，在市委领导下直接进行对资改造工作。在重庆对资改造工作中，改造企业与改造教育人相结合像一根红线贯穿着。回忆起来，我的实际工作体会最深的，关于团结、改造私营工商业者的是这样几件事。

共产党对胡子昂先生无微不至的帮助，从细微处体现党的统战政策。胡子昂抗日战争时期在重庆就与周恩来、许涤新有所接触，在共产党的影响下，他有强烈的民族、民主意识，对蒋介石的反动政策不满，向共产党靠拢，在全国解放前夕与国民党统治区的一些高层民主人士毅然投奔解放区。重庆解放后，邓小平就提出由他出任重庆市副市长。在他任副市长期间，陈锡联、张霖之、曹荻秋等市委领导一再叮嘱我们，一定要像尊重副市长那样尊重胡子昂先生。记得成立市工商联的时候，市委要我去任工商联的副主任委员，曹荻秋找我谈话，我心里有点胆怯，不大愿意接受这个任务。曹荻秋明确指出要我去支持胡子昂先生的工作，工商联的事情都由胡子昂先生做主。这说明市委领导对胡子昂十分信任。

胡子昂经营的华康银行，受到国民党的排挤、压榨，解放前很不景气。解放初，胡子昂提出由政府接收华康银行的全部人员，当时西南财委和市委马上表示同意，不仅安排了全部人员，胡子昂的弟弟胡永龄还被安排到重庆市人民银行做中层干部。这件事是我具体经办的。根据政策，对华康银行只接收人员参加国营，不接收其资财，但胡子昂要把华康银行的股票连同其他企业的股票交给政府，一再声明自己是政府官员了，不能再有私人股份。经曹荻秋指示，市委统战部向他说明政府不能接收的道理，胡子昂向政府交股票的事才搁置起来。此事在重庆各阶层人士中反应极为强烈，大家更加相信我们党的政策。胡子昂对政府帮他解脱困境，一再表示感谢，他说：政府解除了我后顾之忧，我一定要好好为人民办事。

还记得解放初期，全国召开的两次财经工作会议，曹荻秋都要我向胡子昂传达，我当时思想不通，认为这么重要会议的精神，有关财经政策要向党外人士个别传达是不恰当的。曹荻秋说，对像胡子昂这样的党外人士要高度信任，要让他有职有权。我又问是传达精神呢还是全部传达，曹荻秋答复说，不要保留，全部传达。谈话后，我就同当时财委的秘书，后来在中共四川省委办公厅工作的华青一块去临江路胡子昂的住宅，用了一天时间，向他传达了财经会议的全部内容。传达后，胡子昂非常激动，认为这是党对他的高度信任。中午他还叫人去临江豆花店端来豆花招待我们，对我们的态度非常热情。由于市委对胡子昂高度信任和具体帮助，树立了胡子昂在工商界的威信。事后看来，效果非常好，胡子昂与党的距离更近，跟市里的领导和市政府各部门关系也更加密切，也敢于工作了，在税收、教育、工商、抗美援朝等工作上都发挥了应有的积极作用。重庆市对资改造工作进行得比较顺利，这与胡子昂的努力工作是分不开的。

促使宝元通走上国营的工作是在邓小平亲自指导和过问下进行的。

1949年11月，重庆解放，我就与张茂甫担任中国人民银行重庆市分行的领导工作，我管筹建银行机构和业务。记得是1950年1月初，西南财委副主任刘岱峰召开会议，我也列席参加。这次会议主要是由刘岱峰传达邓小平关于宝元通问题的指示。大意是：宝元通公司是劳资一体的企业，主持人如黄凉尘等渴求进步，要求我们接收他们的企业，现在中央已经批准同意他们转向国营的请求；我们要做好工作，把宝元通在四川各地的机构变为国营机构，安排好人员，特别是他们的主要负责人，中央已经同意黄凉尘任西南贸易部副部长，其他人员也要妥善安排。移交的资产折价要合理，要使他们感到共产党做事是公平、公正的。这对加快建立四川各地国营贸易机构，开展贸易，恢复经济，稳定市场都有好处。刘岱峰讲完后，西南贸易部李斌表态说，西南贸易部在黄凉尘等人的配合下已将宝元通的情况弄清楚了，一些原则问题也协商了一致意见，工作进展很顺利；根据邓小平的指示，力争在短期内召开欢迎会，欢迎他们参加国营商业的工作。刘岱峰问我宝元通资产负债的情况，我说具体情况说不出来，但总的来说不会有问题。因为当时我们银行对私营工商大户的资产负债情况都指定专人密切注意和了解过，银行经办部门并未向我反映宝元通在资金上有问题，所以我答复说不会有问题。刘岱峰说宝元通在转向时如果资金周转上有问题，银行可以短期贷款帮助解决，还说这也是邓小平的意见。事实上宝元通的资金相当充裕，转向过程中并未向银行贷款。从这里看出，邓小平和当时的西南财委对宝元通的转向，对机构、资产作价、人事、资金安排的考虑都很细致。说宝元通的转向是在邓小平亲自指导和过问下进行的一点也不过分。

随后，西南贸易部举行了欢迎宝元通走上国营的欢迎会，我也应邀参加，地点是在冠生园底楼大厅里。李斌和刘卓甫主持会议，黄凉尘代表宝元通的与会者讲了话，除感谢共产党、人民政府外，他的讲话让我记忆犹新的一句是：从此宝元通走向了新生。这句话说出了解放后民族工商业者的心声，是由衷之言。刘岱峰受邓小平的委托代表西南财委讲了话。欢迎会是简单而又隆重的。从此，宝元通成为全国解放后第一个由私营企业转为国营的企业。

宝元通的转向成为重庆市对资改造工作的先声，对重庆市的私营工商业者震动和影响很大。胡子昂对我说过：私营工商业者应像宝元通那样，依靠共产党，靠拢政府才有出路，宝元通的转向，为我们树立了榜样，我办的华康银行也要像宝元通那样走转向的路。杨受百也一再对我说，聚兴诚银行也要走这条路。不久之后，聚兴诚银行实现了公私合营。

宝元通转向过程中，我们很注意代表人物的安排、使用和培养。宝元通的首要代表人物黄凉尘被安排为西南贸易部的副部长，其他如樊陶斋被安排为西南百货公司经理，黄君鹤、易仲郛、孙夔阳等都安排在重庆商业部门，宝元通创始人之一的萧则可被安排为川南商业厅长。这些代表人物对当时的转向工作推动很大，他们在党的教育培养下，经过自身的学习努力，进步很快。黄凉尘担任了中国民主建国会的秘书长，樊陶斋担任了全国工商联的秘书长，成为全国工商界的代表人物。邓小平指示，改造企业要与安排私营工商业者结合好，不仅是做好宝元通转向工作的指导思想，中共重庆市委也是遵循这一思想，把注意对人的安排、改造、培养工作贯穿在重庆市整个对资改造工作中，这是重庆市对资改造工作的一个特色。

重庆私营银行的公私合营，首先是从新华银行重庆分行开始的。新华银行等几家省外银行，在重庆设有分支机构，它们的总行公私合营了，下面的分支机构理所当然要公私合营，这对重庆私营工商业影响不大。

在重庆私营银行中，聚兴诚银行的公私合营对重庆私营工商业影响较大。聚兴诚银行在重庆地方金融界中有实力也有影响，对于公私合营问题，聚兴诚银行内部有较大的意见分歧。以杨粲三为代表，反对公私合营，认为聚兴诚在四川牌子老，还有一定的实力，过去在四川就有“无聚不成行”（意思是没有聚兴诚的人就办不起银行）的说法，杨氏家业不能丢掉，要硬撑下去。杨受百在杨氏家族中比较年轻，倾向进步，则主张依靠政府，跟共产党走，聚兴诚银行要及早公私合营。重庆刚解放时，西南区人民银行副行长邓辰西就对我谈过，说邓小平告诉他聚兴诚银行是四川甚至是西南有代表性的银行，应及早引导其走上公私合营的道路，要在杨氏家族中找出代表人物加以帮助、培养，这对四川的私营工商业是有影响的，团结有实力的人物就会影响一大片。以后，邓辰西、陈心波（西南区行业务处处长）和我分析了杨氏家族中的人，一致认为杨受百在杨氏家族中是倾向进步、愿意跟着共产党的人。我又与当时西南局统战部部长程子健和市委统战部部长杨松青交换过意见，他们也都认为在杨氏家族中，杨受百倾向进步是比较突出的。曹荻秋也指示过我，聚兴诚银行有代表性，要争取尽早公私合营，杨受百在杨氏家族中是靠拢共产党的，要通过他做他们家族的工作。我根据曹荻秋、邓辰西的指示，就经常与杨受百接触，要他做他们家族的工作，特别要做杨粲三老先生的工作，只有他们家族都同意了，自愿申请公私合营，政府才会批准，因为对公私合营政府不能强迫命令，不能做硬性决定。杨受百在市委统战部的具体帮助下，进步很大，特别是杨松青部长也经常找他谈话，向他阐述党的政策，对促进他的进步起了积极作用。杨受百接受党的政策，细致地做家族的工作，耐心说服他们，特别是说服杨粲三老先生，要及早走公私合营的道路。杨粲三在杨受百的帮助下，在解放后共产党、人民政府所作所为无一不是为人民的现实感召下，提高了觉悟，愿意走公私合营的道路。我记得是1950年或1951年的国庆节观礼中，杨受百很热情地引着杨粲三来见我和市里其他领导人，这位老先生就主动说聚兴诚要走公私合营的路，杨受百在共产党、人民政府教育下也很不错。感激之情，溢于言表。1951年下半年聚兴诚就主动申请，并经政府批准，实现了公私合营。杨受百在聚兴诚银行合营中具有举足轻重的作用，但没有杨粲三的思想的转变，聚兴诚银行的公私合营也难以很快实现。在聚兴诚银行的公私合营过程中，也贯穿着在对资改造中找代表人物做工作的这根主线。杨受百在市委统战部的帮助下，也逐渐成了四川省和重庆市工商界的代表人物。杨受百经常说，我这个在旧社会无所事事的人，在共产党的教育下成了有用之才。1987年我去重庆看他时，他还说："没有共产党就没有我杨受百的今天。"他又说："我杨受百没有其他的本事，只有一条，共产党、人民政府叫我干的，我就干；共产党、人民政府叫我不要干的，我就不干。"据我所知这确实是近40年他言行的写照。

聚兴诚银行公私合营不久，和成银行也在其主持人陈诗可的努力下申请公私合营，很快得到了批准。

1952年冬，以聚兴诚、和成为主的公私合营银行成立。我在成立大会上代表政府和金融主管部门讲话，主要是鼓励他们走公私合营的路，希望他们遵守政府法令，端正经营方向，为恢复和繁荣重庆市经济贡献力量。新的公私合营银行的负责人就是杨受百和陈诗可，陈诗可虽不是和成银行的大股东，但长期主持和成银行的工作，除吴晋航外就是他能代表和成银行，在重庆金融界也是有影响的人物，让他与杨受百共同负责公私合营银行是很适宜的，实际上具体工作也是陈诗可做的，他工作勤勤恳恳，公私合营银行转向后在人民银行工作也是很努力的。

1955年公私合营银行与人民银行重庆分行储蓄部合作，转为人民银行内专办储蓄的部门，至此，公私合营银行就成为历史的名词。但银行的转向与宝元通不同，它是经过公私合营后转向的，更是水到渠成的事。

当时还有的私营金融机构由于各种原因不愿参加公私合营，如美丰银行、重庆商业银行等，因清理债权债务还有剩余资产，更由于美丰银行的康心如在四川金融工商界中也是有影响的人物，市委和西南财委都指示要加以任用，以便更广泛地团结私营工商业者。经请示市委和西南区行，就由未参加公私合营的银行和钱庄筹组了重庆市投资公司，由美丰银行康心如主持，这一措施深得重庆私营工商界的好评。康心如主持重庆投资公司也较努力，不久就建起了和平公寓，私营金融业的剩余资金得到了利用。

在重庆私营金融业公私合营和进一步转向的工作中，我们都认真细致做了代表人物的工作，对有影响的代表人物都做了妥善安排，使合营和转向工作顺利开展。把众多的私营金融企业采取各种形式加以融化，对当时市场、物价、货币的稳定起了积极作用。

我们在对私营批发商的改造工作中，也与前面回忆的两件事一样，遵循邓小平和市委的指导思想——改造企业和安排好代表人物相结合，细致地做了大批发商的工作。因为要改造的私营批发商较多，我们根据市委指示，就与市商业局、市委统战部王寒生处长（主管对私营工商业的改造）研究，决定通过市工商联办一个私营批发商业资方从业人员学习班，后来参加学习班资方从业人员有100多人。我们还请胡子昂到学习班讲了话，胡子昂着重讲了对私营批发商业转业转向的必要性以及政府会对资方人员进行妥善安排和使用，并以黄凉尘、樊陶斋、黄君鹤、易仲郛等人为例子，具体阐述了政府对资方从业人员的政策，对解除资方从业人员的顾虑起了很大作用。

在私营大批发商中，百货行业群大百货公司经理童佐臣，是在私营工商业中有代表性的人物。胡子昂就同我谈过，童佐臣负责的群大百货公司资金金额较大，在重庆经营百货批发的时间也较久，把这个问题解决好了，对私营批发商的转业转向会有积极的影响。我们专门做了童佐臣的工作，我也与他谈过话，希望他在私营批发商转向转业中有积极的表现，起推动的作用。同时我们与市委统战部研究，请示市委安排童佐臣为重庆市百货批发站的副经理。市委同意我们的意见，还指出对其他批发商也要根据他们的具体情况安排使用。我们对童佐臣这样有影响有代表性的人物做了妥善安排，对童佐臣的企业和其他私营批发商震动和影响很大。我们对其他行业的大批发商如刘伊凡、李达尊、夏鹤雏、陈天赐等人也进行了妥善的安排，减少了大家的思想阻力，少数批发企业转向为国营，多数批发商转变为经销方式的国家资本主义。

我们不仅安排了工商业者，做了私营工商业者的工作，而且也对与工商业者有关的知识界代表人物也进行了安排。如刘崑水，抗日战争时期与许涤新有较多的接触，思想进步，重庆解放以后，在党的教育帮助下，进步显著，曹荻秋就对我说过像刘崑水就应当多给他工作做。刘崑水担任市商业二局副局长，抓蔬菜工作，经常深入农村，是有突出成绩的。他的工作热情很高，还忙里偷闲写了很多歌颂商业工作的诗篇。曹荻秋对我说，对党外人士不能要求过严，要帮助他，我们就经常与刘崑水下基层，经常交换工作意见。刘崑水成为重庆市级领导干部，也是与党的教育帮助分不开的。

总之，重庆市对资改造工作中贯穿了企业改造与人的安排、人的改造这条主线。

（节选自中共重庆市委统战部、中共重庆市委党工委编：《中国资本主义工商业的社会主义改造（四川卷重庆分册）》，中共党史出版社1992年版。）

周怀瑾：重庆市私营工商业社会主义改造高潮的到来

周怀瑾，曾任重庆市工商联秘书长、中共四川省重庆市委统战部部长、市人大常委会副主任。

我于1952年5月调市工商联任秘书长，到1956年6月调市委统战部。在工商联的四年多时间里，主要做工商统战工作。

我到工商联时，“五反”运动刚结束。针对当时工商界的思想顾虑和消极情绪，市委指示：要迅速活跃市场，恢复全市经济生活，必须进一步加强对私营工商业者的教育，使其认识政策，消除顾虑，鼓励其经营积极性。曹荻秋市长在6月份召开的重庆市工商界临时代表会上宣布政府关于分期退赃[①]的办法和继续加工订货、向工商业者贷款的措施。着重指出“五反”后私营工商业的有利条件及其前途。由于政府采取了一系列措施，逐步扭转了“五反”以后工商界中存在的消极情绪，引导私营工商业者爱国守法，积极经营，恢复发展生产，活跃市场。

---

① 指“五反”运动中，责令违法资本主义工商业者退还其通过贪污盗窃、投机倒把等方式非法所得的赃款赃物。生活确有困难、一时不能退清的，允许其分期分批退还。

1953年党中央提出过渡时期总路线之后，重庆开始对私营工商业进行有计划的改造。当时工商界不少人对总路线不满，说总路线给他们带来了困难，“总路线这座灯塔，把他们的企业照化了”，甚至诬蔑“过渡”为“饿肚”，害怕共产，情绪消极；部分人则误认为“已经进入社会主义”。为此，市工商联组织工商界有计划地大规模开展过渡时期总路线的学习，进行前途教育。曹荻秋市长先后向工商界代表人士及工商联会员代表大会作了专题报告，着重阐述了国家在过渡时期对私营工商业的社会主义改造问题采取的政策、形式，并指出，私营工商业者只要在过渡时期遵循总路线的道路前进，积极进行思想改造，发挥私营工商业对国计民生有利的作用，那么，前途是光明的，今天有合法利益可得，将来有适当工作可做。通过对总路线的学习，广大工商业者改变了错误认识，积极拥护总路线。

1955年11月1日至21日，全国工商联召开第一届执行委员会第二次会议，我应邀列席。我随同市工商联主任委员胡子昂、副主任委员温少鹤及陈叔敬（三人均是工商联执委），提前几天到京参会。

当时正值全国农业合作化高潮。1955年10月29日，全国工商联开会前，毛主席邀集全国工商联执行委员会的全体委员在怀仁堂谈私营工商业的社会主义改造问题，我列席旁听。入党17年，第一次当面聆听毛主席的报告，心情十分激动。毛主席针对当时工商界由于要改变所有制产生的担心前途问题而动荡不安的思想状况，在会上作了关于前途问题的重要讲话，希望他们认清社会发展规律，掌握自己的命运，安下心来，进一步接受社会主义改造。毛主席还提出要加强宣传教育工作；培养工商界的核心分子，通过他们和在座的执委去教育其他工商业者；改造要有准备、有秩序、有步骤，做到瓜熟蒂落，水到渠成。毛主席讲完后，全国工商联主委陈叔通及各大城市的工商联主委如李烛尘、荣毅仁、胡子昂等都在会上发了言，这是一次很重要的会议。

全国工商联一届二次执行委员会议就是这样在党中央、毛主席的亲切关怀和亲自指导下召开的。会上执委们学习了毛主席的讲话，又听了陈云、陈毅两位副总理的报告。他们阐释了毛主席的讲话，要求工商界认识社会发展规律，放弃剥削，还讲了有关改造的整个政策。毛主席的指示和两位副总理的报告，不仅使参加这次会议的全体人员对于国家前途和个人前途，对于接受改造，掌握自己的命运有了更进一步的认识，同时，也为全国广大的私营工商业者指出了一条社会主义的光明大道，这次会议的意义是十分重大的。

这次会议，在联系实际深入学习、讨论的过程中，执委们始终贯彻了批评与自我批评的精神。他们在发言中，联系自己的亲身经历，许多人都谈了自己过去剥削发家的历史；有的用亲身经历批判了资本主义大鱼吃小鱼，盲目竞争，使多数人贫穷破产的现象；不少人还通过解放前后的对比，证明资本主义堕落腐朽的生活方式的害处，说明资本主义只能给国家、人民和自己本身带来无穷的祸害。大家都认识到剥削可耻，劳动光荣，只有作好放弃剥削的思想准备，积极接受改造，决心走社会主义道路，才能掌握自己的命运，获得光明的前途。

在会议过程中，委员们还对如何协助国家对私营工商业进行社会主义改造，如何培养提高骨干分子，扩大工商界核心力量等工作交流了经验，提出了不少积极的办法和建议。由于出席这次会议的都是全国工商界的领导骨干，经过学习、讨论，统一了认识，消除了顾虑，坚定了接受改造、走社会主义道路的决心和信心，为今后进一步协助党和政府推动工商界的工作提供了更加有利的条件。因此，这次会议取得了很大成果。

全国工商联执委会召开的同时，中共中央政治局又召集各省、市、自治区党委书记开会，研究对资本主义工商业的改造问题，经过讨论，通过了《中央关于资本主义工商业的改造问题的决议（草案）》。重庆市委副书记鲁大东出席了会议。

1955年12月初，鲁大东回渝后，市委立即召开市属各部门负责干部会议，鲁大东在会上传达了中央会议精神。会议结束后，有关部门经过调查研究，很快做出了对全市资本主义工商业进行社会主义改造的全面规划，要求在1956年大部分（占全市私营工商业的89%）实行公私合营，到1957年（占11%）全部实行公私合营。

1955年12月28日至1956年1月11日，在市委、市人委的亲切关怀和领导下，重庆市工商联召开了第三届第九次执行委员、监察委员联席扩大会议。会议的主要任务是传达学习毛主席、中央领导同志对资本主义工商业进行社会主义改造的重要讲话，以及全国工商联第一届第二次执行委员会议及四川省工商联筹备委员会第四次常务委员会扩大会议的精神，要求提高思想，统一认识，迎接国家对资本主义工商业的社会主义改造的新形势。

在传达、学习的过程中，市委统战部邀集500多名工商界人士举行座谈，听了市委副书记鲁大东关于资本主义工商业社会主义改造问题的重要讲话。市人委八办、市工商局分别就本市私营工业和商业的改造规划有关问题作了发言。许多委员在认真学习、热烈讨论中，联系实际，运用批评的方法，经过深刻的思想斗争，以亲身的经历，生动地暴露了过去走资本主义道路，依附帝国主义，勾结军阀官僚，剥削起家的丑恶历史，挖出了损人利己、唯利是图的思想根源，消除了疑虑、彷徨，明确了自己应走的道路。会上还讨论了党和政府提出的“全面规划，统筹安排，经济改组，全行业公私合营”的方针和采取定息办法的赎买政策，通过深入学习、讨论，许多人提高了认识，看清了前途，下决心放弃剥削，走社会主义道路。

大会闭幕那一天，市委统战部部长杨松青来市工商联给辅导处长徐伯图通报消息，他说：“接到北京电话，首都的私营工商业已经全部公私合营了！”同一天，《重庆日报》也报道了周恩来总理接见首都庆祝全行业公私合营游行群众时的指示：“私营工商业改造的高潮已经到来。”新的形势给予委员们极大的推动和鼓舞！许多人说：“再也不能等待了，要赶快走向社会主义！”“前几年吃苹果（指个别企业公私合营），现在要摘葡萄（指全行业合营），葡萄不摘，就要烂了！”晚饭后，委员申请公私合营的热情愈发高涨。首先有糖食加工、金属加工、化学工业、食品工业、百货商业等八个行业联名向大会提出了临时动议：建议本市所有各行业联名向政府申请全部公私合营。当主持大会的胡子昂主任委员宣布这一动议时，全场欢腾，在不停的掌声和欢呼声中通过了这一建议。随后，全市42个行业的主任委员都积极响应签名，向政府申请全行业公私合营。公私合营申请于1956年1月16日即被市人委批准，42个行业，共14602户，实行全行业公私合营，迎来了重庆私营工商业社会主义改造的高潮。

1956年1月17日，市中区8万多职工、工商业者及其家属在解放碑举行庆祝大会，陈筹副市长在大会上讲话，代表市人民委员会宣布实行全行业公私合营，并对私营工商业者公私合营后的努力方向和具体工作内容提出了希望和要求。在会上，还有徐崇林、温少鹤、吴修辅分别代表市民建重庆市委、市工商联讲话。吴修辅讲："我们今天向资本主义撒手告别啦！"这句话给大家的印象很深，人们记忆犹新。大会结束后，大家敲锣打鼓，举行游行联欢。1月21日，各区30多万人又分别集会游行，庆祝私营工商业社会主义改造的伟大胜利。

高潮到来后，按原来规划的要求，完成时间几乎提前了两年，从怀仁堂座谈到重庆出现私营工商业社会主义改造高潮，则仅两三个月。因此，还有许多工作要在高潮以后继续进行。工商联继续协助政府有关部门搞好合营企业的清产核资、经济改组和人事安排等工作，进一步搞好公私合营，深入企业改造和人的改造。1957年2月10日，市工商联召开的第四届第二次会员代表会议接近尾声。周恩来总理出国访问归来暂留重庆时，曾于2月10日下午5时前来工商联与代表们会见、合影留念。在小型会上听取了温少鹤副主任委员汇报情况后，总理指出：现在全行业合营了，资本主义所有制基本解决了，但改造人的工作还十分艰巨。总理希望工商界代表人士要带头加强学习，联系群众，深入基层，继续前进。工商界人士受到极大鼓舞。

在对私营工商业进行社会主义改造中，工商联发挥了积极作用。在中央的路线方针政策的指引下，在市委、市人委的正确领导下，市工商联协同市民建重庆市委、市工会、市妇联、市青联等党派、团体一起，遵照有关部门的安排、部署和统一规划，工商联在业务辅导、宣传教育和培养积极分子、核心分子等方面，特别是对企业改造和人的改造方面，都做了大量的工作，发挥了积极的作用。对资本主义工商业的社会主义改造取得的伟大胜利，是与工商联的长期努力分不开的。

（节选自中共重庆市委统战部、中共重庆市委党工委编：《中国资本主义工商业的社会主义改造（四川卷重庆分册）》，中共党史出版社1992年版。）

黄昌秀：
从手工业到二轻工业

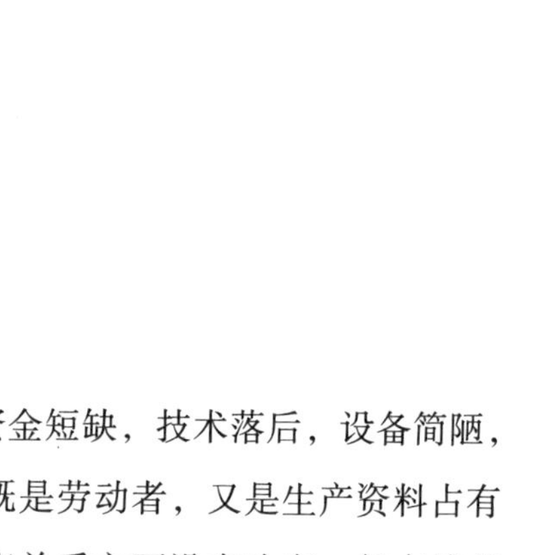

黄昌秀，原重庆市二轻局总支专职秘书、办公室主任。

传统手工业的历史特点是：小而分散，资金短缺，技术落后，设备简陋，生产盲目保守，绝大多数是家庭手工业户，既是劳动者，又是生产资料占有者。虽然经历了向近代工业的发展，但在生产关系方面没有改变，仍束缚着生产力、生产技术的发展。

一、手工业所有制的变革

所有制的变革，这是党对手工业实行社会主义改造的主要内容。手工业的社会主义改造，包括了生产资料，即所有制的改造，思想改造和生产技术的改造。

遵照党的政策，重庆市对手工业的社会主义改造经历了1951年至1953年的重点试办（合作组织）、典型示范，1954年至1955年的积极领导、普遍发展，1956年至1957年的合作化高潮，1958年的全面转厂过渡，1960年贯彻

“手工业35条”等五个阶段，通过合作化道路，逐步使生产资料的个体私有制改造成为劳动群众的集体所有制，达到共同富裕的目的。1956年春全市手工业合作化，1957年对手工业合作组织整风整社，1960年贯彻“手工业35条”，基本完成了所有制的改造和思想改造。生产技术的改造是一项长期的任务，到1965年，重庆手工业到二轻工业的形成，标志着重庆手工业生产技术的改造也基本实现了。

手工业所有制的变革，是一场深刻而具体的生产关系的革命，思想观念的革命；是一项政策性很强的细微工作，因而经历了十分艰苦、曲折的历程。

1949年，全市有个体手工业者79438人。新中国成立后，国家对手工业的改造，是在组织恢复生产的基础上着手的。1950年，重庆市联社（管工商小企业及合作组织的政府机构）、市总工会、市妇联引导个体手工业者、失业手工业工人、城市街道居民组织生产自救性质的合作社。1953年，党的总路线公布，重庆市联社按照全国合作总社颁发的《工业生产合作社章程准则》（修正草案），对已组织的合作社按照“社章”进行整顿、巩固，同时，积极组织示范生产合作社，指导手工业者按照全国总社肯定的三种组织形式，即手工业生产小组（低级形式），手工业供销生产合作社（过渡形式），手工业生产合作社（主要的、高级形式）进行组织。到1955年，全市已有按“社章”组织的合作社、组866个，14334人，年工业总产值达到3125万元。

为迎接手工业社会主义改造高潮的到来，市成立手工业生产联社筹备处，各区设办事处，市、区政府设手工业管理局（科），领导手工业联社组织100人的宣传队，深入手工业者中宣传党的政策和“社章”，动员、组织合作社、组。1956年2月，重庆市农业、资本主义工商业社会主义改造高潮到来之时，全市手工业者掀起了合作化高潮，96%以上的手工业个体劳动者组成1931个合作社、组，取得了全市手工业合作化的伟大胜利。

在“左”的影响下，从1958年起的三年内，手工业管理机构（包括合署办公的手工业生产联社）经历了撤、并的折腾，手工业合作社组经历了向全民所有制过渡，并社扩厂，调整隶属关系的变革，平调之风四起。仅据市郊一至六区525个社组统计，划归其他工业系统232个，商业系统242个，并入国营厂38个，农业系统6个，其他部门7个。三年的折腾，不仅手工业生产受到极大影响，更重要的是市场小商品供应奇缺，吃饭买不到碗，煮饭的铁锅没有卖等，人民生活十分不便。

1961年，全国贯彻“调整、巩固、充实、提高”的八字方针，手工业贯彻中共中央《关于手工业若干问题的规定》，即“手工业35条”。重庆市委决定，1961年8月15日前恢复手工业管理局，干部归队。紧接着恢复区、县手工业管理机构和手工业联社；退赔平调；纠正工作中的问题、缺点：调整所有制，已过渡为国营工厂的退为集体所有制的合作社、组，划归不当的退回手工业部门管理；划小核算单位；组织手工业技术工人归队；安排小商品生产等。通过工作，缓解了市场小商品供应矛盾，手工业合作社、组生产也由正常发展到大幅度增长，全市手工业日趋繁荣。

二、行业发展变化

重庆解放时，手工业行业无所不包，有采煤、粮食加工、捕鱼、中成药、金属制品、建筑、日用杂品等，凡属小、手、杂、集（体）、个（体）的工商及摊贩户均有，也有稍大的接收国民党时的旧厂，如热水瓶厂、冰糕厂、食品厂、织布厂等。国家逐步实行计划管理后，按行业、所有制划定归属，划归手工业管理的行业中，属日用工业品生产的很大一部分由手工业部门承担，手工业原有的一些老行业，在技术、品种等方面不断发展。在1953—1958年内，工艺美术业发展了漆器，扩展了农用五金和日用五金制品等。1962年后，一些任务不足的企业在迫切需要寻找新的出路下，新发展了塑料制品、铝制品行业，开拓了半机械化生产家具，铸铁锅、机械、模具生产，调整皮革行业隶属手工业管理。1963年推行专业化协作时，一部分厂、社为电子工业部门协作，开拓了电子产品生产。国家计委、经委提出要利用集体资金发展塑料工业后，手工业部门转向新兴行业塑料、家电工业发展。随着骨干行业、新兴行业的开拓、发展，品种、花色增多，技术、设备向现代化迈进，手工业部门已形成一些生产占优势、在国民经济中占有一定地位和作用的行业。

三、二轻工业形成

随着手工业部门本身的发展以及技术、设备、品种的变化，它已完全摆脱了传统手工业的生产、组织和管理模式。尤其在一些产品占优势，又为人民生产生活必不可少，为军工、大工业配套的行业企业增多的情况下，1965年2月国务院决定成立第二轻工业部，撤销中央手工业管理局，二轻工业部与全国手工业合作总社合署办公。并对一、二轻工业部的行业划分作了规定。从此，中国工业管理体制中有了第二轻工业的建制。重庆市手工业局改名二轻工业局，按国家规定划分行业，既管全民，又管集体，与重庆市手工业生产联社合署办公，两块牌子，一套班子，二轻工业局代表政府主管二轻行业，联社是二轻系统内集体所有制合作社、组的联合经济组织和领导机关，既代表集体经济利益，又起好政府与集体企业之间的桥梁、枢纽作用，还受政府委托，保证党和政府交办各项任务的完成。

重庆二轻工业局接受1958年转厂过渡和撤并机构的经验教训，既树立集体所有制长期稳定，又把二轻工业所属各行业的全民所有制企业管好的思想，统筹兼顾，把办好手工业合作组织同加强行业管理很好结合，促进了二轻工业的发展。至“文化大革命”前夕，形成二轻行业发展的黄金时期，平均年递增在30%以上。“文化大革命”中，二轻企业职工绝大多数没有“停产闹革命”，而是大提“双革”“四新”，主要行业中的一些骨干企业如五金、机电、机械、木竹、皮革、针棉织等，基本实现半机械化、机械化生产，新兴行业的塑料、家电进一步向现代化发展。一些企业由生产一般的低级的产品，向高、精、新迈进了一大步，区、县二轻工业也有很大发展变化。

重庆二轻工业的形成，标志着落后的手工业生产技术在合作化过程中，已迈向现代机器工业，成为国家社会主义工业建设中的重要组成部分，二轻工业已纳入国家计划经济建设轨道运行。

（节选自中国人民政治协商会议重庆市委员会学习及文史委员会编：《重庆文史资料》总第45辑，西南师范大学出版社1997年版。）

陈之惠：辉煌的第一个五年计划

陈之惠，曾任四川省重庆市计划委员会主任、党组书记兼国际信托投资公司、建设投资公司党组书记，四川省重庆市第十二届人大常委会副主任，重庆市第一届人大常委会副主任。

1949年解放后，重庆是西南大区党政领导机关所在地，是西南最大的工商业城市。

1953年8月，我奉命由重庆市税务局调到重庆市财政经济委员会计划处工作。到计划处后，分配我到综合计划科工作。

财政经济委员会计划处处长是刘兆丰。计划处下设综合、基建、财贸、劳动工资、物资等科。行政、人事等工作由财委管理。

财委计划处负责重庆市的各项计划的编制、下达和组织实施等工作。新中国成立初期，各项计划都不对外公开，所以财委计划处属于保密单位，调入人员都要经过严格的政治审查。

综合计划科（简称综合科）负责计划编制和下达的综合工作。计划编制前，由综合科起草通知，明确编制的内容、办法，要求上报的时间，各部门计划编制完成后，送综合科编制全市的计划。编制综合计划的要点，是注意各项计划的平衡、衔接。由综合科综合后，提出的计划经过计划处审核上报财委批准。由综合科统一拟文下达各单位执行。

综合科除了负责计划的综合业务外，其他科室不管的业务，也由综合科管理。当时的文教卫生等计划，就由综合科主管。

我到财委计划处后的第一任务是领导组织我们学习苏联的计划管理知识，增强“计划就是法律”的观念。

我到财委后不久，接到西南财委的通知，要求编制重庆市第一个五年计划。第一个五年计划的基期是1952年，计划时间是1953—1957年的全市国民经济计划。包括工业、农林水利、交通运输、商业、物资、劳动工资、文教卫生、基本建设等计划。

重庆市第一个五年计划的指导思想，是按照党中央提出的过渡时期总路线：“要在一个相当长的时期内，逐步实现国家的社会主义工业化，并逐步实现国家对农业、对手工业和对资本主义工商业的社会主义改造。”

当时编制计划是按企事业单位的隶属关系编制，而当时占全市工业总产值53%的大型企业由中央各部委管理，许多大专院校和科研院所也由中央各部委管理。重庆市管理的企事业单位的经济总量不大，涉及全市人民的供水、城市建设、管理、维护等工作，则由市里统管。

1954年7月，重庆市第一届人民代表大会上批准通过了重庆市第一个五年国民经济计划。

1954年6月，西南大区撤销，重庆市划归四川省管理，四川省计委通知重庆市计委将各项计划中应有的统计数字上报省计委。我们通知各有关单位搜集整理并上报财委计划处，由综合科综合打印装订成册后，由我专程乘火车将这近10公斤的材料送到四川省计委综合计划科。四川省计委综合计划科科长是辛文，副科长是方玙钟（女），负责接收这些资料，并询问有关情况。

1954年9月1日，重庆市财委撤销后，成立重庆市计划委员会，由市委分管工业的书记鲁大东兼任市计委主任，余跃泽任副主任，市属农业、工业、商业、宣传、计划、统计等部门的负责人任委员。委员是辛易之、陈筹、马力、张尚德、何正清、邓垦、刘兆丰、郝振乙、李思源等。计划委员会第一次会议在市财政大楼会议室召开（现在重医儿科医院大楼），鲁大东主持会议，讨论了计委成立后的有关工作，由我担任会议记录，会后负责整理会议纪要。

重庆市计划委员会定编106人，其中干部98人，设11个科室，即国民经济综合科、工业计划科、私营企业计划科、城建基建科、劳动工资科、物资分配科、财金成本科、商业计划科、社会文教科、人事科、办公室。市统计局属市计委直接领导，市政府物资处归口市计委领导。

1954年冬天，国家计委召开全国计划会议，会议地点在北京市西苑饭店，重庆市由郝振乙、刘兆丰和我出席全国计划会议。会议期间我和四川省计委的辛文、方玙钟将重庆市的计划在四川省计划中单列好后，上报国家计委。

因为是全国第一次计划会议，加上重庆、天津、沈阳、哈尔滨、西安、武汉、广州等直辖市改为省辖市，省市计划合并、单列等工作比较烦琐，所以这次全国第一次计划会议，大约开了一个月。

当时的国家计委主任是李富春，和我们衔接工作的是综合计划局房维中。

1955年7月30日，中华人民共和国第一届全国人民代表大会第二次会议讨论并通过了我国发展国民经济的第一个五年计划。第一个五年计划中，突出了苏联援建的156个项目，其中重庆市的民用项目只有水电部直接管理的重庆发电厂。重庆发电厂是一个火力发电厂，装机容量是两台1.2万千瓦的发电设备。

在第一个五年计划期间，我国建立了完整的社会主义计划经济体制。第一个五年计划的实施，为我国打下了比较坚实的经济基础。1958年国家计委还组织我们到东北参观第一汽车制造厂、吉林三大化工厂和大连市等重化工建设项目和基地，坚定了我们加快建设重庆现代化工业的理念和信心。

重庆市第一个五年计划也是以重点建设投资项目为核心的建设计划。“一五”期间，重庆市全民所有制基本建设投资总额为8.28亿元，其中工业投资为5.46亿元，占66%。“一五”期间，新建和扩建100多个工业项目。国家在重庆新建扩建了一批大型工业项目，如重庆钢铁公司、长寿化工厂、重庆电厂、长寿电厂、重庆塑料厂、重庆空气压缩机厂等项目。市属工业也新建和扩建了重庆热水瓶厂、610染织厂、重庆罐头厂、重庆肉联厂等项目。城市基础设施建设方面，建成了重庆人民大礼堂、重庆市劳动人民文化宫、重庆市青年宫、少年宫、体育馆场、两路口缆车道、无轨电车，增建了道路、供水、排水管道等项目。农业方面扩建了三个国营农场，修建了16座小型水库等，重点建设项目的建成，奠定了重庆发展的初步基础。我曾到许多建设项目工地检查工作，还到人民大礼堂和大田湾体育场等工地参加劳动。

重庆市在第一个五年计划期间，基本上完成了对农业、手工业和资本主义工商业的社会主义改造。

1957年全市工农业总产值达到19.1亿元，比1952年增长112.7%，平均每年增长16%，高于全国同期平均增长10.9%的速度。市的财政收入，1957年达到3.85亿元，比1952年的1.2亿元增加2.2倍；支出2.14亿元，比1952年的4850万元增加了3.4倍，收支平衡，市里有较多结余资金。全市职工和农民的收入都大约增加50%以上。

第一个五年计划的实施，全市经济得到了全面的发展，加上各项社会改革进展顺利，城市就业人口增多，市容市貌焕然一新，社会秩序井然有序，各行各业展现出欣欣向荣的繁荣景象。老百姓交口称赞：共产党好，社会主义好。

我为能参加重庆市第一个国民经济五年计划的编制和实施，感到无上的光荣。第一个五年计划的成果中，有我们的辛勤劳动，第一个五年计划的实施，也为重庆之后的发展打下了一个良好的基础。

（节选自中共重庆市委党史研究室编：《重庆党史研究资料》2013年第1期，内部资料。）

崔连胜：
三线建设及调整改造时期的重庆军工概况

崔连胜，曾任四川省重庆市委国防工业部办公室主任、副部长，四川省重庆市委副书记，四川省重庆市人大常委会副主任。

三线建设时期，重庆建立起了门类较为齐全的，以常规兵器制造为主，电子、船舶、航天、核工业等为辅的国防工业生产体系，汇聚了一大批军工企事业单位。这与此前重庆本身具有的较强军工实力是分不开的，而此后经过改革开放后的调整改造，这些企业对重庆经济的振兴又发挥了极其重要的作用。

一、三线建设前重庆的军工概况

重庆地处祖国内陆腹地，位于长江上游，四面环山，两江环抱，近代以来就是西南最大的水陆交通枢纽和内河外贸口岸。正是这种优越的地理位置和经济条件决定了重庆重要的战略后方基地地位。

作为战略后方基地，重庆的国防工业本身具有一定基础。如重钢的前身是张之洞建立的汉阳兵工厂，后来搬到重庆成为国民党第29兵工厂；特钢的前身是1936年刘湘建的兵工厂，主要生产钢材、迫击炮和炮弹等。抗战时期，国民政府迁都重庆，随之而来的除了大量的工厂、商业、金融、文教、科研机构，还从南京、上海、广东、湖南、湖北等地向四川重庆先后迁入并新建了一批兵工厂。当时如果不算关外，军火工业80%都靠重庆生产。后经国民政府几度拼拆迁移，加之战乱连连，到1949年解放时，仅存7个已遭到严重破坏的军工厂，分别是：江陵、嘉陵、长江、建设、长安、望江、重庆无线电厂。当时因为军队干部不熟悉管理，所以接管时西南局第一书记邓小平打电话给工业部部长何长工，要求从沈阳等地的老兵工基地借调人员过来管理重庆的兵器工业（我就是这时过来的）。于是，1951年成立了西南兵工局。

新中国成立后，党和政府十分重视国防工业的建设。在1950年至1952年的国民经济恢复时期，国家对重庆七大兵工厂进行了恢复性建设。1952年将余家坝纺织机械厂改建为生产坦克的军工厂，即现在的空压厂。1953年至1964年间，国家大量投资，从苏联引进军工技术，对老厂进行技术改造和扩建，同时还于1959年新建了巴山仪器厂（生产航天遥测设备）。由于改造扩建，重庆的军工生产规模迅速扩大，配套能力迅速增强，到1964年三线建设开始时重庆共拥有10个军工厂。

二、三线建设时期重庆国防工业的布局

1964年，中共中央和毛泽东在国际局势日趋紧张的情况下，为加强战备，逐步改变我国生产力布局，做出了进行三线建设的重大战略决策。重庆作为三线建设的重点地区，目标是建立“以交通、能源为基础，以国防工业为重点，原材料工业与加工工业相配套，科研与生产相结合，门类比较齐全的工业体系”。因为重庆过去的工业门类很不齐全，三线建设前没有仪器仪表工厂，只有一个716电子厂（整个北碚的热工仪表中心都是三线时期建成的），而炼钢、化肥等都需要热工仪表来指挥。于是，以重庆（当时还包括广汉等，不是现在的范围）为中心，从沿海发达城市搬迁了200多个厂所，其中，上海122个，广州、南京20个，东北地区27个，华北地区43个。搬迁采取的是

小厂全搬，大、中厂一分为二的办法。

当时，国防工业的部署是把兵器、船舶、航天放在重庆及周围，把二机部的核能、核工业、电子、飞机放在成都。重庆根据这个要求，在綦江、江津、南川、南桐、荣昌沿线安排了常规兵器工业，以大炮为主。有三个炮种：最大的是152大口径加农炮，由綦江双溪厂生产（由东北齐齐哈尔搬来）；其次是122加农炮，生产量不大；另外当时还准备按照37炮基本原理生产“100高”（100毫米高射炮），就是把炮弹口径从37毫米扩大到100毫米，从而增强杀伤力，主要是车用。在巴县、涪陵、万县主要安排船舶工业。重庆重点生产两种舰艇：一个是小型巡洋舰，用于内海巡逻。当时在巴县的明月沱生产了一台这种舰艇，但由于吃水太深没法开出去。另一个是在涪陵的李渡准备生产核潜艇，但由于一些原因最终没能生产出来，下马后改为生产锅炉（李渡锅炉厂）。生产锅炉必需中板，当时虽然重钢的轧钢能力很强，但只有轧棒、轧钢，而没有板，特别是没有重板和中板。于是为了配套，从鞍钢搬了中板厂。所以重钢中板厂是重庆为搞海军产品配套过来的。同时，在万县（现在万州城对面的山沟里，长江以南）又搞了6个配套厂，以陀螺仪（导航仪器仪表）为龙头。在北碚、华蓥山安排光学仪表。生产大炮需要炮镜，所以在华蓥山片区建了陆军指挥仪器生产厂。原料来自成都玻璃厂（从韩国引进，耐高温）。后来三线调整期间放弃了华蓥山光学厂，非常可惜。在达县、宣汉、大竹、万源安排航天工业。当时这些地区都属重庆三线建设管辖范围（绵阳分给成都成为二机部原子能基地），达县成为七机部的航天基地。这一片最早主要生产导弹，后来生产火箭。

此外，围绕这部分常规兵器、船舶工业、仪器仪表和航天工业，在重庆周围地区还配套搬迁和新扩建了许多机械、化工、冶金项目和科研院所。如生产导弹火箭需要铝和大型铝加工厂，于是成立了西南铝加工厂。再如原子能生产虽然放在成都绵阳，但原料的生产需要大量水，所以核原料生产仍放在重庆，于是就有了涪陵816厂。当时设备投资7个多亿，工程兵一个师干了几年。为了这个厂的建立，还配套了大批化工项目，如生产高压阀门需要橡胶，就在南岸建了橡胶厂。

总的来说，三线建设时期中央在重庆及周围地区统一部署，集中兴建了兵器、船舶、电子、航天、核工业等国防企事业、科研院所及与之配套的机械、仪器仪表、冶金、化工、交通等行业，仅重庆辖区就有110多个企事业单位。这批大中型骨干企业的建成投产，使重庆建立了比较完备的工业体系，大大增加了重庆的经济实力。

三、重庆军工企业的调整改造

由于特定的历史背景，三线建设在国家急于备战的情况下仓促上马，并且受到“文化大革命”动乱的冲击和“左”的指导思想影响，因此也存在一系列问题：规划投资综合平衡不够，配套建设跟不上，布局过于分散，盲目追求高速度，轻重工业比例失调等。尤其是按照“山、散、洞”的原则进行规划，造成了许多企业的先天不足，留下了比较严重的后遗症。这些企事业单位多数分布在偏远山区及河谷地带，交通不便、信息不灵、设备工艺老化、产品开发滞后，职工子女的教育、就业、婚姻等问题严重。有的企业还受到水源枯竭、地下采空、泥石流滑坡等自然险情的威胁；有的大型生产车间设在洞内，职工工作条件非常恶劣。这诸多因素又导致大量科研人员和生产骨干流失，企业生存十分困难。

为了扭转困难局面，国务院于1983年10月正式作出决定，按照“调整改造，发挥作用”的方针，全面开展三线建设的调整改造工作。重庆市在“七五”“八五”“九五”期间共安排调整项目31个，涉及调整单位43个，占全市三线建设125个企事业单位的34%，调迁职工近6万人。在具体的调迁过程中，针对不同情况又采取了不同的调整方式，主要如下：

一是三线企业调整与资产重组、企业改造结合起来。调整过程中克服原样搬迁、重复建设和“大而全”“小而全”、一包到底的弊端，上规模，上档次。如兵器系统，将处于偏僻山区的九户大中型企业，集中调迁至巴南区鱼洞镇，通过资产重组和企业组织结构调整，成立了大江车辆总厂（107厂）和九个专业分厂。“上档次”具体来说就是按照两条线搬迁：一条军品生产特种车辆、重炮，形成军工重型机械生产基地；另一条民品生产各种微型轿车等。

改变“大而全”“小而全”就是把过去各个厂里相同配套的部分合在一起组成分厂。例如过去几个企业都有浇铸铝加工的压铸厂，现在把这几个铝加工压铸厂合在一起组建成为生产摩托车发动机外壳的一个分厂，专业性更强。同时，还通过调迁，吸引外资，兴办了七家中外合资、独资企业，使整个地区形成了企业群体和新兴工业区。通过专业化分工和协作配套，企业生产水平和技术水平都有了很大提高。

二是把调整与全市的发展布局结合起来。重庆市三线调迁项目中有20多个企事业单位迁入重庆经济技术开发区或高新技术开发区，形成经济发展新的增长点，使一批工业小区和企业群体应运而生，逐步形成一批新兴产业和企业集团。如把万县船舶系统的六户三线企业集中迁入渝北区冉家坝，形成了精密机械仪器仪表工业区；把永川三个电子研究所（24、26、44所）、两个电子工厂（759、789厂）和一个光学厂（华蓥山的光学仪器厂）调迁至南坪地区，形成了电子仪器仪表工业区；把两个研究所（59、62所）、两个设计院（航天设计院、化工设计院）、两个企业（515、289厂）调迁至石桥铺，形成了科研区；把原来分散在綦江、万盛、南川、江津一线的九个大口径火炮厂集中迁到巴南鱼洞，形成了汽车及重型机械加工工业区。上述企业调迁后，扩散到地方企业的产品166个，兴办或联办地方企业15个，带动了地方工业的发展和开发区的形成，改善了重庆地区的工业布局。

三是老厂不动，将科研机构和民品生产调迁。如红宇机械厂，地处西泉山沟，军品生产线不动，将民品生产调迁至璧山县城，既减少了投资，又使军品民品生产达到了较快发展。再如一坪化工厂，原是厂所合一的单位，通过调整把研究所迁入石桥铺，同时又新建了一个年产5万吨的润滑油生产企业，既稳定了科研技术队伍，又使生产获得了新的发展。

四是就地调整改造。如建峰化工总厂，原是国家重点投资的核工业企业。1966年7月开建，原定1973年投产，但因“文化大革命”影响，军品生产未建成就下马，山洞闲置一直放到1983年。由于企业规模大，又地处深山沟，搬迁很困难。最开始航天部要求按照航天方面进行改造，搞了16个方案都不成功。后来经鲁大东与国家有关部委和省市多次协商研究，运用三线企业调迁政策，就地新建了电厂和引进一条大化肥生产线，并在重庆开设企业窗口，从而使企业摆脱了困境，稳定了职工队伍，并为新的发展创造了条件。现在该厂已能生产尿素、复合肥、电解锰、摩托车消声器、塑料编织袋、特种橡胶、白炭黑、发电和压力容器等几十个产品。

三线建设和调整，使重庆逐步建立起门类齐全、科技力量雄厚的工业生产体系，尤其是以常规兵器制造为主的国防工业。直到今天，我市作为国家兵器装备工业基地，仍有一些由三线企业发展演变而来的中央在渝军工企业。与此同时，还改善了重庆的工业经济结构和布局，促进了工业集聚效应的发挥，形成了以机械制造为主的汽车摩托车、以天然气为主的化工、以钢铁和铝材为主的冶金等支柱产业，大大增强了重庆的整体经济实力，在一定程度上加快了城市现代化的进程。

（节选自中共重庆市委党史研究室编：《新中国成立70周年重庆口述回忆文集》，西南师范大学出版社2019年版。）

陈宏逵：
我所知道的三线建设和三线调整

陈宏逵，曾任四川省重庆市国防工业办公室生产技术处副处长、市经委国防工业处副处长，四川省重庆市三线建设调整改造规划办公室主任。

1968年12月，我从北京工业学院毕业，被分配到重庆市国营晋林机械厂工作，开始了我从1968年至1997年长达29年的三线生涯，见证了重庆市三线建设和调整改造的几乎全部过程。参加三线建设是我一生最重要的历史和事业，也是我引以为自豪的精神财富。我在工厂工作了14年，历任工人、组织干事、团支部书记、车间指导员、党办兼厂办主任、代理经营副厂长。1981年11月调入市级机关，先后任市国防工业办公室生产技术处副处长、市经委国防工业处副处长。1984年1月，根据三线建设需要调整、改造的要求，奉命组建重庆市三线建设调整改造规划办公室并主持工作，直到1997年调整工作结束。

一、艰苦卓绝、成就巨大的三线建设

20世纪60年代中期，中共中央和毛泽东主席鉴于当时险恶的国际环境和日益好转的国内形势，高瞻远瞩地作出了一项具有深远意义的战略决策——集中力量、抓紧时间建设三线。从1964年到1980年，规模巨大的三线建设在我国腹心地带的13个省和自治区全面展开。累计投资2052亿元，参加建设的职工达400多万人。三线建设大体分为两个阶段：1965年和“三五”时为第一阶段，投入560万元，占全国同期基建总投资的48.5%。“四五”和“五五”为第二个阶段，投入资金1492亿元，占全国同期基建总投资的36.4%。规模之大，动员之广，行动之快，职工积极性之高都是空前的。在中央、地方各级党委和政府精心组织和统一指挥下，在全国人民的大力支援下，排除了“文化大革命”的一些干扰，战胜了种种困难，取得了巨大的成就。三线建设建成了10条总长8046公里的铁路干线，建设了1100多个大中型工矿企业、科研单位和大专院校，积聚了50多万科技人才。以铁路、公路、长江为网络的交通运输业，以煤炭和水、火电为主体的能源工业，以发电设备、机床和汽车为代表的机械制造工业，以钢铁、有色金属为重点的原材料工业，以元器件、通讯和引导设备为骨干的电子工业，以战略武器和轻、重型装备为特色的国防科技工业，都形成了相当的生产能力。三线建设对于改善我国生产力布局，增强经济和国防实力，促进内地资源的开发，带动少数民族地区的进步都有着不可估量的意义。三线建设是我国社会主义经济发展史上一个重要的历史阶段。三线人体现出的聪明才智和无私奉献、艰苦奋斗、顽强拼搏的创业精神，值得我们永远铭记和尊敬。

重庆作为三线地区最大的工业重镇，国家对其重视是不言而喻的。重庆三线建设的重点是建设以重庆为中心的常规兵器工业基地，共有26个项目并扩展到周围的14个区县，共46个企业和8个科研、学校等单位，累计投资15.23亿元。我所在的工厂即是第一阶段率先启动的“三炮一光”计划的一个火炮厂，由山西太原老厂包建。但重庆的三线建设不仅是建设军工厂，所有的工业门类都有，主要的是基础建设，是自抗战时期沿海企业内迁以来，对重庆的工业、科研、教育、能源、动力、交通、通讯系统等方面进行的规模最大、最全面的改造。三线建设修通了川黔、襄渝两条铁路干线，使重庆成为成渝、川黔、襄渝三条铁路的枢纽，重点建设了西南铝加工厂、四川汽车制造厂、四川仪表总厂、四川维尼纶厂，大力发展了川东天然气采掘工业，共34个大中型项目。从1965年到1978年，国家向重庆投入50.5亿元，是三线建设前14年国家累计投资22.73亿元的2.2倍。三线建设是重庆经济社会发展历史中极为难得和重要的机遇，也是发展速度最快的一个时期之一。

三线建设在取得巨大成就的同时，也确实存在不少问题。主要是：1.基本建设规模太大，战线拉得太长。2.选点过于分散，布局不够合理。3.时间要求过急，违反基建程序。4.配套建设不够，综合能力较弱。5.生活设施不足，建筑标准过低。随着改革开放的深入，这些问题对三线建设发挥作用的制约和限制日益显现，引起了党和国家的重视。

二、调整改造，二次创业

1978年12月召开的党的十一届三中全会，总结了新中国成立以来正反两方面的经验，全面清算了“文化大革命”的错误，重新确立了党的马克思主义的思想路线、政治路线和组织路线，做出了把工作重点转移到社会主义现代化建设上来的战略决策，开创了我国国民经济发展的新阶段。1979年初，中央提出了“调整、改革、整顿、提高”的八字方针，为稳定和发展国民经济起到了重要作用，也为三线建设指明了方向。从1979年至1983年，三线建设从三个方面进行了初步调整。一是缩短基本建设战线，调整投资方向，解决规模过大、战线太长的问题；停、缓建了一批基建项目，保证重点，并加强科研生产配套，补充教育、生活设施。二是生产任务严重不足的企业开始转向民品生产。三是对极少数选址不当、难以维持生产或重复建设、重复生产的工厂和研究所实行关、停、并、转、迁。四是研究采取了一些必要的政策措施，稳定了三线职工队伍。

1983年，随着“八字方针”的贯彻，全国经济形势迅速好转。国家着手酝酿拟定“七五”计划。国民经济的发展对三线建设提出了新的要求，也为其开展调整改造创造了条件。为此，国家决定组建专门的机构负责这项工作。1983年12月3日，国务院下达了关于成立三线建设调整改造规划办公室的通知。1984年1月22日至26日，在北京召开了国务院三线办公室第一次成员会议，研究和部署工作。国务院三线办公室由鲁大东为主任，钱敏、郑汉涛为副主任，重庆市委副书记周春山为该办成员，我作为周书记的助手参加了第一次成员会议。国务院的通知和第一次成员会议指出，三线企业的调整改造，在指导思想上必须从国民经济发展的全局出发，同国家的长远计划相结合，合理配置生产力，促进专业化协作，促进经济联合，促进技术进步；军工企业还要根据战略布局、武器装备规划、战时需要、军民结合等特点，统筹规划，综合平衡。把三线建设成为平战结合的战略后方基地。三线建设的具体任务为：一是企业布局调整。把厂址存在严重问题，没有发展前途的企业，按照经济合理的原则，实行关、停、并、转、迁。二是产品结构调整。三是技术改造。四是研究和解决发挥三线企业作用的有关生产扶持和稳定职工队伍的政策。

“七五”和“八五”期间，全国共批准调整布局的单位236个。分布的范围有云、贵、川、陕、甘、豫西、鄂西、湘西和重庆市共8个省（市）。其中重庆有34个单位，按行业分有电子工业5个，兵器工业13个，船舶工业6个，航天工业1个，机械、仪表、医药、化工9个；按单位性质分有生产企业24个，科研、事业单位10个；按单位原属地划分有从广元、内江、达县、广安、万县、涪陵地区调整至我市的共14个，其中电子2个，兵器5个，船舶6个，航天1个，此外，另有3个兵器工业企业，由我市迁往四川成都市。

三线企业的布局调整，一个显著的特点是建设资金不是由国家全包下来，而是在国家给一定的资金补助和政策扶持下，主要依靠自己发展生产积累资金来进行，其难度是可想而知的。在这种情况下，调整任务最终得以完成，最根本的原因是反映了广大三线职工的愿望。他们把布局调整视为“精神支柱”，迸发出了惊人的积极性和创造力，“以调整促生产，以生产保调整”，创造了“二次创业”的光荣历史。

重庆市对三线建设调整改造工作从始至终都极为重视。市领导于汉卿、孙同川、刘志忠、周春山、金烈、秦昌典等都先后主管过这一工作。市级各部门，特别是巴南、渝北、江北、南岸、沙坪坝、北碚等区县在规划、环保、项目管理、建设施工、征地拆迁、安置劳动力等方面给予了大力支持和多方面的优惠，加快了项目推进的速度，节约了成本，减轻了调整单位的负担，给调整单位创造了非常有利的外部环境和有利条件。在各方面的共同努力下，我市的三线企业调整工作取得了显著成效，调整单位的面貌发生了很大变化，不仅稳定了职工队伍，而且促进了企业结构的调整，提高了经济效益，带动了地方经济发展。例如建设在巴南区鱼洞的大江工业（集团）有限责任公司，是全国最大的调整项目，由先后列入调整计划的分散布局在綦江、江津、万盛、南川等地的兵器工业9个火炮专业工厂，打散建制合并为一个总厂，职工人数超过两万人。该项目从搬迁建设到兼并重组，从债转股到资产一体化，从工厂制到公司制改造，一次又一次裂变，成为一座充满生机和活力的重庆西部新的汽车城。又如建设在渝北冉家坝的、由万县市迁入重庆的船舶工业仪表厂，亦是如此模式建成了华渝集团。三线企业的调整给我市的经济发展注入了活力，一定程度上改善了重庆市的经济结构，引进了一些我市缺门或薄弱的行业，留住和吸引了一大批科技人才，形成了一些新的经济增长点。在巴南区鱼洞、渝北区冉家坝、南岸区南坪、沙坪坝区石桥铺、北碚区歇马等地形成了调整单位相对集中的机械、船用仪表、电子、科研、光学仪表等基地，其中南坪和石桥铺的开发建设为后来组建的市经济技术开发区和市高新技术开发区奠定了基础。

“忆往昔峥嵘岁月稠”，三线建设艰苦创业和调整改造的“二次创业”虽成历史，但建设者和广大三线职工为祖国安全和人民幸福所表现出的浩然正气将长存于天地之间，对祖国、人民、事业的奉献拼搏精神将永远传承于世。

（节选自中共重庆市委党史研究室编：《重庆党史研究资料》2014年第1期，内部资料。）

刘远锡：知识青年话当年

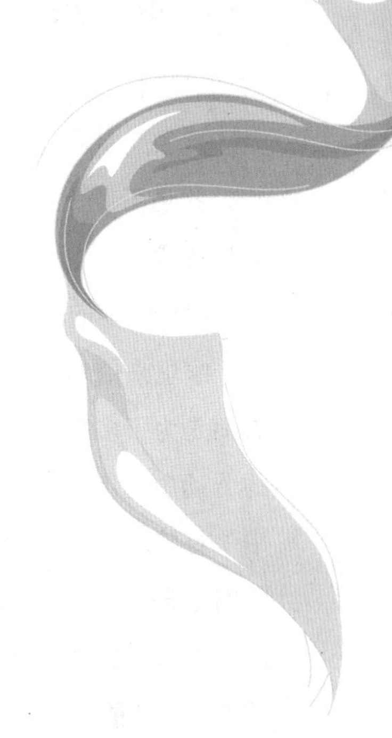

刘远锡，原重庆轮胎厂副厂长，经历了知识青年上山下乡，后入伍成为解放军战士。

1974年6月我在41中（今天的巴蜀中学）高中毕业后，便面临着人生道路抉择。留城是不可能的，我的哥哥下过乡，已经回城，我唯一的出路是到农村去。好在我从小吃苦惯了，父母都是工人，家境贫寒，我19岁了，应该靠劳动自食其力。于是在当年8月，我便到农村落户了。

刚到农村就面临农村秋收大忙季节，立即投入割谷挞谷的劳动，抱一捆谷草，手被划起血丝般的口子，挞谷子，一天下来腰酸背痛。有一次背了100多斤谷子，腰简直像要被压断了一样。但是咬紧牙关，坚持到底。强体力劳动，使我病倒了。但看到金子般的谷子流进粮仓，我高兴自豪，因为我为它们流过汗水。

闯过挞谷第一关，紧接着学犁田、耙田。清晨，太阳还未露脸，我已是满身泥浆，满头大汗，脚粑手软。我真想放下犁头，但是生产队长钦佩赞许的目光鼓舞我坚持下去。

栽秧又是一门新课，开始我图快，想赶在别人的前面，社员喊我不要图快，我还不服气，但是回头一看，果然窝距行距不匀。有的秧子没有扎根，像竹排漂在水上。第二天我便跟着栽得比较好、进度又快的社员一起栽，以便及时得到他们的指点。果然第二天便大有进步，得到社员的夸奖。

家里来信劝我不要喂猪，怕我太辛苦，可是我坚持喂了一头猪。喂猪一方面是为了多积肥，肥多粮多；另一方面也是为了更好地锻炼自己，在艰苦的劳动中磨炼革命意志，把立足点转移到工农群众一边。养猪的确不容易，中午打猪草，晚上煮猪食，清洗猪圈。既要参加生产队的劳动，又要喂猪。特别是暑天，气温高到38—39摄氏度，吃的麦子烧心，上山打猪草，汗水一出，口渴得要命，是下马，还是坚持，真是严峻的考验。我终于闯过一道道难关。春节前杀了一头大肥猪，200多斤，背了半边猪回家，给我哥哥捎回去办结婚喜酒。

1976年春天，国家征兵，我被层层推荐，入伍当兵，结束了近两年的知青生活。我告别贫下中农，来到甘肃部队，当了一名解放军战士，在部队我成为一名光荣的共产党员。

知识青年上山下乡运动距今已整几十年。十年中亿万知识青年卷入这历史的漩涡。我曾是大浪淘沙中的一粒沙子，至今无怨无悔。人是要经历各种磨炼的，农村这一大课堂，使我学会生活，砥砺个人的意志品质，在这个意义上是十分有益的。

从部队复员，我曾经是重庆轮胎厂成型车间的一名工人。1984年我白天劳动，晚上复习功课，考入了重庆化工职大，又当了3年大学生。白天，参加艰苦的重体力劳动，晚上熬更守夜地学习，我能咬紧牙关挺过来，就是因为有农村和部队的艰苦磨炼垫底。大学毕业后我又回到轮胎厂，从工人、技术员、干部，到后来成为一名副厂长。尽管今后的道路有艰险，但越是艰险越向前。

（节选自中国人民政治协商会议重庆市渝中区委员会文史资料委员会编：《重庆市渝中区文史资料》第11辑，1999年内部出版。）

尼世强：参加第一次全国工业学大庆会议见闻

尼世强，时任涪陵地区工交部部长，参加了全国工业学大庆第一次会议。

1977年4月，我和李振华（红卫机械厂党委书记）、张仕清（黔江县机械厂书记）、张玉良（地区新建水泥厂党委书记）四人代表涪陵地区出席全国工业学大庆第一次会议。

这次会议的第一阶段在大庆开。我们到大庆时，那里还有残雪，到处是干打垒房子，没有像样的楼房。参加这次会议的时任中央领导有华国锋、李先念、吴桂贤、陈永贵等。4月20日，会议在大庆体育馆开幕，会议代表有7000多人，主持会议的是吴桂贤。李先念副总理致开幕词。华国锋讲话，对大庆经验作了总结，并题词号召："我们一定要高举毛主席树立的大庆红旗。"会后主要是参观，看了王进喜创业展览馆，周总理在大庆参加劳动的工具、住房及图片资料。大庆工厂代表给我们介绍了大庆人"三老""四严""四个一样"的工作作风和"有条件要上，没有条件创造条件也要上"的革命精神。

4月27日，会议在北京继续召开。华国锋主持，李先念致开幕词，纪登奎致闭幕词。会上，大庆党委书记宋振明介绍了大庆经验：学习解放军的政治工作经验；坚持独立自主、自力更生、艰苦奋斗、勤俭建国、多快好省发展生产；全心全意依靠工人阶级，建立一套严格的科学社会主义管理制度；坚持走五七道路。

会议讨论分为两组。军工组由王震主持。听这组的同志说，王震脱开稿子讲，邓小平主持工作期间的做法都是对的，引起下面一阵掌声。我们参加余秋里、顾秀莲主持的一组讨论。余秋里主要讲了如何学好大庆。

会议期间，我们参加了毛主席纪念堂工地的劳动。五一节观赏了首都节日焰火。会议原先说给每个代表发一枚大会纪念章，奖励一台九英寸北京产的黑白电视机，后又怕涉嫌“物质刺激”，结果又叫每人补了二角五分纪念章钱。电视机由代表买，每台250元。

1977年5月13日，会议在北京闭幕。这次会议是新中国成立以来工业战线规模最大的一次会议。

会议结束后，叶剑英叫军用飞机把我们送到重庆。再坐车4小时回到涪陵，地委领导还专门到秋月门来迎接我们。

1977年5月23日，地委召开全区广播大会传达贯彻全国工业学大庆会议精神。主会场设在涪陵京剧团。地委书记王道主持会议，我传达全国工业学大庆会议精神和大庆经验，地委副书记吴非讲话，第一书记刘海泉作指示。紧接着，我和李振华、张仕清等又到黔江给酉、秀、黔、彭几个县集中传达了会议精神。

（节选自中国人民政治协商会议重庆市委员会学习及文史委员会编：《重庆文史资料》总第54辑，西南师范大学出版社2008年版。）

郝成竹：
在恢复高考的日子里

郝成竹，曾任《重庆政协报》副总编，中国高考制度恢复后，于1978年考入大学。

仿佛就在昨天。

那是1977年上半年的一天，下乡插队的我，已在公社中学做了半年的代课教师。那天，正是中午吃饭的时候，一群教师一如往常地坐在办公室外的平台上闲谈。突然，我看见县文教局老于局长向我们走过来。

常来学校的老于局长，与教师们很熟，他随意地拉把竹椅坐下："告诉你们一个特大喜讯，马上要招人读大学了！"已在乡下目睹过两批"工农兵学员"上大学，且因背着所谓家庭包袱而不对被推荐上大学抱希望的我，于这"特大喜讯"一点兴趣都没有："又不是凭考试成绩上大学，有啥稀罕？"我一脸的不屑，却换来了老于局长格外郑重的神情："嗨，跟你说是特大喜讯你还不相信，就是要恢复高考制度了，快点准备哟。""真的？！"我只觉得他在拿我开心，仍是一脸的狐疑。"你这个郝知青，这样的大事，我敢哄人。文件都下来了。"老于局长因为我曾写过的一段唱词而看重我，说到考大学，他比我还着急。

晚上，我躺在床上翻来覆去睡不着：我的大学梦，自打小学三年级“文化大革命”起就破灭了。然而，1972年，我考进高中时，就传闻刚当上副总理的邓小平说要招收部分高中生直接上大学。那时，我们这些高中生简直就是学习狂，连星期天也是用来讨论功课，演习作业，老师们也是空前的热情高涨。记得那位总是满身粉笔灰的物理女老师，在一次全年级测验后的评讲中提到得了第一名的我时，那种教师的自豪感和荣誉感溢于言表，给我后来想做教师的理想定了位。然而，好景不长，反击右倾翻案风，批林批孔运动接踵而至，邓小平也被再次打倒，我的大学梦也二次破灭。

现在，春风终于拂来，父母也频频来信，催我回重庆系统复习。然而，我反复思考，最后却作出决定，不回重庆复习。

我代课的这一届学生，正是初中毕业班，时值我任全年级6个班的化学课。学生们已熟悉我的教学方式，我也在教学教具、设备极简陋的情况下，想方设法为学生们做一些实验。记得第一次做金属镁燃烧实验时，学生们那又惊又喜的表情，令我至今难忘。倘我半途而去，岂不是误了他们。同时，我也自信我的学习底子，以为完全可以教学、复习两不误。

那时候，“学好数理化，走遍天下都不怕”风靡一时，再就是反右中受到不公正待遇以至蒙冤20年的父亲也不让我考文科。然而，只有我复习到后期才知道，倘我做不起哪道题，连个问的人都找不到。我代课的那所公社中学，没有一位教师上过大学，连“文化大革命”前的高中生都极少。再就是，恢复高考的首批政审仍然较“左”，我类考生难以入围。

就在这样的情况下，77届首批高考，我落了榜。

还好77届到78届，虽是两届，入学间隔却只有半年，而政审也放得宽了。半年后，因农村复习条件原因我改考文科，并以所在考区语文第二名的成绩和填报的第一志愿，成了一名78级师范学院的学生。还令我喜悦的是，我任班主任的那个班，有10多名学生考上了中专或县中。

这么多年来，我常常在想，如果不是祖国改革开放，不是邓小平力挽狂澜，改革先改教育，我辈的大学梦恐怕是难以圆了。

（节选自中国人民政治协商会议重庆市渝中区委员会文史资料委员会编：《重庆市渝中区文史资料》第11辑，1999年内部出版。）

张文彬：
我所经历的巴县农村改革

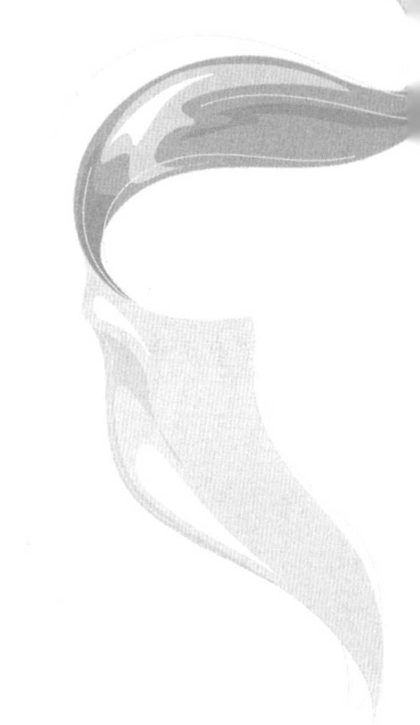

张文彬，曾任中共四川省重庆市巴县县委书记，中共四川省重庆市委常委、组织部部长，常务副市长，市委副书记兼政法委书记，市政协主席、党组书记，重庆市第一届政协主席。

十一届三中全会后，我曾先后任巴县县委副书记和书记。实际上，贯彻十一届三中全会精神到后来改革开放，我都在巴县。在巴县主要抓了两件事，一是农村改革，二是让乡镇企业异军突起，得到大发展。

新中国成立后，我党领导农民翻身得解放。1950—1951年，首先搞减租退押，搞土地改革，把地主的土地通过没收的办法收过来，然后分给农民，使农民家家户户都有田，即“耕者有其田”。土改后，家家户户都有地了，都有饭吃了。1953年开始，全国实行计划经济，实施了第一个五年计划。当时党中央、毛主席就提出，农村、农民不能分了土地就行了，要在分土地的基础上搞农业合作化，走社会主义道路，所以农村就组织农业合作社，先是合作社，后是人民公社，这是两个阶段，公社合作化程度更高，农业合作社是半社会主义性质。这本来是件好事，从理论上讲，农民一家一户不能抵御自然灾害，通过搞合作社，集体经济、集体组织、集体劳动，联合起来能降低自然灾害所造成的损失，实际上实行起来有弊病：一是当时农业合作社实行的是计划经济，没有生产经营的自主权，种什么，怎么种，都由上面安排；二是实行集体劳动、集体分配，实际上分配是平均分配。实行集体经济，集体劳动，搞大锅饭，农民没有积极性。当时我们针对在农村工作中如何领导农民想了很多办法，但农民就是没有积极性。很多人看着是在劳动，实际上出工不出力，种粮食没有产量，搞去搞来最后温饱无法解决。这些弊端是体制问题、机制问题造成的，农民没有自主权，就没有积极性，所以农业生产搞不好。各级领导费了很大的力，结果粮食产量不到位，农民的温饱问题无法解决。怎么办？后来农民划了自留地，自留地种得很好，集体的地种得很差，这是怎么回事呢？大家都在议论，如果我们集体的庄稼都像自留地那样就好了，就不存在温饱问题了。

这个时候农民也在寻求出路，安徽凤阳的农民搞了个包干到户。包干到户传开后，我们这边的农民和下面的干部也想这样做。最开始的时候，大家对包干到户、包产到户有顾虑，将其视为分田单干，说这是倒退。农民已经分了田，已经搞了合作社，怎么又搞分田单干呢，上面也不允许实行包干到户。我当时任巴县县委书记，也是旗帜鲜明地反对这件事，怕犯方向错误。领导农民搞单干，怎么行呢？当时市委分管农村工作的张海亭也不赞成。所以当时对包产到户都是持反对意见的，所幸不久后，党中央、邓小平肯定了安徽的做法，并且讲了很深刻的道理：包干到户、包产到户不是分田单干，不是走资本主义道路，是集体经济生产责任制、联产承包责任制。这一下就把思想解放了，我们的思想也转过弯了。明确包产到户是联产承包责任制，不是分田单干，不是走资本主义道路后，我们领导干部也想通了，包产到户可以搞，而我们原来就希望集体土地能像自留地那样搞好。思想问题解决后，我们不仅赞成搞，而且要领导农民搞，规范化地搞。我们组织工作组、调查组亲自下去，安排田如何分，产如何包，要上缴的如何上缴。当时有三句话“缴足国家的，留够集体的，剩下都是自己的”，不像以前集体劳动，最后评工记分，分多分少都不知道。在领导干部的带领下，包产到户很快就规范地搞起来了，地怎么包，产怎么包，国家的怎么缴、集体的怎么留，在干部的领导下都规范地搞好了。随后，联产承包责任制就很快推广开了。这是中国改革在农村的一个大事。农村改革实现突破后，为后来企业改革提供了借鉴。而在推广包产到户后，粮食产量很快就上来了，农民的温饱也就解决了。农村联产承包责任制改革的成功，对我们国家整个改革起了很大的推动作用。安徽的万里首先支持并动员农民搞包产到户，搞起来后得到肯定。从农村实行联产承包责任制的背景来看，就是农民为了解决温饱，从偷偷摸摸地搞到最后中央肯定承认并由党来领导农民搞，就一下子解决了多年没有解决的温饱问题，而且农村改革的成功，为我们后来整个经济体制改革，为我们实现中国特色的社会主义起了很大作用。

农村实行承包责任制和包干到户充分调动了农民的积极性，劳动生产率提高了，温饱问题也解决了，在解决温饱问题后就要解决农民如何发展致富的问题了，也就是要考虑在实行联产承包责任制之后，农村富余劳动力的出路问题。这在沿海一带已经开始起步了，就是办企业。刚开始发展的时候叫社队企业。社队企业搞什么呢？实际上农村搞工业服务业的叫社队企业，后来改为乡镇企业。农村实行联产承包责任制后，不管是农民还是各级领导，都在考虑一个问题，就是如何给富余劳动力找到正确的途径，找到一条出路。最后经过分析，得出一个结论：办企业，因为农民不能只是局限于种地、种田，要引导富余劳动力去办工业，办服务业。这就是乡镇企业发展的基础。为什么乡镇企业异军突起，为什么发展这么快，就是因为在适应了联产承包责任制之后，劳动生产率提高了，农村劳动力从土地上解放出来了、富余劳动力增加了。当时外地（沿海）有好的经验，学习外地经验后，研究我们自身的问题，引导农村，引导农民搞乡镇企业。那么如何办乡镇企业，怎么才能办起来并办得好？首先要解决的就是认识问题，要认识到发展乡镇企业是实行联产承包责任制之后必然要走的路，是解决农民出路、扩展农村经济的必然之路，并不是人们所想的那样，想发财，想走资本主义道路。要从整个农村发展、农民致富的角度来思考这个问题。另外因为农民从来没有办过工业、企业，大家在思想上也有顾虑。所以首先必须打通思想，统一认识，才能调动基层干部和农民的积极性，才能实现大发展。

第二个问题是项目问题。农民从未办过企业，因此办什么企业成为一大难题。为了找项目，当时是从上到下，从领导到基层干部，全面发动甚至还发动了巴县籍的外地工业战线或其他战线的工作人员，动员他们为巴县的发展提供信息，为我们找项目。我记得当时我们派了大批人到县里，今天哪个区、镇、乡联系了哪个项目，报告给县委，县委决定干不干，所以当时是县委书记亲临前线、具体指挥，像打仗一样。除了组织全县干部到处找项目，还利用当地的资源发展项目，搞砖瓦厂、采石场等。

第三个问题是土地问题。办企业要用地，地怎么来？农民重视土地，珍惜土地，认为土地是出产粮食的，要靠这个吃饭，占了怎么办？因此十分怕占地。我们最终决定使用集体经济时的公用土地，但确实需要占包产到户的地时还是要敢于占。比如界石区（1982年改称界石乡，1985年撤乡建镇称界石镇），当时只有一条在山岗上的很小的街，街周围都是很好的田。当时界石区的书记田茂清向我汇报工作，说要办企业，很想把街周围的地用来办企业。这在当时是很大的设想。我当即表态：我允许你搞，如果你能发展1亿乡镇企业的产值，我允许你占1000亩地。我还给他算了一笔账：如果你是1亿的产值，国家按3%收税，税收至少300万，如果是5%的话，就是500万；如果1000亩地种粮食，按1000斤每亩计算，产量是100万斤，当时的粮食是几角钱一斤，也就是说只能卖几十万块钱，还不算种子、肥料、人工费。所以当时我允许他占1000亩地。后来那片发展成为城镇，搞得很好。土地问题也有障碍，农民特别是传统的农民不愿意被占地，怕被占地，特别是怕被占好地，他们提出问题：你把田都占了，用来搞商业，办企业，吃饭怎么办？我们回答：只要市场上有粮食卖，有钱就有粮。办企业有了钱，就能买到粮食，就能解决吃饭问题。这在当时也是很大的突破，很大的思想解放。

第四个问题是资金问题。钱怎么来？第一个办法就是用集体经济的积累。当时的集体经济都有积累，就把它拿出来，集体资产、集体的钱拿出来办企业。第二个办法就是动员农民带资入股。什么叫带资入股？也就是说一个农民带钱加入企业，投入多少钱相应持有多少股份，农民既当工人，又是股东，既有工资又能按股分红，这样农民就愿意干。第三个办法就是银行贷款。当时的农村信用合作社很支持乡镇企业发展。当时一个企业要贷款，县委书记说了算，今天说了，明天就可以贷出来，所以当时的乡镇企业发展得很快。要地有地，要钱有钱，要项目也好找，自然是很快。所以当时乡镇企业如同雨后春笋，邓小平讲是“异军突起”。所谓异军突起，就是农业实行联产承包责任制之后，很快又实现了乡镇企业大发展。这实际上是联产承包责任制之后的又一个大的改革，从来没有搞过工业的，从来没有搞过企业的，农民都搞起来了。现在沿海也好，重庆也好，很多大的企业就是当时建立起来的。后来改制，有的改为私营，有的改为集体所有制。大量的民营企业就是当时改制而来的。比如重庆隆鑫，当时是乡镇企业，后来改制为私营。乡镇企业的发展，为后来民营经济的发展打下了基础。所以我们可以说乡镇企业和联产承包责任制是紧密相连的，没有联产承包责任制就没有农民的生产积极性，就没有劳动生产率的提高，就没有富余劳动力的增加，也就没有民营经济的发展。我们巴县在当时川东地区是发展得很好的，乡镇企业的产值是好几亿元。

农村就这两件事，一是联产承包责任制，二是乡镇企业的发展，这两件事既解决了温饱问题，又解决了增加收入和富裕问题，农民的积极性也高了。

（节选自中共重庆市委党史研究室编：《新中国成立70周年重庆口述回忆文集》，西南师范大学出版社2019年版。）

孙谦：
回忆落实统战政策的几项工作

孙谦，第八届重庆市政协副主席，中共重庆市委统战部原部长。

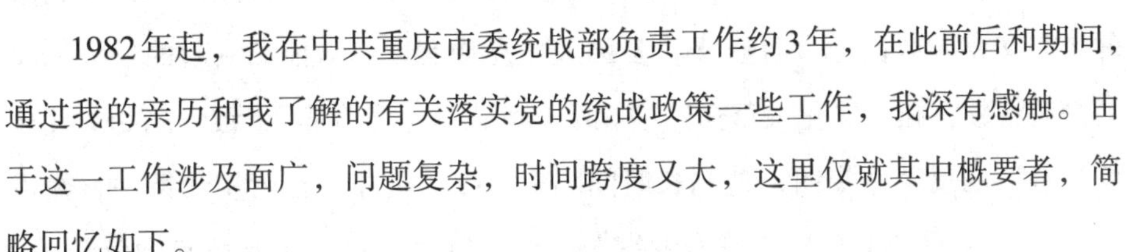

1982年起，我在中共重庆市委统战部负责工作约3年，在此前后和期间，通过我的亲历和我了解的有关落实党的统战政策一些工作，我深有感触。由于这一工作涉及面广，问题复杂，时间跨度又大，这里仅就其中概要者，简略回忆如下。

在拨乱反正落实统战政策工作中，市委统战部全力以赴，贯彻落实党的十一届三中全会精神，恢复了实事求是的思想路线，使大量的历史沉冤得以澄清平反；使大量被错划、错处理的人，得以澄清昭雪，得到了广大群众的理解、支持和拥护。

党的十一届三中全会后，经过早期全面开展平反冤假错案以后，中共中央先后又批转了中央统战部《关于爱国人士中右派复查问题的请示报告》的通知和中央统战部等六部门《关于落实对国民党起义投诚人员政策的通知》，根据党中央的重要通知精神，在市委的领导下，成立了专门的领导小组，市委统战部和有关部门负责人作为小组成员，并设立了相应的办公室（简称“落实6号文件领导小组和办公室”），积极开展有关复查工作。1983年3月，经市委统战部、市政协和各民主党派、工商联组织联合检查，对错划右派和对历次政治运动中错判、错划、错批的人进行了全面复查纠正工作。之后，仍有部分人士反映，政策落实不够彻底，遗留问题仍存在。本着负责到底，慎重对待这一问题的原则，1984年3月上述单位又再次组成联合调查组，进一步深入细致地进行复查工作，从实际出发，依据党的政策重新甄别处理。由于各有关单位同心合力密切配合，形成全党做统战工作，善始善终使有关历史遗留问题得到合理解决。

这里要着重提到的是关于落实国民党起义投诚人员的政策。重庆原是国民党政府的陪都，又是祖国大陆最后解放的大城市之一，起义投诚人员特别集中。解放战争中，成都战役有几十万国民党部队成建制地起义或投诚，应该说，这对解放战争的全面胜利，对新中国的建设，是有积极贡献的，但是，由于历史的原因，此前，党对起义投诚人员的政策并没有完全落实，在以后历次政治运动中，国民党起义投诚人员在政治上、生活上都受到不公正待遇，特别是在“文化大革命”中间，这些人更首当其冲，受到强烈冲击，如我市著名起义将领裴昌会、鲁崇义，爱国人士夏仲实以及与他们一起的一大批起义投诚将领，在“文化大革命”中无端被列入“一号专案”，被诬陷为“裴鲁夏为首”的反革命集团，遭到长时间隔离审查、批斗。在落实政策中，在市委直接领导下，我们为“一号专案”公开、彻底平反，消除不良政治影响，并妥善解决受害人的工作、住房、生活待遇等一系列善后问题。又在此基础上，根据中央指示，全面开展落实起义投诚人员政策的工作。根据“既往不咎”的政策，凡在历次运动中对起义投诚人员因追究历史造成的冤、假、错案一律平反。对已去世的，予以平反昭雪，对因错处、错判失去公职的予以收回或另外安排适当工作；对造成其家属、子女受株连的，也在一定范围内消除影响。对他们中代表性强、影响较大的，还为其在市、区县政协，市参事室、文史研究馆中妥善进行安排。这项政策的落实，产生了巨大的政治影响。不仅体现了我党“有错必纠”的决心，使广大被落实政策人员本人及其亲属子女深受感动，调动了他们为社会主义服务的积极性；还影响到海峡对岸他们的亲朋、部属，使他们由此逐步了解了中国共产党的方针政策。许多人到大陆来探亲访友，为两岸同胞的接触交往，创造了有利条件。

通过以上一些工作，为我市的各民主党派、工商联和民族、宗教、侨务、涉台及非党人士有关单位，恢复工作、开展活动提供了有利条件，加强了团结，调动了积极力量，进一步开创了统一战线的新局面。

我们首先帮助上述单位建立各自的筹备工作小组，选拔安排了领导班子的成员及部门工作人员开展工作。由于这些单位普遍都受到“文化大革命”的冲击，原有办公用房，有的已被损毁，有的被人占用，需要维修。收回或另觅新址，有的涉及产权和划界等一系列复杂问题。真是费尽周折，问题才得以基本解决。

当时百废待举，面临着各种新情况、新问题，统战系统的工作成员，特别是新进人员，急需加强学习，提高认识，除了广泛开展在职理论学习外，更需要有计划、有步骤地培养骨干，掌握思想武器，提高理论水平，以进一步推动学习，适应工作要求。早在1983年中共中央就有指示，将各省市的政治学校逐步恢复起来。根据这一指示精神以及党外人士强烈的学习要求，市委统战部于1984年2月22日向市委呈交了请示报告，经市委批准同意将市原有的政协重庆政治学校（创办于1956年9月5日，“文化大革命”中被迫停办17年之久）恢复改名为重庆社会主义学院（也就是民主党派的“联合党校”），由市委统战部与市政协共同筹办，于1984年10月8日正式开学。并由当时市政协副主席孟广涵兼校长，拨付了专款，对破旧的校舍进行了大修，使整个校舍庭院焕然一新，重现了一个花木扶疏、环境清幽的学习读书的好地方。采取定期轮训和短期培训的方式，主要是帮助民主党派、工商联人员中的骨干力量和新成员及无党派人士，还有统战部门的工作骨干进行学习，同时，还代训了与重庆相邻的四川所属地、县的上述人员。课程设置主要是学习马列主义、毛主席著作，政治、哲学、经济思想理论和新时期统战基本理论、方针、政策。最初，由于缺乏专职教师，主要聘请市属党政部门负责人和省、市党校及大专院校教师担任义务教学工作。由于教学双方热情很高，积极努力，普遍反映成效显著。这些骨干力量回到工作单位后，对于促进学习，树立良好的风气，提高工作效率，都起到较好的带头作用。

与此同时，为了推动党的统战理论的探讨和研究，进一步加强和深化这一方面的工作，市委统战部还协同各有关方面的力量，创建成立了重庆统战理论研究会（是当时全国较早组建者之一）。我们通过广泛发动、组织各民主党派、工商联和有关单位，市区统战部门工作者及省、市党校、大专院校理论教学队伍，研讨统战理论和实践工作经验，宣传统战政策，组织专题研究，积极撰写论文。每年举行年会和研讨会，先后举办过五次。对“抗战时期周恩来的统战思想和实践”“一国两制与爱国统一战线”等专题进行了讨论。几年来取得一批成果，在省、市一级报刊和大专院校学报上转载发表的有52篇；在中央文献研究室举办的“周恩来研究学术讨论会”上交流的有4篇。同时，将本会部分论文汇集成册，公开或内部发行的有3册，刊出论文约100余篇。这对于当时倡导探讨、研究统战理论，发扬联系实际的学风，都起到了积极的作用。

这里还要谈到的是有关落实抗战历史遗址修复的一些工作。

重庆歌乐山的林园是著名的抗战遗址，这里青山环抱，林木葱茏，是国民党政府主席林森陵墓所在地。还有蒋介石当年的官邸、宋美龄舞厅、马歇尔住地等建筑群等。抗战胜利前夕，国共商谈签订“双十协定”时毛泽东与蒋介石在林园会谈，并在花木茂密的庭院石桌石凳前邂逅相遇、歇息座谈。但经历岁月湮没，这些历史遗迹早已面目全非。经过“文化大革命”的破坏，林森墓已是毁损无存，蒋介石的宅第建筑也是摇摇欲倾，危在旦夕。由于当时已经对台开放，慕名前来参观的台湾同胞和海外华人络绎不绝，特别是蒋介石的故旧部属，每到重庆都要求前去走访凭吊。由于这些遗址在解放军通信兵学校（即现今的重庆通信学院）校区范围内，限于经费无来源，无法修复，但为了有利对台工作，开放又势在必行。市委统战部为了妥善解决这一问题，曾几度前去学校与校领导商谈解决办法，都因经费无着，未果。经过反复研究，由于校方向上级申请存在难度，最后商定，由市委统战部报请市委致专函于总参谋部，经同意批拨了专款，由校方组织施工，并由市委统战部派去专人蹲点协调有关工作，还四处搜寻，将失散在民间的原有的石桌、石凳等清还原处。通过这些工作，做到了使这些历史遗迹建新如旧，景物依然。在此前后，根据中央一些领导同志的批示，我们还查找和协助复建一批抗战中涉台名将、名人如蒋作宾、王伯群等人陵墓，并几度查找过张冲的墓葬，无着。还协同有关单位复建了在抗日战争中牺牲的名将张自忠将军北碚梅花山的陵园。这样既保存了抗战著名历史遗迹，增添了地方特有的园林景色，也为对台工作开创了必要的条件。

在此期间，还落实了宗教政策及宗教职业人员的有关政策，恢复了各爱国宗教团体的活动及正常的宗教生活。对市、区、县所在的宗教寺院受到破坏毁损的，普遍进行了清理和维修。有的还从实际出发，适当扩修新增一些项目。经过重新修缮开放的单位，共有45处，落实各教的房屋面积达到10多万平方米，宗教职业人员达200多人。如罗汉寺、华岩寺、慈云寺、若瑟堂、基督教堂、清真寺等，都作了重点修复或适当添建。其中坐落在重庆市中区罗汉寺的罗汉堂历史悠久，闻名中外，五百阿罗汉塑像栩栩如生、神态各异，是广大佛教僧侣信众顶礼膜拜的地方，香火鼎盛。但在“文化大革命”中被毁于一旦。落实宗教政策时，这里的修缮工程最为艰巨。当时的市委书记兼市政协主席廖伯康就曾几度亲自去与市佛教协会会长遍空法师、罗汉寺方丈竺霞法师等研究磋商，最后，确定重塑方案，向国务院宗教局申请专款，拨付经费30万元，及所需佛身贴金专用黄金。同时，还派出负责工程人员，遍访大江南北名刹古寺，模取佛身图像，延请名师巧匠，精心塑造。并请四川美术学院总揽其成，由市委统战部派专人全程参与协调工作，历时三年，最后落成，落成后举行了隆重的开光大典。前来我市参观的泰国、日本等佛教著名高僧人士都专程瞻仰过重塑的五百罗汉，这在当时对国内外佛学界影响很大，大家交口称誉，盛况一时。

（节选自中国人民政治协商会议重庆市委员会学习及文史委员会编：《重庆文史资料》总第57辑，西南师范大学出版社2009年版。）

林凌：
重庆综合改革试点前后的回忆

林凌，时任四川省社会科学院副院长、国家经济体制改革委员会兼职委员，重庆市、武汉市经济顾问。

重庆综合改革试点是1983年3月在党中央、国务院直接领导和主持下开始进行的，是我国改革开放初期经济体制改革的一项重大举措。同时，重庆也是党的十一届三中全会以来进行改革最早、改革领域最为广泛，并且坚持最好的城市之一。

一、建议选择重庆进行改革试点

事情还要从1979年说起。

1979年，党的十一届三中全会开过不久，四川改革搞得热火朝天。当时中央新建一个机构叫中央财经委员会，主任是陈云。中财委派出调查组到各地调查，四川调查组由中国社会科学院财贸所所长刘明夫带队。

重庆是长江、嘉陵江物资的集散地，长江上游的商贸城市，中国的老工业基地。在抗战时是国民政府的陪都，曾经在全国占有很重要的地位，国际上有名。但我们到重庆一看，城市破破烂烂，市一级的财政收入一年不过10个亿。这10个亿还得拿一块出来支援四川三州少数民族地区，根本没有能力进行基础设施的改造和建设。在经济体制上，重庆的行政地位和周边的江津、万县、涪陵等专区是一样的，都是地市级。回想解放初我刚到重庆时，长江嘉陵江两岸大小船只穿梭往来，在岸边停得密密麻麻，农产品副食品交易熙熙攘攘，到处是一片繁荣景象。资本主义工商业社会主义改造后，禁止私人商业和船只往来，经济活动被封闭在行政区划范围内，割断了重庆与周边地区的往来，不但无法发挥城市对周围地区的经济带动作用，而且给重庆农副产品供应带来很多困难。当时重庆有几百家大中型全民所有制企业和集体所有制企业，但分别归中央各部和省各厅、市区各局分别管理，实行条条垂直领导，重庆市政府对这些企业没有任何管理和协调的权力，企业间难以形成专业化和协作关系。

调查组研究了重庆这些情况，认为重庆的问题，关键是对城市的性质和城市的功能认识不清。城市是一个经济中心，是一个大小不同区域的经济中心，包括交通中心、商贸中心、金融中心、教育中心、科技中心等，有的还是政治中心；它有几个特殊功能，就是经济的集散功能、吸引功能、辐射功能、服务功能等。如果把一个城市经济中心作用发挥出来，不仅城市的生产力能够大大提高，而且可以带动周围地区经济的发展。

调查组回到成都后，我们向省委作了汇报。我们提出了“城市是经济中心”的概念，主张把城市和专区的体制区别开来，实行城市改革，积极发挥城市的经济中心作用，带动区域的发展。省委领导非常赞赏这个观点，也同意推进城市改革。但给重庆省一级的经济管理权力，对重庆来说是一个大改革，对四川省来说是一个更大的改革。省上各部门基本上是不赞成的，所以这件事就搁下来了。

1982年初，四川大学有位老师给国务院写了一封信，他认为我国国有的小企业有机构成低，人的作用大，可以扩大企业自主权；大企业有机构成高，对国民经济影响大，不宜扩大自主权。当时国务院成立了经济发展研究中心，是由经济学家组成的，著名经济学家薛暮桥为总干事。国务院将信转到发展研究中心，请大家讨论。讨论的结果，多数人不赞成这个观点。大家认为，大企业有机构成高，人的作用更大，对国民经济的影响大，更应当扩大自主权。但怎么改，还需要实践。

为了回答这个问题，1982年4月，我和中国社会科学院工业经济研究所所长蒋一苇，各带了几位研究人员组成联合课题组，到首钢进行试点。我和蒋一苇是在改革开放中认识的。由于认识一致，性情相投，很快就成了合作伙伴。为什么选择首钢呢？第一，首钢是当时国家确定的八个试点企业之一；第二，首钢本身对改革有很强烈的要求；第三，我是从首钢出来的，熟悉情况，一些领导人都是原来的老同志，还认识很多老工人。

我们在首钢紧张地工作了40天，研究的结果是应该给予大企业更大的自主权。当时国有企业叫全民所有制企业，决策者是国家，首钢的生产计划由国家下达，原材料由国家调配，产品由国家销售，利润全部上缴国家，基建和技改投资由国家拨付，亏损由国家承担。我们与首钢共同研究，这种吃大锅饭的体制，对调动企业的积极性很不利。首先应从上缴利润开始扩大企业的自主权。于是我们和首钢的同志一起制定了一个改革方案，取名为“上缴利润递增包干”。我们的意见是，企业上缴给国家的利润要定一个基数，然后再确定一个每年递增的比例，由企业包干，若干年不变。留给企业的利润用于企业的技术改造和职工的住宅建设和奖金，国家不再拨付。当时我们的意见是以1979年首钢上缴给国家的利润为基数，每年递增5%，一定15年不变。剩下的钱用于首钢的技术改造，改造后的资产仍属于全民所有。我们把这个方案写成一个报告：《关于在首钢进行上缴利润递增包干试点的建议》，以我们两个人的名义，报给国务院。同时在报告里又附带提了一条建议，就是请批准在重庆进行城市综合改革试点。我们之所以提这条建议，是因为企业改革和城市改革有密切关系。城市不改革，企业改革很难推进。

当时国家体改委已经意识到这一点，选择了湖北的沙市和江苏的常州两个城市进行改革试点。我们感到，这两个城市都是中等城市，绝大部分是小企业，而且是集体所有制企业，经济关系非常简单。在这样的城市进行试点，很难找到改革城市体制的途径。所以我们在报告里就提出要选择一个经济关系比较复杂的大城市进行试点，并建议选择重庆。

我们的报告送上去后，很快得到国务院批准，经过有关部门的协调将每年上缴利润递增5%，改为每年递增7.2%，增加了2.2个百分点。在批准首钢进行上缴利润递增包干的同时，国务院领导在批示中还有一句话：要国家体改委对在重庆进行综合改革的建议进行研究。报告经过批准，我们非常高兴。在解决了首钢试点问题之后，原班人马又赶到重庆进行调查研究。重庆市委的王谦、于汉卿等听了我们的介绍非常高兴，积极为我们的调查提供条件。在北京，国家体改委也在研究国务院关于在重庆进行城市改革试点的批示。当时薄一波是国家体改委的第一副主任。薄一波在关于首钢试点的报告上批得密密麻麻，其中一个疑问，就是重庆具不具备试点的条件。

我们一看薄一波的批示，担心重庆改革试点得不到批准，就决定兵分三路：我在重庆写调查报告；蒋一苇回北京，寻找渠道给薄一波汇报重庆的情况；另一部分人南下沙市、常州，了解试点情况。我把报告写好后，寄给蒋一苇修改，然后以我们两个人的名义，再报国务院。同时，通过薄一波的秘书贺光辉把报告送给了薄一波。

报告的名称是《关于在重庆进行综合改革试点的几点建议》。在报告中，我们突出了四个方面的问题：一是突出了重庆经济关系的复杂性，搞好重庆市的改革，可为整个经济体制改革提供实践经验，有利于发挥重庆及其他城市经济中心的作用。同时，重庆又是国防工业集中的地方，搞好了重庆的改革也有利于发挥国防工业的作用。二是突出了重庆是改革最早、改革领域最为广泛、改革坚持最好的城市之一，领导和群众对改革有强烈的要求，有一支初具改革经验的干部队伍。三是突出了邓小平等中央领导同志关于重庆试行计划单列的意见。1978年邓小平视察四川时指出：重庆的计划可以单列。为此，四川省委曾向中央打过报告。1981年国家计委准备对重庆实行计划单列，曾致函省、市征求意见；1981年四川省委决定在泸州市搞城市改革试点，国务院认为泸州没有代表性，指示将试点改在重庆。四是突出了“点”内“试”的原则。将“点”封闭起来，在“点”内打破常规，大胆试行一些特殊的体制和政策。在试验成功之前，其他城市不得仿效。以上四点意见，对中央下决心在重庆进行试点起了重要作用。

关于国防工业体制和军工企业的改革问题，四川省委、省政府的领导都非常关心。后来由于种种原因，四川和重庆的改革都没有包括军工企业在内。

二、中央决定在重庆试行计划单列

我们关于在重庆进行综合改革试点的报告是1982年11月送上去的，1983年初，中央批准在重庆进行改革试点，重庆狂喜，我们也很高兴。

中央文件下来后，紧跟着就有一系列行动。中央是由薄一波带队，有各部的正副部长几十人来到重庆；省里由管改革的书记刘西尧带队，有各厅的正副厅长参加；重庆由王谦和于汉卿带队，由有关局的负责人参加，加起来有100多人，我们课题组同志也参加了有关会议。

为什么要三方面的人都来参加呢？因为重庆所实行的是几项涉及三方权力和利益的重大改革：

第一，重庆要实行计划单列，赋予重庆省一级的经济管理权力。当时国家还在实行计划经济。在国家计划中，还有分省计划。重庆要实行计划单列，就必须把重庆的计划从四川的计划中分离出来，在国家计划中单列。计划涉及许多指标项目，必须三方算账、谈判、衔接，才能建立起计划单列体制。

第二，重庆企业的隶属关系非常复杂，有中央属企业、省属企业、市属企业、区属企业，还有街道企业，在改革中要求中央属、省属企业尽可能下放给重庆管理，这就要求三级政府部门进行谈判和交接。

第三，财政计划单列是计划单列中的最重要的项目，涉及中央、省、市三级财政利益。重庆是财政上缴单位。改革前上缴省，改革后要直接上缴中央；与此同时，必须减少四川上缴中央财政的份额。这样复杂的利益关系，必须三方算账、谈判，才能达成一致。

看到中央文件以后，我们决定写一篇文章，宣传在重庆进行综合改革试点的意义，回答一些同志特别是省级部门同志的疑问。文章题目叫《发挥重庆经济中心的作用》。内容包括三部分。首先是对重庆的定性和定位。在文章中我们把重庆市定位为长江上游的经济中心。通过历史考察，我们提出重庆不仅现在而且在历史上就是长江上游的经济中心，抗战时期是重庆最繁荣的年代。第二是指出重庆要进行五个方面的改革：一、打破行政区划，使重庆成为有关工业、能源、交通运输、科学技术、金融事业等综合发展的开放型城市；二、打破条块关系的束缚，使重庆在国家计划指导下，成为一个能管理全市企业的、有权组织全市经济的综合平衡和专业协作的、责权利相结合的城市；三、打破城乡分割，适当扩大重庆行政区范围，实行市管县的体制，使重庆成为一个以经济中心为依托的城乡结合、工农结合的经济区；四、改革外贸体制，打通长江与海外的联系，使重庆成为一个内河外贸城市；五、改革所有制结构和计划管理体制，在计划经济与市场经济相结合的原则下，发挥各种经济杠杆的作用，使重庆成为一个经济生活健康而活跃的城市。第三是回答了对重庆改革的四个问题：把企业下放给市管，会不会又由部门所有制、地区所有制变成经济中心所有制？会不会出现城市之间的重复布点、重复生产、追求城市的大而全，破坏全省的合理布局？实行市管县的体制，会不会削弱对农村的领导，影响农业生产的发展？省一级厅（局）基本上不直接管理企业，是不是会削弱省对国民经济的领导？这篇文章是由我和我的助手郭元晞联合写成的，就以我们两人的名义，于1983年2月19日在《四川日报》和《重庆日报》同时发表。这篇文章后来得了四川省哲学社会科学优秀成果一等奖。

经过近一个月的工作，形成了一些具体的改革方案。比如哪些企业要下放，哪些权力要下放；重庆财政上缴，缴省里多少，缴国家多少等。根据这些方案，中央又下了文件，正式宣布重庆试行计划单列，重庆可以直接和中央各部打交道，可以参加中央召开的省一级的经济工作方面的会议，看省一级的经济工作方面的文件，同时还给了重庆一些比较优惠的政策。在重庆试行计划单列的同时，中央决定将重庆与永川专区合并，原永川专区的县由重庆市领导。省委书记谭启龙宣布了中央和省委关于永川专区与重庆合并的决定。地委书记白兰芳立即到重庆，参加了市管县的改革。

中央作出计划单列决定后，重庆大张旗鼓地开展了落实决定的工作。我和蒋一苇被聘为重庆市政府经济顾问，在重庆的各种会上作了许多场报告，提了许多建议。

重庆的综合改革试点就这样轰轰烈烈地搞起来了。

重庆的改革试点对我国的城市改革发挥了巨大的启动作用。各种各样的发挥城市经济中心作用的研讨会像雨后春笋一样，在全国展开。四川省社会科学院和中国社会科学院财贸所在重庆、武汉、沈阳联合召开了三次全国性研讨会，把我国城市理论和城市改革的研究推向一个空前的高潮。我的两篇关于城市改革的理论文章《关于中心城市改革的几个问题》《城市经济商品化与城市开放》于1984年、1986年连续获得孙冶方经济科学奖，就是在这种情况下形成的。

现在看来，对中心城市实行计划单列、通过管理体制的改革，提高了城市在国民经济发展中的地位，增强了城市的辐射力、吸引力和综合服务能力，发挥了城市的经济中心作用，带动了周边地区经济的发展，意义是很大的。但因为行政管理体制，特别是财政体制一直没有理顺，城市经济中心作用的发挥比较局限。

经过这样一场改革，重庆的经济、社会发展都很快。1994年江泽民总书记视察了重庆并题词："努力把重庆建设成为长江上游的经济中心。"为了讨论如何贯彻江泽民总书记题词精神，重庆专门召开了一次研讨会，从北京请了一些学者，我也被请去了。我被邀请在会上作了一场专题报告。我明确告诉重庆的同志，重庆是长江上游的经济中心，不是哪一个人定的，是历史形成的。江总书记题词，不是讲要在重庆建立一个长江上游的经济中心，而是要把已经是长江上游经济中心的重庆建设得更好。我把重庆作为长江上游经济中心的历史分为五个时期：中日《马关条约》被迫开埠时期、抗日战争时期、解放后时期、改革开放时期、三峡工程建设时期。这五个时期，重庆扮演的都是长江上游的经济中心的角色，而且每个时期都从不同的侧面强化了重庆作为经济中心作用的地位。如新中国成立后30年，尽管重庆的经济辐射和吸引作用有所削弱，但工业特别是军事工业的基础大大增强了。现在重庆的任务是紧紧围绕三峡工程建设，在多个庞大市场中积极争取市场份额，把长江上游经济中心的作用发挥得更好。

1997年，经过中央批准，重庆成为直辖市。

2003年12月，国家发改委提出从“十一五”开始国家要把五年计划改为规划，并提出在长三角、京津冀试点，还提到成渝地区。接着在全国范围开展“十一五”规划重大课题的招标工作。四川省社科院和重庆市社科院组成联合课题组，由我牵头，向国家发改委投标。中标后，我们又开展了《成渝经济区发展思路研究》的课题研究，目的是为国家发改委编制“十一五”规划作一些前期准备工作。这个课题于2004年10月完成，对重庆来说无疑又是一项重要改革。

重庆由一个封闭的省辖市到国家计划单列市，到中央直辖市，再到成渝经济区的重要组成部分，这一系列改革，给中国改革提供了许多理论和实践经验。

——在理论上，破除了我国城市经济理论和政策上的五个方面的失误，确立了新的理论观念：1.破除了城市是一个行政区域的理论，确立了城市是区域经济中心的理论；2.破除了城市封闭性的理论，确立了城市开放性的理论；3.破除了片面强调建设生产性城市的理论，确立了城市的多功能性理论；4.破除了把城市单纯看成是工业基地的理论，确立了城市一、二、三次产业协调发展的理论；5.破除了动员城市居民和知识青年下乡的逆城市化理论，确立了让农民进城从事二、三产业的城市化理论。

——在体制上，打破了计划经济下的条块分割体制，强化了城市经济的内在联系，建立了城市内外的专业化协作体系，为企业的发展和效益的提高创建了良好的外部条件。

——确立了城市经济的商品性。通过城市改革的实践，打破了生产资料不是商品的传统观念，恢复了城市商品集散和交换的功能，使城市成为大小不同的中心市场，发挥了城市辐射、吸引和综合服务的功能。

——通过计划单列提高了中心城市的经济和行政地位。到上世纪80年代末，全国已有15个计划单列市直接拥有省一级的经济管理权力，可以参加中央召开的省一级的经济方面的会议，大大促进了中心城市的发展和区域经济中心的作用。

——扩大了城市的行政区域。实行市领导县的行政管理体制，为中心城市建城范围的扩大、辐射能力的增强、城乡一体化建设创造了条件。

（节选自林凌：《重庆综合改革试点前后的回忆》，载《四川党的建设（城市版）》2008年第10、11期。）

陈之惠：
重庆江北机场的修建历程

陈之惠，曾任四川省重庆市计划委员会主任、党组书记兼国际信托投资公司、建设投资公司党组书记，四川省重庆市第十二届人大常委会副主任，重庆市第一届人大常委会副主任。

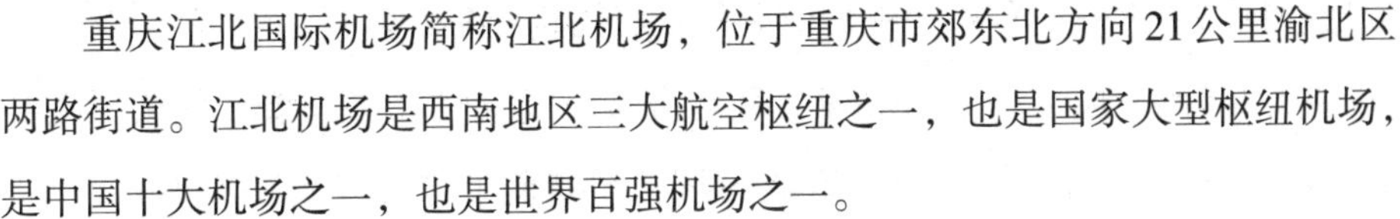

重庆江北国际机场简称江北机场，位于重庆市郊东北方向21公里渝北区两路街道。江北机场是西南地区三大航空枢纽之一，也是国家大型枢纽机场，是中国十大机场之一，也是世界百强机场之一。

一、历史沿革

重庆民航起始于1928年。作为本埠历史上最重要的机场——当广阳坝、珊瑚坝、九龙坡等机场陆续停飞后，1938年11月6号建成的白市驿机场一直担当着重庆对外的空中桥梁，也是当时国内仅有的四个国际民航机场。但是白市驿机场是泥结石跑道，长度只有1150米，宽100米，1966年7月进行了一次扩建，扩建成混凝土跑道，2200米长，45米宽。白市驿机场的缺点是净空条件太差，每到冬春两季大雾弥漫，机场经常关闭，严重影响重庆对外交通。当时有这样一个故事：60年代，化工局杨宗祥副局长带领考察团到法国去考察，结果他们团员坐火车到了北京坐飞机走了，团长想从重庆坐飞机到北京，由于延误，团员们都到了法国了，团长还在重庆。

二、兴建江北机场的起因

1982年12月1日到15日，我陪同于汉卿市长赴法国图卢兹签订重庆—图卢兹友好城市协议，这是重庆和国外达成的第一个友好城市协议。图卢兹市长博迪先生很热情，第二年冬天就到中国来，到了上海后，就跟于汉卿市长通电话，想到重庆来看看。由于白市驿机场浓雾弥漫，机场关闭，他在上海等了三天，最后只好非常遗憾地回法国去了。这事引起了市领导的重视，觉得应该修一个全天候的机场。

1983年，刘隆华副市长兼市计委主任，也觉得白市驿机场制约了重庆的对外开放，应该搞一个全天候的机场。但是，那个时候重庆没有钱。因为1954年重庆划归四川省管理以后，重庆财政结余都上缴给四川省了。没有钱怎么办？我就跟刘隆华（她是副市长兼计委主任，我是计委分管交通能源的副主任）商量："我们没钱怎么办呢？能不能想法到国外借款呢？"她说："我这次参加全国计划会议，他们给我通报了个消息，厦门机场就是用的科威特贷款。我们通过外经贸部一起争取国外政府的贷款来修新机场。"我说这是个好事情。我到计委工作这么多年，我也晓得，新修机场必须要开展认真扎实的前期工作。所以我就马上把重庆国际机场前期工作的筹备小组成立起来，调我们办公室主任毛钟鸣任筹备组组长，从事调查研究、论证、收集有关资料等工作。

新机场为什么要选址江北县呢？当时我们找市建委搞规划的同志，询问他们对兴建新机场选址的看法。他们就说，过去曾有过一个设想，在江北县一块台地上修建一个机场。据此信息，刘隆华副市长亲自带领市计委、市规划局、市经贸局、四川民航局和江北县的领导同志，冒着飘飞的雨雪，查看了江北县两路镇机场建设场地。

三、报批过程

由于前期工作做得比较好，1984年1月16日至19日，于汉卿市长带领市计委、市规划局、市经贸局、四川民航局的负责同志到北京向国家计委、国家经贸部、国家民航总局等有关部门的领导汇报新建重庆江北机场的有关问题，这次赴京汇报得到国家有关部门的积极支持。

按照市领导的指示，1984年3月初，我亲手起草了《关于新建重庆江北民航飞机场的项目建议书》，组织有关人员进行可行性方案论证，邀请国家民航局领导和专家来渝考察，派人到国务院和中央军委办理审批手续。我和四川民航局周顺福副局长等多次到国家计委和国家民航总局汇报情况、办理审批文件等事项。

1984年4月，国务院主要领导和国务委员兼国家计委主任、党组书记宋平等到重庆来视察工作，于汉卿市长在汇报工作时又提出要兴建新机场，得到了国务院领导同志的支持。

经过上下各方面的努力，1984年12月24日，国务院、中央军委正式批准重庆江北机场建设立项。1985年1月23号，国家计委下达了重庆机场设计任务书。

我们上报的项目建议书中，江北机场的投资预算是2.6亿元，跑道长度是2600米。在报批的过程中，国家计委分管副主任黄毅诚曾跟我说，2.6亿元不能全由国家出，我们重庆得出点，我说可以。他说，凡是上了两亿元的建设项目要拿到国务院常务会议上讨论，我们就只能慢慢等。我当时很着急，想很快批下来。我说："不超过两亿元，你就批个1.98亿元。"他说："1.98亿元太扎眼了。"我说："那你就给批个1.95亿元嘛。"他说："1.9亿元，我给你批了。"我说："可以，批嘛。"当时我为什么有底气呢？1983年，国家在重庆搞经济体制综合改革试点，我们跟四川省划分计划基数，当时开征了能源交通建设基金，一年有三四千万元。我就跟四川省计委常务副主任辛文说，让他就把能源交通基金全留给我们算了，他也同意了。计划单列后，认真征收能源交通基金，一年在三四千万元的基础上增加个一二千万元完全没有问题。

江北机场2.6亿元，国家批1.9亿元，剩下7000万元由重庆自筹完全没有问题。所以国家计委很痛快地给我批了。批了后回来我们就好办事了，包括设计、施工都可以开展起来了。

当时国家计委在安排中西部新扩建机场时，安排了三大机场，顺序是西安、武汉和重庆。西安、武汉是扩建，重庆是新建。但是由于重庆前期工作进展快，先拿到了设计任务书。西安听说后，奋起直追。最后三大机场建成的顺序是重庆、西安和武汉。

四、建设准备过程

拿到设计任务书后，我们迅速成立了机场建设领导小组和办公室。于汉卿市长亲自挂帅担任机场建设领导小组组长，任命我担任机场建设领导小组副组长兼办公室主任，市建委詹述权主任和四川民航局周顺福副局长任副主任。当时我们采取两个手段来运作。一个是行政手段，一个是市场手段。把詹述权的建委主任免了，专职来搞机场。当时他的职务有两个：机场建设总指挥兼机场建设总公司总经理。机场建设领导小组办公室里，我们三人的分工是：我负责总协调，负责资金筹措，负责国家统配材料的筹措；詹述权负责施工的总指挥；周顺福负责和民航局及新老机场衔接协调。我们三人的配合协作一直非常好。当时机场建设领导小组办公室有一位成员是江北县的县长张永华，负责机场用地的拆迁工作。

当时把机场放在江北县，最困难的是基础设施。江北县当时是重庆第一穷县，不要说机场所需要的水电，他们自己的用水问题都解决不了。天气热了，市里还要开消防车去给他们送水。所以，我们当时第一个任务是把江北县的水厂扩建好，另外先把施工用的电站赶快建起来，还要把通向施工现场的道路修好。

修建机场最困难的事情是征地。当时征了4450亩地。在征地时，我就在想，我们要搞国际化大机场，应该把第一跑道、第二跑道的地都征了。虽然当时国家计委给重庆批的不是国际机场，而是一级机场。当时征地拆迁一亩地只有一万多块钱，要做好1000多户人家的拆迁安置谈何容易。当时采取了建设工厂来安置大部分有劳动力的农民，在安置中发生了若干问题若干矛盾。于汉卿市长亲临现场解决了一些事情，其他市县领导也夜以继日地做拆迁安置工作。尽管阻力很大，但经过深入细致的工作，终于还是把4450亩地征齐了。

当时机场选在江北县台地上时，有许多沟壑，最深的地方有30多米，所以挖填土石方工程量很大，有1420万立方米。此外，各类建筑物8.8万平方米，各类构筑物31.4万立方米，各类管线350公里，主要设备安装多达5320台。工程量大，时间要求又急。市里面施工部门当时的土石方报价为每立方米20多元钱，仅土石方就要2亿多元。机场建设领导小组认为，市里面的施工部门搞起来困难，于是进行国内公开招标。最后由铁道部11局、20局两家中标。2600米跑道一家负责1300米，也好有个竞争。这两个局当时是铁道部新成立的两个局，设备都是最新型的，最后每立方的土石方价格为7元多。

五、正式建设过程

各项准备工作完成后，1985年11月30日凌晨，国家民航总局曹汝价司长从北京赶到重庆江北机场施工现场，宣布重庆江北机场开工建设的批文，在轰隆隆的爆破声中，机场正式动工建设了。

我们要建现代化的国际机场，需要借鉴外国经验，解决跑道基础建设中密实度的难题。跑道既不能打得很硬，否则容易发生断裂和脆裂，也不能打得很松，否则将来容易下陷，所以要不松不紧。道面拉毛需要进口设备，结果用土办法解决了。发现有不合格的道面，坚决打掉重新做。另外机场建设还要解决现代化的通讯设备、导航设备、气象设备、消防器材和跑道边灯等，而国内生产厂家不能保证质量，所以我们下决心从国外引进，以保证机场安全运行。当时，我们决定到世界上民航最发达的美国去看看。

重庆江北机场的建设项目国家批准后，有不少国外工程公司愿意承建。美国最大的建筑公司柏克特公司曾来重庆找过我，要求承建江北机场，报价是5亿美元，时间5年。当时人民币跟美元的汇率是10∶1，5亿美元就是50亿人民币。经国家计委和民航总局研究决定由我国自行建设，但我们缺乏建设现代化机场的技术和经验。

经市领导和民航总局同意，1986年3月，由我带队，四川民航局副局长周顺福、国家民航设计院江北机场总设计师布正伟、重庆机场建设总公司总工程师刘晖明和市外事办公室翻译苏小愿一行五人，应美国柏克特公司邀请赴美国考察。

我们克服了中美时差大的身体反应，仔细倾听柏克特公司专家介绍建设机场的经验。为了节约经费，我们住汽车旅馆或小旅馆，到纽约时住中国领事馆，吃最便宜的中国饭菜，需要乘汽车时，租车由苏小愿驾驶。

在柏克特公司高级工程师郑文平的陪同下，我们查看了旧金山、洛杉矶、拉斯维加斯、休斯顿、纽约、华盛顿等八个机场建设和管理情况，还利用和重庆的友好关系，顺道参观了西雅图的机场。人们常说："内行看门道。"通过参观和考察学习，我们对怎样建设和管理未来现代化的江北机场，心中有数了。

回来后，我就正式跟柏克特公司表态，我们自己干了，谢谢你们的好意。最后机场用了四年零两个月建成，花了3.79亿元，仅相当于柏克特公司报价的7%。而且我们自己干，还培养了一批人才。

重庆江北机场建设过程中，机场建设领导小组组长于汉卿市长始终和我及领导小组办公室其他同志，精心致力解决好机场建设中遇到的所有重大问题。国家民航总局郭浩副局长等人，多次到重庆机场建设现场指导、帮助。江北县张永华等领导同志，全力支持机场建设工作。刘志忠、金烈两位副市长和肖秧书记，也多次到国家计委申请机场建设资金的拨款工作。

我和于汉卿市长到法国图卢兹的时候，发现他们的高速公路确实好。当时重庆到成都，400公里，要走一天。我就想，我们修机场，还需要修建一条高速公路相配套。市里到江北机场26公里，詹述权是建委主任，想拿给建委搞，但建委搞一公里要500万元，我就跟交通局谈判，8600万元包干。交通局奋战三年，在机场建成的前一个月机场高速公路正式通车，这是重庆第一段高速公路。修完过后，机场高速建设负责人跟我说，决算后还结余50万元，我就签字给员工发了奖金，因为我到计委工作后还没有一个地方的建设项目有结余资金。

1989年初，我向肖秧书记报告，请他请邓小平为江北机场题字。4月12日，邓小平就书写了“重庆机场”四个大字，用保密信函寄到市委办公厅。我们把它放大，制作成金光闪闪的大字，悬挂在重庆江北机场的大门口上面。我们尊重邓小平的意愿，题字下面没有落款他的名字。当时我们缺少一个知识，机场一定要加地名，重庆有五个机场，当时跟邓小平少讲了加上江北两个字。

经过50个月的建设，1990年1月22日，重庆江北机场正式开航，全国人大副委员长廖汉生和民航总局局长亲临江北机场，参加开航的剪彩仪式。

重庆机场建设完后，深圳机场也请我们做技术指导，海南三亚机场也请我们给他们搞规划，做技术指导，我们都尽了帮助的义务，因为我们培养了很多人才。当时我们在机场设计任务书中规划，在未来10年，进出港人数达到100万人次，结果3年就达到了。现在的情况是：2012年是2203万人次，成为全国第九大机场，也成为国际上前80名最繁忙的国际机场之一。由于征地时把第二跑道和第二候机楼的地都征了，所以后来修第二跑道和第二候机楼时，是全国最便宜的，既节省时间，又节省资金。另外我们还重视环境保护，专门建了污水处理场，重庆江北机场多次被评为全国文明机场。可以说，修建江北机场对江北县各方面的带动都是明显的。

（节选自中共重庆市委党史研究室编：《新中国成立70周年重庆口述回忆文集》，西南师范大学出版社2019年版。）

肖祖修：
我所经历的重庆农村改革和教育改革

肖祖修，曾任中共重庆市委常委、市农村工作委员会主任，四川省重庆市副市长兼市教育委员会主任，中共四川省重庆市委常委、市政府副市长，重庆市人大常委会副主任。

1985年3月，我任市委常委兼市农委主任，分管农业。我做农委主任，重点抓农村改革。农村改革第一件事是实施联产承包责任制，也就是包产到户。当时领导干部中对包产到户有争议，有支持也有反对，对“三级所有、队为基础”讨论也很激烈。在农村大好形势鼓舞下，我浑身有使不完的劲，满腔热忱投入农村改革，大力落实联产承包责任制，重庆的联产承包责任制搞得比较好。第二件事是发展农村乡镇企业。重庆有个姓杜的企业局长，搞乡镇企业积极性很高，八方点火、四面冒烟，重庆乡镇企业发展也很快。当时有篇报道称《乡镇企业异军突起》，乡镇企业生产的产值，占了农村经济的半壁河山。

这个时期，我有幸参加了讨论1984—1986年中央一号文件的三次会议。第一次参加讨论时，我针对文件内容，发表了自己的意见，结果会议简报几次提到了我。第二、三次讨论文件，是王谦点名要我参加的。1984年中央一号文件强调农业的重要性，指出农业是基础，粮食是基础的基础。1985年、1986年中央一号文件，除了重视农业以外，还涉及了农村、农民，提到了“三农”问题。一号文件下发之后，引起强烈反响，全党开始重视农业。以后重庆的农委书记，都由市委常委兼任。因为重庆是农业大市，全市1500万人，农业人口占了上千万。

关于粮食统购统销和进入市场问题。我的观点是粮食必须进入市场，不进入市场就没有价值，就会打击农民积极性。原来江北县（现渝北区）常年缺粮食。严林松任县委书记时，安排粮食局长去区外买粮食来缴纳国家的统购粮。四川省纪委认为这违反粮食统购统销政策，要处理严林松。我了解情况以后提出：粮食早晚要进入市场的，江北县缺少粮食，农民愿意交钱购买，他们也调剂得来粮食，这为什么不允许呢？四川省纪委采纳了我的意见，最终没有处分严林松。

1988年，我担任了副市长兼市教委主任，分管教科文卫领域工作。为了推进教育体制改革，我担任了市教委筹备组组长，教委成员单位有计委、财政局、人事局等。我带着一帮人，到全国各地学习考察。肖秧写了个条子，介绍我向兼任国家教委主任的政治局委员李铁映汇报工作。李铁映在中南海听我汇报了一个多小时，重庆教育改革方案获得他肯定后，我们立即着手工作起来。

教育体制改革的第一个大动作，是把教育局、高教办、职教办、成教办四个不同类别的教育管理部门合并到教委，由教委统一管理。第二个大动作，是出台了稳定教师队伍、加强教育设施建设等六个文件。这六个文件，作用最大的是稳定教师队伍。最初教师工资由乡镇筹钱，经常被克扣挪用，教师队伍极不稳定。经过研究，我们把学校管理权收归县里，教师工资由县财政负担，教师的工资得到了保障。解决了教师工资问题后，我又想办法稳步提高教师待遇，后来出台了一份在全国影响很大的文件，规定全市中小学教师教龄满30年，退休工资发100%，享受离休工资待遇，这个政策当时在全国领先。

教委工作最难的是“排危”。一些小学教室用竹子和草泥盖成，桌子用石头搭建。为了改建危房，我们出台了很多文件，做了很多工作，严厉督促整改，用了三年时间，最终在全市消灭了危房教室。

普及九年义务教育，我又抓了三年。中央要求必须普及九年义务教育，我们下大气力，对重庆所有区县逐一检查，确保了九年义务教育的落实。

关于学校结构改革。当时普通高中很吃香，学生初中毕业后都愿意上普高，职业教育很少人问津。针对这种现象，我提出了教育分流，允许初中毕业直接上职高。分流政策实施以后，情况有了很大改变，读普高的学生减少了，报考职业教育和中专的学生增加了。

关于分配制度改革。大学生包分配是件很被动的事情，大学生分配定终身，没有差异，学校也缺少改革的动力。只有实行招聘，接受市场选择，学校才会改进教育质量，学生才能德智体全面发展，大学里开设的系、专业才会对口市场。刚开始搞分配改革有困难，学生考上大学本就很难，考上了还要自己找工作，学生和家长都表示不满，阻力很大。随着改革的效果逐渐显现，阻力也就慢慢消失了。

（节选自中共重庆市委党史研究室编：《新中国成立70周年重庆口述回忆文集》，西南师范大学出版社2019年版。）

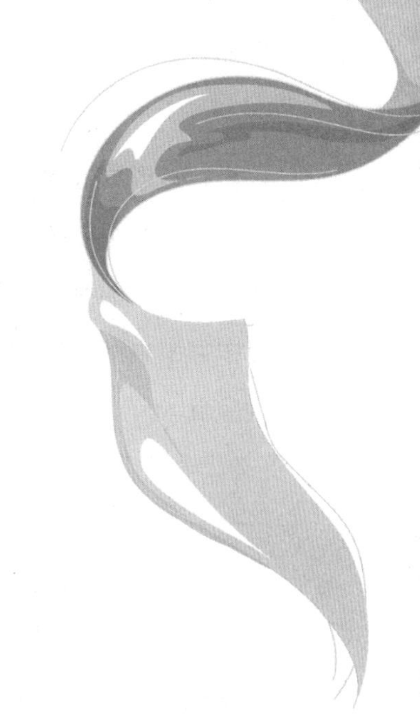

刘立群：
邓颖超1985年重返重庆

刘立群，1977年进入红岩革命纪念馆，先后担任资料陈列部主任、编研部主任、馆长业务助理和党史研究部主任等。

记得是1985年10月初，刚放完国庆假期上班后没几天，重庆红岩革命纪念馆副馆长王明湘告诉我，邓颖超邓大姐已经到重庆了，隔两天就要到红岩来。我心里十分高兴，充满了期待。因为1978年8月，我和王馆长在北京先后采访过邓大姐两次，最后一次结束时，邓大姐曾经拉着我和王馆长的手说："重庆，我一定还会回去的。我还想回去再看看重庆，看看红岩！"

是啊，红岩、重庆，这个邓大姐和周总理在民主革命时期工作与生活时间最长的地方；这个在邓大姐一生中留下许多艰难和美好记忆的地方；这个长眠着她母亲和周恩来父亲的地方；这个她当年曾经叱咤抗战政治舞台的地方；这个有着她许多战友和朋友的地方；这个她和周总理都十分喜欢的红岩水仙花的出产地……她怎能不希望在有生之年再到这个地方来看看呢？

一、重返周公馆，讲述当年故事

邓大姐是1985年10月10日到的重庆。11、12日两天，她在潘家坪宾馆听取了重庆市的有关工作汇报（此时邓大姐的身份是全国政协主席），还会见了原中共中央南方局、八路军重庆办事处及《新华日报》在渝的部分老同志，与大家畅叙了阔别多年的革命友谊，回忆了许多当年的红岩往事。著名的“董必武为六毛钱作检讨”的故事，就是这次邓大姐在和当年南方局招待所所长杨继干共同回忆抗战期间红岩艰苦生活时说出来的。

10月12日，我得到通知，13日上午到曾家岩参加邓大姐重返周公馆的接待工作。记得13日是个星期天，一大早我就带着笔记本和两支圆珠笔赶到了曾家岩50号周公馆，我的具体任务是跟随邓大姐一行，负责记录邓大姐的讲话，因为按市里的规定，不准我们带录音机和照相机。大约9点50分，一辆考斯特面包车驶近周公馆门口停下，此时已81岁高龄的邓大姐在秘书赵炜的搀扶下，慢慢地走下车来，随行的有原四川省顾委主任谭启龙、重庆市委副书记于汉卿和重庆市政协副秘书长胡北淇等人。早已在此等候的重庆市文化局副局长张莺、何冶和红岩革命纪念馆副馆长邓菱、王明湘等人上前迎接。抗战时期，张莺曾是孩子剧团成员，与邓大姐已很熟悉。

我站在离邓大姐不远的周公馆大门边上，在我眼中的邓大姐，依然和七年前那个夏天她在北京家中会见我和王馆长时一样，身体硬朗，精神矍铄。邓大姐走到周公馆大门口停步站住，慢慢地环顾大门四周，然后说：“60年那次我没到这里来。”

原来，当时很多人都以为邓大姐这次是中华人民共和国成立后第一次回重庆，其实他们不知道，1960年3月邓大姐曾经回过一次重庆，我们红岩革命纪念馆里有照片为证。当时因为工作和时间关系，邓大姐只去了红岩村，没有到曾家岩50号的周公馆。所以邓大姐在大门口感慨地说了上面那句话。因此，这是自1946年中共代表团离渝赴宁，邓大姐随之离开重庆40年后，第一次重返曾家岩50号周公馆。层楼依旧，井院未变，触景生情，但却一切皆物是景非。睹物思昔，往事如潮水般涌上邓大姐的心头。

邓大姐边说边往里走，不时停下来指着墙上的照片和里面大小天井的房间和墙壁，回忆着当年的往事。她特别讲到了防空洞、餐厅、会客室和会议室等房间的情况。站在后院大天井的中央，邓大姐指着东面的高墙，幽默地说："墙那边是国民党住的，皖南事变时那边天天有人骂，我们不怕。他们骂得很厉害，想把我们骂走，我们偏不走，赖着！"最后"赖着"两个字，邓大姐是用重庆话说的。我们不禁都被邓大姐的幽默逗笑了。

周公馆底楼的房间邓大姐都看完了。到这里来，她是重返故里，旧地重游，根本用不着陪同人员的解说，反倒是不停地给我们讲着当年发生在这里的故事，补充着我们不知道的那些关于周公馆的历史知识。我拿着笔记本不停地记着，生怕漏掉了她讲的精彩片段。

邓大姐回周公馆差不多半个小时了。来到底楼原工作人员的大办公室里，邓菱同志怕年事已高的邓大姐累了，特意拿来藤椅让她靠墙坐下休息，我们则围站在邓大姐周围。

邓大姐的思绪似乎被拉回到那个激情燃烧的岁月，回到抗日战争那个特殊的年代。我们都以为她就是坐着休息一会儿，再继续看看。可是，刚坐下的邓大姐却兴致盎然地对大家说："我现在给你们讲几个当年发生在这里的有趣故事。"

一听邓大姐说要讲周公馆的故事，大家都十分高兴，急忙围站在邓大姐身旁。为了听得更清楚，我急忙上前一步，靠近邓大姐，把衣袖高高地挽起，左手拿着笔记本，右手拿着圆珠笔，作好速记的准备。邓大姐思维清晰，语言幽默，谈兴甚浓，滔滔不绝地讲了大约半个小时。

下面就是经我记录整理出来的几个精彩故事。

周公馆门前的弃婴：

有一天早晨，我们开门的时候，在门口发现一个刚生下来的婴儿。襁褓中的婴儿嗷嗷待哺，哭声凄厉，可怜的小嘴不停地翕合蠕动，焦急地寻找着妈妈的乳头。这个极度虚弱瘦小的孩子已经奄奄一息了。

到底是留还是不留？怎么办呢？同志们争论得很厉害，有的说留，有的说不留。最后，赞成留下的还是多数，张颖（曾任中共中央南方局文委秘书——作者注）等几个年轻女同志都主张将这个孩子留下。当时张颖就在这里，她知道这件事。人家把孩子放在你共产党门前，就是相信你会收留。如果我们不留，别处也不好收留。但是，曾家岩的女同志都没有结婚，还很年轻，不知道该怎么办。

张颖她们把孩子留下来以后，年轻女同志们都拿出自己的零花钱替孩子买布料、买食品。这个做衣服，那个做裤子，喂这喂那，大家轮流照看，尽了很大的努力。但遗憾的是，这个婴儿太小太弱，当时不如现在，又没有牛奶，尽管大家细心呵护，大约两三个礼拜后，这个不幸的婴儿还是夭折了。周公馆的年轻人请附近的罗木匠做了一副小棺材，将这个婴儿葬在了嘉陵江边的山坡上。

周恩来不吃狗肉：

当年，我们在这里还喂过一只小狗，大家给它起了一个名字叫“贝当”。这只小狗长得很可爱，我们在院子里各个房间出来进去，它都跟着我们。

不知道哪一天，小狗的一条腿断了，治不好了。大家不知如何处理，怎么办呢？有的同志主张杀，恩来不同意，坚决反对。他说：“贝当”给你们做了那么多事，你们既然喜欢它，为什么不把它的腿治好？还要杀它，吃它！

大家分成了两派，恩来是少数派，主张吃狗肉的是多数派。那条小狗的腿确实断了，治不好了，后来还是被杀了。那天吃晚饭，狗肉弄好了放在桌上。恩来问是什么，听说是狗肉，他就发脾气，放下筷子不吃了。因为他不喜欢狗肉的味道。

在这个问题上，恩来落后我10年，我在江西苏区时，就能吃狗肉了。吃惯了很香，香得很咧！（最后几句，邓大姐又是用重庆话说的，而且说得非常地道，陪同参观的人们都笑了。）

恩来“出丑”：

我再给你们讲一个恩来“出丑”的事儿。记不得是哪一年了，有一次他去参加好像是苏联大使馆举行的宴会，过了晚上12点都还没有回来，而且也没有电话。当时我们是有规定的，无论在外面有什么活动，12点以前必须回来，没回来就有可能是出事了。同志们都很担心，派人在大门口等着。

后来看见他坐的车回来了，司机说他在车上睡着了，下不了车。原来是喝醉了。那天晚上，我可是发了脾气，既然叫不下来，我就让他在车上睡了一晚。(众笑)

李少石事件真相：

大家都知道龙飞虎（曾任南方局保卫科长——作者注）写了一本《跟随周副主席十一年》，里面有些事不是那么回事儿，出版之前，也没有给我们看，就出版了。

书上说李少石的死，是国民党暗害的。事实上是这样的：李少石送柳亚子回沙坪坝后返回市区，有一批国民党士兵正在路边休息，我们的车子急于回城，跑得快，轧伤了一个士兵，士兵叫停车，我们的司机没有停，反而跑得更快，士兵排长就开了枪。李少石正好坐在中间，子弹穿过车厢，恰巧打中他的要害，他要是坐偏一点，子弹就不会打在致命的地方了。

当时马上送到了市民医院，这时毛主席还在重庆。一听李少石遇难，大家担心得不得了。这件事不得不马上告诉恩来呀，恩来找到宪兵司令张镇。这时主席还在出席张治中举行的欢送宴会，恩来没有报告主席，怕惊动他。恩来先去看了少石，又限张镇第二天天亮之前一定要破案。张镇十分卖力，果然第二天天亮之前就破了案：是国民党士兵干的，事属偶然。

恩来要龙飞虎修改书中的内容，龙没有改。恩来逝世后，这本书又再版了，仍然没有改。我为这件事专门给他去过信，我见他一次就要批评一次。

林彪卖奖章：

我还要给你们讲一件事：1942年，毛泽东派林彪代表他来重庆，同国民党蒋介石谈判。林彪在这个楼上住了很长时间，1943年，他和我们一道回的延安。当时林彪在这里就不守纪律。我们当时有个纪律，就是出门要给值班的人讲，下午五点钟以前必须回来。有一次林彪私自外出，五点钟过了好久才回来。我问他做什么去了？他说他上街去了。后来才知道，他上街去把他在瑞金苏区时得的一枚纯金的奖章拿去卖了，换钱花。那时林彪就不守纪律，没事儿时还经常上街去看小人书。

时间在悄悄地流逝，不知不觉间邓大姐就讲了近半个小时。我在笔记本上飞快地记着，心里盼望邓大姐再多讲几个故事。这时，邓大姐的秘书赵炜提醒她时间到了。于是，邓大姐意犹未尽地站起身来，对大家说："我刚才给你们讲的，都是你们以往不可能知道的，是档案里没有的故事，你们记下来把它补上。"

在大家的簇拥下，邓大姐步出曾家岩50号周公馆大门。她兴致勃勃地同身边的工作人员们合影留念。此时此刻，听说邓大姐到了周公馆，早已等候在大门外的数百名群众自发地向邓大姐热烈鼓掌。邓大姐亦频频向他们挥手致意。最后，她再次深情地望了周公馆一眼，才依依不舍地登车离开了曾家岩。

二、再登红岩村，首提"红岩精神"

1985年10月13日当天，我们就得知第二天邓大姐要到红岩村去，并且还是同样的规定：不能带录音机和照相机。鉴于头天记录的辛苦和速记的不完整、不准确，14日一大早，我就到了红岩村办公室，借出了当时我们馆里唯一的一台"砖头"卡式录音机，并说服了领导，悄悄带上录音机，"混迹"于馆里的接待人员之中。

14日上午，山城重庆的天气十分晴朗，正可谓秋高气爽，风和日丽。邓大姐在距1960年25年之后，又踏上了红岩村她熟悉的石板小道。下车后，已经有不少群众自发地在停车场伫候欢迎。我们簇拥着邓大姐慢慢地沿着红岩村的石板小道，往当年南方局和办事处大楼走去。我尽量靠近邓大姐，当她说话时，我就把录音机拿出来，尽可能地把邓大姐的声音录进去。这时，邓菱馆长才告诉我，负责接待的市委副秘书长徐雄传达了邓大姐的意思，允许纪念馆的同志录音和拍照。

驻足忆房东，难忘故人情

走过"大有农场"牌坊，过了黄葛树，邓大姐指着小路两边说："这里原来都是栀子花，开花的时候，非常的香。"来到原红岩房东饶国模的旧居前，邓大姐指着门前空坝："这里原来有一棵很大的玉兰树咧。"

她停住脚步，仔细端详着这栋二层小楼墙上有关介绍饶国模的说明文字，因有些字看不清楚，邓大姐要王明湘馆长把说明牌上的文字念给她听。听完后，邓大姐不无感慨地说："介绍饶国模，不能就这样轻飘飘地说几句哟！你们这个说明太简单了，你们没有说明当时我们是处在什么样的一种情况之下，人家（指饶国模——作者注）是在什么样的一种背景之下给我们帮助的。"

接着，邓大姐讲述了当年我党南方局和八路军重庆办事处迁往红岩的情况："那是1939年'五三''五四'大轰炸的时候……在此期间，刘太太（指饶国模——作者注）对南方局和办事处人员的生、老、病、死都管完了。"关于红岩的房租，邓大姐说："当时我们同饶国模签了一个租约，三年以内不收房租，三年以后每年收多少多少，但实际上三年以后饶国模也没有收我们的房租，不仅没收，反而还给了我们很大的帮助。"

饶国模的这栋小楼，对于邓大姐来说，还有一份特殊的感情，那就是她的母亲和周恩来的父亲都曾经在这栋小楼里短期住过，并曾得到过饶国模的关心和照顾。对饶国模这样一位在我们党困难时期曾经给过巨大帮助的人士，邓大姐是难以忘怀的。

后来，邓大姐还专门到红岩山谷深处的饶国模墓前，向饶国模默哀致意并献上了一束鲜花，以表达她对这位昔日朋友的缅怀之情。

轰炸何所惧，照相鼓士气

来到当年中共中央南方局和八路军驻重庆办事处大楼前，邓大姐站在石阶上，望着这座当年她和周恩来进出过无数次的楼房，看着这个她和周恩来曾经战斗和栖息过的地方，往事如潮水般地涌现在她的脑海里。

邓大姐站在办事处的传达室门前，对陪同她参观的人们说道："你们还记得我和恩来在这里照的一张相吗？"接着，邓大姐讲道："有一次日机轰炸，我们都躲在防空洞里。这次日机轰炸得十分厉害，连防空洞口也落了炸弹。从防空洞出来后，见办事处大楼也给震垮了一部分，我和恩来就在这被震垮的楼前照了一张相。我们照这张相的目的，就是为了表示我们不怕轰炸，表示我们无所畏惧。不然，我俩干吗要在这里照张相呢？"

说到这里，邓大姐稍微停顿了一下，然后用十分地道的重庆话补充道：

"不然没得意义，照它做啥子哟！"

邓大姐风趣幽默的语言，引得周围的人们都笑了起来，邓大姐自己也开心地笑了。从邓大姐欢乐的笑声中，我仿佛看到了当年南方局和办事处同志们在红岩山谷里的革命乐观主义精神和风貌。

"要还原历史的本来面目"

邓大姐十分注重红岩革命纪念馆复原陈列内容的历史真实性，强调在陈列中"要还原历史的本来面目"，这是她老人家1978年在北京接见我们时就反复叮嘱的。这次重返红岩，邓大姐又十分自然问起了她和恩来在红岩房间里的布置情况。

由于一路上山，邓大姐有些累了，所以同13日在曾家岩50号周公馆一样，邓大姐都没有上楼，她就站在楼前的空坝上问王明湘馆长。王馆长告诉她："现在床上的被子是按照南京梅园新村纪念馆复制的，被面是布的。"邓大姐对这种布置表示满意。但邓大姐又说："其实不要被子也可以，就是一个床有什么不可以呢？纪念馆的陈列就应该再现当年斗争的艰苦性，要还原历史的本来面目。"

邓大姐虽然没有完全反对在陈列中用复制品去代替历史原物，但是，她的思想十分明确，那就是要尽量忠于历史，坚持历史唯物主义。纪念馆旧址的复原陈列工作，要尽量反映出当年斗争的复杂性和艰苦性，还历史以本来面目。只有这样，纪念馆才能真正起到启发和教育参观者的作用。1978年在北京会见我和王馆长，以及前一天在曾家岩50号周公馆的时候，邓大姐都曾多次纠正我们，以前说曾家岩50号的一个住户刘瑶章是国民党特务的说法是错误的。并语重心长地教导我们说："你们在这里做党史工作的，一定要实事求是，任何事情不要搞推论。"

提笔思良久，落墨现精神

来到当年南方局和办事处的礼堂，这里已被作为纪念馆的一个大的活动室和会议室，邓菱馆长请邓大姐一行到礼堂里面稍事休息。经过一路的故地重游和向随行的同志们讲述往事，邓大姐有些累了。她也就在邓馆长的安排下坐在藤椅上休息，陪同和随行的谭启龙、于汉卿等同志都自己找凳子坐下休息。

这时，重庆市政协副秘书长胡北淇对邓馆长说：“你们纪念馆不是想让邓大姐给你们题字吗？现在正好利用这个休息时间请邓大姐写吧。”此前的接待工作安排中，好像并没有题字这个项目。匆忙之间，已来不及拿毛笔、墨汁等文房四宝了，好在邓大姐说她也不用毛笔。

于是，邓馆长急忙吩咐工作人员拿来宣纸和泡沫签字笔，铺在桌上请邓大姐题词。邓大姐的秘书赵炜同志俯下身子，轻声建议着要邓大姐写什么，但邓大姐只是听着没有动笔，她自己在思考着、斟酌着，坐在一旁的邓馆长也给邓大姐递上了一个小字条供她参考。

邓大姐以前从来没有给红岩写过字，她在考虑着该写什么。不一会，邓大姐落笔了。只见她从上到下，依次写下了“红岩精神　永放光芒”八个大字。旁边的赵炜不停地提醒她“字写大点，字写大点”。“红岩精神　永放光芒”八个大字写完后，邓大姐提行落款：“一九八五年十月十四日”，刚写完最后一个“日”字，赵炜又提醒说：“于红岩。”邓大姐在此时又稍作停留，最后写下了“重返红岩”四个字。这时，站在一旁观看的同志们都情不自禁地鼓起掌来。

这是第一个党和国家领导人提出“红岩精神”这个命题和概念。后来，江泽民同志又把红岩精神与井冈山精神、长征精神和延安精神并提，归结为“中国共产党人和中华民族的宝贵精神财富”。胡锦涛同志也一脉相承，提出学习、宣传和发扬“红岩精神”。邓大姐“红岩精神　永放光芒”的题字，为我们党和民族的宝贵精神财富注入了新的内容，也是后来重庆市委提出“弘扬红岩精神，塑造新一代重庆人”口号的肇始和发端。

“红岩的事情就拜托你们了！”从礼堂出来后，邓大姐一行就去了饶国模墓和红岩公墓。由于路不好走，四个强壮的小伙子抬着邓大姐坐的轮椅，先到了饶国模墓前。邓大姐走上墓台，向这位昔日的房东、红岩的主人和我们党的挚友、并最终成为同志的饶国模献上了一束鲜花。

来到红岩公墓，这里安葬着邓大姐的母亲、周恩来的父亲以及抗战期间在红岩病逝的一共13位大人和小孩，里面既有亲人，也有她熟悉的战友和同事黄文杰、李少石等。墓前，邓大姐默哀良久。邓大姐知道，这可能是她一生中最后一次来看望她的母亲和周恩来的父亲了。我们心里也明白，邓大姐是来向自己的母亲和周恩来的父亲以及当年的战友和同事们作最后的告别，这也是她这次红岩之行的目的之一。邓大姐默默地献上鲜花，我们跟着她向红岩公墓三鞠躬，然后跟着邓大姐绕公墓一周。一路上，邓大姐几乎没有说什么话。

邓大姐就要离开红岩了。此时，邓菱馆长早让纪念馆的工作人员在原南方局和八路军办事处大楼前的台阶上站好了队，等着邓大姐来与大家合影。邓大姐见到红岩的年轻人，心里十分高兴，她不停地向大家挥着手，我们报以热烈的掌声。

我是被安排随行邓大姐作记录的，来到办事处旧址时，大家都已经站好了队，于是我就站在前面几排的凳子上。照完相，邓菱馆长和王明湘馆长就近拉着纪念馆打字员李建华的手，向邓大姐介绍："这位是我馆的打字员李建华，为打《南方局大事记》，手上都打起了茧疤。"邓大姐拉着李建华的手，心疼地抚摸着。然后，她转身向着纪念馆的同志们大声说道："谢谢大家，同志们辛苦了！这个馆就交给你们了，红岩的事情就拜托你们了！希望你们把红岩的工作做得更好！"看着红岩的年轻人，邓大姐似乎看到了她所题写的"红岩精神"在发扬光大，并且"永放光芒"，代代相传。

邓大姐就要离开红岩了，我还没有来得及向她说7年前我和王明湘馆长在北京采访过她的事。走到黄葛树时，我靠近邓大姐和赵炜，说起了这件事。邓大姐和赵炜都清楚地记起了7年前的我。"哦！你就是7年前在北京采访的小刘。"邓大姐拉着我的手。赵炜还嘱咐我把那次采访的记录稿子寄给她呢！

邓大姐回红岩的消息不胫而走，不论是红岩村附近的居民或是远道而来的观众，都想一睹邓大姐的面容。大家自发并井然有序地站在小路旁，对邓大姐报以热烈的掌声。邓大姐面带微笑，向大家频频招手致意。几位抱着孩子的母亲，都争着让自己的小孩叫"邓奶奶好！邓婆婆好！"邓大姐亲切地抚摸着这些小孩稚嫩的面颊。人群中有十几位从成都来红岩参观的女公安战士，当她们看见了邓大姐后，竟激动得抱成了一团。在大家“邓大姐好”的欢呼声和招手致意中，邓大姐登车离开了红岩。

（节选自刘立群：《邓颖超1985年重返重庆》，载《红岩春秋》2014年第2期。）

秦玉琴：
重庆20世纪80年代的整党整风和干部工作

秦玉琴，曾任重庆钢铁公司第四钢铁厂党委副书记，中共四川省重庆市委常委、组织部部长，中共四川省纪律检查委员会常委、重庆市委副书记，中共四川省委常委、组织部部长、副书记，四川省政协主席。

我到重庆市委后，一开始分管群团工作，联系组织工作，然后担任市委组织部部长。按照中央和省委部署，重庆的整党工作从1984年1月开始。市委成立了整党工作领导小组，领导小组下设办公室，当时我是市委常委、组织部部长，担任办公室主任。

这次整党的主要任务：一是统一思想，二是整顿作风，三是加强纪律，四是纯洁组织。主要步骤是从上到下、分批分期进行，重庆的整党工作一共分成三批进行。整党的基本方法：先学文件，统一思想；个人对照检查，开展批评与自我批评；走群众路线，听取意见；边整边改，整改贯彻始终。重庆整党工作开始前，1983年底至1984年初，胡耀邦到四川、重庆和贵州视察工作并发表讲话，提出领导干部要“议大事、懂全局、管本行”。市委召开了一次市委常委扩大会议，把胡耀邦的这个指示精神贯彻到我们的整党工作中来，调动广大干部群众的积极性，提高领导干部的工作能力，以整党为动力，促进各项工作。

通过整党，从三个方面统一了思想。一是统一了对重庆一些历史重大问题的认识，主要是对“文化大革命”的认识。在“文化大革命”中群众有两派，领导班子里也有两派。通过整党，最后得出结论，过去“左”的那一套，必须全面摈弃它。其目的是消除派性，增强党性，加强团结。这一点在当时很重要。重庆在这一点上把握得很好，受到四川省委表扬。二是统一了对十一届三中全会以后重庆主要工作的基本认识和评价。由于仍然受到过去“左”的思想束缚，一些干部思想不够解放，没有及时把思想统一到党的十一届三中全会精神上来，十一届三中全会后的几年中，重庆总体工作发展不理想。在整党中，我们提出要敢于承认这个差距，敢于正视之前工作中的不足，深入剖析问题的根源，从实际出发，实事求是，把大家的思想统一起来。三是边整边改，把整党跟经济建设、经济体制改革及各项具体工作紧密结合起来。市领导作了分工，安排专人负责整党，其他人分别抓好各项工作。在工作中抓整党，以整党促工作，做到整党和工作两不误。整党的时间和步骤必须保证，集中学习、对照检查，所有人必须参加，其他工作自己再安排时间处理。

重庆整党不走过场，把整党与改革发展实践结合起来，整党的成果在经济建设、体制改革和其他各项工作中体现出来。经济建设上，重庆各项经济指标大幅上升。同时，进一步解放思想，放宽政策，在全民所有制和集体所有制企业之外，一批有活力的私营企业逐步发展起来。比如：1984年卢作孚的儿子卢国纪重建民生公司，开始经营长江航运；另一家老字号“宝元通”也恢复名号，开展贸易业务。这两家都是老的工商业者，但是一直跟党走。改革开放后，在经济体制改革过程中，允许它们作为私营企业恢复业务，这在当时是很不容易的。如果没有解放思想，实事求是，就不能促进多种经济成分发展。

在国有企业改革中，主要是放宽政策，扩大企业自主权，增强企业活力。比如：1984年重钢公司等30多个大中型企业试行了企业工资总额同上交税利挂钩浮动的办法；重庆建筑一公司推行“栋号承包责任制”，按工作量、工程质量、消耗定额、百元产值工资含量确定考核指标。这些改革措施极大地调动了企业的经济活力。在经济体制改革中，确实下放了权力，搞活了经济，促进了经济的快速发展。这既是整党促进思想解放的成果，也是重庆经济体制改革试点探索的成果。

总之，重庆整党取得了很好的效果。通过整党，统一了思想，促进了其他各项工作。经济搞上去了，改革放活了，还改进了机关工作作风。另外，还打破人才部门所有制，搞了一次全市人才交流大会，成立了市人才交流中心，促进了人才流动。

20世纪80年代初，党中央在干部体制改革中提出了逐步实现干部革命化、年轻化、知识化、专业化的干部“四化”方针。重庆各级党委十分重视人才队伍建设，加强对年轻干部的培养，选拔了一批德才兼备的年轻干部进入各级领导班子，还加强“三梯队”的建设，后来叫后备干部。在这个过程中，重庆采取了两项重要措施，起到了很好的效果。

一是“开科取士”。“开科取士”也叫“集体伯乐识骏马”。当时，通过平反冤假错案、落实知识分子政策，打破了过去“左”的错误路线下对人才的束缚；在整党过程中，又打破了人才部门所有制，为人才流动创造了条件。在这个背景下，按照中央提出的干部“四化”方针和德才兼备的原则，重庆创造性地采取“开科取士”的办法，加大对年轻干部的提拔力度。

与过去组织部门对单个干部进行考察不同，在“开科取士”中，由市委常委、市顾问委员会、市政府、市人大以及市委组织部门、纪检部门的相关负责人共同组成干部面试考察组。具体做法是：第一，群众推荐。这是干部被广泛发现、选择录用的基础。干部生活在群众中，干部的优缺长短、功过是非，群众从不同角度看得比较清楚；群众荐贤，可以开阔选人用人上的眼界，改变选拔干部中的个人主观随意性，可以加强群众监督，防止用人上的不正之风。第二，逐级考察。在逐级考察中反复比较、筛选，好中选优，利于选准、选好。第三，在动态中考察。在档案中是发现不了人才的，在实践中才能发现千里马。要在实践中开创了新局面的地方去发现人才。第四，要为干部的成长开辟多种形式的渠道和台阶，鼓励毛遂自荐，为那些不为领导熟悉的人能脱颖而出创造条件。到1984年底，市各大口、各区县考察提出了

300名候选干部，市委组织部从中筛选出100名，又由市委领导（当时廖伯康任分管副书记）和组织部精选出15名报市委常委同意作为考核对象。考察组对这15名干部进行面试，其目的主要是为市级部门、区县选拔主要领导，作为市级领导的后备。面试考察的内容，先是让他们述职，讲讲他们在原来岗位上开展工作的情况；然后是对全市工作有什么意见和建议，考察他们宏观上考虑问题的能力；最后发一个干部测评表，考官们对参加面试的干部进行评价，并提出使用意见。在面试中，考官对某个人印象不错，还可以进一步询问有关情况，就像在一个座谈会上一样，通过深入交谈进一步了解面试对象。这种形式在重庆是前所未有的，是对选人用人的一个创造性探索，开创了一种新的选人用人方式，在当时产生了很大的影响。通过“开科取士”，这些人从大学、企业、区县和部门被选拔出来，后来表现也很优秀，基本都走上了领导岗位。这也证明“开科取士”这种方式是对的，通过领导“集体伯乐识骏马”，在选人用人上更能把好关。

二是百名考官下基层。整党结束后，为加强干部选拔力度，根据各级各部门和企事业单位推荐的优秀年轻干部情况，市委从市级机关和区一级机关抽调100名资格比较老、工作经验丰富的党务干部，到基层去考察选拔干部。通过这种方式，一大批优秀人才从大学、研究所、企业、区县选拔出来。通过百名考官下基层，把干部“四化”方针推向深入，为各级领导班子逐步实现“四化”准备了重要条件。这些选拔出来的干部，分别充实到有关部门，并在后来逐步走上了更重要的领导岗位。

“开科取士”和百名考官下基层发生在整党的背景下，也是整党对干部工作带来的积极影响。这两件事在四川省和全国都有很大影响。我们的相关工作简报受到了中组部表扬。后来中组部专门搞了一次干部制度研讨班，我参加了这个研讨班，并交流了重庆选拔干部的创新和经验。

作为组织部长，就是要按照“德才兼备，五湖四海”的原则，选贤任能，当好伯乐。要坚持以下几点：第一，德是首位；第二，要有才干，这点主要看政绩；第三，是有群众基础；第四，是正派廉洁，谦虚谨慎。工作中，除了把握好干部条件和任用程序，还有很重要的一点是把握好平衡原则。

市委书记王谦对我说："你这个组织部长不好当，重庆这么多干部，从干部来源看，有南下山东的、山西的，有地下党的，有重庆的，有永川的，并且还受到'文化大革命'中派性斗争的影响，要重视干部的平衡，维护好干部团结。"我在工作中特别注意这一点。这个平衡的标准不是别的，就是党性标准，就是要坚持四化方针和德才兼备、五湖四海原则。提拔干部主要是看他的德才、政绩和群众反映，不去管他属于哪个所谓的"派系"。当时有个记者采访我，问我怎样当好组织部长，我说最重要的是虚心听取各方面的意见，但对这些意见要经过自己分析，不能完全按照别人讲的去办，否则没办法开展工作。所以，对工作中面临的一些矛盾，既要讲平衡又要讲条件，平衡得按条件，条件也不能丢了平衡。

1983年2月，党中央、国务院批准了在重庆进行经济体制综合改革试点，同时决定永川地区与重庆市合并，扩大重庆市的行政范围，实行市领导县的管理体制，这是对城市经济体制综合改革试点一项支持措施。

合并后新的市委领导班子，是在1983年3月召开的党代会中选举产生的。4月份两地开始合署办公，但是还有很多后续工作有待完成。原永川地区和原重庆市的两套班子合并为一套新班子，但干部职数是有限的，当时，怎样安排好干部很重要，也很困难。因为位子只有这么多，不够大家坐，有的人挤着坐，有的人站着，有的人还蹲着。

为解决这个问题，我当时忙得不分白天黑夜，礼拜天都没休息过。一个接一个地和干部谈话，对他们的工作岗位进行安排。这确实是非常艰苦的一项工作。后来，主要采取了这样几条措施：一是个别单位超职数配备干部，就是先进后出，先超出单位的核定职数把干部安排进去，等到年龄大的逐渐退休后，这个职数慢慢就消化了；二是设置非领导职务；三是加强思想政治教育，强调作为党员领导干部，要支持重庆经济体制综合改革试点和地市合并，以党性、纪律保证服从安排；四是与整党结合起来，整顿地市合并中的不正之风，不允许送礼、走后门、拉关系等不良现象存在。此外，还大力发扬人文关怀，把干部的家属、子女安排好，住的房子安排好。虽然一下子这么多人，住处紧张，能挤着住就不错了，但还是要适当安排。总的来说，通过多方努力和干部们的理解和支持，到1984年底，基本上比较妥善地解决了地市合并中的干部人事问题。

（节选自中共重庆市委党史研究室编：《新中国成立70周年重庆口述回忆文集》，西南师范大学出版社2019年版。）

张文彬：
重庆商业“四放开”改革

张文彬，曾任中共重庆市委常委、组织部长、常务副市长、市委副书记、市政协主席。

1991年初，重庆提出在国营和合作商业开展“四放开”改革，同年11月，国家体改委、商业部在重庆召开搞好国合商业座谈会，肯定、介绍和推广重庆开展商业“四放开”改革的做法和经验。中央政治局委员、国务院副总理田纪云在会上对重庆实行的“四放开”改革作了充分肯定和高度评价。他说，重庆在国际风云变幻、国内市场不景气的情况下，搞“四放开”真了不起，是深化商业改革的一个突破，对全国都是一个贡献，立了一大功。田纪云副总理号召各级人民政府要像重庆重视生产一样重视商业，要学习重庆锐意改革的精神，积极探索，把商业改革推向一个新的阶段。这次会议后，在田纪云副总理号召下，在全国商业战线很快掀起商业“四放开”改革热潮。我是重庆商业“四放开”改革的积极倡议者和实际参与者。

一、为什么要搞“四放开”

1990年，全市国营商业、供销社系统实际利润仅5500万元，比1989年的2.2亿元下降了75%，上交税利下降了21%。而在当时，国合商业是商品流通的主导力量，是市场商品的主要供应者，也是国家财政收入的重要来源。面对企业的困难状况，人们都很焦虑，也都在思考，出路在哪里？当时我们作了一些思考：一是借鉴农村改革成功的经验。农村实行了联产承包，解决了农民经营自主权和生产积极性的问题，这一点商业改革是可能借鉴的。二是吸取东欧、苏联的教训，他们长期实行僵化的社会主义制度，吃大锅饭，人吃懒了，国吃穷了，党也吃垮了。中国坚持改革开放，走中国特色社会主义道路，顶住了压力，历史证明只有改革才有出路，商业要走出困境，必须走改革之路。三是学习沿海特区的经验，1990年12月，我们去沿海特区考察，他们成功的经验是放得开，搞得活，因而发展快，变化大。考察后我们向市里提出要依靠改革、促进发展、勇于创新、敢于突破，选一批商业企业进行“四放开”试点的意见建议。四是受到我们一些敢于放开搞活并取得成效的单位的启发，1990年初，巴县青木关供销社搞经营、价格、分配“三放开”取得好的效果。从这些分析中，我们得出一个结论，国合商业要走出困境，发展振兴，绝不能回到独家经营的官商老路，必须走深化改革之路，联系国合商业实际，最有效的办法和途径是推行“四放开”，因此全市才下定决心搞“四放开”。

二、“四放开”的主要内容

一是经营放开。改革购销渠道，扩大经营范围，改进经营方式，目的是搞活经营，扩大销售。

二是价格放开。明码标价，灵活作价，目的是适应市场变化，活价促销。

三是用工放开。实行全员合同制、内部下岗待业制，目的是打破铁饭碗，奖勤罚懒。

四是分配放开。实行劳酬挂钩、联销计酬，目的是打破大锅饭，克服平均主义。

“四放开”的实质是深化改革，放开搞活，目的是增强企业自主权，调动职工积极性，探索从根本上解决体制机制问题。

三、如何推行“四放开”

找到了改革的出路，看到了希望，如何推进落实，还是一个很难的问题，因为“四放开”的内容很多方面是同当时的政策规定有矛盾和冲突的，如何才能顺利推进，我们采取了几条有力的措施：

第一，切实加强组织领导。“四放开”获得主要领导的大力支持，市委、市政府决定将“四放开”纳入重要议事日程，并成立了领导小组，由我（时任市委常委、常务副市长，分管商贸、财税、银行和工商）任组长。

第二，大胆解放思想。当时改革徘徊、经济萧条，要推进“四放开”，必须解放思想，勇于创新，敢于突破，我们当时曾明确指出：不突破现行政策就不是改革试点（因重庆是综合改革试点城市）。商业不改革就没有出路，只有在改革中才能求生存，在积极竞争中才能求发展。

第三，实行由点带面、逐步推开的办法。“四放开”涉及面广，它关系经济发展、社会稳定、国家和职工切身利益，必须慎重行事。1990年1月，在市财贸工作会上决定11个企业进行试点。试点企业积极性很高，见效很快，11个企业一季度销售增长31%，利润增长46%，上交税利增长41%，大大高于其他企业，证明试点是成功的。市里及时总结了试点经验，并迅速决定将试点范围扩大，全市增加了90个单位，并由零售扩大到批发，区县企业搞多少由区县自己决定。很快，试点由点到面逐步推开，试点企业发展到500余个，推行面达到80%以上。据当时商务部调查组分析，推行“四放开”企业普遍出现了销售、利润、上缴税利、职工收入“四上升”的局面。

第四，统一行动打总体战。要推行“四放开”，只有商业部门的积极性是不够的，因为它涉及很多综合部门。我们提出“四放开”是改革大局，各综合部门必须主动参与，积极配合，市工商局、物价局、劳动局等单位，专门为“四放开”发了文件，部门负责人还深入各试点单位调查了解情况，指导工作，这就使“四放开”改革排除了一切阻力，顺利推进，没有这一条，改革是很难推进的。

第五，坚持舆论导向。“四放开”动作大，坚持舆论引导十分重要。“四放开”能顺利推行，这与中央、重庆的新闻单位的大量宣传报道分不开。这些报道对“四放开”是强有力的支持和帮助，推进重庆掀起了商业“四放开”的热潮。新华社连续发了三期，系统总结介绍重庆商业“四放开”情况的内参选编，1990年11月全国会议后，全国商业系统也掀起了推行“四放开”的热潮。

四、“四放开”的主要成效

“四放开”改革推行的时间不长，但进展比预料的快，影响比预料的大，效果比预料的好。

一是促进了企业扩大经营范围，突出经营特色，大幅提升了销售额，扭转了销售下降的趋势，冲破了长期实行的商品计划分配模式。

二是转换了商业的经营机制，增强了企业活力，扭转了经济效益下滑的局面。

三是提高了企业职工的积极性，改善了服务态度和服务质量，提高了工作效率和责任感，商业面貌焕然一新。

四是增强了改革意识。思想解放、观念更新是推行“四放开”的前提，“四放开”改革的实践又进一步增强了改革意识，商业企业意识到只有改革才有出路，而改革的核心就是放开搞活。

五是“四放开”改革的影响深远。1991年初推行“四放开”是在邓小平南方谈话之前，也是在党的十四大决定实行社会主义市场经济之前。“四放开”改革与南方谈话精神和十四大精神是完全一致的，经营放开、价格放开是符合市场经济要求的，用工放开、分配放开是转换经营机制、增强企业活力的重要途径。为什么在重庆国营企业中还有重庆百货、新世纪这样大型国营商业的存在和发展，它们能在激烈竞争中站住脚，靠的正是当时推行“四放开”的基础，特别是坚持放开搞活的精神。

五、“四放开”的经验和不足

重庆在国合商业中推行“四放开”改革发展势头很好，在全国影响很大，对搞活重庆国合商业发挥了重要作用。最成功的经验是：解放思想，敢于突破；转换机制，放开搞活；加强领导，稳妥推进。但是，现在回过头来看，由于当时情况复杂和认识的局限，没有与时俱进，进一步解放思想，把“四放开”改革推向更深层次，特别是没有及时推进国有商业企业的产权制度改革，以至于有部分企业对“四放开”改革搞了形式，甚至走过场，因此，一些国有商业企业逐步丧失了活力，没有走出困境，这不能不说是“四放开”改革的最大遗憾。

（节选自中共重庆市委党史研究室编：《新中国成立70周年重庆口述回忆文集》，西南师范大学出版社2019年版。）

窦瑞华：
“科技兴渝”战略是如何实施的

窦瑞华，曾任重庆邮电学院教授、电信工程系副主任、副院长，四川省重庆市人民政府副市长，重庆市政协副主席。

1990年，重庆推出了“科技兴渝”战略，这是新中国成立以来重庆市委、市政府在科技方面最突出的行动。它是党政一起、四大班子合力推出的一项战略，由市委掌舵、人大决议、政府操作、政协配合，各部门紧密参与其中。“科技兴渝”战略有政策支撑，有项目推动，实施力度很大，效果也非常好。比如当时摩托车行业非常挣钱，摩托车的核心是发动机，而重庆的发动机技术相当好；当时重庆的医药行业在全国排在了前五六位，产量和水平都很不错。市里出台政策，规定企业从产值中拿出一定比例资金，作为科研经费。市里成立了领导小组，我是负责人之一，召集相关单位讨论有关政策并最后落实到基层企业，这些政策对企业科技发展推动很大。我的体会是，科技是第一生产力，但领导重视更是第一位的，领导重视科技工作，各种政策、抓手、资金就全来了。

那时，国务院要在全国确定一些城市，作为国家级的第一批高新产业开发区，当时的国家科委常务副主任李绪鄂具体负责这件事。我1989年从重庆邮电学院到重庆市政府担任副市长，市科委告诉我，在全国候选城市名单中，重庆名列第十七八位，还是很有希望的。不久，国家科委职能处室的处长尉迟坚来重庆出差。他告诉我，很多省委书记、省长都跑到国家科委，要求把他们的城市列为国家开发区，现在重庆被挤到了二十三四位。我听后大吃一惊，马上向肖秧书记、孙同川市长汇报。他们联名写了一封信，由我带信去北京找李绪鄂。不久，李绪鄂带领一批人来到了重庆，重庆顺利入选了第一批国家级高新产业开发区。过去，重庆没有国家科委的项目，从那以后，重庆开始承担国家科委的项目。被划为国家高新产业开发区前，重庆没有开发区，只有沙坪坝重大旁边的科技一条街，开发区属于沙坪坝区。我带领市科委领导同沙坪坝区区长左绍中谈，在许诺原有企业税收留归沙坪坝，且每年增加税额的前提下，沙坪坝把开发区贡献给了市里。在市委、市政府领导和支持下，我们积极学习沿海地区的先进管理经验，重庆的高新技术开发区发展很快、很成功，走在了全国前列，超过了成都和西安。

1997年重庆直辖后，我担任重庆市政协副主席。重庆从四川省分离出来，它的教育体系结构是不完善的。为了完善重庆教育体系，政协提出把西农和西师合并为西南大学，使之成为综合性大学。

对于教育工作和人才培养，根据自己曾经长期在教育战线学习和工作经验，我认为实践能力非常重要。我年轻的时候，到过农村，到过部队，当过钳工，这些实践经历对我帮助很大。我当钳工时，我的老师是八级钳工肖华老师傅，他动手能力很强。丰富的实践经验，使他具备了解决疑难技能问题的思路和技术，这是技能人才的与众不同之处。邮电研究所搞的总体设计和研制，是实践性很强的系统，这在综合型大学或者理科型大学就不可能搞出来。

（节选自中共重庆市委党史研究室编：《新中国成立70周年重庆口述回忆文集》，西南师范大学出版社2019年版。）

唐情林：
改革开放以来重庆城市管理与建设

唐情林，曾任四川省重庆市人民政府市长助理、副市长，重庆市人民政府市长助理，重庆市人大常委会副主任。

1978年改革开放起步时，我仍在国营七一仪表厂工作。1984年1月，我任九龙坡区委副书记、区长，从此开始接触城市管理和建设工作。1990年10月我调到重庆市政府工作，先后担任市长助理、副市长；1997年重庆直辖后，我又担任市长助理。在重庆市政府任职期间，我主要分管市政建设、城市管理、环境保护、社会治安等工作，尤其是在城市管理和建设上投入了大量工作精力，亲身参与和见证了改革开放以来重庆城市面貌翻天覆地的变化。

一、城市管理

改革开放前，由于总体经济发展水平、城市管理体制、市民生活卫生习惯等因素制约，重庆城市管理长期处于较低水平，城市环境“脏乱差”问题突出。改革开放过程中，在不断促进重庆经济发展的同时，我们努力提高城市管理水平，不断提升城市形象，改善人民群众的生活条件和居住环境。

改变城市环境，首先从当时最为突出、直接危害人们身体健康的卫生问题抓起，进行了一场“厕所革命”和“垃圾革命”，从根本上改善了城市卫生状况。

改革开放初期，重庆城区只有大一点的宾馆才有冲水式厕所，其他地方基本都是旱厕，人们在外面要找厕所不用眼睛看，哪里传来臭味就往那个方向去找。厕所粪便处理靠郊区农民来挑或者环卫工人用车拉走。这种环境卫生状况既不利于市民健康生活，也制约着重庆城市形象的提升，尤其难以接待改革开放中来访的外国朋友。当时，外国游客去大足石刻参观，由于沿途只有旱厕，他们不习惯，而且臭气熏天的，也没人愿意进去，只有在景点或回到宾馆才能上厕所。为了改变这种状况，我们搞了一场“厕所革命”，把市区的旱厕全部改为冲水式厕所，现在市区已经找不到旱厕了，都是冲水式厕所，而且档次比较高，跟国外相比也没什么差别。

1990年，我到市政府任职后接手的第一件事情就是创建卫生城市。卫生城市的标准中有一条，垃圾要无害化处理。当时我们连垃圾的收集都是一个大问题，根本谈不上无害化处理。重庆两江四岸城区段，有3000多堆垃圾，长江从李家沱至望江厂这一段，嘉陵江从北碚下来直到朝天门，两岸都有很多垃圾堆。当时就是这样一种状况，就是这样一种城市卫生面貌。要改善，首先要解决的就是垃圾收集问题。我们开始分批建设垃圾站、垃圾场，设置垃圾桶，让老百姓逐渐养成把垃圾倒进垃圾桶的习惯。环卫工人收集后，再统一倒进垃圾堆放场。当时择地设置了几个垃圾堆放场，集中堆放各处收集起来的垃圾，相比过去城区到处都是垃圾堆的状况有了一个很大的改善。然后，我们又启动了沿江综合整治工程，即滨江路工程。一是环境综合整治，二是固堤防洪。过去，洪水来了垃圾冲得岸边遍地都是，水流长期侵蚀堤岸容易造成垮塌。通过综合整治，加固了河堤，清理了岸边的垃圾并且植树种草进行绿化，美化了城市环境。沿江综合整治由渝中区的滨江路作为示范段开始，然后推广到各个区县，不仅长江、嘉陵江，包括乌江、濑溪河等支流，都进行了综合整治。这一工程对城市形象的提升起了很大作用。

把垃圾集中起来堆放在露天，对垃圾场周围的环境会造成很大污染，没有最终解决问题。垃圾场臭气熏天、蚊虫滋生、老鼠乱窜。特别是一到夏天，垃圾场周围一公里内的老百姓都不敢打开门窗，可以说环境非常糟糕。为了进一步解决这个问题，重庆开始建设垃圾处理厂，对垃圾进行无害化处理。现在，城市垃圾基本都进行了无害化处理。这既是提升城市形象之举，也真正改善了老百姓的居住和生活环境。当时几处垃圾堆放场的环境也得到了恢复和改善，有的还在原来垃圾场的位置建起了公园，如原江北区垃圾堆放场改建成了龙头寺公园，原九龙坡区垃圾堆放场现在是彩云湖湿地公园，过去污水横流、臭气熏天，人们避之唯恐不及的地方，现在变得绿树成荫、鸟语花香，成为人们休闲娱乐的好去处。

为进一步提高城市形象，为市民提供一个方便、舒适、整洁、美观的生活环境，我们紧紧抓住“路、树、房、灯、线、桥、栏、站”，对城市环境进行综合整治：（1）路，就是城市道路。那时城区道路到处坑坑洼洼，尘土飞扬，人们出门“晴天一身灰，雨天一身泥”，别说晚上走，白天走起来都困难。于是，我们下决心把路修好，不仅要通畅，而且道路质量也要很高，改善了人们的出行条件和城市形象。（2）树，指行道树。树是城市的“仪仗队”，道路两旁整整齐齐的行道树，展现出一种良好的城市仪容，令人赏心悦目，而且在重庆炎热的夏天还可以为行人遮挡强烈的阳光。大石路（大坪至石油路）是当时抓的一个样板，拆掉了路边违规搭建的临时建筑，清理了丛生的杂草，路两旁种上几排绿化树，现在已经绿树成荫。改革开放前，重庆没有一块像样的草坪，在城市环境整治工程中，我们学习国外经验，建了很多草坪。草坪也是城市文明的一个象征，一个城市不能全是钢筋水泥，一点绿地都看不到。（3）房。改革开放后，重庆仍有许多简陋的“抗战房”，这些抗战时期搭建的低标准房屋，经过几十年风雨后破旧不堪，居住其中的老百姓生活非常不便，也不符合重庆作为一个大都市的形象。我担任副市长时，开始进行临街房屋整治，通过给旧房“穿衣戴帽”，改善市容市貌。现在重庆各个区县城镇面貌都比较整洁。不一定是新房子，旧房子经过改造、“穿衣戴帽”整治后照样很漂亮。现在，我们的古城、古镇的保护，也在采取这个办法。（4）灯，即城市路灯。改革开放初期，重庆市区路灯数量少，品位低，仅在主要街道设置了一些简陋的照明灯。现在，重庆的路灯千姿百态，各具特色，而且还有各式各样的装饰彩灯，入夜后灯火辉煌的城市成为了一道美丽的风景线。(5) 线，包括照明线、电话线、广播线，天然气、水管等管线。综合整治中，开始实行全部管线统一下地，以提高城市仪容。(6) 桥。由于重庆城区特殊的地理条件，桥梁是沟通两江四岸极为重要的交通基础设施。重庆第一座跨江大桥——嘉陵江大桥，是1966年由苏联专家援建的。改革开放后，长江、嘉陵江上逐渐建起一座座大桥。现在，长江上有42座桥，嘉陵江上有34座桥。另外还有无数立交桥，形成了四通八达的城市交通网络。(7) 栏，包括街道两旁的护栏和广告栏。原来城区街道各路段两边的护栏样式不统一，五花八门。在综合整治中，我们统一制作，统一安装，既解决了安全问题，又提升了城市形象。广告宣传随着市场经济发展起来后，由于管理不到位，各种广告贴得到处都是，城市环境显得很乱，拉低了城市形象。经过综合整治，街面上、高速公路两旁的广告基本都很规范，包括字体都有统一规范的要求。(8) 站，就是汽车站。过去的汽车站没有像样的站棚，后来我们认识到站棚也是一种城市公共设施，也应该统一标准。现在我们的公交车站、地铁站都有统一建设标准，各种相关设施都很完善。

通过加强城市管理，重庆城市品位有了很大提高，老百姓出行和生活环境有了显著改善。经过几十年的发展，现在重庆的城市环境，与国内外任何一座城市相比都毫不逊色。

二、城市建设

在改革开放中，随着经济不断发展，重庆城市建设水平不断迈上新台阶。重庆城区向何处发展？我在市政府任职期间，市委、市政府制定了“北移东下”发展战略，对重庆城市建设快速发展，起到了重要引领和推动作用。现在来看，重庆城市规划发展水平、城市风格和城市色彩没有落后于北京、上海等大城市。

党的十九大报告提出要努力满足人民群众对美好生活的需要。群众的美好生活需要包括衣食住行各个方面，包括物质生活需要和精神文化生活需要。

重庆城市建设一直非常重视满足群众对美好生活的需要，我参与和经历过的许多事情至今仍记忆犹新。

第一，修建市民广场。一是修建人民广场。1997年，为迎接重庆直辖，市委、市政府决定在人民大礼堂旁边修建人民广场，我担任建设工程指挥长，40天就完成了建设任务。我在市政府工作这么多年，只当过一次指挥长，就是人民广场建设的指挥长。这是当时重庆最大的一个广场，受到群众热烈欢迎，成为很多群众休闲娱乐健身的场所。二是建设解放碑购物广场。我们现在看到的解放碑步行街以前不是这个样子，是从1997年重庆直辖时开始建设起来的。解放碑购物广场在全国都有一定影响，全国各大城市很多人过来学习。我记得那时每年国庆节，市委、市政府组织庆祝游行，市委书记、市长都要在解放碑那个台阶上检阅游行队伍。三是修建朝天门广场。朝天门广场位于朝天门两江交汇处，1998年1月开工，同年10月建成。广场上下共四层，底层为码头专用道，中间层为商业、娱乐和办公用房，顶层为观景平台，整体造型酷似一艘扬帆远航的巨轮。朝天门广场的建成彻底改变了朝天门周边局促、陈旧和交通混乱局面，美化了城市景观。除此之外，城区街道、社区也开始因地制宜地修建市民活动场所。

第二，修建影剧院。过去，位于两路口的山城电影院是全市最好的电影院，人们把去山城电影院看场电影，当作一件十分骄傲的事情。现在电影院遍布市区各大商业中心，重庆大剧院、解放碑附近的国泰艺术中心剧院，在全国都很有名气。

第三，建设购物中心。重庆直辖后，李嘉诚投资建设了解放碑大都会广场，按照当时香港购物中心模式，打造了重庆第一个购物中心。然后对新世纪百货商场进行了改造，又在较场口建成得意广场，再加上一直以来深受重庆群众欢迎的重庆百货商场，为市民提供了良好的购物环境，也在旧房迁建中改善了那一带老百姓的居住条件。

第四，危旧房屋改造。临江门原来有一片层层叠叠的“抗战房”，八九平方米的房子住着五六个人，屋里没有厨房，也没有厕所，煮饭是用空油漆桶敷一个灶，烧蜂窝煤，上厕所家家户户都是提罐子。后来市委、市政府下决心对这一片全部进行拆迁，不但恢复了魁星楼这一历史建筑，而且改善了老百姓的居住条件。改革开放40年来，渝中区完成了80%以上危旧房屋改造，目前只剩下一小部分没有改造完。

第五，修建体育活动场馆。为迎接在重庆举行的第十三届亚洲杯足球赛，2004年重庆修建了袁家岗奥林匹克体育中心，占地1350亩，包括中心体育场、综合体育馆、游泳跳水馆、网球中心、小球馆、体育公园等综合设施，是重庆一座标志性的体育场馆。此外，各个区县也都有自己的足球场、体育馆，相关设施都已经比较完善。

（节选自中共重庆市委党史研究室编：《新中国成立70周年重庆口述回忆文集》，西南师范大学出版社2019年版。）

雷亨顺：
重庆库区“生态经济区”构想是怎样形成的

雷亨顺，民盟重庆市委原副主席，第七、第八届全国人大代表，第九届全国政协委员，第一、第二届重庆市政协常委。

1992年初，我随国家教委三峡工程考察团考察三峡移民、泥沙、污染三大难题，防洪、发电、航运三大效益，推动了我学习，促进了我思考。

七届全国人大五次会议正式审议三峡工程议案。住在首都京西宾馆的四川代表团重庆代表组格外活跃，大会、小会，会上、会下，随时都在谈论三峡工程。清华大学的专家、水利部长、全国政协副主席、国务院副总理都到四川团、重庆组来过，讨论很热烈，甚至还有争论。

在大会投票表决之前，重庆代表组向大会主席团提了一份紧急议案，要求修改关于三峡工程的决议草案。终于，在正式决议的末尾增加了一段话：“对于已经发现的问题，要继续研究、妥善解决。”研究解决三峡工程库区中的重庆问题有了法律依据。

随后，在川东库区淹没县的调研中，移民安置、经济发展和生态环境保护问题深深地吸引着我。从此，我开始了三峡工程库区问题的研究。我发现，在全库区的淹没县中，矛盾最突出的是开县。开县位于长江支流小江末端，人口最多，淹没损失量最大，淹没区地域最平，无论工业或农业被淹没的都是最好的。尤其令人担心的是数十平方公里经半年污染后露出的消落带，年复一年将会出现水淹后的污泥浊水，经烈日暴晒可能发生和流行大的疾病甚至瘟疫。

长江上游和主要支流沿江两岸水土流失与日俱增，长江江水含沙量逐年增加，三峡成库后泥沙淤积将是一道难以解决的难题。

长江江水水质下降，长江上游特别是重庆至涪陵段污染最为严重。三峡成库后，水流减慢，江水自净能力减弱，污染还会加重。尤其令人担忧的是，一旦库内水体重度污染，将根本无法治理。因为国内目前治理淮河、滇池和保护密云水库的办法，在三峡水库都是无效或无法采用的。

三峡工程是世界级的、最宏伟的工程，三峡库区的百万移民更是世界级的、绝无仅有的难题。库区是国家级和省级贫困县连片地带，移民迁建、开发生产、发展经济，加大生态环境压力不可避免，但这里的生态环境已经十分脆弱，怎么办？

1996年6月，一个重要的信息传到了重庆，中央准备提高重庆的行政级别，让重庆直属中央领导，同时把三峡工程川东库区的移民任务全部交由重庆来承担。作为第一步，首先把万县市、涪陵市和黔江地区划交重庆代管。

在市政协党组领导传达这一重要信息之后，经研究决定成立了由市政协和重庆大学联合组成的“新重庆发展战略研究”课题组，市政协负责组织领导和协调，重庆大学负责具体研究，整个研究工作由张文彬主席亲自领导。

和一般研究工作不同的是，此项研究着眼宏观、总体，主要研究大问题，为市委、市政府决策提供大思路。情况要清晰，观点要明确，立论要有高度，分析要有全局，立意要新，建议要实。成果不求系统完整，但要有质量和时效。基于以上要求，我们的研究工作从当年7月至10月共计提出了11份单项报告和一份“关于重庆市确立生态经济型发展战略思路的建议”，建议把三峡重庆库区建设成生态经济区。建议的根据和理由何在呢？

首先是重庆的特殊区位、特殊使命和特殊环境决定了重庆的发展战略取向。

其次，从重庆的实际出发，要把重庆建设成中国西部和长江上游的经济中心，必须遵循经济的、社会的、自然的和生态的四大规律，协调好发展、移民、脱贫和资源永续利用的四大关系。

第三，重庆在发展与保护的两难选择中，只有“生态经济型发展战略”是最佳平衡点。

第四，突出“生态经济型”发展战略，是在重庆市实施国家可持续发展战略的特色体现。

第五，选择“生态经济型”发展战略，也是一种政治对策上的考虑。

最后，在重庆具体落实生态经济型发展战略的目标，就是要把三峡工程重庆库区建设成“生态经济区”。

课题组的建议得到了市委、市政府领导的赞同，1997年，先后被写进了市委、市政府的工作报告，并最后写进了重庆市2010年经济与社会发展规划。

（节选自中国人民政治协商会议重庆市委员会学习及文史委员会编：《重庆文史资料》总第56辑，西南师范大学出版社2008年版。）

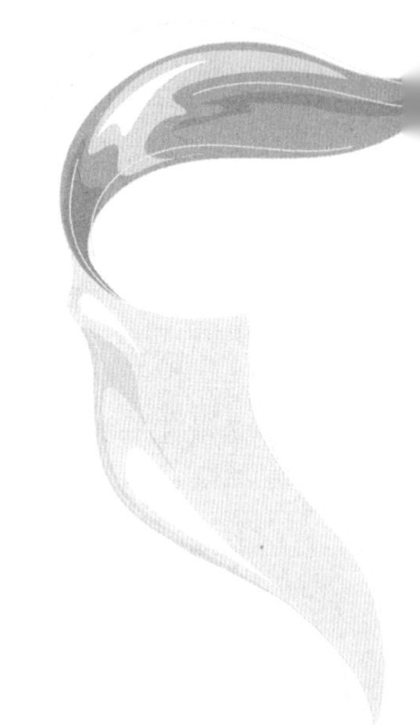

唐章锦：
三峡移民工作往事回眸

唐章锦，曾任国务院三峡工程建设委员会移民开发局局长、党组书记，为三峡工程建设、库区移民顺利搬迁作出了重要贡献。

一、改革开放大潮中的三峡移民工作

三峡工程规模巨大，百万移民举世瞩目。如何解决移民这个大难题，看法不一，主张各异。有的专家主张三峡移民采用“三就”（就淹而迁、就近后靠、就地安置）、“一为主”（以农为主）和给受淹地区一定补偿的办法安置移民。有的专家不赞同这种主张，而正在研讨中的新办法又尚未提出。这是兴建三峡工程决策前反复论证的重点，也是中外人士十分关注的焦点。

1983年2月至1985年7月，我在中共中央党校学习。入校前在四川省万县地区行政公署任副专员，是国务院三峡工程论证专家组成员，对兴建三峡工程和三峡库区移民安置、搬迁以及经济建设等问题，做过一些调研，参与过三峡工程论证和移民试点工作。在党校学习期间，正是国务院组建三峡省筹备组，为三峡工程上马作准备之时，恰逢中央下达《中共中央关于经济体制改革的决定》之际，通过认真学习，我认识到《决定》是改革创新的指路明灯，是发展经济的必由之路，是群众增收致富的重大举措，应在工作中认真贯彻执行。当时我根据《决定》精神对照，感到有的专家对三峡移民提出的上述主张，不太符合中央精神和库情，就联系三峡库区的实际，给中央领导写了一份《关于三峡移民工程中几个问题的看法和建议》。

这个《建议》的要点是：建议从三峡工程和三峡库区移民的实际情况出发，用改革与发展的办法去解决移民有关问题，多渠道、多产业、多形式妥善安置移民。认为发展三峡库区经济，应从调整产业结构入手，以农业为基础，农工商相结合。农业着重调整内部结构，大力发展收入高、具有库区优势和特色的种植业、养殖业及加工业。重建的市、县、镇要合理布局二、三产业。以发展经济促安置搬迁，以安置搬迁促经济发展，实行开发性移民。千万不要将过去基本不成功的水库补偿性移民办法，硬搬到三峡工程移民上来。因为三峡地区人口多，耕地少，很贫困，要就地就近搬迁安置上百万的移民，任务十分艰巨。如果库区经济得不到发展，群众不能安居乐业，三峡工程这种利国益民的好事是很难办成，社会是很难稳定的。

《建议》还提出，希望国家采取以下政策措施：一是在三峡库区实行优于"四个特区"的优惠政策，二是允许淹没区的农民"农转非"，三是给三峡库区安排部分发展基金，四是按照扶贫政策帮助三峡库区解决几个关键性的经济问题。

中央办公厅的领导看了这个《建议》后，将它印发给了中央政治局委员和国务院副总理。

时任中共中央政治局委员、中央党校校长王震看了这个《建议》后，召见我去他家，面谈三峡工程移民问题。记得那是1985年1月6日晚，我按要求于20时到达首长家里。在面谈中，首长亲切和蔼地同我交流三峡工程的相关问题。我真不敢相信眼前这位平易近人的首长，竟是历史上享誉国内外的常胜将军。

"为便于查阅地图，我们还是到书房去谈吧。"首长边说边用手示意。我怀着激动的心情，随他一同走进了他的书房。他吩咐秘书拿出大地图和放大镜，让我指着地图详细介绍未来三峡的范围、三峡库区的规模、不同蓄水位的淹没情况、当前库区经济发展状况等。同时，我还按他的询问，逐一陈述了《建议》的依据和理由。首长听了后，面带笑容地说："你的《建议》写的内容我基本赞同，我的感觉和看法前面已经讲了。希望你继续努力，多为三峡作贡献。"

时间过得真快，不知不觉首长同我谈话已历时48分钟了。这时，秘书第二次走进来向王震通报："您约见的下一位客人已经等候15分钟了，何时会见？"首长回答："一分钟以后。"同时，首长对我说："这次就谈到这儿吧，以后有机会再聊。"说着，把我送到门口。

回到党校，首长慈祥的面容、中肯的话语、果断的办事风格、必胜的信心以及未来三峡工程的蓝图、安置移民的重任等，反复萦回在我的心头，使我兴奋得久久不能入眠。

1985年7月，我在中央党校学习结业回到原工作岗位。在《中共中央关于经济体制改革的决定》指引下，在老校长的谈话精神鼓舞下，在工作中尽我的可能，将解决三峡移民安置搬迁的上述思路，适时大胆地融贯于实践中。特别在改革、创新方面下了一些功夫，取得了一些成效。

1991年7月前后，我在万县地区行署任专员期间，重点参与了三峡移民工程的调研、考察、论证、审查以及移民试点工作。我在陪同党和国家领导人江泽民、李鹏、朱镕基、邹家华、温家宝、陈俊生、钱正英和中外知名人士、华侨、记者以及全国人大代表考察团、全国政协委员考察团、省长考察团、国务院三峡工程审查委员会专家考察团的实地考察中，为他们解决三峡工程中的重大问题，解除疑虑，统一认识，为党中央、国务院对三峡工程的决策，做了一些力所能及的具体工作。

1991年8月，我在国务院三峡地区经济开发办公室（三峡工程移民试点领导小组办公室）任副主任期间，协助移民试点领导小组，重点抓扩大移民试点，摸索、总结通过调整农业结构，建设柑橘生产基地以及兴办二、三产业安置移民的经验。并在七届全国人大五次会议审议批准三峡工程上马前夕，协助移民试点领导小组在北京举办了《三峡工程移民试点成果展览》，让"两会"代表、委员了解解决百万移民这个大难题有措施、有办法、有条件，从而增强了兴建三峡工程的信心和决心。同时通过对外公开展出，对全国人民也是一大鼓舞。

1992年3月，我们会同有关部门研究提出了各省市对口支援三峡库区的建议方案，经国务院同意，由国务院办公厅向各省市、各部委发出了对口支援三峡库区的通知，全方位地开展了对口支援工作。十几年中，山东、浙江、江苏、上海、广东、四川、湖南、江西、福建、湖北、安徽等10多个省市、10多个大城市、50多个国家部委局，通过兴办项目、拓展市场、劳务输出、资金帮扶等，对口支援三峡库区，截至2008年底，整个库区累计引进资金533.49亿元（社会公益类32.05亿元，经济建设类501.44亿元）。各地无偿援助库区新建希望小学390多所，接收16万多名外迁移民。对口支援为破解百万移民世界级难题增添了强大力量。

1992年三四月间，七届全国人大五次会议在北京召开。民主决策兴建三峡工程是重要议题之一。代表们非常认真、十分热烈地展开讨论。3月26日下午，四川代表团200多名代表，在人民大会堂四川厅，严肃审议兴建三峡工程议案。由于三峡工程与四川经济和川东人民的生活关系重大，四川代表团对这个议案特别关心，审议特别认真。国务院副总理邹家华、全国政协副主席钱正英等领导到会听取代表意见。

我是来自三峡地区的人民代表，在会上我反映了三峡库区各县、市人民要求兴建三峡工程的意见："如不尽早上三峡工程，库区经济和社会发展将会受到严重影响。工程越推迟，移民越困难，费用越增多。"我还以自己这几年参与移民试点的亲身经历告诉大家：三峡移民任务虽大，但有条件搞好。库区人民已提出一个响亮口号：我为三峡工程作贡献，三峡工程为我谋福利！

杨东乔、康振黄、雷亨顺、何郝炬等代表发言，一致认为，为了国家的整体利益，为了荆江两岸人民的安全以及长江的综合治理，赞成兴建三峡工程。同时，代表们也提出了一些疑问和建议，他们特别关心的是三峡工程建成几十年后，重庆附近的长江和嘉陵江两岸码头会不会被泥沙淤塞。

当钱正英、邹家华针对代表们反映的问题和提出的意见作了解释和说明后，代表们对钱正英表示的解决三峡水库泥沙淤积问题，设计上已有考虑，并将进一步研究意见；对邹家华关于三峡移民问题，党和政府对移民负责到底的表态，报以经久不息的掌声表示满意和拥护。会议开到下午6点多才结束，代表们走出会场时，个个都是喜笑颜开。

1992年4月3日，历史将永远记住这一天。2633名七届全国人大代表，在人民大会堂行使他们的权力。他们对兴建三峡工程议案表决结果：赞成的1767票，占代表总数的67.1%，这个“梦想70余载，调查50多年，论证40个春秋，争论30个冬夏”的三峡工程议案，终于通过了！当这一喜讯播出话音未落，人民大会堂掌声一片……

这一天，也是我终生难忘的一天，我以代表身份参加了投票。我举起了庄严的手，感觉是被千百万人抬举起来的、非同寻常的手，为兴建三峡工程投下了重要的、历史性的赞成票。它鼓舞着我在日后的工作中，更加努力做好移民工作，为兴建三峡工程尽心尽力。1993年6月至1996年8月，我任国务院三峡工程建设委员会委员、国务院三峡工程建设委员会移民开发局局长、局党组书记期间，负责三峡工程移民工作规划、计划的制定和监督实施。主要工作有：

——1993年8月，我们会同有关部门研究提出了《长江三峡工程建设移民条例》，经国务院批准后实行。专为一项工程制定一个条例，在我国历史上属首创。在《条例》中，体现了广大干部群众在党的领导下，勇于改革、善于创新，摸索出了一条有中国特色的大型水利工程移民建设的新路子：在移民方针方面，改变赔偿性移民方式，实行开发性移民；在移民管理方面，实行“中央统一领导，分省负责，县为基础”的体制；在移民安置方面，农村移民安置由“就地后靠”转变为本地安置与异地安置、集中安置与分散安置、政府安置与自找门路安置相结合；在移民政策方面，实行“前期补偿，后期扶持”。这一系列改革、创新以法规形式确定后，使三峡库区移民和移民工作有法可依，确保了三峡工程的顺利进行，促进了库区经济的腾飞。

——1994年8月，我们会同有关方面提出建议后，国务院印发了《关于三峡工程库区进一步对外开放问题的批复》，同意将湖北、四川两省所辖长江三峡工程库区各市、县列为长江三峡经济开放区，实行沿海经济开放区的政策。同意宜昌市、万县市、涪陵市列为沿江开放城市，实行沿海开放城市的政策。这对三峡库区的改革、开放、开发和移民安置搬迁，起到了积极作用。

——1994年11月，我们和有关部门在听取各方面意见的基础上，提出了移民安置规划审查意见，经国务院批准后组织实施。由于移民安置规划比较切合实际，对解决移民中的问题又有具体办法和措施，使三峡工程移民安置搬迁有步骤、有计划地顺利进行。

——在1993年至1996年的四年中，在参与工作人员的共同努力下，我主持制定了100多项三峡移民工作规章制度，使移民工作有章可循。

——方针政策确定后，提高干部素质是工作好坏的重要因素。1993年至1996年，为了做好移民工作，加强移民干部的培训，我们先后在北京、深圳举办了十多期、有1000多人次参加的移民干部培训班，通过听、看、学、议，使移民干部的思想、业务、作风都得到升华，对提高他们的政策水平、管理水平起到了一定作用。

通过移民工作实践，我深深体会到，三峡移民是三峡工程的重要组成部分，移民无小事，移民工作的好坏是三峡工程成败的关键。要做好移民工作，勇于改革、善于创新是十分重要的。而改革、创新之所以能展开，是在党的领导下，有正确的方针政策可循。而这些方针政策的出台，正是广大干部群众改革、创新结果的体现。

在改革创新中，要大胆、细心，认真负责。要摸清难点、知难而进，突出重点、逐个击破。要打有把握之仗，对没把握的事，要“投石问路”，“摸着石头过河”，先做试验，在实践中不断完善。

在改革创新中，要相信、依靠群众。群众是真正的英雄，群众是力量的源泉。心中始终要装着移民群众，与他们同呼吸、共命运、心连心，时刻把他们的安危冷暖挂在心上，为他们诚心诚意办实事、尽心竭力解难事、坚持不懈做好事。三峡移民的方针政策，之所以能贯彻执行，移民的新路子之所以走得通，更是由于它们是来自群众的愿望和实践，是与群众的命运和利益息息相关的。因而能得到群众的拥护和支持，从而使移民工程进度不但没有拖累主体工程的进行，而是与之相衔接、相促进。

经过17年的建设，现在三峡工程已按设计完成任务。总体情况显示，三峡枢纽工程、输变电工程、移民搬迁安置、生态建设与环境保护等方面工作进展顺利，计划执行情况良好；三峡水库已按175米试蓄水，运行正常，防洪、发电、航运等综合效益全面发挥；库区经济社会持续发展，移民生产条件得到改善，生活水平进一步提高，城乡社会总体稳定。这一切成就无不闪耀着解放思想、改革开放、实事求是、努力创新的光芒。

二、以人为本、实事求是

三峡工程是保障长江防洪安全，合理开发利用长江水能资源，改善长江航运条件的关键工程。其规模之大、移民之多，是世界水电工程建设上史无前例的。三峡水库库容393亿立方米，其中防洪库容221.5亿立方米；电站装机26台、1820万千瓦，年发电量可达847亿度；移民130万人。2008年10月30日，三峡右岸电站最后一台机组正式并网发电，这意味着这个全球最大的水电工程全面发挥防洪、发电、航运等经济效益和社会效益，标志着长江防洪体系已经形成，荆江河段的防洪标准从“十年一遇”提高到“百年一遇”。三峡水库按设计方案分期蓄水，改善了宜昌至重庆的航运条件，较大幅度地降低了运输成本，促进了长江航运业的发展。

2009年4月，正值三峡蓄水175米之际，我从宜昌沿江而上，直达重庆。这次再度亲临三峡库区，让我感慨万千。昔日破烂危房成片的山腰旧城不见了，如今在沿江人造湖边，被绿树红花萦绕的移民新城拔地而起。到处是一条条宽敞的沿江大道，一座座跨越长江两岸、南北穿梭的公路（铁路）大桥，一栋栋凸显时代风貌、各具特色的高楼，一处处宽阔的、群众健身娱乐的多功能休闲广场。移民百姓居住在这山清水秀、鸟语花香、野鸭畅游、鸳鸯戏水的美丽的大环境中，初步分享了三峡工程的成果，得到了实惠。正如库区百姓来电所述：“三峡库区的变化真是太大了！我们的生活也变好了！这都是托共产党的福呀！你们快来看看吧。”

在库区调研中，我这个已退休的移民战线的老战士，站在大江平湖边，面对崭新的移民新城，不禁陷入了沉思：三峡工程的建成，是震撼世界的一件大事，功在当代，利及千秋，是党和国家加强领导、人民支持、齐心协力、艰苦奋战的结果，是来之不易的。回顾我曾参战的一幕幕往事，让我更清晰地体会到中央领导对三峡工程建设中重大问题的决策，是一贯坚持“以人为本，实事求是”的方针，以严谨态度，广开言路，认真听取多方意见，并经过专家论证、反复研讨，在达成共识的基础上，方才决策、实施。

在往事回顾中，有以下几件事使我感受较深：

（一）三峡库区移民总投资的核定问题

1993年秋，有关方面规划提出的三峡库区移民工程静态投资方案是300亿元人民币，有人表示赞同，并提交到时任国务院国务委员、国务院三峡工程建设委员会副主任陈俊生主持的会议上。在讨论中，我和有些同志坦言，陈述了自己的意见和建议，认为此方案存在些问题，有的实物指标漏列，有些规划不切实际，有的单项投资是估算的，还有政策、物价等变化因素没考虑等，需要深化研究解决。否则，资金缺口太大，下面没法实施。后来，陈俊生同意大家讨论的意见，决定移民安置规划重做，并商请国务院三峡工程建设委员会顾问、全国政协副主席钱正英负责；先审批规划大纲，后按批准的规划大纲计算投资，是多少算多少。以后，在反复调研的基础上，经1994年11月16日，邹家华副总理主持召开的三峡移民补偿投资审查会议审查以及同年11月17日，李鹏总理主持召开的国务院三峡工程建设委员会第四次全体会议审议、批准，将三峡移民静态补偿投资总额确定为400亿元，较原规划投资增加100亿元。后又因政策变化等因素，实事求是地将三峡移民投资调整为529亿元，较原规划投资增加229亿元。中央领导这种想移民所想、急移民所急、排移民之忧、解移民之难的主导思想和举措，是以人为本的具体体现，深受各地方、各部门的拥护。

（二）三峡库区移民投资如何分配到省市县问题

三峡库区移民管理体制是“中央统一领导，分省负责，县为基础”。如何将移民安置搬迁的投资，实事求是、公平合理地分解到川鄂两省及其所属市地县，十分重要。1994年11月，有人主张按搬迁人口平均分配，即只考虑搬迁人口多少这个单一因素，按“算术平均法”计算分配，并将分配方案上报了时任国务院副总理、国务院三峡工程建设委员会副主任邹家华。在上述分配方案下达之前，我和部分专家提出了不同意见，即应考虑淹没实物各项指标这个多元因素，按“加权平均法”计算分配。因三峡水库淹没的实物指标繁多，情况十分复杂，补偿标准各异，如只考虑单一因素的“算术平均法”计算分配，不太切合实际。两种方案比较相差10多亿元。上述问题，事关重大，邹家华副总理先后四次听取了我关于分配方案的专题汇报，每次都问得深、抠得细，还让我当场进行了验算。最后，采纳了我们建议的按多元因素考虑的“加权平均法”计算的分配方案。这不仅做到了移民投资分配上的实事求是、公平合理，也使省市县的投资包干工作易于落实。

（三）重庆市开县淹没耕园地的防护问题

开县是三峡库区重点淹没区，受淹耕园地五万多亩，占全库区淹没耕园地总数的11.8%，而且是连片的良田沃土。因此，对这部分耕园地采取适当的工程防护措施是必要的。经专家论证提出了两个方案：一是拦截小江大防护方案，二是在适宜地方围堤局部防护方案。他们推荐第二方案。后经有关方面评审，确定为第二方案。理由是第一方案耗资太大，还解决不了开县防洪和减少土地淹没问题。事后，虽又有人提出要按第一方案搞，但时任国务院总理、国务院三峡工程建设委员会主任李鹏，在我们和几位专家的陪同下，于1995年初夏，亲临现场，视察了拟拦截小江搞大防护方案的坝址，听了专家们的汇报和当地干部群众的意见后，对主张搞大防护方案的同志说：“你们看到了，也听到了，大家都不赞同按第一方案搞。今天不定此事，还是从长计议吧。”事后，花了一年多时间，在认真调研、论证、比较的基础上，否定了大防护方案，确定了局部防护方案。

（四）三峡库区地质灾害防治问题

三峡库区多数地段为峡谷型，地表岩石脆弱，变化因素较多。一是因水库蓄水而使山体长期遭受浸泡，原来相对稳定、平衡的地质结构，力学性质改变，一些滑坡、崩塌可能重新发生。二是原来没有滑坡、滩岩的地方，因长期浸泡，支撑力减少，也可能出现变形。三是消落带地段可能出现的新问题。当水库蓄水至175米以后，水库两岸将在145—175米之间形成高程差为

30米、以半年为周期的约290平方公里的消落带。消落带因水位大涨大落，可能使一些旧滑坡复活，并诱发新的滑坡、崩塌、塌岸等灾害。1994年有关方面在作移民规划方案时，因地勘工作正在进行，不确定因素较多，对地灾防治考虑不周，其经费6亿元是暂时估算预列的。对此地方政府提出了不少意见，有的部门也写过专题报告。

鉴于三峡水库是分期蓄水，连续移民，2003年6月水库蓄水将上升到135米，时间紧迫。针对上述情况，我在思考一个问题：三峡水库该处理的地灾工程，是蓄水后出现了险情临时治理好呢，还是抓住蓄水前治理的黄金时机进行防护治理好呢？从费钱、费时和难度方面比较，都是显而易见的。我虽已退休，仍深感对三峡工程及移民工程之情未了，力未尽够！故于2000年夏季，花了一个多月时间，到三峡库区的涪陵、丰都、忠县、万州、开县、云阳、奉节、巫山等重点淹没区、县，对三峡移民进展和有关问题进行了一些调研，写了四个专题报告，直送时任国务院总理、国务院三峡工程建设委员会主任朱镕基。其中《重点城镇的滑坡治理和库岸防护工作急待加强》专题报告，是重中之重、急中之急。事后不久，当得知朱镕基总理责成有关部门制订规划、首批核拨防治地灾专款40亿元的消息时，我激动的心情与三峡移民干部和库区群众是一脉相通的。以后，库区各地方和有关部门，按批准的规划有计划、有步骤进行地灾防治工作，取得了显著成效。

以上虽然只是些个人亲历、亲见的点滴事例，但足以让我感受到党中央、国务院领导，每作出重大决策时，都是坚持以人为本、实事求是的方针，并本着对国家、对人民、对子孙后代高度负责的精神，来进行科学决策的。我深信这种精神将永远传承并发扬光大。

〔节选自全国政协文史和学习委员会、重庆市政协学习及文史委员会、重庆市移民局编：《亲历三峡移民》（上卷），中国文史出版社2013年版。〕

吴家农：
重庆市国有企业职工下岗分流再就业工作纪实

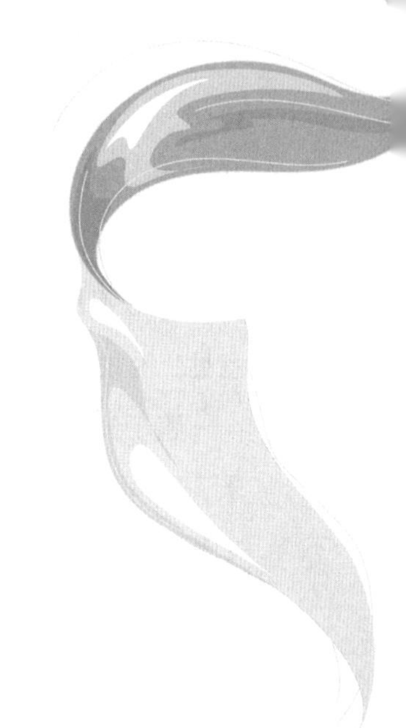

吴家农，曾任四川省重庆市计委主任、党组书记，重庆市人民政府副市长，重庆市政协副主席。

1997年3月14日，八届全国人大五次会议通过设立重庆直辖市的决议。6月18日，重庆直辖市正式挂牌。党中央、国务院交给重庆四件大事——国企改革、三峡移民、农村扶贫、生态保护，每一件都关乎全局、艰巨繁重。

重庆是地处西部地区的老工业基地，集“东北现象”和“西部现象”于一体。当时国有工业企业占全市工业70%左右，体制僵化，结构偏重，在亚洲金融危机的冲击下，全市国有工业企业亏损面59.3%，盈亏相抵，净亏损23.1亿元，导致大面积欠发职工工资，大量人员下岗；再加上三峡库区淹没企业大量关闭破产，企业职工规模上访频繁发生，社会稳定风险到了临界边缘。1997年6月，在直辖后的首届人大会议上，近20名代表联名提出了《关于把实施再就业工程纳入本届人大“一号议案”、政府为民办实事的“一号工程”的议案》。

面对严峻复杂的经济社会形势，重庆市委、市政府确定用三年时间攻坚克难，实现国有企业深化改革，扭亏脱困。并将“两个确保”和再就业工程作为重要配套措施。为了切实加强组织领导，1998年2月，市委决定成立再就业工程领导小组，由市政府主要领导担任组长，分管副市长担任常务副组长；从市计委、经委、劳动局、财政局、就业局等抽调得力干将，组成再就业工程领导小组办公室（以下简称“再就业办”），总揽全局、综合统筹，作为领导决策的“参谋部”、推进工作的“指挥部”、面对群众的“宣传部”。

再就业办的人员迅速到位，根据中央“两个确保”的各项要求，结合重庆国企三年扭亏脱困的总体任务，研究确定了“三步走”的工作思路。第一步：组建再就业中心，引导下岗职工进中心保障基本生活；第二步：大力促进下岗职工走出中心实现再就业；第三步：着重解决三年期满后职工劳动关系以及社会保障衔接问题。从1998年第一批国企下岗职工进中心，到2004年最后一批职工全部出中心，一场历时七年的下岗分流再就业攻坚战依序紧锣密鼓地展开。

一、建中心、进中心，全面保障基本生活

建立再就业服务中心，让国企下岗职工进入中心保障基本生活，既是解决下岗人员实际生活困难，保持社会稳定的即期措施，也是打破“铁饭碗”，转换用工机制，推动国企改革的重要手段。由于再就业中心的顶层设计中有三年之后解除劳动关系出中心的规定，并在进中心协议上载明。相当部分国企下岗人员对此有一定心理抵触，对进中心持怀疑观望态度。1998年上半年，全市进中心企业仅为40%，进入中心的下岗职工仅1万人左右。面对这种局面，产生了两种意见。一种意见认为，不硬性要求签协议进中心，以加快工作进度，完成劳动保障部提出的国企下岗职工在8月底至9月底100%进中心的硬指标。另一种意见是，坚持规范运作，把矛盾暴露在前头，通过细致的工作推进进中心，为国企改革创造条件。经过激烈争论和反复论证，再就业办把思想统一到后一种意见上，并得到市委支持。做出这样的选择，实际上是自加工作压力，结果让我们吃尽苦头。但由于方向正确，这种坚持的价值经受住了历史的检验。

（一）顶住压力，坚持“先买票后上车”。为了便于向群众宣传，我们把“先签协议后进中心”，通俗化为“先买票后上车”。但是要让下岗职工接受“先买票后上车”比我们事先预计的困难得多。首先要在各区县和各企业从事再就业工作的干部中克服其畏难情绪，让其了解并掌握相关政策和工作方法。为此，市再就业办分期分批组织相关干部进行培训，市政府分管领导登台讲课，市委组织部部长现场督导，坚定了各级干部迎难而上的信心，上下一致，积极推进工作。

说服下岗职工“先买票后上车”的困难不仅仅在于量大面广，还在于企业各种具体问题交织其中、职工诉求多种多样、思想认识参差不齐。更大的风险在于，说服动员工作不时出现反复。重庆绢纺厂就因为工作不到位，加上个别人的挑动，发生了打砸再就业中心牌子、撕毁职工进中心协议的事件。情况上报国务院，引起国务院领导重视，指派劳动部林用三副部长“三进山城”调查了解情况，督促指导重庆加强改进工作，也给我们坚持按规范组织进中心以更大信心。

（二）积极回应关切，消除职工后顾之忧。对于进中心实现再就业，职工的焦虑集中到一点就是“要工作、要吃饭、三年以后怎么办”。为了回应群众关切，从1998年6月中旬到1998年7月中旬，市再就业办的同志加班加点研究政策，制订方案，经市委、市政府主要领导主持研究，连续下发了《认真贯彻落实〈中共中央国务院关于切实做好国有企业下岗职工基本生活保障和再就业工作的通知〉的通知》《重庆市再就业工程1998至2000年规划纲要》《重庆市国有企业下岗职工基本生活保障办法》《重庆市促进再就业优惠政策实施意见》《重庆市企业招用职工规定》，结合重庆实际形成了“两个确保”政策框架体系。随后，市委市政府两办、市再就业办、劳动局、地税局、国税局、工商局、市住房公积金中心等迅速制定下发系列配套文件，将政策落实到操作层面。

市再就业办根据这些政策，编写印发了《关于国有企业下岗职工基本生活保障和再就业有关政策解答》，以通俗易懂的方式对下岗职工普遍关心的离开工作岗位怎么办、下岗证如何办理、进中心后的出路、基本生活保障金怎么发放、出中心后怎样领取失业保障金、最低生活保障怎么办理、怎样享受养老保险待遇、自谋职业有哪些优惠政策等18个问题做出政策解释，有针对性地系统回应群众关切。并针对工作中出现的新情况、新问题，以《下岗职工政策信箱》的方式，随时对群众诉求做出政策解答，逐步消除了下岗职工进中心的各种思想顾虑。

（三）发挥思想政治工作优势，把政策转化为职工的实惠。有了政策体系支撑，还要进一步发挥政治思想工作的作用，把党的政策宣传落实到群众心中，转化为工作动能。市再就业办在市委宣传部支持下，全面展开了广泛深入的再就业政策宣传活动。《重庆日报》《重庆晚报》《重庆商报》《重庆晨报》纷纷开辟再就业专栏，电视台、广播电台制作专题节目、开通职工热线；市再就业办负责人亲自上电视节目“下岗分流话中心”，现场回答企业职工的问题，各级电视台滚动播放；各级再就业办、劳动、就业、社保、工会等部门组成工作组，深入问题集中的企业，对疑虑和困难较多的下岗职工采取面对面、一对一的方式，引导他们分析就业形势，帮助解决实际困难；从市委书记到机关干部，与特别困难的下岗职工家庭结对子，给予生活和就业的帮扶。强大的政治思想工作，有力地化解了建中心、进中心遇到的各种困难，迅速打开了工作局面。

与此同时，按照中央确定的“三三制”筹资原则，克服困难，筹足“两个确保”所需的资金。张德邻书记强调：基本生活保障资金是财政拨款的第一序列。蒲海清市长规定：用于再就业工程的拨款，晚一个小时也不行。在各级财政和劳动、社保部门的努力下，凡是进中心的下岗职工都能按时足额领取生活费，实现再就业的职工也能及时获得政策规定的扶持，使广大下岗职工初步有了获得感，看到了希望。近67万企业退休人员也从1998年7月起按时足额领取养老金，并补发了6月30日以前的全部欠款。

经过7、8、9三个月的集中攻坚，到9月底，全市1956户有下岗职工的国有企业全部建立再就业服务中心，现有的13.2万国企下岗职工全部通过签协议进入再就业中心，进中心职工基本生活费发放达100%。到年底，全市建立中心1998个，中心职工16.4万人，“两个确保”的体系初步建立。之后，重庆市逐步实现了下岗职工“随有随进、有进有出、出大于进”的动态管理。截至2003年，全市进中心职工累计达到60.14万人。在坚持“先买票后上车”前提下取得了第一场“战役”的胜利，对国企职工的就业观念触动极大，也为后续工作奠定了坚实的基础。

二、多措并举，大力促进再就业

动员下岗职工进中心，保障其基本生活，只是建立一个缓冲区，最终目的还是要帮助他们走上再就业之路。我们规定，所有再就业中心必须为进中心职工提供“一三一”服务，即对每个下岗职工提供不少于一次的免费技能培训、推荐三次就业岗位、给予一次就业指导，让他们尽快进入劳动力市场。在此基础上，加快政策和方法创新，为下岗职工自谋职业提供多种选择。

（一）鼓励自愿提前“双解”走向市场就业。我们在工作中发现，有一部分下岗职工已经在外就业，但仍将生活保障金视作国企福利，按期来领取；还有部分职工具备再就业能力，但缺乏激励，安于领取生活保障金的现状。为了使隐性就业显性化，为了鼓励有门路、有能力的职工提前实现再就业，我们在落实经济补偿、补缴社会保险政策之外，推出鼓励职工提前“双解”（解除进中心协议、解除与企业的劳动关系）的奖励政策。对进中心一个月以内自愿“双解”出中心的职工给予4000元奖励费，在1—3个月内自愿“双解”出中心的给予3000元奖励费。这项奖励政策所需的资金，在总量上远低于职工在中心待满三年所领取的生活费，但在即期支付上经常出现“拆东墙补西墙”的情况，市再就业办无意中又一次自我增加工作压力。在政策激励之下，部分下岗职工在中心即进即出，用极短的时间实现了身份和观念的转变，成为劳动力市场上的活跃分子，也为民营企业输送了大批有用人才。几年中，全市累计有20.5万国企下岗职工自愿选择了提前“双解”出中心，自谋职业找出路，效果超出我们的预期。

（二）大力发展劳动力市场促进再就业。劳动力市场建设也是这个阶段的工作重点。在硬件建设上，市、区县两级共同投入资金，安排场地，完善工作设施设备，配齐人手；在软件建设上，市再就业办积极推动各劳动力市场的信息系统联网，1998年6月底主城十区实现职业介绍信息实时互联共享；在制度规范上，市政府及时颁布《重庆市企业招收职工规定》，市人大常委会审议颁布《重庆市职业介绍管理条例》，在依法规范劳动力市场秩序的同时，切实为下岗职工再就业提供便利；在管理服务上，推出“一条龙”模式，将职业咨询、职业指导、职业介绍、工商登记、税费减免等多种服务置于同一平台，简化下岗职工创业、就业的办事流程。

（三）出台优惠政策帮扶下岗职工再就业。一是针对下岗职工自主创业的再就业小额担保贷款政策。市再就业办主动协调各商业银行和市、区县两级财政，于1999年4月形成《重庆市再就业小额贷款试点办法》。按照“自愿申请、严格审批、抵押担保、有贷有还、按期付息、到期还本、政府贴息”的原则，对自主创业的下岗职工提供小额贷款扶持。其资金来源先由区县财政拨出专款作为担保基金，市级财政按1∶1比例配套注入担保基金；两级财政建立的担保基金一并存入当地承贷金融机构，承贷金融机构按存一贷三的额度发放再就业小额贷款。贷款期产生的利息按国家基准利率计算，由政府补贴。对逾期无法收回的贷款本息，市财政、区县财政和承贷金融机构各承担三分之一的损失。这项政策得到下岗职工热烈欢迎，前后累计发放2.12亿元贷款，帮助一批能力强的下岗职工圆了“老板梦”。由于在政策设计上将两级政府和银行的风险捆在一起，各方真诚配合，严格管理，贷款按期偿还率达到了98%以上。二是针对再就业重点企业的贷款贴息政策。自1998年开始，市再就业办选择一批发展良好的企业作为再就业重点企业，利用它们发展快、用工需求大的优势，鼓励企业“集团式”招用下岗职工。凡招用下岗人员占当年企业用工总数10%以上的，由市级有关部门分等级按不同比例贴息。每年安排不少于5000万元的专项贴息资金用于50户左右的再就业重点企业，为下岗职工再就业开辟了相对稳定的渠道。三是鼓励街道社区开发公益性岗位，吸纳大龄下岗职工就业。凡招用大龄下岗人员从事环卫、绿化、值勤等服务性工作，稳定在一定期限之内的，用再就业基金给予岗位补贴和代缴一定比例养老保险。

一方面提供政策激励，一方面完善劳动力市场和广辟就业岗位，几年内陆续有23万下岗职工在中心的帮助和政策支持下走上了再就业之路。

三、到期“双解”转身份，社保体系筑底线

2001年，时间走到了第一批进中心职工协议期满集中出中心的节点上。在中心协议期满而未再就业的职工，多数文化低、技能差、年龄偏大，解除劳动关系离开企业，是他们很难迈过的一道坎。针对这批人员最关心的养老保险、日后的生活保障、进入社会有事该找谁等问题，我们提前研究对策，通过完善社会保障体系为其筑牢保障底线。当年初，市委、市政府就下发了《重庆市国有企业下岗职工协议期满出再就业服务中心有关问题的意见》。市劳动保障局、再就业办等部门又陆续制定了四个配套文件，对下岗职工协议期满“双解”出中心做出具体政策安排。并根据国有企业改革进展情况提出今后下岗职工进中心保基本生活的协议期限不超过2003年12月31日，推进再就业中心的现有服务功能与社会化的保障和就业服务并轨，提前阻断长期依赖再就业中心的心理预期。

（一）缴费年限满15年可领养老保险，让下岗职工吃下“定心丸”。对“双解”职工的退休养老问题，通过多个文件明确：下岗职工无论以何种方式实现再就业或没有再就业，过去的连续工龄和养老保险缴费年限与以后缴费年限合并计算，累计达到15年的，按法定年龄退休后，均与国有企业职工一视同仁，按规定享受相应的养老保险待遇。在为出中心职工办理“双解”手续时，同时办理养老保险接续手续，以看得见的方式安定人心。

（二）“三道保障”+代缴养老保险，让大龄下岗职工坐上“直通车”。“双解”出中心的大龄职工是一个弱势群体，再就业中心作为第一道保障，但进中心协议期满后他们仍面临就业困难和生活来源问题，需要做出特殊的制度安排。因此我们为其量身定做了“直通车”政策，即“双解”出中心时距离法定退休年龄不足5年或工龄满30年的下岗职工，与企业终止劳动关系后，不领取经济补偿金，可直接领取失业保险金，失业保险待遇（两年）期满后仍未达到退休年龄且尚未就业的，参照户口所在地城市居民最低生活保障标准，由当地民政部门对本人发放生活费；其离开企业后的养老保险费由同级

财政以上年社平工资的60%作为基数，按规定费率代缴；待其达到法定退休年龄后，按规定享受养老保险待遇。

“直通车”政策在再就业中心这道保障之后，无缝衔接失业保险和最低生活费两道保障，并辅以一定时期内的代缴养老保险，使大龄下岗职工自出中心到退休前都有了依托。他们虽让渡出获得经济补偿金的权利，但换来的是后半生的安定。这项政策深受他们欢迎，对化解出中心工作的矛盾和困难发挥了极大的作用。

（三）大力发展社区就业社保服务，让社会化管理服务落到实处。下岗职工“双解”出中心，就真正从“企业人”转变为“社会人”了。实现“并轨”后，社区的管理和服务工作陡然加重。重庆按照建立与社会主义市场经济相适应的城市社区社会保障管理服务体系和运行机制的要求，在街道和社区设立“一科一所一员”，即街道办事处整合设立社会保障科和街道社会保障所，社区居委会设专职社会保障员。社会保障所服务大厅实行窗口服务、办“一站式”公，信息网络连接、互联互通，开办经费和网络建设费由市级财政一次补贴。街道和社区有了专职的机构和人员，很快就接手了出中心人员的管理，按辖区提供社会保障和就业服务。为“双解”人员出中心制定的各项政策也有了落地生根的地方。

（四）国有企业剥离生活用水电气。在计划经济时期，国有企业办生活是一种普遍现象，职工居住在厂区，生活用水电气一直是“大锅饭”。下岗职工“双解”出中心后，不再是原企业职工，在福利待遇方面难免与在职职工出现差异。事情虽小，但涉及群众切身利益，弄不好也会干扰出中心工作的大局。市再就业工程领导小组为此协调市经委、财政、供电、供气、供水部门，结合企业降成本，在全市国有企业推行生活用水电气剥离。由财政、企业和供电气水单位各筹资三分之一，将计量表具按一户一表装入职工家中，打破“大锅饭”，实行计量收费。这样一来，“双解”职工和在职职工都是相同待遇，矛盾也被化解在无形之中。

自2001年到2003年底，全市地方国有企业陆续有17万人（去掉提前“双解”出中心的和在中心期间实现再就业的）下岗职工协议期满“双解”出中心，2004年中央在渝企业最后一批下岗职工全部出中心，历时七年的下岗分流再就业工程圆满画上了句号。

实际上，组织职工出中心的工作难度比组织职工进中心大得多，但相较于进中心时的波澜起伏，出中心工作整体上平稳顺畅，政策的预见性、策略的针对性、预案的有效性大为提高。这也从一个侧面描绘出我们经过七年的艰难玉成，从必然王国迈向自由王国的足迹。

（节选自徐塞声、艾新全主编：《重庆改革开放口述史》，中共党史出版社2018年版。）

马述林：重庆直辖后电力体制改革始末

马述林，曾任四川省重庆市计划委员会副主任，重庆市发展和改革委员会副主任（正厅级），重庆市能源投资集团党委书记，重庆市开发投资集团董事长。

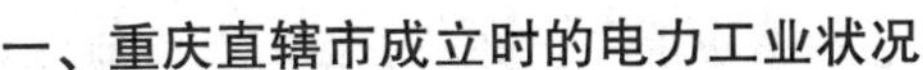

一、重庆直辖市成立时的电力工业状况

我国电力工业是按省管的，叫“省为实体”。重庆电力原来是四川省电力工业局的一部分，由其管辖调度。重庆市电力公司在1997年5月才正式成立，它是国家电力公司直属的省级电力公司，又挂重庆市电力局牌子。重庆电力从四川省分出来，实力比较弱。全市范围内装机只有324万千瓦，年用电140多亿度。其中，国家电网统调机组约200万千瓦，主要有两个大厂，重庆电厂装机80万千瓦，珞璜电厂装机72万千瓦。国家电网覆盖了老重庆地域。“两市一地”大部分地域，国家电网没有进去。“两市一地”没有大的电厂，20世纪六七十年代通过自力更生依靠办小水电形成的小电网，基本上是一个县一个电网。这种电网在当时情况下确实也起到了作用。成立直辖市以后，重庆电力的整体情况：一是总体实力弱，电力装机严重不足；二是国家电网覆盖率低，不到地域面积的三分之一。电力管理体制实际是二元化体制。国

家大电网覆盖地区，是以大城市为主体的生产力发达地区，一张网，统一调度。国家大电网未覆盖的地方，一般“一县一网”，成立县级电力公司，“各自为政”。这些县级电力公司多以小水电为电源，小水电站建在小溪河上，丰水期才能发电，枯水期就几乎发不了电。特别是冬天，老百姓一天只能用几个小时的电，而且电压不稳定，电网覆盖面小，售电价格又偏高。当时大电网的居民用电每度是4角3分2厘，而那些贫困地区普遍是6角以上，实际上收的电费还超过那个水平，摊上电损、偷电因素，达到一块多两块。越是困难的地方老百姓越是用高价电，倒是大城市及其周围富裕的农村在用平价电，这明显不公平。而且那些地方没有国家大电网，就没人愿意去投资，成为地方经济发展一个致命的弱点。

二、直辖以后电力工业发展改革思路

直辖市成立以后，重庆的电力怎么发展，实际存在两种思路。一种是沿袭过去的体制，各自发展。当时“两市一地”的行政体制还没改，有些同志主张以行政区划为基础“固定供区”抱团发展，在这个前提下来争取国家的支持。这种思路得到很多人的支持。成立直辖市之前，三峡库区搬迁复建搞了几个小火电厂，比如忠县火电厂、奉节火电厂、开县火电厂。这种2×1.2万千瓦或2×1.35万千瓦的小机组是非常落后的，当时10万千瓦机组都是禁建的，但由于它们属于三峡库区复建工程，已经建起来或正在建（这些小火电厂现在都已经被拆除了）。布局也有问题，有些就建在城区，比如忠县、开县新建的小火电厂就在它的城市新区里面，污染很大。很多区县还在不断地给市计委上报项目建议书，争取上新的小火电项目。有的地区同志希望把所属县捆绑起来发展。黔江地区想用110千伏电网把几个县串起来，万州提出搞220千伏地方电网。另一种思路，是走改革发展路子，加快建设重庆现代化电力工业，尽快形成全市一张网。我们认为，小电厂、小电网时代必须尽快结束。那时我们也不能公开抵制，但实际上我们采取了一些措施，能够挡的尽可能挡。例如，明文规定一律不准新建小火电厂。电源项目好处理些，电网项目处理起来难一些。220千伏输电项目是跟着电厂走的，没有大电厂项目，凭空要上地方220千伏电网项目，是违反电网建设规律的，也是基建程序不允许的。我们承受了很大的压力。一部分同志站在部门立场上，希望小水电供区尽可能维持甚至扩大。后来一些人又搞了个大动作，引来比利时动力集团到万州，签了一个几十亿元投资的“口袋”项目。比利时动力集团是全球500强企业，几十亿元是天大的项目，签协议时上电视、上报纸，又组团出国考察。这个协议是一揽子的，首先要把万州地区的供区全部拿给它，由它来投资改造电网，然后再投资建火电厂。这是明显违反国家政策的，因为国家没有对外开放电网投资，但是一些人想闯红灯。我见了外资方，跟他们说清楚中国政策，“老外”知道被“忽悠”了，最后合同没有生效。之后，又出现小电网上市的情况。为了帮助“两市一地”发展，市里每个地方给一个上市公司的名额。“两市一地”提出的上市名单都是地方电力。涪陵叫川东电力公司，黔江叫乌江电力公司，万州叫三峡水利公司。这三个地方电力公司都上了市，后来事实上增加了重庆市电力体制改革的难度。

三、农村电网改造的背景

1997年成立重庆直辖市后，碰上了亚洲金融危机，中央实行积极的财政政策拉动经济增长，其中把农村电网改造作为重要的投资方向。国家计委对重庆市第一期农网投资安排46.7亿元改造资金，从1998年底开始花了3年多时间，基本上完成了。2002年第二期安排28亿元。以后又安排西部地区电网改造（农网三期）20亿元投资，又接着搞县城电网改造。前后总共投了100多个亿。这是新中国成立以来国家对农村地区供电设施投资最多的一次。中国电力工业长期“重发轻供”，比较重视电厂，对于电力输送设施建设不够重视，特别是对于涉及千家万户的供电设施长期投资不足，所以电网非常落后。即使有电，想多用电也上不去。利用积极的财政政策，全国花了上千亿来改善供电网络，涉及千家万户，政府做了一个造福当代、泽被后世的大事情。重庆市积极争取农网改造投资，国家对重庆也特别照顾。1998年前后，二滩电站分电一事，给重庆造成很大的舆论压力。重庆在局部利益上吃了一点亏，但服从了国家安排。新华社的内参对此有情况反映，朱镕基总理批示国家计委在农网改造资金分配上要照顾重庆。

四、重庆电力体制改革的提出

2002年2月，国务院发出了国发〔2002〕5号文件，就是《关于印发全国电力体制改革方案的通知》。国家电力体制改革的总体设想就是按照社会主义市场经济改革的要求来发展电力工业，一项重大措施就是实行厂网分开。国家电力公司的发电资产被划出来新建立了五大发电公司，即华能、大唐、中电投、华电、国电；电网资产被分成了两块，新成立了南方电网。南方电网包括广东、广西、云南、贵州等省公司，其他省公司则归属于国家电力公司。国家电力公司和南方电网公司都是国家直管的，不是地方公司。重庆电力公司进入了国家电力公司。国家电力公司下面成立了几个区域性的公司，开始酝酿成立川渝公司，我们坚决反对。如果成立川渝电网公司，重庆就又回到四川的管理下了。而且，四川水电多，丰枯期发电起伏大；川渝电网的装机少，调度回旋余地小，重庆进入这个网非常不利。最后成立了华中区域电网公司，重庆、四川一起划到华中，还包括湖南、湖北、江西。国家改革方案提出以后，各省公司就要分别成为国家电网下面的分公司或子公司。重庆的目标是要全力争取成立国家电网公司的子公司即有限责任公司。各省内部如何改，并没有明确规定时间和具体要求。

重庆电网当时在全国来说是一个省级小网，用电量也比较少，发展是首要问题。国家对重庆农村电网改造投资安排重点倾斜。1997年亚洲金融危机爆发，全国工业不景气，电力出现了历史上少有的供大于求的情况。重庆珞璜电厂两台36万千瓦机组于1998年、1999年先后投产，四川二滩水电站6×55万千瓦装机也陆续投产了，一时川渝两地的电都多了。农网改造的一个目的是通过改造电网让广大农村能用上电，消纳多出来的那部分电。第一期农网改造完成之后，普遍反映效果好，于是国家追加第二期农网改造投资。这时，工业开始复苏。重庆工业从1997年到2001年低速增长，工业企业减少约300户，从业人员减少了近60万人，全部工业盈亏相抵后总体亏损。到2002年下半年经济开始回升。由于经济恢复增长，电力供应开始紧张起来。所以，

2002年5号文件出台以后，我们既要抓发展又要抓改革。当时重点抓两件事，一件事就是要阻止成立川渝电网公司，促进成立华中电网公司。另一件事就是抓住五大发电公司成立的契机，把它们引进重庆来建设电源点，推进规划多年的彭水水电站、双槐火电厂等大项目的建设。事实上，这两件事都取得了成效。至于市内如何推进电力体制改革，只是做了一些思考。

市委、市政府对电力的发展高度重视，2002年底成立了电力发展领导小组，黄奇帆刚到重庆来，即任小组组长，着手策划电力发展改革大事。电力发展领导小组办公室设在发改委，由发改委主任于学信兼任主任。我是分管能源的发改委副主任，兼任副主任，负责日常工作。2003年4月1日，市委、市政府在重庆电力公司礼堂召开了新中国成立以来第一次重庆市电力工作大会（以后也未开过第二次类似的会）。市委书记黄镇东、市长王鸿举出席大会并发表了讲话。市发改委主任于学信以及重庆电力公司陈峰等做了重点发言。会议提出，到2010年全市电力装机要翻一番半，当时全市装机只有400万千瓦，提出到2010年要达到1000万千瓦的装机量；人均用电量当时只有700度，提出来也要翻一番，要达到1500度。按照这个要求，这7年的投资，将超过新中国成立以来几十年投资的两倍以上。市委、市政府在电力工作会上明确提出要发展与改革并重，不失时机地抓紧进行电力体制改革。发改委受命承担这件事。

五、改革涉及不同利益主体，如何统一意见

这件事确实是一件非常难的事。因为这件事情涉及各方的利益，各方的想法不一致，部门、分管领导看法也不一致。实际上，我们已经做过调查研究，思考过改革思路。国务院5号文件出来后，我们认真进行了学习，然后又进行调研，广泛听取意见。我带了市发改委、市经委的几个同志组成调查组，到渝东南5个县逐县开座谈会。还同国家电力系统衔接协调，听取重庆电力公司的意见。那时重庆电力公司的总经理是陈峰，负责改革的副总经理是陈安伟。这两人年纪都不大，但思想敏锐。召开市各个部门的座谈会，特别是听取水利部门的意见，他们代表小水电。5月中旬，分管副市长童小平主持召开电力体制改革区县座谈会。那时全市行政体制已理顺，不存在“两市一地”这个中间层次了，区县由43个变成了40个。开了整整两天会，讨论非常热烈。相当部分区县明确表示不赞成，希望放缓步伐或维持原有体制不变。

通过各方面反复协商，市发改委形成了一个比较成熟的改革方案。重庆电力体制改革的目标是：在“十五”期末，构建起有利于促进重庆市经济快速发展和人民生活水平稳定提高的电力管理体制。具体来说就是：电网分开；全市实现一张网，全市成立一个电网公司；区县级成立不同类型的供电公司；城乡居民用电实现同质同价。按现状，40个区县可以分成三种类型。一种是重庆电力公司直接供应和管理的，有渝中区、沙坪坝、九龙坡等16个区县。第二个类型是交叉供电县，在一个县境内既有国家电网的地盘又有地方电网的地盘。因为三线建设有些国防企业摆在某些区县，譬如南川、涪陵、万州等，小电网保证不了企业用电，所以国家大电网进去了，主要供应国家重点企业，附带供周围农村，与县电力公司形成交叉供电。这种类型有7个区县。第三个类型有17个区县，属小水电自发自供和趸售县。所谓趸售，是指从国家大电网整批买进电力，由小电网转供用户。今后的改革目标，一种类型是成立重庆电力公司全资直属供电分公司，由其在系统内自行改革改组；另一种类型是成立以资产为纽带、由市电力公司控股的县级供电公司，包括7个交叉供电区县和17个自发自供区县，通过资产重组、按股份制的办法成立县级供电有限责任公司。这个思路抛出征求意见，区县同志反对的比较多。那些县级电力公司，尽管技术设备都很落后，却是县里最好的企业。国家电网一个供电分公司只有四五百人，一年供应几十亿度电；一般县电力公司六七百人，只能供几千万度电。国家电网执行国家定价，县网电价按成本加利润原则，由县自行定价，企业总不会亏损，但亏了老百姓。县电力公司归县管，既有财政利益在里面，而且每年还能安排人进去，县领导说了就能算数。还有就是当时县电力公司普遍已经实行了承包制，领导班子成员的工资高，害怕改革影响既得利益。有的县电力公司甚至把部分股权转让给了私人。但是，从贫困落后地区人民的长远利益出发，区县电力体制必须改。改革有利于发展，改革有利于老百姓。改革的思路是往国家电网上靠。不靠国家，不往先进生产力上靠，自己抱团发展，只能是自甘落后、永远落后。

六、电力体制改革方案的难点

难点在于国家电力公司怎么与县级电力公司建立起资产纽带。思来想去，只能通过农村电网改造投资这个途径。农村电网改造是件大事，但有些同志误认为是“天上掉馅饼”，只想多用钱，但是不想还钱。国家安排农网改造投资，只给20%的资本金，其余80%是贷款，需要还的，谁用款谁还钱。单个区县公司贷款，银行认为风险大、头绪多，强烈要求“一省一贷”，即一个省只认一个户头，承贷与还钱均由这个单位负责。国家发改委也认同这个意见。国家在安排农村电网第二期改造投资计划的时候还出台了一个政策，农村电网的还款通过在全省电网统一加价的收入来还款。这件事在上海、北京等发达地区都很简单，因为是一个统一的大电网。但在重庆市不行，国家电网主要在主城这一圈，销售电量占全市总量的80%左右。那7个交叉供电区县和17个自发自供区县占了全市大概2/3的面积，销售电量只占20%左右。国家电网本来技术设备先进，用的农网改造资金比较少。渝东南、渝东北等穷困地区电网落后，本来需要多用钱改造，但是它们又还不了钱，要靠全市均摊，要靠大电网来背。就是说小电网用了大部分的钱，却要靠大电网来替它还钱。这不符合“谁借钱、谁还钱”的市场经济规则，等于是地方小电网平调了国家大电网的利益。尽管这是国家出台的政策，但因为大小电网是不同的主体，对全省统一加价集中还贷，国家电力系统激烈反对，实际上行不通。

重庆市政府在2002年下半年申请第二期农网改造贷款的时候，向国家做了承诺，即一市一贷，由全市统一加价还贷。但是，重庆电力公司坚决不干，市里做了很多工作，并确定了一个原则，即市里不平调重庆电力公司的利益，将以一定的方式给予相应的补偿。文件报出去以后，国家贷款计划就这样落实了，但是，等到要实施的时候又不行了。不把补偿资金及征集办法落实，重庆电力公司就不同意统一承贷。他们认为，农网改造资金一分下去，就再也控制不住局面了。

其他省如湖南、湖北、江西、陕西、四川等也有这种情况。对此，国家发改委提出三种解决办法：一种就是县电力公司资产无偿上划给省电网公司。因为这些落后的设备，国家电网拿来后都要拆掉，只要供区不要资产。但是县里同志就想，这些东西都是咱们艰苦奋斗几十年才建立起来的，无偿划给国家电网，相当于被剥夺了，普遍不同意。第二种方法是购买。就是通过资产中介评估，给县电网资产评估作价，由省电网公司购买。这样搞，资产如何定价难处理，而且过程耗时太长，省电网公司不赞成。第三种采取代管的办法。省电网公司对县电力公司进行代管，产权归属搁置，通过行政命令，省公司把县公司接管了。接管了之后，省公司与区县签订协议，负债、资产都是县公司的，省公司只进行代管，责任还在县里头。有的省就这样办，留下很多后遗症。省电网公司怕县电力公司万一还不起钱，追溯责任到它那里，就限制县农网改造用钱，县里有意见，双方都不高兴。

此外，有的省就不理国家意见，干脆把地方电力资产捆绑到一起，成立一个省级地方电网公司，形成了在一个省内有国家电网和地方电网两张网。陕西、四川就是这种情况，一般是通过省投资公司来做这个事。重庆市有人也主张通过市建设投资公司作平台形成地方网公司。我们发改委觉得这个方法不好。如果采取这种办法，如同马克思所说，把许多马铃薯装在一个袋子里，等于一些同名数简单相加，不会产生质的变化。这个省级地方电网公司的物质技术基础没有改变，而且今后也没有更多的资金能力来投资改造。从发展先进生产力的角度来说，这不是一个好办法。

我们提出的改革思路是，以农网改造资产确权为契机，推进电力管理体制改革。对农村电网改造资产确权，形成市与区县的资产纽带，再通过资产置换或转让方式，引国家电网到区县，最终形成“全市一张大网、一县一公司”的体制格局。

首先，市政府确定，全市一、二期农网改造的资本金及贷款所形成的资产属于市级资产，授权市建设投资公司为出资人代表，行使资产合法权益，相应的债权债务一并划转该公司。一期农网贷款由农网还贷基金偿还，二期农网改造还贷资金通过本市统一均摊加价筹措。实行全市均摊加价时不平调电力公司利益，由市建设投资公司给予重庆电力公司大体对等的资产予以置换。这些政策规定，是重庆电力体制改革的基本前提。

其次，按两步走实行改革。第一步，交叉供电的7个区县，用资产置换的办法，让重庆电力公司控股组建县级配售电公司。我们测算，重庆电力公司通过加价替地方还贷的钱，大体上与7个区县一、二期农网改造形成的资产相等，二者交换，重庆电力公司即可进入控股。17个自发自供区县，由市建设投资公司以其享有的农网改造资产为纽带，参与组建配售电公司。两类新组建的县域供电公司均在当地进行工商登记，就地纳税。第二步，17个自发自供区县级公司与市电力公司进行资产重组，成立国网控股的县级供电公司，并整合重组重庆电网公司，实行全市联网，城乡居民用电同质、同价。两步走的改革步骤，只是原则规定。如各方有积极性，且条件具备，也可以并做一步走。

为了促进改革，还有些配套措施，其中重要的一条是改革与改造相结合，采取“项目跟着体制走，资产跟着项目走”的方式安排农网改造投资。对于改革进展快的区县，项目和资金优先安排。

七、国家电网系统是否接受这一套方案

重庆市这一套改革方案，对国网系统是有利的。置换和购买都是市场交易行为。对7个交叉区县是置换资产，对17个自发自供区县是购买资产。市建投公司把17个自发自供区县农网改造形成的资产全部打包作价，整体让渡给重庆电力公司，重庆电力公司接受这部分资产后，就进入并控股了这些县级电力公司。

双方采取记账办法。真正让电力公司掏钱来买这几十亿资产，买不了，而且国家电力公司不可能同意。这种办法让电力公司实际控制了资产，这部分账务怎么办呢？暂时采用挂账的办法，作为重庆电力公司对市建投公司出售县级农网资产的欠款留待以后处理。国务院5号文件提出，以后要组建省级电网有限责任公司。我们设想，组建重庆电力有限责任公司时再来算账，作为地方投资占一定的股份。这个方案重庆电力公司高兴地接受了。他们没拿出一分现钱就进入了相关区县，把这些县级电力公司全部控股了。从短期

看，大部分县级公司可能要亏损，但今后都会盈利。归根结底，最重要的是形成了全市一张网，重庆电力公司成为名副其实的省域电网公司。

其实，重庆市这套方案，对于重庆市建设投资公司倒不是那么有利。从市建投公司自身利益来说，最好能像陕西、四川那样自己搞一个省级地方电网，为什么要让渡出去？而且，让渡了以后不一定拿得到钱。市建投公司从全市整体利益出发，顾全大局服从市里安排，积极做好自己的工作。第一步把17个自发自供区县电力有限责任公司先组建起来。2003年下半年到2004年初，市建投公司逐县谈判，一家一家地跑，一家一家地谈，比较好地完成了任务。第二步把资产打包转让给重庆电力公司，让重庆电力公司进入并控股各区县公司。实施起来就比较简单了。在市政府安排下，市建投公司与重庆电力公司双方正式签订了资产转让协议。随后，重庆电力公司就派员接管并重组了相关县公司。

八、重庆电力体制改革方案实施进展和效果

2003年6月，王鸿举市长主持召开市政府常务会审订《重庆市供电体制改革意见》，确定了目标：2003年把第一步走完，7个交叉供电区县重组完成，另外17个自发自供区县与市建投公司组建有限责任公司；第二步，2004年完成全部改革方案，2005年实现全市统一的一张网，而且全市实行同网、同价。执行的时候，多数区县顾全大局，进程较顺利。有些条件成熟的区县，直接通过区县、市建设投资公司、市电力公司三方订立协定，一步到位，电力公司直接进入，所以整个进展比原来预想的要快些。在改革过程中，始终把稳定放在第一位，做到了生产稳定、干部职工队伍稳定及社会稳定。

2004年6月11日，市电力发展领导小组召开会议，刚好是重庆电力体制改革启动一周年。副市长黄奇帆说，一年来改革工作有几个特点：一是统一意见，政府主导，各方协同，朝着共同的目标努力；二是尊重经济规律，不搞无偿平调，企业按现代企业制度组建，按现代技术管理；三是处理具体问题不搞“一刀切”，一时改不了的地方，暂时留个“白点”，无碍大局；四是整体保持了稳定，对职工照单全收，未出现职工上街，未发生断电事故。这

次改革，这么复杂的事情，能够做得这样好，可以说是全国首创，值得总结、宣传。

重庆电力体制改革实现了三个“有利于”：第一是有利于全市经济长远持续增长，全市形成了一个建立在先进生产力基础上统一调度的大电网，为全市范围内经济社会的发展奠定了坚实的基础。第二是有利于区县促进发展、改革、开放。国家电网进入后，各县两三年间电力供应一下子翻了两番多。电力体制改革加电网改造，使供电环境焕然一新。每个县都建起了220千伏的大型变电站，建成了以110千伏线路为主网架的输配电网络，跟过去相比真是天壤之别。对区县的好处还有，因为有限责任公司在当地注册、纳税，电力税收也比原来大幅度增加。各区县纷纷搞起工业园区来，没有国家电网做支撑是不可能的。第三是有利于老百姓。过去越穷的地方用电越难，现在实行电表入户、分户计价，按国家规定实行城乡居民用电同价。电价降下来了，电压也稳定了，家用电器、用电农机具纷纷进入老百姓家庭。有了电视，老百姓眼界也开阔了。我们下去检查验收农网工程，老百姓高兴得很，都说重庆市政府办了一件天大的好事。

重庆市的供电体制改革走在了全国的前头。有些省份采取代管的办法，留下了很多后遗症。有的省成立了省级地方电网公司，一个省两张网，双方争供区、打架，而且还有很多其他的矛盾。与之相比，重庆的改革效果比较好。

重庆市农村电网改革之所以能获得成功，一个关键就是妥善处置了农网改造资产的归属问题。重庆市通过农网国债、资产集中市管的办法建立起了国家电力公司和地方电力的联系，推进了全市域的供电体制改造，形成了全市一张网，这是一个创新点。全国其他省份都没有这样做。还有一个创新点就是在整体改革时变通处理了三个特殊的地方公司。乌江电力、川东电力和三峡水利三个地方电力公司上了市，没有办法直接改，最后处理时实事求是、区别对待，不搞“一刀切”。乌江电力是黔江地区企业，地区撤销后归黔江区管理。乌江电力想把酉阳、秀山、黔江、彭水、石柱五个县捆绑到一起，但实际上各个县电力公司仍然是独立经营主体。渝东南面积比较大，有两万多平方千米，此时渝怀铁路正修建，急需国家电力公司供电。必须加紧架设220千伏线路，电气化铁路才能开通。电力体制不改，大电网进不去，铁路也无法开通。当时黔江区委书记刘学普、区长张宗清思想开明，积极配合市里推进改革。市、区各方面形成共识，一是必须改；二是从实际情况出发，照顾黔江的利益；三是要考虑到上市公司的问题，得按规则办。总的改革思路是按市方案办，但要有所变通。乌江电力公司属于黔江区，因为没有地级机构了，再去管别的县也不顺。所以还是5个县分别成立电力有限责任公司。乌江电力公司还搞了一些实业，在酉阳和秀山建了高耗电的电解锰厂，也赚钱，它自己有个大河口电站。它还有一条线路跟贵州电网相连，贵州松桃建有220千伏的变电站向电解锰厂卖电。按照厂网分开的办法，我们认定乌江电力公司是一个发电企业，它有水力发电站，大河口电站有两条110千伏线路送电给高能耗企业，就把线路作为厂用线。尽管两条线较长，穿越了其他县地界，我们采取一种变通的办法，使它与公用电网分离出来，跟贵州的连接线也保留了下来。黔江区公用电网从乌江电力公司中分离出来，与国家电力组建黔江区电力有限责任公司。黔江的同志非常高兴，因为乌江电力公司保留下来了，它的精华并没有进入改革重组，而且还给它留了两条110千伏线路。当时对重庆电力局也做了很多协调工作，因为这种处置严格说跟国家政策也有些不符。以后黔江把上市公司乌江电力的壳卖了，改组成乌江实业。乌江实业一直是重庆“50强”企业之一，现在效益仍然很好。黔江的同志感谢发改委在处理这件事情上实事求是，没有“一刀切”。

第二个例外是涪陵，当时涪陵成立了上市的电力公司——川东电力，也是带了高耗能的厂，还有自己的龙河水电站和龙桥火电厂，公司效益也是很好的。涪陵工业效益好，招商引资形势好。它和黔江不一样，大电网完全没有进黔江，涪陵地方电网和国家大电网有比较强的联系，电不够了可以找大电网买电。作为一个地方政府能够控制这样的电网是一件好事，有直接的调控权，所以涪陵区同志不愿改。只得暂时放一放，等待合适的时机再改。万州情况更难办一些。三峡水利公司股权关系复杂，一时改不了。因为万州三峡水利公司控股了奉节县电力公司，奉节也改不了。奉节老百姓看到近邻县老百姓享受到的好处，纷纷要求改革，甚至到市里上访，县政府承受很大的压力。我们就采取办法，把奉节从三峡水利公司切割出来先改。万州与奉节两地之间有2000万元债务纠纷，我们想办法帮助解决了这个问题，奉节县供电有限责任公司终于成立，农网改造也顺利实施了。现在，在万州还存在三峡水利公司小电网，包括它自己的水电站。涪陵电力后来也改了，工业发展了之后，供电已经跟不上，涪陵电网现在已经与国电联合，川东电力只是一个控股的投资公司了。到现在为止，全市只有三峡水利还有一个局部小网。

重庆电力体制改革确实非常难，但是最后这项工作完成得比较好，到2005年实现了全市城乡同网同价，这是一件了不起的事情，为重庆市今后的发展创造了很好的条件。改革促进了发展，在全市范围内，形成了500千伏“日”字形骨干网架及220千伏供电网络；到2010年底全市电力装机达到1166万千瓦，全年人均用电2270度，超额完成了2003年全市电力大会提出的目标。装机增长了1.9倍，人均用电增长了2.2倍。7年电力建设投资相当于新中国成立后几十年投资的几倍。电力的发展为经济的高速增长和群众生活的改善创造了条件。生产力的发展跟生产关系的改革分不开，如果电力体制不改，渝东南、渝东北就没有现在这种局面。

（节选自中共重庆市委党史研究室编：《重庆党史研究资料》2014年第3期，内部资料。）

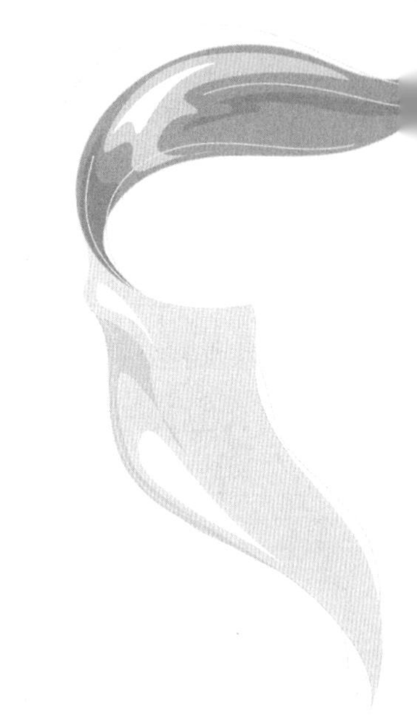

魏益章：关于重庆大学城的建设

魏益章，曾任四川省万县市副市长、副书记、书记；万县地区行政署副专员、常务副专员；万县市常务副市长、副书记、市长；重庆沙坪坝区委书记、重庆市政协常委。

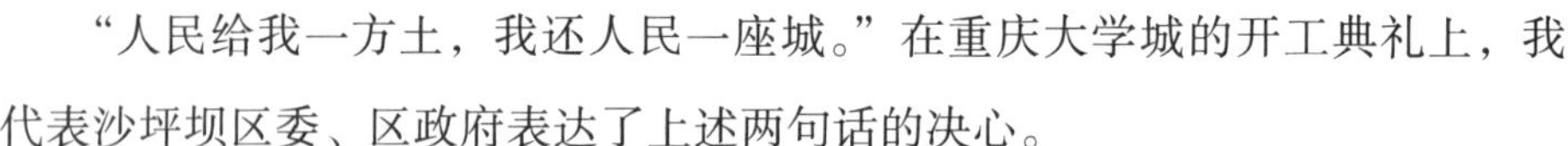

“人民给我一方土，我还人民一座城。”在重庆大学城的开工典礼上，我代表沙坪坝区委、区政府表达了上述两句话的决心。

直辖的重庆市需要这么一座大学城。

作为大学城最初的参与者，我心中的激动是难以言状的。

我深信，大学城在创新高校体制，提升城市档次上将会写下骄傲的光辉的新篇章。

六月的山城，骄阳似火。

2003年6月18日，重庆大学城在沙坪坝白鹤村举行开工典礼。市领导黄镇东、王鸿举、黄奇帆等7位同志来了，大中小学师生代表来了，从周围赶来的农民都来了。开工现场，人山人海，约有5万人。典礼由市政府常务副市长黄奇帆主持，我代表沙坪坝区委、区政府致辞，表达了“人民给我一方土，我还人民一座城”的决心，市长王鸿举作了讲话，重庆大学校长李晓红作了发言。盼望已久的大学城终于拉开了建设的序幕。

重庆大学城选在什么地方，经历了一场激烈的竞争。开始沙坪坝、北碚、渝北、南岸和长寿等区都在争取。我们得知常务副市长黄奇帆提出要建大学城时，立马展开了准备工作。我认为，在沙坪坝区建大学城有天时地利人和的优势。区内有重庆市有名的高校、中小学和科研院所，历来是科教文化名区。再加上歌乐山和缙云山之间在沙区就有260平方公里的土地，属浅丘地带，发展空间大，很适合造城。铁路、公路等交通也径直通达。

争取大学城首要的是尽快提出一个比较科学的规划方案。我们请重庆市规划设计院做了一个“大学城”概念性规划设计方案，图文并茂，全面说明在虎溪建设的优势条件。同时，由区委、区政府、市教委、几所高校校长组织的考察团赴上海松江大学城、浙江下沙大学城取经。后来又去美国华盛顿，英国牛津、剑桥大学考察。

在讨论方案时，我提出一个骨架式的构想，请专家们考虑，“肉”由他们来装。以虎溪镇为中心，周围30平方公里建大学城；紧邻的西永30平方公里为科技产业园，因为大学生毕业后要就业，搞科技也需要学生来支撑；几十万学生和技术人员在这里生活，需要在陈家桥配套20平方公里的第三产业服务中心；在土主镇规划20平方公里西南铁路最大编组站及配套的仓储加工区；7平方公里的寨山坪生态绿色产业园；凤凰镇和土主、回龙坝镇5平方公里的旅游产业区；6.8公里长100米宽的科技大道；比4.6平方公里的杭州西湖稍大的5平方公里的重庆西湖。这个构想也是后来沙坪坝区编制重庆西部新城的主要内容。

为了方案的科学性，我们召集了专家就大学城落户沙区进行了讨论，专家的结论是大学城应该落户沙区。《重庆日报》将专家论证的意见刊登在头版。隔了两天，我们去市政府给领导汇报，领导一见到我们就说：“老魏，大学城市里还没有定，你们怎么就说落户沙坪坝。”我回答说：“报上登的是专家论证的意见，并不是我们说的落户沙坪坝，而是专家们论证说应该落户沙坪坝，最后还要由市政府决定。”

我继续带着区委、区政府几位同志向市领导邢元敏、滕久明等详细汇报，

“四大班子”一个一个挨着讲。为了解决反映的问题，区委、区政府做了大量工作。请空军三十三师师长和参谋长到现场说明，飞机在降落白市驿机场前高空撒油对地面没有影响。重庆大学党委书记祝家麟、校长李晓红带专家教授到现场踏勘拟选地址的情况，我们反复介绍优势条件。我们还多次上门邀请重庆医科大学、四川美院、西南政法大学等入驻大学城。

经过多方努力，大学城终于花落沙坪坝虎溪。

为配合大学城建设，梁滩河整治工程动工建设。为了解决歌乐山交通阻隔问题，我向时任市委书记黄镇东汇报，希望梨树湾隧道尽快建设，黄镇东书记讲：“渝遂高速公路上面还未批下来。”我建议：“由区委、区政府先找钱来垫起，项目批下来后再还给我们。”黄镇东书记说：“这是个好办法，也让上面看到我们要求建渝遂高速公路是主动积极的。梨树湾隧道这个名字外面不知道，建议改为大学城隧道，你可以跟胡振业同志商量一下。”于是，我当天晚上跟胡振业通了电话，并由副区长王余果出面联系。第二天，市交委主任胡振业就带着规划设计人员来到沙坪坝研究。我们给他们承诺，如果隧道提前一年建成，我们会重奖。经过研究，胡振业同意抓紧隧道设计，尽快动工。

大学城建设全面展开。学校建设、道路建设、水电气通讯建设和搬迁户的还房建设齐头并进。大学城建设探索了一种全新的模式：“联手、联合、分工运作”。市、区联手共建，由市政府直接领导，区政府负责建设过程的协调。区、企联合共建，由区政府和地产集团联合，建设校外道路等基础设施和征地动迁还房。校、企分工运作，由学校自己负责校舍建设，市属企业各自负责“七通一平”建设。这样的建设模式，大大加快了大学城的建设速度。

市委、市政府重视大学城建设，黄奇帆市长有胆有识，统揽指挥，带领各方强力推进。市教委主任欧可平、副主任陈流汀和市有关部门及地产集团积极行动。区委、区政府把大学城列为一号工程，由四大家分管领导邓达举、陈方明、杨德珍等具体抓。我们每周都要带着有关同志去现场办公，把遇到的问题一一罗列，再挨个解决抓落实。黄奇帆市长在2004年下半年关于大学城领导小组成员调整的文件上批示：“益章同志作为大学城最初的开拓者，请沙区区委并代表我向他致以崇高的敬意。并可作顾问，参加领导小组活动。”

大学城建设是一个基础性工程，是一个领头工程。大学城本身不仅将形成一个十多所院校30万师生的大学之城，而且它还催生了西永微电园、铁路物流园和未来第三产业服务中心的兴起，进而拓展成为重庆市西部新城的核心区域。随着实践的发展，建设大学城的战略意义一定会更加充分地显现出来。

（节选自魏益章：《走过这片土地——我的从政理念》，重庆出版社2011年版。）

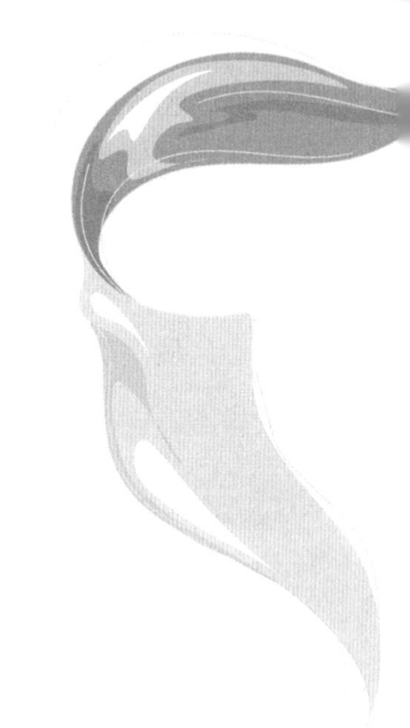

方晓先：
重庆桃花溪流域综合治理工程纪实

方晓先，曾任第二届重庆市政协常委、九龙坡区政协副主席、九龙坡区市政委副主任、重庆桃花溪市政建设公司总经理。

桃花溪污染治理是广大市民的殷切期盼，也是近30年来重庆历届政府的夙愿。为了恢复桃花溪昔日的风采，20世纪80年代以来，进行了20多年的整治，成千上万机关干部、部队官兵、青年学生和广大市民在溪中清挖污泥的场景至今仍历历在目。重庆直辖以来，市政府遵照党中央的要求和人民的意愿，全力推进治理工程。经过历时十年的整治，桃花溪全流域污水截流了，河道疏通了，护岸和沿线绿化景观工程也完成了，彩云湖防洪工程及两个污水处理厂也建成了。处理后的清水注入桃花溪，湖中碧水粼粼，溪中流水潺潺，沿岸绿带蜿蜒，岸边垂柳依依。至此，新世纪历时十年艰苦卓绝的整治工程已成效初显，桃花溪这条曾经满目疮痍的河流，又以崭新的风貌展现在人们面前。我漫步溪畔，仰望蓝天，回顾与桃花溪十年风雨兼程的岁月，真是心潮澎湃，感慨万千……

一、溪河之殇

桃花溪位于主城西部，全长15.79公里，地跨沙坪坝、大渡口和九龙坡三个区，是重庆主城最大的一条次级河流。在悠悠的历史长河中，这条幽幽的清溪有过美丽动人的传说，相传白马凼白马为害，扰民噬畜，仙童勇而驯之，白马狂奔不辍，在长江边鱼鳅浩为群鱼鳅相阻，遂降伏化白龙而去，仙童弃银鞭成溪，两岸盛开白桃花，故得名桃花溪。据说清代著名书画家龚晴皋曾到桃花溪求证白桃花，著有《白桃花》诗，故有晴皋求证之说；清康熙年间川东兵马道王孙蔚曾到桃花溪寻找桃花源，题有“桃源逮世代，知历几千秋”的诗句，故有孙蔚寻源之说；1958年春，毛泽东主席视察重钢，也曾在桃花溪边驻足；记得50年前，我加入少先队就是在溪中泛舟度过的队日，而那时的桃花溪真是：轻舟逐水爱山春，灼灼桃花夹岸明。坐看红树不觉远，阅遍清溪喜煞人。

但是20世纪80年代以来，由于城市化、工业化进程加快，大量工业废水和生活污水排入河道，城市的一次次扩张破坏了这条天然河流的生态环境，桃花溪污染日益严重，逐渐变成一条恶臭熏天的污水沟，每逢暴雨则泛滥成灾，不仅严重影响到流域数十万居民的身体健康和生命财产安全，同时污染了中华民族的母亲河——长江，危及库区的生态环境。

桃花溪不断恶化的生态环境，逐渐成为人大代表、政协委员和新闻媒体高度关注的热点，引起了市、区政府的高度重视。1999年4月14日，重庆直辖后第一任市长蒲海清到桃花溪视察并召开现场办公会，会议决定由副市长甘宇平和九龙坡区区长伍程敬分别担任市、区两级桃花溪综合治理领导小组组长，同时组建桃花溪治理工程的业主单位。同年7月，重庆桃花溪市政建设公司成立，九龙坡区副区长李万良任董事长，我任总经理，从而拉开了新世纪桃花溪治理的序幕，也使我与桃花溪结下了不解之缘。

二、十年风雨

1999年5月，我带了几个员工在桃花溪边借了几间废弃的车库作办公室。

当时的条件异常艰苦，区领导见着我的第一句话就是："我给你政策，给你人，但没有钱。"蒲海清市长跟我说："你可以搞点捐赠活动，我带头捐一个月工资。"这两件事也从侧面反映出年轻直辖市当时经济状况的尴尬和无奈。

漫步在桃花溪边，望着满河流淌的污水。治理工程怎么搞？治理经费从哪里来？前景一片茫然……记得当时我填了一首词："绿水青山远，雨过路带渣，桃花溪畔唤桃花，不知漂泊零落到谁家。柳絮湿人面，清风散云霞。莫道春暮夕阳斜，赢得碧水红桃壮年华。"这首词是很悲壮的，它真实地记录了我当时的迷茫与无助。记得我还在办公室大门上贴了一幅标语"不信桃花呼不归，不信清水唤不回"，这幅标语至今都还清晰可见。桃花溪公司的员工就是这样铆足了劲，怀着必胜的信念，踏上了治理的征程。

按照市长的指示，我们搞了两次捐赠活动，获捐款6万余元，相继又在市建委争取到开办费50万元，在市环保局申请到工作经费10万元，共计66万元。这几笔经费，真是雪中送炭，桃花溪治理工程的前期论证、立项工作就是靠这66万元顺利完成的。

为了从根本上治理好桃花溪，我们组织了100余名专家、学者，用了两年多的时间，召开了数十次调研与论证会，赴成都府南河、上海苏州河等地进行了学习考察，同时对80年代以来桃花溪治理的经验和教训进行了认真的总结，完成了《桃花溪流域环境综合整治工程可行性研究报告》《环境影响评价》《水土保持评价》《地质灾害评估》和《综合整治规划》，形成了桃花溪综合整治的战略思想，明确了"统一规划、分区负责、分段治理、同步实施"的整治原则，制定了"截污、清淤、灌流、还绿"的整治方案，迈出了科学治理的第一步。

2001年12月31日，桃花溪综合整治工程开工。

从中央到地方，各级领导高度重视桃花溪治理工程建设。该工程被确定为重庆市重点工程项目以及"为民办实事民心工程"和国务院三峡库区水污染环境整治的重点项目。重庆历任市委书记、市长及人大、政协的领导都先后到桃花溪视察并作了许多重要指示。国家发改委为治理工程安排国债资金14300万元；市相关部门筹集了专项治理资金3520万元；九龙坡区政府动用土地置换治理资金40000万元，从而解决了桃花溪整治工程的治理资金。

桃花溪治理工程分两个阶段实施。2001年12月31日到2005年11月30日是一期工程，主要以“河道治理，污水截流”为主。

工程有四个难点：一是管网复杂。流域地处主城区，与水、电、气和通讯管网交叉分布，异常复杂，稍有不慎就会造成停电、停气、停水和中断通讯，影响市民生活和社会安定。二是施工工艺难。河道施工是在水中作业，一遇大雨就被淹没，工程进度很难掌控，加之河床地质状况复杂，大量的流沙和淤泥淤积，施工难度大。三是工程涉及范围广。涉及道路桥梁、水坝河堤、管网隧道、涵洞闸门、垃圾处置、污水处理、绿化景观等十多个工程门类，对工程的施工和管理都是很大的挑战。四是工期紧，拆迁难度大。工期要求2008年完成，每年都要完成近亿元的工程项目，加上沿河两岸均是主城居住稠密区，其拆迁难度之大可想而知。

2005年11月30日，桃花溪沿河两岸的截污管网工程完成，实现了全流域污水截流。河道清淤，护岸整治和沿河道路改造工程也顺利完成，十座车行桥，两座人行桥，2080米长的隧道涵洞，四座河道闸门均建成启用，一期工程的治理目标全部实现。

紧接着桃花溪又投入了二期工程的战斗，二期工程的目标是“清水灌流，生态修复”，其难点是水源从何而来。经过一年多考察论证和试验，我们分别从北京和深圳引入“ABFT污水原位修复技术”和“人工快渗法技术”新建成了两个污水处理厂，同时完成了彩云湖防洪工程的建设。2006年11月3日杨声桥污水处理厂建成投产；2007年12月31日彩云湖污水处理厂建成投产；清澈的活水注入桃花溪，在溪中缓缓流淌，夹岸垂柳轻拂着水面，仿佛在倾听溪水的呢喃，沿岸的绿带蜿蜒曲折，与溪水相映成趣，湖光山色与蓝天白云交相辉映，桃花溪二期工程的治理目标也基本实现。2007年7月17日，重庆遭遇百年未见的特大暴雨，桃花溪工程经历了洪水的严峻考验，全流域安全度汛。

随着工程的推进，我们又提出了在桃花溪上游，以彩云湖为中心建设700多亩绿地湿地公园。

问渠那得清如许？生态修复活水来！杨声桥污水处理厂每天处理污水1.2万吨，彩云湖污水处理厂每天处理污水1.7万吨。这些处理后的清水再经过彩云湖湿地涵养，就成了桃花溪取之不尽的源泉。我们完全有理由相信，要不了多长时间，一条美丽清澈的溪河一定会展现在人们的面前。“路似彩虹入云中，翠谷平湖映青松，时有落花浮绿水，垂柳夹岸舞春风。”

回顾与桃花溪十年风雨兼程的岁月，我深刻地感受到，桃花溪整治工程不仅仅是对一条河流的治理，它所带来的辐射效果远远超乎人们的想象。

重庆新华印刷厂、三峡油漆厂、重庆啤酒厂等数十家桃花溪沿岸的污染企业，在市政府和市有关部门的关注下相继撤离了主城区，使重庆市西部城区的土地得到了净化。

重庆石坪桥汽修厂、重庆精细化工厂等特困企业通过土地置换获得了结构重组和升级换代的改造，促进了地域经济的发展。

十八冶冶金二村水淹区得到根治，近千家水淹户搬进了新房，桃花溪沿岸的居住条件和人居环境得到了根本的改善，推动了地区的旧房改造和城市化进程。

桃花溪生态环境的改善吸引了大量房地产商。金科・云湖天都、绿韵康城、协信・天骄城、彩云湖、泰享・彩云印象、力扬・盛世华城、茂田・金桥彼岸、恒大・绿洲、阳光新月等十余个大型社区，总计100多万平方米的高品质楼盘在桃花溪沿岸鳞次栉比地排列开来。

一条河流的整治带动了一方经济，改变了一方百姓的环保观念，它所产生的政治效益、经济效益、社会效益和生态环保效益是重大和深远的。

（节选自中国人民政治协商会议重庆市委员会学习及文史委员会编：《重庆文史资料》总第57辑，西南师范大学出版社2009年版。）

马述林：
渝怀铁路修建的前前后后

马述林，曾任四川省重庆市计划委员会副主任，重庆市发展和改革委员会副主任（正厅级），重庆市能源投资集团党委书记，重庆市开发投资集团董事长。

渝怀铁路西起重庆枢纽襄渝铁路团结村站，穿歌乐山，跨嘉陵江，经长寿越长江到涪陵，再沿乌江逆流而上经武隆、彭水，然后过黔江，通过圆梁山隧道穿越乌江与沅江的分水岭至酉阳、秀山，进入贵州铜仁，再沿沅江支流锦江前行进入湖南麻阳，在怀化枢纽湘黔铁路怀化站贵阳端接轨。渝怀铁路是我国西部大开发的标志性工程之一，全长624.5千米，总投资198.4亿元，跨重庆、贵州、湖南三省市，其中重庆境内工程和投资占渝怀铁路全线的70%以上。全线控制性工程有八隧、两桥、一站，全部集中在重庆境内。因此，渝怀铁路是新中国成立以来重庆市最大的基本建设工程。我长期在重庆市发展改革系统从事国民经济管理工作，是渝怀铁路项目的始议人，也是市铁路建设领导小组办公室主任，见证了渝怀铁路从酝酿到建成的全过程。

一、修建渝怀铁路的目的

重庆至湖南铁路的设想，可以追溯到民国初年。孙中山在辛亥革命胜利以后辞去临时大总统职务，袁世凯请他筹划全国铁路。当时孙中山提出了一个非常宏伟的铁路建设规划，即用10年时间修建10万英里（约16万千米）铁路。后来，他把他的想法写进《建国方略》。在《建国方略》里，中央铁路建设系统就有长沙到重庆的铁路。现在如果到南京去参观总统府，还可以看到里面陈列有一张孙中山当时制定的铁路规划图。

党的九大以后，全国政局基本稳定，重新恢复了三线建设，主要是续建，也新开了一些项目。1972年，毛泽东提出川汉线要赶快上。但川汉线往东要从三峡走，通过该地区非常困难。所以，重提川汉线就不再往东从三峡走，当时提出了两个方案：一个是北线方案，从襄樊到重庆，因为从襄樊到武汉的铁路当时已经修好了，如果襄樊到重庆这一段接通了，川汉线就建成了；另一个是南线方案，从重庆出发到湖南的罗衣溪，在枝柳线北端接轨。经过对两个方案进行比较，认为南线方案工程太艰巨，相对来说北线方案要好些，工程量、艰险程度从修建的角度来说要小一些。另外，北线当时摆了一些很重要的工厂，如湖北十堰的二汽、四川万源的062基地、华蓥山光学仪器基地等，这些工厂产品的运输很重要。相对来说，南线没有很重要的工厂。所以，最后就放弃了南线，采取了北线方案。

襄渝线建成通车以后，整个四川境内包括重庆都没有新的铁路开工。十一届三中全会以后，重庆经济恢复发展比较快，特别是1983年重庆计划单列后，经济快速增长，当时所有的出口都被堵塞得一塌糊涂。重庆往北、往东、往南几个方向的铁路运力非常紧张，都严重堵塞。在这种情况下，重庆把推进铁路建设当成大事，首先抓既有铁路的电气化。国家编制“七五”计划时，成渝铁路电气化和川黔铁路电气化都被列为国家重点工程，陆续开工，后来襄渝铁路渝达段（重庆—达州）电气化工程也开工了。但实际上还不能根本解决重庆的问题。当时中国开始扩大对外开放，中国的经济热点、发展重心在南方，改革开放的重心也在南方，所以必须要打通去往广东的捷径。当时重庆市计委一些同志开始酝酿提议修建川湘线，对此，重庆铁路分局有些负责人也很赞成。1988年发布的《重庆市经济社会发展战略纲要》就明确提到了这个事情，这个文件的最终执笔人是白和金（时任重庆市计委副主任，后任国家计委秘书长）。

1984年，中共中央总书记胡耀邦提议西南三省四方（云、贵、川、渝）成立一个经济协调会，多方联合，共谋振兴。第一次会议在贵州贵阳召开，决定请中国科学院对西南丰富的自然资源进行一次综合考察，提出开发大西南的一些具体构想。在1988年初夏中国科学院西南资源开发综合考察队来重庆考察期间，重庆市计委在同他们交换意见时，把川湘线作为一个重点项目正式提了出来。重庆市计委给他们的正式文件，也把修建川湘线作为一个重要建议提了出来。在考察队的综合报告中，也简列了“川湘线”这个项目名称。1987年到1988年，重庆市提出进行产业结构调整，市计委在给国家计委的报告中，提出产业结构调整的首要重点是加强基础结构调整，这就是加强交通能源建设，川湘线也被提出来了。这两个文件的执笔人是我。

1989年上半年，重庆市计委在着手研究重庆市“八五”计划和十年规划时，对重庆对外交通通道进行了重点研究，在此基础上，1990年初提出了建设川湘线的正式建议。负责规划工作的我与孙力达、胡际权合作将研究成果写成《川湘铁路的建设应尽快进行》一文，公开发表在《重庆经济研究》1990年第4期上。这里提的川湘铁路，实际上就是渝怀铁路。市计委在给市领导汇报后，得到了大力支持，紧接着前期工作就开始启动了。后来，我又先后在《重庆经济研究》1992年第6期和1994年第4期上发表《关于渝怀铁路建设的几个问题》和《关于筹集渝怀铁路建设资金的思考》。建设渝怀铁路反映了重庆人“冲出盆地、走向大海”的愿望，是几代人的梦想，许多人都曾思考过，但是写出正式研究报告并公开发表，论证它的必要性和可行性的，我应该是第一人。

我自己认为，在理论上和实践工作中为渝怀铁路的建设作出的贡献，主要体现在三个方面：

一是明确提出了渝怀铁路的主要去向是东南沿海，去往两广，为达到这个目的，渝怀铁路东端的接点应是怀化。这是以前包括孙中山川湘铁路方案和川汉铁路南线方案都没有提到过的。东端接点是怀化，主要解决重庆往东南沿海去的客货运输问题。我是第一个明确提出此问题的人。

二是明确提出了渝怀铁路西端在重庆境内的出线应走北岸。过去研究的方案都是从重庆南边走，从九龙坡，经鹅公岩大桥（新建），往南坪，再往东。另一个方案由珞璜出线，一直顺着往江南走。当时争论得比较厉害，铁路部门坚持主张从南边走。我主张走北岸，从江北走，江北设新客站，然后往鱼嘴方向走。因为重庆主城北边用地开阔，城市发展空间大。鱼嘴和长寿都是规划的重要工业区，渝怀铁路经过那里有利于布置大型工业项目。因此，渝怀铁路西端在重庆境内的出线只能走北岸。历史证明，这种选择是对的。

三是在全国理论界和实际工作部门中第一个明确喊出中国需要修建沿江铁路。当时反对修建渝怀铁路最强烈的，就是认为渝怀铁路有很长一段要沿江走，特别在重庆到涪陵段。一些人认为，沿江铁路会跟水运争饭吃，会导致水运衰落。而且当时整个20世纪80年代，理论界一致抨击沿江修铁路，其中举的典型例子就是襄渝线可能导致川江水运衰落。其论据是，襄渝线全长860千米，花了34亿元，形成的货运能力却只有850万吨。而1949年以来国家投向水运航道整治的资金也就两三个亿，长江一条黄金水道相当于14条铁路。沿江修铁路是最大的一个败招，这是当时理论界压倒性的声音。在这种情况下，就要回答该不该沿江修铁路这个问题。《川湘铁路的建设应尽快进行》和《关于渝怀铁路建设的几个问题》这两篇文章中都用较大的篇幅从比较经济研究的角度来回答了这个问题，阐述修建沿江铁路不会削弱长江黄金水道的功能。

首先，从世界历史上看，沿江河干流修建铁路不是不可行的，世界上不乏成功之例。美国的密西西比河，纵卧密西西比平原，以水运繁忙著称于世，但仍然有纵贯南北的新奥尔良—孟菲斯—圣路易斯的铁路干线，与大河平行。德国的莱茵河航运发达，但波恩—法兰克福—曼海姆—弗赖堡铁路干线的走向也与莱茵河的流向一致。苏联的古比雪夫—萨拉托夫—伏尔加格勒—阿斯特拉罕港铁路干线，在地图上看几乎与闻名世界的伏尔加河重叠。所以，在借鉴国外经验的基础上，我们完全可以理直气壮地主张修筑沿江铁路。

其次，从我国历史上看，铁路与水运各有优势，是相互竞争又相互促进的关系，而不是此消彼长的关系。从重庆的历史经验来看，正是有了成渝铁路、川黔铁路，才有了沿江布置的九龙坡、猫儿沱等水铁联运港口。没有成渝铁路给九龙坡港口从腹地运来货物，没有从猫儿沱下水的贵州煤炭和磷矿石，当时川江就要少好几百万吨的运量。修铁路实际上扩大了港口腹地，港口吞吐量相应会增大。

对当时川江水运衰落的问题需要进行具体分析。川江货物出大于进，川江出去的货物，大宗的有四种：粮食、煤炭、磷矿石和木材，入川的主要为百货，出川与入川的运量比约为3：1。20世纪80年代出川物资减少，原因在于：第一，三线建设后，四川人口增加很多，调出粮食减少。而且，出川粮食和入川粮食主要是四川跟北方的品种调剂，调出的是大米，调进的是玉米。这些粮食的货运主要走宝成线和襄渝线，而并不是往长江中下游走。第二，到20世纪80年代，由于国家减少川西森林砍伐量，出川木材基本上没有了。第三，煤炭，那时沿江地方中小煤矿生产的原煤还是流向长江中下游，这是出川最大宗货物，但是产量增加有限。第四，贵州的磷矿石也是铁路运过来的，从猫儿沱下水。实际上，一个地区的货物流向是跟该地区的资源禀赋、生产力布局密切相关的，中国的“南粮北调、北煤南运、西电东送、西人东流”是基本格局。

所以，长江水运不但不会因为修建沿江铁路而衰竭，反而能够弥补不足，“黄金水道”不会因为沿江铁路的修建而失去光泽。这个争论，到20世纪90年代中期才逐渐平息下来。

二、十年磨一剑

从1990年4月重庆市计委在国家计委召开的全国“八五”计划及十年交通规划座谈会上提出项目建议，到2000年12月渝怀铁路开工建设，经历了10年多的时间，真可谓“十年磨一剑”。

1990年4月，国家计委在重庆召开全国“八五”计划及十年交通规划座谈会，利用作为东道主的机会，重庆市计委提交了《关于尽快建设川湘线的建议》，此文与我公开发表的《川湘铁路的建设应尽快进行》一文内容是一致的，只是题目不同。《建议》引起了国家计委和铁道部的重视。5月，国家计委综合运输研究所研究室主任李文定研究员来渝，与我和重庆市计委其他一些同志就此交换了初步意见，他对川湘铁路表示原则性肯定。6月，重庆市计委以重计委能〔1990〕331号文上报国家计委《关于请求将川湘铁路建设纳入国家"八五"前期工作计划的报告》，重庆市人民政府又以重府〔1990〕114号文报请四川省人民政府转报国务院。7月，重庆市计委以重计委能〔1990〕433号文，委托铁道部第二勘测设计院编制川湘铁路初步可行性研究报告，我和委内同志与铁二院多次交换意见，并撰写了预可行性研究报告的若干段落。9月，铁二院提出了《新建铁路川湘线预可行性研究报告》，重庆市计委、铁二院向国家计委、铁道部作了汇报。

1992年4月，国家计委召开西南和华南部分省区区域交通规划座谈会。会上，重庆市计委再次提出修建川湘铁路（渝怀铁路）的建议。会后，国家计委牵头制定的规划方案中明确提出："建设川湘铁路增加东向新通路，对缓解川黔和襄渝线的压力、改善西南地区路网布局、促进沿线少数民族地区发展、加快西南地区对外开放有重要意义，建议'九五'做好前期工作，力争本世纪末或下世纪初开工。"6月，铁道部二院关于西南铁路东通路规划研究完成，共提出五个方案：（1）成都—遂宁—达县—安康—谷城—襄樊—随州—信阳；（2）成都—遂宁—达县—万县—利川—恩施—枝城—石门—长沙；（3）成都—遂宁—重庆—涪陵—彭水—秀山—怀化；（4）成都—峨眉—宜宾—叙永—古蔺—遵义—思南—怀化；（5）成都—遂宁—重庆，以下为川黔复线和湘黔复线到怀化。从五个方案来看，第三个方案运距最短，为1471公里，其他四个方案运距均远比此线长。当时测算渝怀线桥隧占40%，工程复杂，投资巨大，其施工主要有长寿长江大桥1公里和圆梁山隧道10公里两个控制点。铁二院的基本观点是，放在长的历史时期来考虑，上述五个方案互相不排斥，理论上都应该干，时序上有所排队。第三个方案与其他方案相比是有优势的，线路短、运量大、效益好，其中东段即渝怀线，应当尽快建设，铁二院建议“九五”期间先建这一段。紧接着，重庆市计委又通过政府的渠道继续推进。11月，重庆市人民政府以重府发〔1992〕220号文致函国家计委、铁道部，上报《重庆市人民政府关于尽快建设渝怀（重庆至怀化）铁路的报告》。

1993年，重庆市计委对四川省和湖南省的工作取得了重大进展。6月，四川省人民政府以川府函〔1993〕279号文《四川省人民政府关于请求批准渝怀铁路（重庆至怀化）建设立项的函》致函国家计委，湖南省人民政府以湘政函〔1993〕54号文《关于请求加快建设渝怀（重庆至怀化）铁路的函》致函国家计委、铁道部，要求加快渝怀铁路建设。后来贵州省也参加进来。

由于重庆城市发展很快，为了避免今后工作的被动，在铁二院做了初步勘测设计后，1994年7月，重庆市计委拟稿请市政府办公厅以重办函〔1994〕54号文专门发了一个《关于做好渝怀铁路重庆至长寿勘测工作有关问题的通知》，通知的中心是控制保护好铁路沿线和江北新客站的用地。

“机会偏爱有准备的人”，重庆市计委工作有远见，很多工作都做到了前头，争取了时间。2000年12月，渝怀铁路举行开工典礼后，月底就完成了土建工程的招标，2001年1月完成施工监理招标，3月渝怀铁路就全线动工。这一切，离不开重庆市计委所做的大量的前期工作。

重庆市计委主要通过五个渠道扎实推进工作。一是通过省市政府渠道，请省市政府给国家计委和铁道部去报告。二是通过相邻地区的工作渠道，请他们做工作。当时相邻地区涪陵、黔江等地也非常积极，纷纷做四川省的工作，力争渝怀铁路建设能够早日进行，后来贵州铜仁也积极参加进来。三是通过中央领导同志来渝视察和国家召开一些会议的渠道去反映和促进，如西南和华南部分省区区域交通规划座谈会、国家“八五”计划和十年交通规划座谈会、长江沿江地区规划座谈会等，重庆市计委都在会上做了汇报。四是通过人大代表、政协委员渠道利用“两会”去做工作。从1991年开始，每年全国“两会”都有关于渝怀铁路的提案。五是扎扎实实为渝怀铁路做前期工作，重庆市陆续为渝怀铁路前期工作安排了上千万元的经费，委托铁道部门做预可行性研究、可行性研究、重庆到长寿的初步勘测和设计等，为渝怀铁路的立项、开工和建设抢到了2—3年的时间。

三、强大的合力

渝怀铁路项目得到了中央领导、国家计委、铁道部、重庆市委市政府、沿线各地政府等各方面的大力支持，这些支持汇聚成一股强大的力量，推动了渝怀铁路顺利立项和开工建设。

1991年5月，国务院副总理兼国家计委主任邹家华来渝视察工作，重庆市委、市政府和重庆市计委领导汇报了建设川湘铁路的设想。6月5日，邹家华在国家计委的办公会上指示：“重庆市提出的建设川湘铁路的意见很有道理，请铁道部门抓紧规划工作，争取在‘八五’期间立项。”7月5日，国家计委印发的“八五”基本建设计划中，将川湘铁路列入“八五”期间重大基本建设研讨项目，这是川湘铁路的名称第一次正式见诸国家计划之中。7月15日，铁道部以计长〔1991〕128号文下达《关于开展西南东道路规划研究的通知》，文件确定规划研究范围为：西始宝成、成昆铁路，东至京广铁路；北始阳安、襄渝铁路，南至贵昆、湘黔铁路。上述范围的主体为四川盆地，在这个范围内全方位选线，渝怀线方案是有优势的。

同年10月30日，西南三省政协铁路考察团到重庆，听取了重庆市副市长刘志忠、市计委副主任马述林关于川湘铁路建议意见的汇报。四川省政协主席廖伯康说，重庆提出川湘铁路的建议意见，是站在战略高度来思考的，是考虑全国铁路网络效益的，这也是国家最感兴趣的。

同年11月18日，铁二院、铁四院、铁道部经济规划院联合规划组的主要成员赵暑生（高工、铁二院院长）、卓文森（高工、铁二院重庆分院院长）、吴正刚（高工、东通道总体负责人）、陈荣香（高工、铁四院处副总工）、汪尚清（工程师、铁道部经济规划研究院），就西南路网新的东通道预可行性研究的初步设想，与重庆市计委负责人马述林等交换了意见。联合规划组提出了线路走向的备选方案，其中成都—遂宁—重庆—怀化方案，大家经过综合分析后认为最为科学合理。在建设时序上，20世纪内，首先建设重庆—怀化段即川湘铁路；成都—遂宁—重庆段即第二条成渝线，放在2000年以后建设。

1994年7月，四川铁道协会、重庆市计划学会召开四川铁路东通道研讨会，邀请国家计委、铁道部、大专院校专家学者与会。同月，重庆市与四川省涪陵、黔江以及湖南湘西、怀化等地区组成渝怀铁路协调小组，召开第一次协调会。10月，重庆市和沿线省、市出面委托铁二院编制《渝怀铁路可行性研究报告》。10—11月，铁二院组织专家组沿渝怀线现场踏勘并于第二年完成报告。11月，铁二院按照与重庆市计委签订的合同要求，完成渝怀线重庆东站至鱼嘴的初步勘测设计。

1995年，重庆市及涪陵市委托铁二院进行重庆至长寿、长寿至涪陵两段线路的初步勘测及设计工作。

1996年10月，铁道部把渝怀铁路列入“九五”前期工作计划，并下达1997年勘测任务，要求铁二院完善渝怀铁路可行性研究报告。

1997年6月，随同李鹏总理来渝参加重庆直辖市挂牌仪式的铁道部部长韩杼滨表示，铁道部很重视渝怀铁路，要求抓紧推进前期工作，争取“九五”末期开工。11月，铁二院按铁道部要求完成了渝怀铁路补充可行性研究报告并报送铁道部。

1998年4月，重庆市政府以渝府函〔1998〕44号文向铁道部发出《请尽快决策建设渝怀铁路的函》。10月，铁道部常务副部长孙永福率领工作组来渝进行现场踏勘，并于10月30日与重庆市领导交换了意见，确定尽快开工建设渝怀线。蒲海清市长表态“举全市之力支持渝怀铁路建设”。11月，铁道部以铁计函〔1998〕327号文向国家计委发出《关于报送新建重庆至怀化（渝怀线）项目建议书的函》。

1999年5月，铁道部组织召开渝怀线、遂渝线、重庆枢纽设计工作会。会议确定渝怀铁路年内开工，先搞两端；补充靠近黔江方案；江北新客站设计比较宏大，可成为重庆标志性建筑，但与重庆北部新城规划有矛盾，建议重庆服从铁路建设对规划做适当调整。8月，中国国际工程咨询公司组织专家进行现场调研评估。11月，铁道部组织现场调研，完成全线400余千米的实测工作。12月，渝、湘、黔三省市负责人贺国强（重庆市委书记）、包叙定

（重庆市代市长）、刘方仁（贵州省委书记）、钱运录（贵州省省长）、杨正午（湖南省委书记）、储波（湖南省省长）联名写信给国务院总理朱镕基，请求尽快决策渝怀铁路开工建设。2000年1月13日，朱镕基总理圈阅了这封信。

2000年2月初，朱镕基总理到贵州省与各族人民欢度春节，送上了先上渝怀线的“大红包”。12月，经国务院批准，国家计委批复新建重庆至怀化铁路（渝怀线）项目建议书的请示。12月16日，铁道部、重庆市、贵州省、湖南省在重庆市委礼堂隆重举行渝怀铁路开工动员大会。

四、修建过程中难以想象的困难

渝怀铁路沿线地形地质复杂，工程异常艰巨。线路两跨嘉陵江、长江，三跨乌江，穿行乌江河谷和武陵山区。从涪陵到酉阳300余公里里程，几乎全是隧道和桥梁。这一带是我国著名的石灰岩溶地区，山大谷深，地质灾害严重，曾被视为铁路建设的禁区。渝怀铁路工程量浩大：路基土石方施工6600万立方米；特大桥14座，大中桥354座，合计长度达75公里；长于1公里的隧道57座，其中长于7公里的隧道8座，合计长度达187公里；正线桥隧总长316公里，占全线比重50.6%，超过了以艰险闻名于世的成昆铁路整整10个百分点。成昆铁路最长的隧道是6379米，而渝怀铁路7公里以上的隧道就有8座，其中最长的隧道圆梁山隧道长达11068米。重庆境内从涪陵到酉阳段300多公里，桥隧比更是超过80%。渝怀铁路是迄今为止跨越大江大河最多、桥隧比最高的国内长大干线铁路，工程之艰险，是1949年以来已经建成的铁路之最。这只有在综合国力和施工技术达到新水平的今天，才能胜利实现。

中国铁路工程总公司、中国铁道建筑总公司所属20多个工程局（集团公司）近10万精兵强将在施工过程中战胜了许多难以想象的困难。

号称“地质博物馆”的圆梁山隧道，地质异常复杂，被称为“渝怀锁钥”。圆梁山隧道是国内隧道建设史上所遇到的地质最复杂、施工难度最大的隧道之一，存在隧道进口端向斜、出口端背斜、岩溶涌突水、岩溶突泥、高水压、高地应力、高地温、煤层、瓦斯、断层破碎带、岩堆体等巨大困难。山岭隧道的几乎所有不良地质在圆梁山隧道中均出现了，而且是相伴而生。

2001年3月1日，圆梁山隧道正式开工后，各种地质灾害严重困扰着施工，尤其是2002年4—6月，这是一个战突泥、斗涌水的极为艰难的时期。在隧道出口正洞处出现了多个溶洞，大股含有泥沙的强水流喷射而出，涌水量达每小时一万多立方米，施工一度陷入停滞状态。针对圆梁山隧道的特殊地质，铁道部科技司和工程管理中心确定了六项部级科研项目，并在现场先后召开了九次专家技术论证会和科研会，科研资金投入达950万元之多。随着科技攻关取得重大突破，圆梁山隧道的施工进度赶了上来，生态环境也得到了很好的保护，“渝怀锁钥”被胜利开启。

歌乐山隧道全长4050米，在渝怀铁路所有隧道中，不显山不露水。但歌乐山地表有水库10座，水塘100多个，泉井上千口。山体内集滑坡、岩溶、煤层、瓦斯、采空区、高压富水于一体，特别是岩溶水十分丰富，岩溶裂隙通透性好，地下水位高，地表水与地下水相互依存，隧道结构承受着2.2兆帕以上的静水压力，在国内地下工程中实属罕见。一旦造成地下水资源的流失，必将威胁到歌乐山上6万多村民和200多家企业事业单位正常的生活，也会对歌乐山森林公园的生态环境造成无法弥补的损失。2001年10月27日，夹杂着泥沙的洪水以每小时1000多立方米的涌水量、2.2兆帕的压力从岩石缝隙中喷涌而出，冲出隧道漫向田野。在这之后的两个多月的时间里，涌水汹汹，隧道掘进未能前进一步，最后不得不用混凝土将隧道回填30多米，才把放出“牢笼”的地下“蛟龙”重新关进山门。2002年初，有关方面组织召开了歌乐山隧道堵水防漏专家咨询会。会议一致认为，鉴于歌乐山隧道特殊的地理位置和对水资源的特殊要求，只能采取“堵水限排”的施工方法，通过帷幕注浆，把水在山体中封住。依靠科学，依靠艰苦奋斗，铁路建设职工最终战胜了涌水、流沙、潜流，将43次涌水全部成功封堵，为1430米高压富水区筑起了一道帷幕，使宝贵的地下水资源还归山腹。

在越岭地段中，由于隧道施工造成地下水泄漏，常常造成山上塘库干涸，百姓正常生活面临困难，歌乐山隧道施工过程中便出现过这种情况。为了解决山上几万人的饮水困难，重庆市政府先是采取给百姓送水应急的办法，同时要求施工单位尽快把水堵住；另外，花费2500万元下决心把山下的自来水通过三级加压引上山，同时要求老百姓转变观念，改用洁净的自来水。渝怀铁路沿线这种情况还有很多，特别是在秀山、酉阳境内。当时解决的办法主要有三种：一是短期采取送水的办法确保群众生活用水，二是要求铁路部门恢复水利工程，三是实在恢复不了的就改变耕作方式即“水改旱”。首要的是保证老百姓生活用水，然后是生产用水。

五、沿线各地人民的理解和支持

渝怀铁路的修建得到了沿线各地人民的大力支持，他们像当年迎接刘邓大军一样欢迎筑路大军，踊跃支援铁路建设。筑路大军为沿线群众修桥补路、助学济困。路地连心，相互支持。

渝怀铁路全线建设用地3.51万亩，拆迁房屋70.49万平方米。广大群众识大体、顾大局，各级政府支援铁路机构工作人员深入基层耐心细致地做工作，如期交付土地、完成拆迁，保证了建设用地需要。路地相互支援，结下了深厚情谊，留下了无数佳话。

沿线老百姓听说要修铁路，奔走相告。铁路工程技术人员的每一次踏勘，土家族群众知道后，都会穿着节日盛装，敲锣打鼓欢迎，道路两旁都会贴着大幅的欢迎标语。1999年8月，中国国际工程咨询公司专家组在黔江调研，受到群众热烈欢迎，山里有的老百姓走二三十里山路赶来。热情好客的群众带来瓜子、花生、红鸡蛋，塞满了专家组成员的行包。有一次，在踏勘组成员到达之时，酉阳老百姓把路堵得水泄不通，附有几万人签名的白布足有几十米长，献给踏勘组时用了三个大塑料箱来装。

渝怀铁路开工建设以后，经常可以看到这样一种景象：系着红领巾的小学生们一见到过往的铁路施工车辆和指挥车辆，就会自觉地立正行庄严的少先队队礼。渝怀铁路的修建深得人心，老区的男女老幼把修建渝怀铁路看成党给老区人民带来的“第二次解放”和“第二次翻身”。

彭水、黔江、酉阳是渝怀线上地质最复杂、道路最崎岖、施工最困难的路段，彭水则比黔江、酉阳更为艰险。干溪沟火车站，地处深山大峡谷。施工“铁军”绕山峰，跨峡谷，分别修了三条五公里长的施工便道，才将车站建在了这个“猿猱欲度愁攀援”的地方。铁路施工也使这里三乡八里的村民有了出山之道。郁江河峡长数十里，谷深数十丈，水流湍急。河西凤鸣、长滩两乡数万人赶集走镇要渡河绕道。铁路开工后，施工单位先在河西修了十几里施工便道，又花200万元在郁江河道上架起一座能通过重载汽车的铁索桥。在满足施工要求的同时，又方便了人们的出行。中央电视台、重庆电视台曾经报道这是一座便民桥、富民桥、连心桥。彭水县境内60多公里长的铁路线，穿山越岭，直连东西。但弯来拐去的施工便道却连通了彭水七个乡镇、近100个村民小组。铁路建起了，施工大军离开了，但是至少有80公里长的公路留在了乌、郁两江的山头岸边，留给了苗家土寨。这些路是贫困山乡群众通向社会主义新农村的希望之路。

铁路沿线各地在不到半年时间就完成了几十万平方米的房屋拆迁，交付几万亩土地，可以说创造了空前的奇迹，而且基本上没有老百姓上访，这在全国重点工程建设中是少见的。正是沿线人民的理解和支持，才避免了房屋拆迁等通常制约铁路建设的瓶颈问题，才克服了土地征用、地灾损毁、耕地临时占用补偿等困扰和闭路电视、通信电力、道路水利等专业设施复建的困难，为渝怀铁路建设创造出了良好的施工环境，确保了施工顺利和工程进度。

六、建成渝怀铁路的重大意义

俗话说：“火车一响，黄金万两。”2006年4月，渝怀铁路开通货运，11月开通客运，即显示出其促进经济繁荣、改善人民生活的巨大功能。从歌乐山下的团结村，到渝湘黔交界的秀山，宛如春风吹雨，处处萌发生机。渝怀铁路一通车，重庆全盘都活了。现在重庆已经开通13班旅客列车往渝怀铁路方向走。成都方向、重庆方向去往广州、厦门、上海的所有旅客列车都缩短了10个小时以上，而且票价还降低了。渝怀铁路设计的等级是比较高的，舒适度也比较高，全线设计时速140公里，彭水至黔江越岭地段设计时速120公里。渝怀铁路的修建为重庆经济的腾飞插上了翅膀，沿线到处是一派热气腾腾的发展景象。重庆北站的投入使用，带动了龙头寺地区的发展，成为重庆市一片流金淌银的热土。重庆北站已成为整个西南地区现代化程度最高的车站，5.6万平方米的无柱站台雨棚是目前国内铁路客站一项新的施工工艺，全国仅北京、上海有。重庆北站是重庆城市综合交通枢纽的一个重要节点，为整个北部新区的开发创造了重要条件。铁路沿线从重庆经过长寿到涪陵，形成一个密集的重化工工业走廊，成为重庆现代化工业基地的一个重要区域。渝怀铁路的建成对武隆、彭水、黔江、酉阳、秀山等武陵山区发展旅游提供了便利的交通条件，为渝东南从偏远地区成为重庆对外开放的前沿，加大招商引资，创造了必要的条件，对这些地区的老百姓增长见识、走出大山、走向全国，最终脱贫致富都有很大的帮助。总之，渝怀铁路可以说是一条希望路、一条致富路，它的建成对重庆有着重大的意义。

渝怀铁路一通车，客货运量就基本达到饱和，充分显示出巨大的经济价值。如果当初就修成复线，或许宏观效益会更好，也比现在来建复线要省钱得多。这是渝怀铁路美中不足之处，也是受历史条件局限，不能苛求。

（节选自中共重庆市委党史研究室编：《新中国成立70周年重庆口述回忆文集》，西南师范大学出版社2019年版。）

沈晓阳：
我所亲历的重庆轻轨建设的决策过程

沈晓阳，曾任重庆市公用事业局副总工程师、重庆市公用事业设计研究院院长，重庆市城市交通开发投资集团公司副总经理兼重庆市轨道交通集团公司党委书记、董事长。

一、重庆轻轨项目审批与开工决策过程回顾

（一）十年准备

重庆轻轨工程项目最初是指轨道交通二号线一期工程较场口到大堰村段，14.35公里、14个车站。自1990年编制项目建议书（预可行性研究报告），1992年开始争取列入日本政府贷款，1993年完成中日合作的工程可行性调查报告，1994年通过工程项目建议书评估并列入日本政府贷款备选项目，1995—1998年相继完成工程项目可行性报告与环评报告、单轨交通系统国产化研究报告等，并开展李子坝试验车站高墩基础建设和PC轨道梁工厂化生产试验及项目总体设计技术条件书编制等前期工作以来，从孙同川、刘志忠到张德邻、蒲海清等市委、市政府领导都直接参与项目策划、审批协调、筹建指导等工作，历经艰辛，努力完成了工程建设筹备工作。万事俱备只欠东风，需国家审批的工程项目建议书、可研报告等最终决策文件，直到1999年西部

大开发工作正式启动，终于带来好消息。

（二）国家决策前的最后一次调研

1999年5月，国家计委重点建设司和投资司来渝调研重大项目建设与筹备情况，准备继续支持西部地区基础设施建设，这是对重庆轻轨工程项目建议书审批事项进行的最后一次现场调查。市政府、市计委都非常重视，市计委还专门召开了会议，检查布置汇报材料准备与现场考察工作。我以市公用局副总工程师、市轨道交通建设办公室副主任身份，陪同参观了梁沱水厂建设情况，并考察重庆轻轨工程线路与车站。轻轨项目基本都在面包车上由我边介绍边回答提问，最后在雾都宾馆吃工作餐时继续汇报。席间投资司城建处王悦现副处长同我讨论了投资控制措施与单轨国产化工作现状，他说国家计委领导很重视重庆轻轨的环保特性和山地城市推广前景，但有同志也担心地铁国产化都有较大难度，单轨交通技术引进和国产化工作可能更困难，希望继续深化国产化研究和试验相关工作。我简单介绍了单轨三大技术关键的国产化研究进展和专家评估意见以及PC梁和道岔等研发工作进展，特别感谢国家计委工业司资助重庆船舶工业公司600万、长春客车厂500万，支持开展单轨道岔与车辆转向架关键技术研发攻关等工作，并按要求立即补充了新的背景材料。国家计委的同志说，回去后将形成专题报告，重庆轻轨项目已具备上会的条件。

现在回头来看，国家计委对重庆轻轨项目的审批，对引进单轨交通技术并将重庆轻轨项目列为单轨交通示范工程的决定，都是极为慎重稳妥的。

（三）国家决策前的最后一次汇报

1999年8月，重庆轻轨项目建议书准备提交国务院上办公会，据说由国家计委秘书长姜伟新汇报。此前曾听外资司的同志讲，重庆轻轨项目曾经差点被刷掉，还是当时分管外资的曾培炎副主任在北戴河会议研究西部基础设施项目时，力荐才保下来的。听到这些消息后，市计委立即赴京再做汇报。我刚好在京开国产化工作会议，当即准备了3页材料并陪同时任市计委副主任童小平由北京东三环的重庆饭店打的去国家计委，天热又堵车，走了近两小时才到。我俩直奔曾任投资司司长姜伟新办公室汇报。姜伟新开门见山就说："小平呀，在国务院办公会上，只给我每个项目讲两分钟的时间，你必须五分钟内将重庆轻轨项目的必要性、紧迫性、资金保证、国产化等给我讲明白，等我理解了再讲出来，让国务院领导和相关部委领导都明白，胜算才比较大。"童小平当即归纳了五点讲得很清楚，得到姜伟新的称赞："重庆的女将很厉害。"

包叙定市长召开市政府专题研究决策会，重庆轻轨项目列为头号市长工程。1999年10月21日，包叙定市长在市政府召开轻轨工程建设专题会，听取轨道交通总公司的轻轨工程项目筹建工作汇报。事前，市建委主任王根芳认真审阅了汇报材料和汇报片，要求我代表轨道总公司汇报时应将汇报时间控制在20分钟内，但我大概用了25分钟。最后包市长介绍了在国家计委分管轨道交通国产化工作时，朱镕基总理向他提出轨道交通要实现70%国产化率的要求，所以对重庆轻轨项目筹备和引进单轨交通技术等一直都非常关注，来重庆时就向国务院领导和国家计委提出要支持重庆轻轨项目的请求。最后他总结大家讨论意见，做出决定：

1.同意汇报方案中提出的建议。市政府将轻轨项目作为重要的民心工程来组织建设，列为头号市长工程来推动。市、区各级部门都要态度积极、大力支持，办好工程涉及的每一件事。

2.轻轨一期工程总目标是：年内启动，2000年全线开工，2004年6月全线通车，力争2002年4月，大堰村—大坪段试通车。

3.市政府成立轻轨建设领导小组，由副市长甘宇平担任组长，副市长李德水、市长助理唐情林为副组长，相关委办局主要领导为小组成员。唐情林兼任轻轨建设领导小组办公室主任，副秘书长雷尊宇、市建委主任王根芳、市计委副主任童小平、市财政局副局长马千真为副主任，分工负责推动相关工作，轻轨办设在市建委。由轻轨建设领导小组统筹协调项目审批、资金保障、征地拆迁、工程建设等重大决策事项。

4.市轨道交通总公司和市轨道办要政企分开、职能分开，分设后的轨道办放在市建委，继续负责其他轨道交通线路的前期准备工作。重庆市轨道交通总公司作为项目法人，由市建委归口领导，负责落实班子、完善机构，指导轨道公司组织实施轻轨工程建设，尽快实现大堰村车场动工和大坪车站及长江二路试验段的开工。

5.市计委牵头，努力做到中国国际工程咨询公司对项目可研评审一次通过和国家计委早日批准。

6.市计委、市财政、市建行要支持、协调、落实工程建设资金，按合理工期保证到位，并努力争取2000年度的国债资金。

7.组织一批国内资深专家来重庆帮助指导重庆轻轨项目建设与国产化技术把关等工作。

8.要注重发挥高架轻轨的特色，将轻轨线建设成为展现巴渝文化的亮丽风景线。

（四）成立轻轨工程建设专家委员会

1999年10月25日至27日，国家计委委托中国国际工程咨询公司在人民宾馆召开重庆轻轨项目可研报告评审会；包市长在会见评审专家时，再次提出要抓紧组建重庆轻轨工程建设专家组。

1999年11月13日，我利用赴京汇报商洽工作的机会，同中国地铁工程咨询公司综合业务部主任周庆瑞具体商议，并向中国国际工程咨询公司副总经理、专家委员会副主任焦桐善以及中国地铁工程咨询公司总工程师施仲衡转达了包市长的邀请，最后议定了首批专家组名单，回渝后向市政府汇报并得到认可。

2000年1月上旬，以中国国际工程咨询公司副总经理焦桐善、中国地铁工程咨询公司总工程师施仲衡为首的国家计委轨道交通国产化专家组的六名专家来重庆，经市政府批准和轨道交通领导小组委托，由轨道公司聘任为重庆轻轨工程专家委员会专家（时称重庆轻轨较新线工程建设专家委员会，后经市政府批准改为重庆市轨道交通专家委员会，并由市政府发聘书），焦桐善为顾问，施仲衡为专家委员会主任。举行简短的专家委员会成立仪式后，我即陪同焦桐善顾问到包市长在雾都宾馆的临时办公室去汇报，我们介绍了专家委员会专家已覆盖单轨技术引进、消化、再创新的技术总体线路与土建、车辆和机电、信号与供电等关键专业。包市长提出，这是民心工程项目，也是市长一号工程项目，更是引进技术与管理不断创新的国产化项目。从一开始就必须高标准、严要求，努力争取尽可能多的国产化率，但也要实事求是地确定工程建设与国产化工作相结合的目标，做好引进技术的策划，分几个阶段逐步实现在中国的本土化和在重庆本地的产业化。所以必须发挥来自全国各地的轨道交通资深专家的作用，特别是国家计委国产化专家组专家们见多识广的经验与重大技术决策审查把关作用。包市长也希望当时还属于国家计委系统的焦桐善副总经理所在的中国国际工程咨询公司在评审重庆轻轨项目可研报告、参与专业咨询把关和工程监理等方面给予重庆更多的帮助与支持。

现在回想起来，重庆的轨道交通产业从那时起就算谋划起步了。

（五）轻轨项目试验段开工相关的重要决定

为了尽快实现市政府关于开工轻轨项目试验段的重要决策，市级领导和各部门领导都给予了极大的支持，对许多工程建设当中已经遇到的重要问题进行了高效的决策。

甘宇平副市长于11月上旬亲自带领规划、建委等相关部门沿轻轨线路进行逐站逐段的现场踏勘，在已充分论证的基础上，集思广益地对尚存在不同意见的个别站位和线段做出决定。印象比较深刻的一是临江门车站的设置，是尽量设置在一号桥到魁星楼之间，以兼顾该区域更多的市民，还是就设在临江门转盘地下，主要满足进入解放碑中央商务区（CBD）的需要，最后还是尊重了渝中区建委的意见，为CBD服务。二是牛角沱车站的设置，是上跨嘉陵江桥头，并设置折返区间，兼顾上清寺、牛角沱的客流和今后的灵活组织运营，还是考虑显山露水的景观需要，下穿嘉陵江桥头靠江边设置，去现场查看后，决定尊重规划专家显山露水的景观效果的意见，下靠到江边设置，当然也有利于和三号线的换乘衔接。

为了尽快落实试验段工程首先在大堰村车场动工的用地需要，市长助理唐情林多次召开会议进行协调，按多年前长江二桥征地实际成本价，据实安排大堰村车场征地补偿费用，九龙坡区政府做出了很大的贡献。同时市长助理唐情林、副秘书长雷尊宇、市计委副主任童小平也多次到轨道公司办公楼来现场办公，同时任九龙坡区常务副区长刘强商定，将杨家坪至动物园段的鹤兴路S形大弯道截弯取直，由轻轨工程和九龙坡区共同承担相关增加的空压厂区拆迁费用，改善了道路条件与城市景观并使该段轻轨线路缩短顺直，减少了工程难度，提高了运行速度。这在当初也是一个非常重要的前瞻性战略决定。

按照市政府轻轨工程建设专题会议要求，市建委主任王根芳自始至终帮助指导支持轨道公司项目法人结构的完善，稳定和强化领导班子，科学设置工程管理机构，指导完成工程筹划及可实施性方案，并且拍板决定引进一批国内轨道交通设计、建设、管理、车辆技术的知名资深专家，给予相应待遇与礼遇，为加快推进试验段工程建设打下组织、人才基础。

根据包市长关于将高架轻轨建设成展示巴渝文化风景线的指示，我又陪同全国戏剧家协会副主席、全国政协委员、“巴蜀鬼才”魏明伦对轻轨沿线的风土人情、山形地貌等进行考察与座谈交流，魏明伦仅用一周时间就完成了《山城轻轨赋》这篇大作，经甘宇平副市长、包叙定市长斟酌后定稿，制成轻轨工程试验段开工奠基仪式用的碑匾。当时魏明伦原稿开篇词中有段“山城随地球旋转、雾都挟风云腾飞”，包市长和甘市长讨论了很久，包市长说：“能不能征求魏先生的意见，用‘雾都’怕有环境质量的误读，未来的重庆将加快发展大运量绿色环保的轨道交通，相信常年蓝天白云指日可待，能不能把‘雾’字改成‘渝’字，改为‘渝都挟风云腾飞’，更令人向往。”我通过电话、传真同魏明伦讨论，魏明伦说“‘雾都’是历史形成的认知概念，写轻轨赋目的就是尚未开工建设就要畅想美好未来，改为渝都也可”，最后以此定稿。

（六）轻轨项目可研报告的审批决定

2000年2月，经中国国际工程咨询公司评审通过的轻轨工程项目可研报告审批文件，由投资司起草转外资司会签后，提交到工业司会签国产化率指标等意见。市计委副主任专程赴京汇报协调后，又指示我再赴工业司车船处跟踪汇报，陈建国副处长很热情地接待了我，并同我讨论，他认为国产化率指标的计算方法还有点问题，并要我代表轨道公司承诺，使用日元贷款进口的关键设备不超过6800万美元，其余应支持国内引进技术合作发展单轨产业。需要再补材料和进行说明，但承诺尽快完成会签，并提醒在引进单轨关键技术的谈判过程中要注意的几个重要原则，他还特别列举了国内在牵引传动技术引进时的经验与体会，要求发展单轨产业不要上当再走弯路。

据说为了争取尽快审批可研报告，包叙定市长也亲率市发展计划委员会相关领导赴北京向国家计委主要领导汇报，并和国家发展计划委员会主任曾培炎协调，希望督促相关会签各司提高效率，支持重庆基础设施建设，确保赶上2000年度日元贷款项目的两国政府换文的审批进度需要以及全线开工报告审批等基本建设程序的要求。包市长还开玩笑地说："如果你们不协调帮助，尽快将重庆轻轨可研报告批下去，我就在北京等着不走了。"并吩咐市计委派人在北京坐催，天天去国家计委等着。好在包市长来自国家计委，大家都很支持他和重庆的工作，可研报告很快就在4月批下来了。

（七）争取落实专项建设资金

可研报告评审时，对项目资本金虽有筹措方案，但还需多方奔走促使真正落实到位，市长包叙定和副市长李德水、甘宇平先后赴京争取西部大开发的20亿国债项目能有5亿给重庆轻轨项目，作为国家资本金。

在这期间，我曾陪同副市长甘宇平赴京向新任国家计委副主任汪洋汇报。甘副市长在飞机上对我说，汪洋在安徽省任副省长期间，他们的分工相同，常在北京开会，交往多很熟悉。果不其然，一进汪洋副主任办公室，两位领导热情地叙旧拉家常，甘副市长汇报的重庆轻轨工程需国债资金支持，希望加快审批进度，争取日本政府贷款国内流程手续等具体工作，汪洋均认真地记在本子上，并交办秘书尽快督促协调落实，并将结果及时告知重庆方面。

根据国家计委、财政部关于使用日本政府贷款的相关工作程序，我们上报了重庆轻轨项目利用外资项目建议书和可行性报告，经国家计委外资司和财政部金融司的审批程序，完成了日元贷款的中方所有流程，也就是落实了国家主权外债271亿日元（折合人民币20亿元）的建设资金，而且性质类同资本金，因利率只有0.75%，偿还期40年，含10年宽限期。

（八）西部大开发十大重点项目确定

2000年5月，经过努力争取和国家支持，重庆轻轨项目正式列为国家西部大开发首批十大重点工程（渝怀铁路也在此列），由此重庆轻轨得到国家一系列政策的支持，成为获得国家主权信用担保的利用国外政府贷款项目、得到国家重点支持的地方国债项目、国家西部大开发十大重点工程项目、引进国外先进技术的跨座式单轨交通示范工程项目。

1999年12月26日，在九龙坡区大堰村车场举行轻轨工程平基启动仪式。经国家审批可研报告等决策程序，2000年6月7日，正式举行重庆轻轨较场口—新山村线一期工程试验段开工典礼仪式。出席开工仪式的除了重庆市主要领导贺国强、包叙定、王云龙、张文彬外，还有来自北京的中国交通运输协会副会长焦桐善，日本驻华大使馆代表喜田修以及市政府经济顾问、日本朋友华井满，全国政协委员、文化名人魏明伦等各界代表。

在8月上报完成全线初步设计的国家建设部、国家计委审查手续和11月获国家计委全线开工报告批准等相关基本建设程序后，2000年12月28日，在市委会议厅举行新闻发布会，由副市长甘宇平宣布重庆轻轨工程项目全线正式开工。如期实现1999年10月市政府轻轨工程建设专题会做出2000年内全线开工等决策目标。

二、使用日本政府贷款、关键技术设备采购和实现本土产业化决策过程回顾

（一）历经多年前期准备

1988年秋，时任重庆市长孙同川开会决定重新启动重庆地铁（现称“轨道交通”）规划建设准备。1989年，孙同川率市建委副主任顾庭勇等赴日本考察地铁、轻轨等各类轨道交通方式后，决定争取利用日本政府的海外协力基金（OECF）第二批开发援助贷款余额项目建设重庆轨道交通。1990年4月，我随市公用局局长王根芳及市建委、市规划局相关专家赴日本对各种轨道交通形式进行技术考察，拜会了日本外务省所属海外铁道协力协会理事长菅原操先生，洽商争取第二批日本政府开发援助贷款有关事项和工作流程。

1990年8月，市政府在大溪沟公交公司的人防通道会议厅，召开轨道交通规划建设筹备工作会议，听取市公用局的汇报，决定向国家申报重庆轨道交通项目，抓紧完成轨道交通规划，争取利用日本政府赠款开展相关项目的可行性调查等工作，并筹备设立轨道交通筹建办公室。1991年，市科委向国家科委申请立项，由日本国际协力事业团（JICA）采用无偿援助方式开展重庆轨道交通项目可行性调查。经过日本外务省组织的两次现场考察，于1992年同重庆市签署开展项目调查的合作备忘录。1993年，15名日本专家来渝和重庆市轨道交通总公司的20余名专家，历时一年合作完成了重庆市轨道交通可行性调查项目研究报告，推荐使用第三批日本政府开发援助贷款。1994年起，经过国家计委、外经贸部、财政部、建设部等国家主管部门的长名单、短名单反复筛选，重庆轻轨项目由第27位到第2位再到第1位，最终列为日本政府贷款备选项目清单中唯一的城市轨道交通项目。1994年至1998年间，完成了工程可行性研究报告、环境评价报告、国产化报告等相关程序，并每年接受一次以上日本政府派出的由国家计委或外经贸部及后来的财政部安排的现场调查，参加两国政府间年度项目会谈。1998年，根据直辖前后重庆经济社会环境的相关变化，重庆市又申请利用日本政府赠款，进行了重庆轻轨特殊帮助调查，同时还开展了为期三个月由日本单轨运营管理专家授课的中国单轨建设运营高级人才培训班。至1999年重庆轻轨项目建议书最后审批前，国家计委和财政部均同意重庆轻轨项目列入2000年度日本政府贷款项目的环保优惠贷款计划中，将力争在2000年完成所有的国内项目审批决策程序和日本政府评估流程，以确保2000年内两国政府间换文完成，2001年开始执行用款计划。

（二）日本政府贷款最后一次现场评估与东京谈判贷款条件决定过程

1. 2000年日元贷款现场评估签署备忘录

2000年7月，在完成了重庆轻轨项目可研报告和利用外资报告审批程序后，根据国家计委外资司和财政部金融司的安排，由日本海外协力基金与日本输出银行重组后更名的日本国际协力银行（JBIC），派出日本政府贷款项目专家调查评估组一行四人，来重庆对轻轨项目进行最后一次现场评估并与重庆市政府签署项目调查备忘录。

为了确保一次性评估通过和备忘录顺利签署，市计委、市财政局领导都十分重视，要求做好前期对接工作。我与市财政局外资处处长王惠光、副处长王鹤玲还专程到北京向财政部金融司日本处及中国进出口银行转贷部进行了汇报，确认了日元贷款将由进出口银行转贷重庆轨道交通总公司等内部流程和对外商谈的有关原则。当时财政部金融司日本处处长周安岳刚从财政部调到进出口银行担任转贷部副总经理，他从外经贸部贷款司日本处开始对重庆轻轨项目就非常熟悉和支持，汇报交流中对我表态：日方调查组会先跟财政部金融司和国家计委外资司进行政府间会谈，再同进出口银行转贷部会谈，了解重庆轻轨项目的重要性、审批程序、资金保障以及偿债风险控制等，进出口银行都将支持重庆，为重庆轻轨项目做好保障性承诺。同时他也叮嘱：对于具体的技术问题、客流问题、现金流问题等以及贷款条件，特别是日本方面要输出技术、管理和专有设备等，涉及国家政策的把握度，还需重庆自己平衡，既要坚持原则，有理有节，又得适度灵活，不能把项目谈僵了，影响当年全国的项目签约换文计划。

日本政府专家评估组来渝后，我作为主谈人组织参加了6天的现场调查和反复谈判，对日本协力银行和重庆市签署的备忘录文本，最后只剩下两个关键问题难以达成一致意见，只有请出政府部门来表态确定。

一是备忘录文字上要求日元贷款国际采购中不得有70%国产化率的限制。考虑到国产化率是国家的统一政策规定和专用语，我方不能松口，但是日方认为不符合经济合作组织（OECD）关于国际招标采购的相关规定，担心不能保证日本企业参与项目公平竞争。我方坚持用国家的统一说法来沟通解释，希望日方在备忘录中不提有关国产化率等的内容。最后由市计委相关处室代表政府来解释了对国产化率的定义，并将70%国产化率等文字描述做了模糊化处理，弱化双方对该条文的不同理解，让日方回去也好交差。

二是关于日元贷款使用和偿还期间，轨道公司的任何股权变化、资产处置变化等经营管理决策，均应事先征得日本协力银行的同意。我方认为有损中方主权并对企业未来发展有很大约束，也是经过反复争论，最后请市财政局相关处室与日方共同商谈，按国际惯例和银行风险控制的相关标准合同文本，对协力银行的此类要求做了弱化处理，将事前征得同意改为重大事项应当告知。

谈判文本再经过反复商讨、逐句对照并草签以后，日方又提出增加备忘录首页，重庆方面除我代表轨道总公司以外，还应有市财政局分管局长马千真签字，但已到7月17日晚7点，第二天一早，日本专家评估组就要乘飞机返回东京，到处找马局长都没有联系上，我突然想起，她每天晚饭后要到人民广场去跳健身舞，财政局外资处的同志还是在人民广场找到马局长签的字，我最后逐页签完全部7份附件时，已是晚上10点。

2. 2001年赴日本东京谈判贷款条件

中、日两国政府2000年度的日元贷款项目换文于2000年12月在北京完成后，财政部即电话通知我，叫我准备赴日本东京协力银行总部参加贷款协议的谈判。2001年2月13日，我随财政部金融司、国家计委外资司组织的日本政府贷款协议条件谈判代表团，到日本东京进行了为期一周的贷款条件谈判。

在第一天的集中会谈结束后的单独项目个别谈判时，我同中国进出口银行转贷部总经理张观汉、国家计委外资司日本处处长刘霞、财政部金融司日本处副处长陈盛荣等参加，项目贷款协议条件谈判中，在确认了重庆轻轨项目271亿日元贷款规模，0.75%的环保优惠利率条件以及还款期40年、含宽限期10年、承诺费1%等贷款协议条件后，日方又突然再次对涉及国产化率等问题，提出了在重庆评估时相同的文字表述意见，我也坚持了原来在合作备忘录签署谈判中的相关提法，并且出示了有各方签字的中文文本为证，绝不让步。最后，日方谈判代表表示是按以前的英文提纲来商谈的，但对中方的主张已经理解并尊重中方的意见，回到签署的文本上来，并阐述了日方坚持日本企业要多参与的主张，但这些都不会写入到贷款协议里面去了，也就是在贷款使用过程中重庆项目不会受到不必要的审查性约束。

（三）促进日元贷款项目的第一次招标采购相关工作

日本东京谈判结束后，急需尽快签署进出口银行和轨道公司之间的转贷协议，中日两国政府4月5日在日本东京签署的重庆轻轨项目日元贷款协议才能正式生效，轻轨建设材料与设备招标采购与贷款使用工作的开展才能得以保证。

参照进出口银行规定的转贷协议文本很快谈妥，但进出口银行贷审委员会最终决策前，突然发现进出口银行转贷重庆长江二桥的日元贷款在执行过程中，出现偿债责任主体落空的情况，原由重庆城建局承诺偿还担保的日元贷款，在划归城投公司承担偿债义务之前，没有及时履责告知进出口银行和日本海外协力基金（后来的日本协力银行），进出口银行面临着偿还日方债务现金流来源中断的安全隐患。财政部和进出口银行都给我打电话说，准备暂停签署轻轨项目日元贷款的转贷协议，以制裁重庆日贷项目偿债违规的信用缺失行为。这意味着我们已经开始的日元贷款第一次设备材料招标只能暂停，而影响到当时决定2002年通车试验段的决策目标的实现。财政部说，日元贷款偿债违约影响新的贷款签约是重庆内部的事情，只能你们自己去处理，影响轻轨项目转贷进度的事他们无法协调。我只好去找建委王主任和市政府的雷副秘书长汇报，好在建委立即做出决定并由城投公司总经理同我一起于4月24日到财政部和进出口银行拜会领导，进行解释并当面提交书面承诺，得到了理解。进出口银行立即通过了贷款审查委员会的程序，为提高效率、抓紧时间，双方商定破例低调不举行任何签字仪式，立即于4月25日晚在京签署重庆轻轨项目日元贷款的转贷协议，并传真抄送日本协力银行北京办事处，以启动日元贷款项目首次采购招标工作。

日元贷款项目的第一次材料采购国际招标，国内外参加单位较多，但重庆机械局所属水轮机厂等几家公司实力雄厚，价格合理，激烈竞争后夺得第一标，中标金额2亿多日元约2000多万元人民币，中标确认书按相关程序最后报到日本协力银行北京代表处后，一直不审签并转到协力银行东京总部，致使日元贷款的支付工作难以进行，所有工作又处于停滞状态。仔细询问才得知，涉及日方和中方要商定东京协力银行总部的付款流程是进入中国银行东京分行再转到北京分行还是进入日本三菱银行，再从三菱银行国内分支机构转到进出口银行，中日双方银行为此争论不休，又需做出重要的决定。

2001年10月，我又陪同雷副秘书长赴财政部金融司日本处和日本协力银行北京代表处汇报协调，为尽早同意审批PC梁钢材、支座等材料招标后的审核做了相关工作。

（四）关键技术与设备采购的相关重要工作过程

在中国首次引进国际先进水平的单轨交通技术，主要涉及车辆转向架、道岔和PC梁三大关键技术。工厂化生产的预应力轨道梁PC梁经过五年多的研究、设计、制造、试验等过程，已经完全国产化。PC梁所需的关键钢材、支座等已经通过日元贷款招标方式，由重庆和国内相关企业供应。道岔经过国家发改委工业司支持，安排600万研发资金也已完成单开道岔的开发试制，具备参与投标的条件，但关节可挠型道岔，尚需在引进日本技术设备和管理的过程中继续开发试验。单轨车辆转向架也由国家发改委工业司安排500万试制经费，由长春客车厂进行研制，尚在开发过程中。围绕这三大关键技术，在日元贷款的国际招标采购单轨设备技术过程中，需要进行一系列相关的重要决策。为此市领导非常重视，多次召开会议、明确战略、决定方向、提出目标、推动计划，身体力行地促进围绕引进、消化、再创新而开展国产化到产业化再到本地化的工作流程。

1.市政府专题会研究推动国产化工作策略

2000年8月15日，市长包叙定在市政府会议室主持召开轻轨工程建设目标优化与日元贷款项目推进及国产化相关工作专题会议，听取轨道公司汇报使用日元贷款、引进单轨技术、采购国外关键设备等准备工作进展情况，明确相关原则。当我汇报到轻轨车辆国产化中需引进日本技术与关键部件的长春客车厂，在同日方谈判过程中遇到很大阻力，日本方面提出应由他们进行单轨系统总承包，采用交钥匙工程，统一提供车辆、道岔、供电、信号等一揽子关键系统设备，总包价高达474亿日元，仅车辆系统价格就达220亿日元，国产化率仅13%，远超270亿日元的贷款总规模。

包市长听取大家意见后即在会上决定：必须要多头并进采取对策措施。第一，要支持长春客车厂继续努力施压谈判；第二，我也通过同日立公司金井务会长多年的工作关系，向日方高层做工作，明确告知中国的国产化政策和投资控制标准；第三，市政府也需要考虑引入单轨技术的国际竞争者。考虑上述因素需要时间，所以原来确定的试验段通车时间可以实事求是地调整，但最终目标仍是满足2004年6月全线通车目标进度和国产化率要求，逐步实现引进、消化、创新并形成本地化产业。

根据会议讨论安排，我起草了市政府致日立公司金井务会长的工作联系函送市政府办公厅后，包市长又找雷副秘书长和我去讨论，思考良久后，亲笔把工作联系函改为他致金井务先生的一封信，决定委派市政府秘书长刘成义代表他赴日本面交，并要我陪同，当面与日方高层沟通会谈，尽量争取共识。

8月30日，我同刘成义秘书长赴日拜会了日立制作所（董事会）金井务会长及主持工作的桑原洋副会长，并三次分别同金井务会长、桑原洋副会长和日立主管重庆轻轨项目的高层人士会谈。刘秘书长非常正规地取出包市长亲笔签名的信，当众宣读并呈送金井务，金井务会长也非常慎重地接过信阅看后，当即告知参加会谈的日立公司高层一定要重视包市长的来信，一定要支持中国的单轨技术引进，并且建议能不能对部分关键技术指定输出合作的中方单位。

刘秘书长还就试验段通车时间调整和全线通车目标、投资控制原则、国产化率及合作要求等问题进行了说明和解释。希望日立公司继续牵头进行技术支持，与中方共同合作，按国家批准的35.5亿元投资及270亿日元采购设备和70%国产化率的要求实现2004年6月全线通车。

金井务会长、桑原洋副会长对重庆市政府的决策表示理解，日立公司将全力支持重庆市实现2004年6月通车目标，对重庆市要控制投资而加大国产化的力度也是支持的。只要保证产品的安全和质量，日立公司不计较国产化率问题，都将给予支持，也希望中方的工厂共同努力，在质量和价格上确保按国家批准的预算实现控制目标。

在同桑原洋副会长及负责全球交通事业的松丸宏部长等会谈时，桑原洋副会长表示，已按金井务会长指示，将全力支持重庆单轨项目的要求，向负责具体经营管理的日立公司庄山社长进行了传达，除了要支持车辆等国产化外，在电气设备关键核心技术部件如交流电机与VVVF控制系统等方面也要支持中国的工厂国产化。经过三次会谈，双方高层取得以下共识：

日立将牵头与日方各公司共同努力，在技术上提供指导，确保重庆轻轨项目实现2004年6月全线通车的目标。

日立将与重庆市共同努力，争取重庆轻轨工程造价控制在批准额度内，特别是270亿日元购买车辆、设备，日方理解虽然有难度，也不能突破。双方将共同努力实现国产化的目标，通过单轨工程在重庆的示范作用，面向国内推广。日立并希望转移技术在中国生产单轨车产品后，向海外出口。

要确保重庆轻轨示范工程的运行安全，国产化工厂的选择和国产化的质量尤为重要，日方多年开发的单轨车技术在安全和质量控制方面的经验等知识产权在向中方工厂转让时应得到尊重。

日立公司支持单轨车技术产品在中国的国产化工作，也支持在重庆有条件的工厂生产单轨车配套产品，成为生产基地。日立公司希望由重庆市政府商请有关科研单位并组织重庆的企业、长春客车厂等成立相应的研究推广中心，日立将提供技术上的支持。

虽然双方高层达成基本共识，但实施过程中双方技术与商务层面的沟通与商谈又遇到较大阻力，几乎谈不下去了。身兼轻轨建设办公室主任的雷副秘书长按市政府专题会确定的原则，为促进实现长春客车厂与日立公司合作制造车辆，再次听取汇报协调双方，发现由于长春客车厂对轻轨车辆制造的技术要求理解不深刻，在满足日立公司的单轨制造技术与工艺标准方面能力不足，日方不放心技术装备落后，担心车辆结构件加工精度不达标，而在技术转让问题上日方又总是设卡不让步。双方的态度都给合作带来障碍，似乎日方有放弃合作另选他厂之意。2001年3月3日雷副秘书长和我及市政府经济顾问、日本朋友华井满先生，顶着寒冷的天气冒着大雪飞抵长春，考察长客厂为合作生产单轨车辆进行的生产车间技术改造工作进展情况，经过我们的沟通并协调他们对合作的态度和推进合作的方法，长客厂也更加重视加快人员培训、设备更新等技术改造进度，同时我们又建议华井满先生再共同做日立公司工作，请日立尽快再赴长客厂考察谈判。由于长客厂此时从欧洲购置的数台数控机床和自动焊接等设备陆续到位，并完成了人员培训等，具备了日方提出的合作条件，很快在三方人员的努力配合下，达成了深化技术转让、合作生产降低造价等一致意见。

为了支持和引导中日单轨车辆技术合作，市政府还为发展本地配套产业做出具有前瞻性战略意义的重要决定，根据国际上轻轨车辆骨架轻质刚度强化的技术进步趋势，积极争取国家计委支持的西南铝加工厂建设薄壁铝型材轧制生产线等技改工程尽快投产，并为今后的重庆轻轨及全国地铁车辆在当时还需进口的薄壁铝型材等车体材料早作研发试产准备。2000年5月在小泉宾馆召开的全市重点建设工作会议上，当包叙定市长检查进度时发现西南铝厂积极主动性不够，轻轨专用铝型材特殊模具研制出现困难，配套工艺工序等工程已停滞，可能影响车辆生产的对外合作条件谈判等问题后，在会上让雷尊宇副秘书长马上打电话给西南铝加工厂厂长肖亚庆（后调任国务院副秘书长），详细讲述市政府希望重视的意见和原因，肖立即表示重新研究并立即上马相关工程。2001年底前终于通过了生产线的联动试车并成功地轧出了第一批产品，迄今为止西南铝厂不但满足了重庆轨道交通所需铝型材，而且还为其他城市的地铁及全国的高铁提供车体薄壁铝型材。

2.小范围研究决定采用日立单轨技术标准和相关战略

2001年8月25日，包市长在市委会议室主持小范围专题研究会，副市长甘宇平、市政府副秘书长雷尊宇、市建委主任、市发改委副主任和我等七人参加，重点分析国际上几种单轨技术经济指标的比较、设备采购招标进度适应通车目标、保障国产化合作进度的可能性以及采用日元贷款国际招标并实现国产化指标的胜算情况，对日立公司的单轨、庞巴迪的单轨、马来西亚正在国产化中的单轨以及重庆与北车、南车公司开展的单轨研发合作等现状，都进行了列表分析与认真讨论。

最后决定以竞争性采用日立的技术和相关标准为目标，选择性比较庞巴迪单轨的集成技术，重点考察学习马来西亚单轨国产化方法，以形成国际招标竞争态势，推动技术引进、国产化合作、竞争性谈判，实现工程造价预算控制目标与通车进度目标。

3.决定对外合同谈判策略，对马来西亚单轨技术多次考察学习，实现预算控制目标

2001年11月，来重庆赴任的黄奇帆副市长，分管城市建设并担任轨道交通建设领导小组组长。2002年1月，与雷副秘书长商议加快推进日元贷款车辆采购谈判等一系列工作，并且对包市长提出的瞄准日立技术、培育竞争对手的战略，提出了实施性操作方案，在庞巴迪公司同意参与车辆投标的同时，还要动员马来西亚单轨公司和国内车辆公司合作来参与投标，要积极推进马来西亚单轨技术和南车株洲厂的国产化合作。

因此，我又专程赴南车株洲厂商研，与时任株洲时代研究所所长奚国华探讨牵引传动国产化合作可能性等相关工作，同株洲车辆厂厂长徐宗祥商议参与重庆轻轨车辆投标的相关工作，动员他们同马来西亚单轨公司合作，并且在约定双方互访后，传真联系安排马来西亚单轨公司董事局主席周大卫先生等马来西亚单轨技术专家，立即赴株洲厂考察谈判并签署合作投标协议。

然后，我又与雷副秘书长和施仲衡等专家两次赴马来西亚单轨公司进行技术考察学习和合作会谈，对日立技术和马来西亚在日立技术基础上改进的单轨技术进行了认真的分析和比较，学习借鉴应用于重庆的本地化产业。还按奇帆副市长的战略意图，对外进行了公开的宣传，以产生压力来支持长春客车厂和日立公司的引进技术竞争性谈判。

在我们赴马来西亚技术考察同时，奇帆副市长也约见日立公司和三井物产相关领导、专家，还有重庆轨道交通专家委员会的部分车辆信号运营专家等，听取各方专家对日立技术、庞巴迪技术和马来西亚技术的介绍分析，讨论各自优势与不足，向日立公司施加影响，促进继续努力加快同中国企业的技术合作进度。所以，我们在考察马来西亚单轨车辆生产基地试车线时，马方就发现厂区外山丘上有人用长焦距大镜头照相机在拍我们的参观照片，想来是相关竞争对手正在验证我方同马方是否有真实合作行动，当即雷副秘书长就说，我们再登上试验车去展示一圈，扩大宣传影响，配合奇帆副市长在重庆的洽谈行动。

4. 明确单轨车辆采购合同的价格目标

按照通车目标倒排时间计算，2002年10月前必须签署日元贷款车辆采购合同，但作为主要投标方的长客厂和日立公司联合体还对相关价格久谈不下，中日双方联合投标单位均已做最大国产化合作努力，将投标价格由160.6万美元／辆降到138.6万美元／辆，又谈到118.9万美元／辆。奇帆副市长听取汇报后，明确要求裸车价必须控制在100万美元／辆，并且叫雷副秘书长给我传达，限期谈成，否则你就“下课”。

根据奇帆副市长的指示，我和雷副秘书长又到北京，在北京重庆饭店远程了解督促长客厂和日立公司在北京的谈判，派出轨道公司仲建华总工程师作为业主观察员现场参加中日双方技术合作洽谈会，经过前方后方共同努力推动，在保证质量、控制造价、确保转移技术和培训骨干等条件下，最后谈判的结果，再次增加国内生产比重，将综合报价降到裸车103万美元／辆。

回重庆后，雷副秘书长给奇帆副市长报告。奇帆副市长希望再努力一把争取降到接近100万美元／辆。因此，我们又约请长客厂厂长马树坤到重庆希尔顿饭店再次商谈，约好共同向国家发改委汇报，把二期工程的24辆新增车也一并统筹考虑，争取将平均裸车价格控制在100万美元／辆。

我再次赴京到国家发改委工业司汇报，得到二期工程24辆车也可执行相同合同条件的认可，最后才在7月25日向长客厂作了承诺。至此，基本实现市政府做出的引进日立单轨技术的战略决策和奇帆副市长提出的车辆价格目标，为2002年11月7日在北京钓鱼台国宾馆签署车辆采购正式合同奠定了基础。

上述所有的决策及执行工作过程，均以书面报告方式向领导小组办公室和领导小组逐级报告，最后再呈报浓缩多种比较方式的简表，描述了一年来的谈判过程和最终成果，经市领导逐级研究认可并报市长包叙定和市委书记贺国强最后确认，方才完成国内第一次引进单轨车辆与技术采购的最后决策，实现了2列8辆原装整车进口、19列76辆的转向架和电牵等关键部件全进口，保证车辆质量与通车进度以及转让全部生产图纸技术资料，并许可在中国自主生产，培养关键工序技术人员，实现4列16辆车国产化率91%等一系列国产化决策目标，并且将价格控制在日元贷款额度和工程概算内。

经过上述系列重要决策和执行过程，2001年11月，重庆市政府在北京钓鱼台国宾馆举行了利用日本政府贷款采购轻轨车辆合同和技术合作协议的签字仪式，国务院有关部门领导、日本驻华大使、重庆市委和市政府领导，华井满先生等日本朋友与专家，重庆市政府副秘书长雷尊宇，重庆市轨道总公司领导等中方团队，日方参与技术合作的专家团队都参加和见证了这一重要的历史时刻。

（五）在日元贷款采购技术设备基础上，继续推进单轨国产化和产业本地化的决策过程

1.访日策划思路

2003年7月21日，“非典”紧急状态刚过，我参加了时任重庆市市长王鸿举率领的赴日代表团，到东京促进包括重庆轻轨在内的相关项目工作。第一天上午拜会日本国际协力银行时，王市长同2000年10月考察过重庆轻轨施工现场并留有深刻印象的协力银行筱泽恭助总裁，商谈了加快日元贷款项目招标采购审批与支付进度，促进中日企业间单轨技术合作与推广，争取轨道三号线继续使用日本政府贷款，体现单轨网络化运营的示范效果等内容，取得了很好的效果。

离开协力银行刚上面包车，王鸿举同志就同市发改委主任、市经委主任和我一起讨论，希望趁热打铁把本地化单轨产业搞起来，组建工程总承包公司，以重庆项目为基础走出去。要求发改委要继续争取三号线用新的日元贷款，经委要促进本地单轨装备产业发展，轨道公司要筹划尽快组建单轨工程总包公司。

在与市政府经济顾问、日本朋友华井满先生共进午餐时，又共同商议了怎样同日方合作继续引进关键技术、组建合资公司等，并拜托华井满先生多做拥有单轨技术的日立、三井等日方公司工作，希望他们共同参与在中国推广单轨的相关工作。

第二天，在拜会日立公司会长金井务，并与日立高层会谈时，除了我谈及轻轨道岔、车辆等供货进度要协调促进外，王市长更多的话题仍然是动员

日方积极参与同重庆的技术合作，希望在单轨可挠型道岔与单轨列车电牵等日本关键技术的转让与合作上更进一步，实现单轨产业本地化，共同开拓中国单轨市场。

第三天早上，在东京王子饭店前小广场散步的王市长又把我叫上，同我商研能否组建单轨工程总包公司走出去等。我也介绍了当前重庆单轨工程基本是有业绩和实力的央企在做，因涉及大量前期投入与技术人才保障，本地企业只有重钢和水轮机厂等少数参与且实力不足，轨道公司是业主，在法规上有限制，不能自己搞工程总承包等原因，只有另行组建本地专业化工程总承包公司才合适。王市长则鼓励我，从长计议，早做筹划，依托本地，先土建，再设备，后车辆，逐步产业化，最终走出去。如有困难只要写报告给他都会支持的。要我回国后，就着手开展工作。

2.单轨工程合资企业的创办与决策经过

7月，王市长提出思路后，我于8月中旬刚完成筹建重庆单轨交通工程有限公司的工作草案，市建委主任刘景元就在市委召开的重点工程专题工作会找我布置任务："刚才王市长给我讲，要建委抓好建立单轨工程承包公司对外推广等工作，并说已在日本同你讨论过思路。"我向刘主任简要汇报了先易后难、逐步推进的A、B两个工作方案的设想。他十分赞成先从小而精的B方案起步，尽快同重钢集团商议牵头组建以PC梁和道岔等本地产业为依托的单轨工程公司，并要我回去将工作方案再细化，报建委后实施。

9月初，我同轨道公司副总经理李秀敏去重钢集团拜访唐民伟董事长，共同商量怎样操作并很快达成共识，唐民伟提出重钢可以出面组建单轨工程承包公司，但轨道公司必须也参加并发挥技术引领的重要作用，当即与我们同赴重钢建设公司，落实由该公司领导负责组建工作班子，开展可行性论证，尽快向重钢集团提交论证报告。

10月初，赵公卿副市长在市政府召开专题会研究，相关委办局原则上赞同轨道公司与重钢提出的重庆单轨工程技术公司组建工作方案。赵公卿副市长总结后，提出希望扩大合作范围，加快工作进度，要求主动到参建重庆轻轨项目的央企总部去征求意见，促进各方尽早决策，争取在年内挂牌成立，开展实质性工作。

10月中旬，我赴京拜访相关企业，同铁科院、铁专院、中铁电化局、中国通号集团、北车长客、北京城建院等领导会谈，介绍方案，描述前景，征求意见，得到积极响应，但投资兴办合资公司的重大决策要按程序逐级评估论证上董事会，需等待较长时间。

在这期间，刘景元主任也约请长客厂领导来研讨国产化单轨车辆降低造价目标，确定在现有人民币造价基础上逐步降低20%左右的初步目标。

11月15日前，几家央企回复因决策程序太长，无法短期内确认是否参与投资入股单轨工程公司。而重钢又提出因环保搬迁、产业调整等投资决策原因，表示要退出控股地位只成为单轨工程公司的战略合作伙伴。紧急情况下，赵公卿副市长又开会协调推进，决定重新排位，增加中铁建和中铁工两家央企所属集团公司的股权比重以替代重钢的股份，至此完成中日合资的重庆单轨工程技术公司六家中方股东及股权比重等重要决策。

只占5%股份的日本三井物产、日立等三家日方公司的评估论证和法律咨询等决策程序比中方还繁杂，又成为影响公司注册等工作进度的关键环节，而日方谈判代表也表示无能为力，只有日方高层决策者出面推动。

2004年元月，已调任中国国际工程咨询公司总经理的包叙定前市长又会同赵公卿副市长，在北京约请日立公司董事会会长金井务会谈，经商议取得了加强分工、互利合作，在国内推广单轨技术，争取走向海外的共识，推动日方高层完成设立合资公司的最后决策。

赵公卿副市长向王鸿举市长汇报商研结果后，也得到王市长的肯定和认可，鸿举市长表示不求所有、但求所在，要尽快完成注册资金一亿元的中外合资重庆单轨工程技术公司的合资协议签署，相关审批手续办理与挂牌成立工作，以重庆单轨在建与新建项目为依托，以走向全国乃至海外为目标，逐步形成以单轨工程总包为龙头的本地化产业链。

至此，以利用日元贷款项目为契机，引进单轨关键技术，推动车辆设备国产化，构建本地化单轨产业基础的重要决策全部完成。

其后几年，王鸿举市长同意并致信建设部部长汪光焘，为重庆单轨工程公司申办单轨工程总承包甲级资质，建议汪部长出访古巴等国带领单轨公司同行；批示支持单轨工程公司承担三号线两站一桥试验段总包管理项目，作为申报单轨工程总包资质的项目业绩（因为没有资质不能参与单轨工程总承包投标；而没有单轨工程总包业绩，又不能申报单轨工程总包资质；很难协调好先有鸡还是先有蛋的关系）等系列重要决定。

黄奇帆同志出访美国途中几次指示和商议单轨车辆生产基地落地重庆工作，并亲自促进基地开工建设和形成500辆生产能力等重要决定。

童小平同志提出思路并亲自推动的“大项目带大产业”系列工作，构建从单轨到地铁至城铁的轨道交通系列千亿产业链等，做出一系列重要决定。

这些后续重要决策过程，历经几届政府十年工作，一步一个脚印，一次一个台阶，已见明显成效，不再一一回顾。

三、重庆轨道交通网络规划决策过程的回顾

（一）早期规划简况

重庆的城市轨道交通早在20世纪40年代的《陪都十年建设计划草案》中就有约40公里的“高速电车”甲、乙、丙三线设想。新中国成立后，1960年的重庆市总体规划提出“直通与环状”的“地下快速铁道线路”约100公里的设想。1983年的重庆城市总体规划开始明确提出分三期修建12.2公里朝天门到杨家坪的地铁线路规划设想。

1986年，刚来渝不久的肖秧市长就亲自组织“空中客车”（悬挂式轨道列车）的轨道线路方案研究。1988年，孙同川市长提出筹备建设地铁的要求后，市建委、规划局、公用局共同研究编制了由地铁、轻轨、空客三条线约55公里的线路规划方案，并在1991年纳入城市总体规划和综合交通规划，指导工程筹建工作。

1995年开始的重庆城市总体规划修编工作中，开展了城市轨道交通系统规划专题研究，对原有的城市轨道交通线路规划进行了大量的补充完善，形成了五条线路183公里的城市轨道交通系统规划新方案。但在1997年的建设部对城市总体规划评审和1998年国务院审批的重庆城乡总体规划中，城市轨

道交通线路的规模调减到119公里，主要是建设部组织国内专家评审时，有专家认为按照重庆城市的规模和等级还不够条件，要规划建设五条城市轨道交通线路183公里，过于庞大和超前。

显然直辖前的城市轨道交通线路规划与直辖后城市社会经济快速发展的需要是不适应的，也不能满足中央做出西部大开发战略决策后，赋予重庆的新地位、新任务的新需要。

（二）适应发展需要，由城市轨道交通线路规划到城市轨道交通线网规划

1. 黄奇帆副市长提出创新规划理念新思路

2001年，重庆轨道2号线作为西部大开发十大重点工程全面开工建设后，我按照市政府的部署，组织进行轨道3号线的前期准备工作。当时黄奇帆副市长刚从上海到任重庆，分管城市建设后担任市轨道交通建设领导小组组长。他的第一件事就是在2002年元月3日通知我到他办公室汇报工作。在近3个小时的长谈中，我将直辖前已完成、直辖后才批准的轨道交通系统规划情况，轨道2号线建设进展现状，轨道3号线的预可研情况，地铁1号线采用BOT方式由香港公司建设的探索失败及教训等均作了汇报。黄奇帆副市长给我介绍他在上海就参加过地铁的规划和建设等许多重大决策，特别是引进国外先进技术、先进装备进行地铁列车等国产化的经过以及磁悬浮技术引进的谈判等很多经验和体会，交谈中甚至涉及重庆地铁能否深埋隧道过两江等涉及轮轨黏着系数与爬坡能力的讨论等专业内容，让我感觉到他的确是很内行的专家型领导。

最后黄奇帆副市长谈了对重庆轨道交通规划建设发展的一些新观念：

第一，在充分肯定已经取得的工作成效后，他也直率地批评我，地铁1号线守土无方。市政府为地铁BOT项目配置了一平方公里的开发用地在平顶山上下，虽然香港公司已失败且在清算中，而这些土地又属山顶的城中村暂不具备开发条件，但是只要用交通引导发展（TOD）的方式规划好同地铁的有效联结，今后这些土地都会大大增值的。但是，你们地铁公司居然就没有主动出击，去将这些土地全部抢回来，竟让部分配置给地铁开发用土地资源被划拨或置换给广电局去做中波发射台。

第二，重庆直辖后政治经济地位和发展需求，跟以前都大不一样，中央交办给重庆的“四件大事”都需要主城区发挥重要的中心城市功能作用。建设部的总体规划评审专家也不能够低估重庆的地位、作用和发展前景，砍掉了这么多地铁线路规模。我们需要重新研究制订新的城市轨道交通线网规划，贺国强书记和包叙定市长都在市规委会上强调主城区空间要适应未来城市发展需要，向东、向北拓展，主城区规划范围要从800平方公里扩大到2573平方公里，而且主城综合交通规划也要重新配套完善，实现“半小时主城”的目标。因此，我们的城市轨道交通线网规划也要补充完善，而且规划理念也要创新，除了重视线路规划的缓解拥堵和乘车难矛盾功能外，还要采用交通引导发展（TOD）的方式，注重从线网结构布局上研究，沿城市空间和产业布局的发展轴布置地铁线路，引导和促进重庆主城区城市规模的扩大、产业要素的集中、交通枢纽的构建，改善出行环境与居住环境。

第三，他要求我回去后，尽快做好两件事。一是重新构思城市轨道交通线网布局规划的范围、原则、规模，要跟重庆的城市定位相符，要能够形成一个国际化大都市现代化交通体系的框架概念。上海规划的轨道交通线网已超过500公里，重庆和上海虽有不同之处，但是重庆是山水之城，地理环境独特，市民对公共交通的依赖更强，更需要发挥大运量城市快速轨道交通系统的重要作用。因此，线网规模不能够低于300公里，至少要先将被砍掉的线路规模恢复，限定初步构想在两周之内完成交给他，以便同书记、市长研究基本思路，指导深化规划工作。二是要考虑规划和筹建好大运量的地铁，除了正在进行的提高单轨国产化率工作以外，也要提早谋划地铁车辆的相关配套产业化工作。目前，国内地铁引进国外先进技术已先走一步。在上海他就亲自主持了同法国阿尔斯通公司的谈判，由上海电气集团和阿尔斯通公司各占50%的股份建立合资工厂，将阿尔斯通的地铁列车模块化制造生产线和全套生产技术移植到浦东新区建厂，为5号线、8号线地铁供货，工厂的产能还可以扩大。你可以找上海地铁派出到浦东轨道车辆工厂的总工程师陆如星，同他们商量能不能够在重庆地铁规划建设过程中，我们去争取法国的政府贷款来采购阿尔斯通在中国生产的地铁列车，条件是上海合资工厂采购由重庆按上海标准图纸和质量控制要求生产部分标准化车体模块，逐步过渡到在重庆设立分厂等。

2.重新优化完善轨道交通线网

我立即向市建委主任王根芳汇报，并与公司的专家研究新思路、新原则，提出规划新方案的构思与图表。在国家批准的重庆城乡总体规划的五条线路基础上，恢复被砍掉的183公里原规模，并继续延伸到2616平方公里新主城区的重要规划区内，同时增加了一条贯穿主城的直径线地铁6号线。新的线网规模300公里左右，原则上按20公里左右一段，分期建设、分段投入运营，估计总投资在800亿—1000亿元。

随后，我与总工程师仲建华等专家赴上海阿尔斯通车辆工厂考察调研，初步考虑6号线可采用轨道快线的方式，使用上海阿尔斯通合资工厂的轨道车，促进在重庆西南铝加工厂生产车体的模块化部件为上海配套。相关考察研究报告也及时给黄奇帆副市长送去并得到认可。

黄奇帆副市长将调整轨道交通线网规划的思路和设想，向包叙定市长汇报商研后，包市长在市规划委员会的会议上，也提出了明确的要求；并在促进北部新区加快发展的会议上，对轨道交通线网布局规划和轨道3号线的走向提出了具体要求。会议当晚，市建委主任王根芳就给我打电话传达包市长的指示精神，要求对3号线方案要做优化调整，配合长安福特等产业园区的产城融合规划的布局要求与招商引资的需要，重新优化线路与站位，为园区开发及周边客流需求服务，并且在规划实施的建设计划中，将3号线远期才到江北机场改为近期就建设的重要方向。另外还要求在线网规划中新增加一条环线，把6条轨道交通线全部串联起来，使换乘更方便、效率更高。

因此，在提交给黄奇帆副市长的规划布局方案设想的基础上，市建委、规划局、轨道公司再次研究，进行优化和调整，形成了“六线一环”约354公里的重庆城市轨道交通线网规划新方案。在2002年4月的轨道交通领导小组会上进行了汇报，得到了黄奇帆副市长的认可，决定列入到规划部门和轨道公司工作中，完善细化具体方案。

3.城市轨道交通线网规划方案的最后认可

2002年5月中旬，市政府办公厅副主任吴政隆给我打电话，叫我马上到包市长办公室，汇报城市轨道交通线网规划的最后结论情况。分三阶段建设，“六线一环”354公里线网和60个换乘枢纽，为周边600万市民服务、日运量600万人次。包市长听我介绍基本思路的规划原则与线网覆盖范围后，特别询问讨论了环线的设置情况、联结重要枢纽及客流集散中心的情况，认为线网结构可以基本确定。并且他还说，在市规委会和北部新区的会上，都同黄奇帆副市长及王根芳主任进行过讨论，现在可以称之为“六线一环”轨道网络，共354公里，可以基本适应新的主城区及北部新区发展的近中期需要。但是，下一步还要从长计议，预留远期发展的余地，要把它纳入城市综合交通规划以及城市总体规划修编的内容，得到国家认可，并长期控制用地与规划通道。

第二天，我立即按要求将“六线一环”354公里的线网演示图板送市委办公厅。三天后，中央电视台播出了包叙定市长接受采访时，对最新的“六线一环”轨道交通线网规划的宣传介绍。这应该算是市政府官方首次对外披露新的“六线一环”轨道交通线网规划情况。

由轨道公司协助规划局完成的新一轮轨道交通线网规划方案材料完成后，为尽快纳入综合交通规划和城乡总体规划，我陪同新任市轨道交通建设领导小组组长的赵公卿副市长，到宾馆看望并征求重庆市轨道交通专家委员会施仲衡院士意见时，赵副市长采纳了施院士的建议，立即指示由市规划局尽快完成市内评审，由市建委出函委托国务院直属的中国国际工程咨询公司，对新的重庆城市轨道交通线网规划进行评估审查。赵副市长又给已回京担任中咨公司总经理的包叙定联系，希望老领导继续关心支持，及时安排评估，为重庆市提出专业审查意见。

很快，时任中咨公司副总经理和专家委员会常务副主任的焦桐善就给我来电话说，包总很重视，已有批示，要求尽快完成评估工作，并由专家委员会把关，给重庆市政府提出评审意见。2003年11月，中咨公司组织专家在北京钓鱼台国宾馆，对重庆城市轨道交通线网规划进行了评估审查。后来焦总还告诉我，中咨公司专家委员会开会最后把关提出审查意见时，是专家委员会主任包叙定亲自参加的，并给大家介绍了他在重庆时，为了适应直辖后中央对城市发展新要求，调整优化城乡总规划中的轨道线路规划为新的“六线一环”轨道交通线网规划的过程与背景。

2004年1月，收到中咨公司的评审建议函后，赵公卿副市长在市政府主持召开各政府部门参加的专题研究会，审议通过了市规划局上报要求审查批准的重庆市城市快速轨道交通线网规划，并以渝府〔2004〕24号文给予批复，批复的主要内容均采纳了中咨公司的评估意见。

综上所述，从黄奇帆副市长提出城市轨道交通系统规划要有新思路，到包叙定市长审定“六线一环”新布局，再到市政府批准重庆城市轨道交通线网新规划的新决策，历时三年。构建了重庆主城区轨道交通的主骨架，为编制和争取2005年国家审批通过轨道交通近期建设计划打下了基础。现在看来，到2020年可以基本实现当初规划的“六线一环”354公里的城市轨道交通网络化建设与运营目标。

（三）探索互联互通，由主城区城市轨道交通线网规划到一小时经济圈轨道交通线网规划

1.开展城市铁路规划专题研究，寻求“三网合一”的路径

2002年11月，黄镇东来渝就任市委书记。12月中旬，他的秘书给我打电话说，包叙定市长在北京已向黄镇东书记介绍了重庆城市轨道交通新的规划设想，黄镇东书记想要一份简要介绍的资料，以了解城市轨道交通规划和建设现状、困难以及下一步还需努力争取的方向。呈送有关资料后，黄镇东书记立即向相关市领导提出，要充分发挥综合交通体系的作用，加快构建互联互通的现代化立体综合交通网。因此，市规划局启动了新的主城区综合交通规划研究工作。

2003年2月，赵公卿副市长在市政府开会时告诉我，书记和市长都提了新要求：在新的城市轨道交通线网规划基础上，要充分考虑辐射周边城镇群和卫星城市的城市铁路的重要作用，要尽快启动城市铁路规划。一方面，要充分利用现有干线铁路的富余运能；另一方面，还要促进重庆主城区域的铁路枢纽环线的改造。因此，要积极争取铁道部的支持，列入铁道部的项目投

资计划，发展具有客运功能的城市铁路。

在规划局组织的综合交通规划工作部署会上，赵公卿副市长再次明确要求，要努力做到国家铁路网、城市轨道网和新规划的城市铁路网“三网合一”到一张城市综合交通规划网络图上来，列入综合交通规划中，纳入城市总体规划修编里，并要求轨道公司牵头推进城市铁路网的规划研究工作。

由于利用重庆铁路富余运能发展城市铁路的专题研究，涉及成都铁路局、重庆铁路分局、地方企业专用铁路线等诸多外部环境，因此，我同重庆市工程师协会会长高群商量，由市工程师协会出面协调，邀请成都铁路局、重庆铁路分局等部门的专家和轨道公司专家办的专家共同收集资料、调查研究，制定比选方案。我又与仲建华总工程师一起同成都铁路局分管运营的副局长共同商量，讨论组建城市铁路合资公司的合作方案，草签了合作备忘录，充实和完善了城市铁路规划和可实施性的相关方案工作，由来自重庆铁路分局的市工程师协会秘书长唐宏炎和轨道公司副总工程师张乃基等专家，经过反复研究比选，确定了市域内开行城市铁路列车的车型和运营方案，完成的专题研究报告和合作运营方案等均如期提交综合交通规划牵头部门进行汇总。在这期间，重庆轨道交通专家委员会主任施仲衡院士等参与指导工作的专家同我一起，也向赵公卿副市长作了专门汇报，并介绍了赴日本进行城市铁路规划建设运营考察交流的情况以及对重庆城市铁路规划的建议，得到了赵公卿副市长的肯定和采纳。

2003年4月下旬，重庆市常务副市长黄奇帆出访美国和欧洲回来后，立即告诉我：“国外许多城市的铁路公交化列车（市郊铁路）直接开进市区，你们地铁公司要抓紧跟踪研究重庆的城市铁路规划布局及车辆选型。因为地铁造价太高，黄镇东书记和王鸿举市长都有降低轨道系统建设造价，争取多方向筹措资金的要求。为什么不可以发展牵引车头带车厢（集中动力）的地面轨道系统？我们重庆自己就可以生产低造价的车厢，到周边组团和卫星城的轨道车没有必要用地铁系统。”

我口头汇报了正在开展的城市铁路规划研究工作情况，并及时同北车与南车集团联系，在比选基础上给黄奇帆副市长呈送了内燃动力牵引单元

(ETU) 的市郊铁路列车选型方案报告，可作为富余运能铁路线及地方企业铁路货运专线上开行客运列车进行规划，得到黄奇帆副市长批示肯定，他指出今后市区外的轨道交通要多规划发展地面城市铁路线，只有降低轨道系统造价，才能保证加快发展。

为此，在施仲衡院士等一批专家的指导下，重庆轨道公司启动了符合国情、市情的城市铁路——都市快轨的理念创新和线路规划、列车研究工作。一直延续至今天，仍在不断推动完善与实践之中。

2.深化专题研究，“九线一环”城市轨道交通线网纳入新的综合交通规划

为了进一步优化轨道交通线网布局，2004年3月，黄奇帆副市长在会见外宾后，留下市规划局、市建委领导和我等人商议，提出应在城市总规划和综合交通规划修编的研究中，邀请国际知名的交通咨询公司，对已有轨道交通线网结构进行评估咨询和优化。他觉得重庆主城区的面积和人口到底需要多少公里的地铁线路，在结构、规模、建设时序上，能否再做优化论证？在视野、理念、方法上，更好地与国际先进水平接轨。

经市规划局比选后，选择了国际知名的法国SYSTRA公司。我同法国公司派出的项目总经理孙辉先生多次交流讨论。经双方专家半年多的共同努力，完成评估优化工作，肯定了线网结构和方案的合理与可行，优化了轨道直达快线和交通换乘枢纽规划，提出了500公里的建设规模是合适的等建议。黄奇帆副市长听取法国专家的咨询结论汇报后，给予了肯定，要求市规划局按评估意见，深化完善轨道后续规划落地实施工作。

在上述系列专题规划研究的基础上，重庆市综合交通规划将原有的354公里“六线一环”轨道交通网定位为基本骨干网，在2020年前后完成。重新按5473平方公里的主城区新规划范围和空间关系，布局了包括城际铁路、城市铁路（市郊铁路）、轨道快线、地铁、轻轨在内的轨道交通综合体系。其中，城市轨道交通为“九线一环”共513公里，在2030年以后逐步实现。

王鸿举市长在修改补充2005年6月18日轨道交通2号线通车典礼仪式发言稿的时候，亲笔加入“九线一环”513公里城市轨道交通网的内容，并代表市政府首次对公众宣布。随后，市规划局及时完成和上报审批公布了“九线

一环”轨道线网的控制性详规新内容。

3.探索互联互通，开展一小时经济圈轨道交通规划方案研究

2005年，汪洋书记到任重庆后，围绕实现“富民兴渝”的总体战略目标，提出了“一圈两翼”的区域发展战略构想，特别是提出一小时经济圈内区域中心城市、卫星城镇、产业园区与主城区的有效连接，需要快捷畅通的综合交通体系支撑。因此，重庆市着手进行外通内畅的畅通工程规划研究工作。

根据国家发改委“十一五”规划关于抓紧建设完善综合交通体系的思路，市发改委又要求在原有的轨道交通线网规划的基础上，抓紧开展一小时经济圈的轨道交通线路规划方案研究。重庆市和中国国际工程咨询公司签订了战略合作备忘录，共同推进重庆一小时经济圈综合交通体系规划建设项目的研究工作。

2006年6月，市发改委投资处处长丁地找我商量，介绍了上述背景。要轨道公司牵头提前考虑布局一小时经济圈内的快速轨道客运交通。不管是叫城市轨道交通，还是市域轨道交通；叫市郊铁路，还是城市铁路。都得要提前深入研究，要超过原来的利用富余铁路资源开行城市铁路列车的研究深度，扩大到与主城区轨道交通互联融合、相互贯通的线路规划控制和前期项目筹备的范围。因此，经我与中咨公司商量后，邀请了中国交通运输协会秘书长何增荣、国家发改委综合运输研究所和北京华铁交通咨询公司的专家来渝，共同商量研究工作大纲，由轨道公司配合开展一小时经济圈的轨道交通线网规划研究。在市发改委牵头协调组织下，我们的专家到一小时经济圈所有区县调研座谈，共同预测分析商议后，华铁咨询公司提出由主城轨道线辐射连接周边组团、城市、工业园区市郊快线铁路的规划方案，周边城市铁路与主城轨道枢纽的换乘规划及其社会经济效果分析等研究报告。最后，由发改委和规划部门研究汇总纳入一小时经济圈发展战略规划和新一轮综合交通规划中。

为了推动重庆一小时经济圈的市郊铁路（城市铁路）同城市地铁和轻轨、轨道快线的有效融合，并在综合交通体系中发挥更大的作用，施仲衡院士将重庆的城市铁路规划设想和铁路站场设施改造中应增加上盖物业综合开发的

想法，同铁道部总工程师何华武院士沟通交流，得到何华武总工程师的肯定，并且答应安排时间带队到重庆调研考察城市铁路的规划和部市铁路规划建设的有效衔接。

2007年7月，何华武院士率铁道部计划司等相关部门来渝，在轨道公司副总工程师张乃基的陪同下，考察了同地铁轻轨换乘关系密切的菜园坝火车站，听取了在成渝高铁终点站建设中同步规划建设菜园坝高铁—两路口地铁轻轨综合换乘枢纽的方案介绍，同时也考察了沙坪坝铁路车站改造与上盖物业开发规划方案现场。我参加了考察调研后的部市合作座谈会。何华武院士在总结了重庆市发改委和铁道部有关部门汇报研讨的重庆铁路枢纽改造项目和城市铁路部市合作思路等一系列重要的项目设想后，他说："按照'内轨外铁、宜轨则轨、宜铁则铁'的思路和原则，开展干线铁路与地方铁路，城市铁路与地铁、轻轨有机融合的综合轨道交通体系规划协调工作十分重要。铁道部赞同并支持重庆提出的相关设想，对沙坪坝和两路口铁路车站上盖物业的综合开发与交通换乘一体化工程，原则上同意可以采用BOT的形式，对铁道部铁路建设计划投资以外的部分，进行车站上盖物业项目的市场化运作。"

这应该是铁道部首次认可对铁路车站的上盖开发可与地方政府合作进行，也是对当时重庆市的城轨业内专家与铁路专家间，尚有争论的"内轨外铁"（即市区内只建地铁，市郊外只建铁路）规划理念的优化补充。将城市铁路进入市中心、都市快轨辐射卫星城的规划理念加入到部市合作的大都市圈轨道交通网络体系规划，这些理念和观点也得到分管副市长童小平和常务副市长黄奇帆的赞同，至今我们仍在运用。

（四）注重资源共享，由轨道交通线网规划到轨道交通网络规划

自从2003年国务院发出国办81号文通知以来，国家主管部门多次发文要求，更加注重加强轨道交通前期规划的管理工作。要在城市总体规划的轨道交通线网规划框架内，重新编制和审批各个城市的轨道交通近期建设规划，改变以前由国家逐条线路审批项目建议书方式。必须从城市综合交通体系和轨道交通网络化的角度进行系统研究，近期建设规划的深度要达到预可行性研究和项目建议书的要求，而且从多条线路构成的网络化资源共享的高度来

统筹考虑。

好在重庆市一直在开展前述轨道交通网络研究且不断有深化系统规划的成果，但仍不敢忽视。童小平、余远牧副市长等市领导都非常重视，积极推进市发改委、市建委领导多次赴京向中咨公司、建设部、国家发改委等部门进行汇报沟通，了解相关评审要求。轨道公司也在组织新的建设规划研究中，按新的网络化与资源共享的要求，融入各种交通方式的方便换乘枢纽，轨道与公交及P+R停车换乘关系，同商场接口关系，轨道车场车站空间资源综合开发及用地控制，跨江大桥与城市道路合建与通道预留，主变电站合理布局与供电模式优化，车辆段和停车场，综合维修基地合理布局与资源共享等一系列专题研究，特别是由中咨公司和重庆轨道设计院共同提前编制了2006—2020年轨道线网建设规划，研究了2006—2013年的近期建设计划和2013—2020年的中期建设规划，可能涉及的全部系统性问题，涵盖主城区和一小时经济圈范围，为近期建设规划评估和后期调整审批以及第二轮建设规划的编制都奠定了基础。

在组织开展上述系列专题研究期间，印象最深刻的是2006年4月，我随常务副市长黄奇帆率领的重庆市代表团赴美国世界银行等金融机构访问考察期间，由美国高盛集团总部步行回酒店的路上，黄奇帆副市长突然把我和市政府副秘书长崔坚拉到街道边，指着地铁出入口说："我们的轨道交通规划应该多学学纽约等国际化大都市的规划理念，人家的地铁车站出入口在核心商圈都直接进了商场里面，在街边的人行道上这么窄的地方也有简单的通道，我们在这方面考虑乘客的因素还是太少。车站和出入口搞得豪华，还是因陋就简符合国情市情为好，关键在于要方便市民尽快到达目的地。"在乘车出行中，他也指着曼哈顿河边的轨道车站和列车对我说："你看看人家的城市铁路多方便，虽在曼哈顿上班，却都住在河对面的新泽西州，城市铁路过河形式多样，有地下也有桥上，都很便捷，并不像人们传说的噪音很大。但是，投资却可以大大节省，重庆还是要转换规划建设的思路。"

在即将结束纽约的访问时，他又对我说："明天你放假一天，去寻找曼哈顿海边有一处城市铁路车场的上盖物业开发区看看。香港瑞安集团的罗安瑞先生给我讲了几次，他们在那里投资建了一座城市铁路的停车场，对上盖进行了大规模的住宅片区开发和商业设施建设，土地资源共享效果很好，收益还可以支撑车场建设。我们应该学学曼哈顿的这种地铁与上盖物业同步规划、同步设计、同步开发实施的模式。回去后，你也要给规划局的同志讲讲，希望大家开拓一下思路和视野，在新一轮的轨道交通规划中和近期建设计划制定中，要通盘考虑配套综合开发用地的规划，提高土地集约化利用水平，使轨道、公交、内外交通枢纽、过江通道资源等都能有效共享。”他还说：“你们到巴黎可以看见，塞纳河边的铁路也可能还有地铁，常加个盖把上层空间也利用起来了。下面走城市铁路，上面成为观景平台或商业旅游设施，平白就增加了这么多的城市用地，景观也很漂亮。我们重庆就有铁路的改造规划，为什么不可以学学加上盖这些成熟而且见效的规划理念呢？你回去要写个调研考察报告给我，组织规划部门的同志来看看，只有打开思路，才能做好轨道网络体系与城市空间规划的有效融合。”

回重庆后，我立即按黄奇帆副市长的指示精神，完成了关于曼哈顿城铁开发模式的调研考察报告。黄奇帆副市长给予充分肯定，并批示由规划和建设部门研究落实。至今，我们仍然按照曼哈顿模式在进行轨道网络用地空间资源共享与综合开发的规划与建设。

在最后决定审批重庆轨道交通近期建设规划的建设规模的过程中，国家发改委副主任姜伟新还亲自带队到重庆听取汇报，重庆市市长王鸿举、常务副市长黄奇帆等先后会见和商议，听取中央部委的意见。然后又在2003年以来多次重要的研究决策的基础上，先后召开市政府常务会审议批准同意了综合交通规划、城市铁路规划、轨道交通近期建设规划方案等重大决策。为国家正式评估和审批180公里近期建设规划、全面开工建设主城区轨道交通骨干网络创造了条件。

通过前述多年的系列重要研究和决策过程，基本奠定了2020年以后到2050年的大都市圈轨道交通网络体系基础，明确了重庆市域轨道交通网络发展的基本框架结构，控制了主城区轨道交通网络的各类生产与开发用地。

其后，还有市委、市政府领导组织研究决策的第二轮新建200公里轨道交通建设规划。凌月明副市长参与协调商研的中国工程院九院士参加的重庆轨道交通发展战略纲要专题研究工作等。

国家实施西部大开发战略十多年来，我直接参加了涉及重庆轨道交通规划的几十次市级专题研究与决策会议，从单一的轻轨线路规划到全面的城轨线网规划，再到互联互通、空间资源共享的轨道交通网络规划，都是在城乡总体规划框架下，集中了国内外上百位资深专家的经验智慧，历经十多年研究分析论证的与时俱进的结果。我切身体会到重庆市政府在每个规划阶段的论证和决策过程中的慎重与务实精神。

（节选自中共重庆市委党史研究室编：《重庆党史研究资料》2019年第3期，内部资料。）

王义北：
为了贫困农民脱贫奔小康

王义北，曾任重庆市农牧渔业局计划财务处处长兼实体办公室主任，重庆市农业局副局长、党组成员，重庆市扶贫开发办公室主任、党组书记，重庆市政协农业委员会主任等职。

1997年重庆直辖时，中央交给重庆的四件大事——移民、扶贫、老工业基地改造和生态环境保护，扶贫位列在前。直辖前，重庆隶属四川省，没有独立的扶贫机构，由当时市农委的政策研究室担负扶贫职能。直辖时，原来由四川省管辖的武陵山区和长江沿线秦巴山区的4.07万平方公里，共计22个区县，全部是国家级贫困区县，一并划入重庆直辖市。在重新调整行政区划时，重庆的国家级贫困区县有14个，省级贫困区县4个，有2000个贫困村，绝对贫困人口276万人，贫困区县农民年人均收入仅1171元，扶贫任务十分繁重。为此，重庆建立了正厅级的市扶贫开发办公室。我于2006年底至2012年初担任重庆市扶贫开发办公室主任，重庆市扶贫办在市委、市政府的直接领导下，在国务院扶贫办的直接指导下开展全市的扶贫开发工作。

一、农村贫困依然出乎意料

直辖以来，重庆市委、市政府采取了很多有力、有效的政策措施，在全市开展扶贫开发，取得了显著的成就。从1997年直辖到2006年不到十年的时间里，全市贫困农民动态减少了233万人，贫困区县农民人均收入增加了1106元，几乎所有贫困区县都有连片整体脱贫减贫的区域。特别典型的是，从直辖时的第一任市委书记张德邻开始，之后连续三任市委书记黄镇东、贺国强、汪洋接力挂帅，帮扶武隆仙女山片区扶贫开发，不到十年时间，武隆仙女山片区就从地处武陵山区腹地的连片极贫地区，成为了初具规模的全国知名的旅游度假胜地，基本实现了连片整体脱贫。其他片区如云阳清水片区、巫溪文峰片区、巫山望天坪片区、奉节兴隆片区、酉阳马鹿片区等等，每个贫困区县都有连片脱贫减贫的区域，涪陵、南川和潼南三个省级贫困区县情况就更好一些，忠县尽管也是省级贫困县，贫困程度却要深一些。

上任伊始，我自然首先要去看看贫困的状况。记得我首先去的是位于渝东南在武陵山区深处的石柱、彭水、黔江、酉阳和秀山五个国家级贫困区县。一路走来屡屡潸然泪下，心酸不已。

我印象特别深刻的是酉阳县银山乡的一个村组，住在这个山窝子里的七八户人家，住房都是竹木捆绑的，四处透亮漏风，用捡来的塑料片和编织袋围墙遮顶。他们不是家徒四壁，而是家无四壁啊。好几家床上没有铺盖，只是一堆烂布，站在竹片搭成的“楼板”上，随时有卡脚或者掉下去的危险。

去秀山县牛角山的经历也让我们难以忘怀。一天清晨，我们一行人早早出发，冒雨去牛角山，车到水库就无路可走了，我们在泥泞的山间小路上艰难前行。虽已时过正午，却还远未到达目的地。好不容易看见头顶上方冒出了一小块平地，有了一栋茅草房，竟然传出了朗朗的读书声。同行的一位处长高兴地大声说，这里还有一所微型小学！走近一看，三间房子除了一间厨房，居然在堂屋和卧室里都有孩子上课，一数共计22个，堂屋是三年级13个孩子，卧室是一年级9个孩子。一问才知道，老师是原来的村会计，已经快60岁了，他是现在村里最有文化，大概也是最年轻的男性了。据说这个“小学”也不是正规在编的，几乎没有补贴、没有经费，老师也没有什么工资。应该说，这个老师也不算正式老师，这些学生也不算正式学生。因为路远，孩子们都没法上学，这位老会计看不下去了，才把孩子们召集拢来，读点书识点字。我注意到卧室的一年级小孩里面，有一个大姑娘，乖乖地、静静地坐在那些闹腾的小孩中间，显得非常扎眼。就问她多大了？怎么才读一年级？她告诉我，她已经13岁了，本来可以读三年级了，因为爸爸寄钱回来晚了，没有钱买书，现在三年级的书没有了，一年级的书多一套，所以她就读一年级了。下午两点左右，我们终于走到了牛角山顶的那个村庄。村里房子破破烂烂，寒风中只有二三十个妇孺与我们见面相聚，领头的就是那位会计老师和一位老支书。

渝东北七个区县位于国家连片贫困地区的秦巴山区腹地，这里山更大、沟更深，面积更宽，贫困人口更多，贫困程度也更深。我们到城口县访问贫困户时，到了一户人家，家里虽然简陋破旧倒还干净，特别是堂屋正中的土墙上贴了好多学校发的奖状，据说是他们家女儿获得的。这家的女主人是一个年轻健康的农妇，大家坐定之后，这位农妇就从里屋抱出来一个十分瘦弱的男人。这男人面目清秀，谈吐清楚，是个高中生，有点文化。为了挣钱养家，他跟村里一帮人去外省挖矿，遭遇了事故导致高位截瘫。据反映，像这种情况，村里还有三四个人。因为挖矿导致重度伤残的，全县达300人以上。城口县地处偏远深山，全县人口约有20万，当时交通不便，闭塞贫困，外出打工的很多是下井挖矿，伤残和死亡率都比较高。后来，我们支持城口县率先对打工农民实行务工意外伤害保险。

巫溪县是重庆与陕西交界、地处秦巴山区深处的一个国家级贫困县，全县不到50万人口，是当时重庆最贫困的县，贫困发生率在30%以上。一次，我们在深山中一路崎岖下行，去视察新修的中梁水电站，看见路边一个山顶上有几户人家，就顺便停车进去看看，只见墙壁裂口、歪歪斜斜的几栋房子旁边就是万仞绝壁，山沟深不见底。据说一个男子就因为晚上起夜，不幸摔下山崖殒命。因此，乡里给他们房子周围修了一圈水泥栏杆。

渝西是重庆经济比较发达的地区。当时贫困发生率仍然达到5%，有贫困村217个，贫困人口21万人。有一次，我们去铜梁县，某村支书带我们到一户人家，老两口都70多岁了，一辈子养育了7个儿女，全部外嫁或外出打工，既不给家里钱又不能回家照顾，村里多次协调无果。老太太生病卧床，老头子也体弱多病，家里脏乱不堪，生活非常困难。

像这样的贫困事例，在重庆市各区县不胜枚举。当时，全市的贫困状况也是我在担任扶贫办主任以前没有了解的，尽管那时我从事农业农村工作已经35年了。抓农业、农村工作，更加重视的是农业产出、农技推广、农业安全和大基地大农村建设，主要的关注点还不在扶贫开发上面。好在从2008年开始，全国实行了农村贫困低保兜底，从此，我国基本解决了贫困农民的温饱问题。直辖之初，党中央、国务院把扶贫作为重庆的四件大事之一，是非常英明、伟大的举措。

二、重庆扶贫全方位立体攻坚

重庆连片贫困区域和农村贫困人口，基本上都集中在基础设施差、土地贫瘠、产业薄弱、服务落后的偏远山区，即所谓的穷乡僻壤。直辖以来，重庆市委、市政府花了大力气，调集了各方力量，开始了全方位立体的扶贫攻坚。

（一）基础设施改善是扶贫开发的基础工程

改善基础设施是广大农民群众尤其是贫困农民最欢迎的事情。抓基础设施建设，排在第一位的就是修公路，特别是乡村公路。2007年早春，时任市委书记汪洋带领我们到酉阳县毛坝乡扶贫，当时到毛坝的公路还没有修通，汪洋书记带领我们冒雨艰难地上山下乡入户，探望留守儿童、孤寡老人和贫困农户，大家忍饥挨饿，直到深夜才满身泥水地回到县城。毛坝山区海拔600米至1900米，既属于全县最落后的圆梁山片区，又是国家连片贫困的武陵山区腹地，沿途69公里，3个乡镇、18个行政村就有13个贫困村，共十余万人就有贫困人口4.7万人。2006年，农民人均年收入仅1891元，远远低于全国、全市、全县平均水平。山上的干部群众最大的愿望就是修公路。2009年夏天，我们跟随时任市长王鸿举再去毛坝，这个时候一条双车道的水泥公路已经全线贯通了，汽车行进在这条高高的山路上，白云缭绕脚下，时任县委书记徐强感慨地说，这真是一条天路啊！全车人感叹不已，情绪高涨。我们看到许多村民已经在往公路两旁修房搬家了。现在，毛坝一条线已经相当“繁荣”了。毛坝和紧邻的木叶共同荣获了“重庆最佳避暑休闲乡村”称号，2013年接待游客48万余人次。同时，毛坝已经建成高山蔬菜、中药材、茶叶、畜牧业生产基地和国家大鲵保护区。2013年，农民人均年收入就达到6072元，超过了全县平均水平。其他基础设施建设如人畜饮水、改电通电、危旧房改造等等，都是农民期盼解决的项目。

保守估计，2006—2011年全市直接投入的各类扶贫资金不少于200亿元，其中一半以上都用在解决各种基础设施上。加上其他各种配套投入，使贫困农村基础设施建设发生了很大改变。据不完全统计，这五年在贫困农村修公路7万多公里，解决人畜饮水安全约210万人，改造农村危房33.8万户，新建巴渝新居20万户，改造中小学危房130余万平方米。

（二）高山扶贫搬迁是改善生存的长远之策

重庆2000个贫困村，80%以上都大片分布在800米以上的高海拔地区。这些地方几乎都是喀斯特地貌山区，山高坡陡、土地瘠薄、缺水缺肥、交通不便，农民的生产生活条件很差。这种地区在重庆量大面广，改善基础设施的成本很高，有的甚至根本无法改变。高山扶贫搬迁成了最根本、最便捷的脱贫减贫途径。

2009年，我们对巫山县庙堂乡实施了整乡搬迁。庙堂乡位于巫山县境东北部，是重庆最贫穷的乡镇，素称“重庆第一穷乡”。庙堂乡距县城165公里，面积82平方公里，辖五个特困村，人口2308人，多数农户居住在不通公路的边远地区，其中726人生活在海拔1500米以上高寒山区。境内山高坡陡、沟壑纵横、人烟稀少、交通闭塞，全乡仅有3000余亩贫瘠耕地，粮食亩产仅250公斤左右。当时，实施整乡搬迁，尚属全国首例，能不能撤销建制、整体搬迁是要仔细考虑的。我们算了三笔账：

第一笔是脱贫减贫账。庙堂乡经济水平要达到全县平均水平，至少需要投入资金1.5亿元。仅修一条通乡公路最低也要6000万元，而搬迁只需要

2000多万元，可节省资金上亿元。

第二笔是社会民生账。庙堂乡贫困户比例高达1/3。到搬迁前为止，建卡贫困户人均年纯收入仅577元，人均粮食477公斤。只有将这些受环境制约的高山贫困农民搬出来，才能从根本上挖掉穷根。

第三笔是生态效益账。庙堂乡幅员82平方公里，位于重庆市级自然保护区五里坡，与湖北省的神农架为邻，平均海拔1100米左右，最高海拔2473.7米，立体气候明显。境内植被、矿产资源较为丰富，拥有金丝猴、豹等国家重点保护的一、二级珍稀动物30多种。农户生活燃料主要以砍割灌木林为主，全乡森林覆盖率仅32%。实施整乡搬迁后空出的宅基地、土地可以还林还草，有利于生态保护。

三笔大账算清楚了，我们就下定决心整乡搬迁。

截至2009年11月30日，我们搬迁了561户2181人，占该乡总人口的95%。实行插花式安置方式，在县内安置主要以大昌、福田、龙井等条件较好的乡镇为主；县外主要是巫溪县的上璜镇，湖北省巴东县的沿渡镇，神农架的下谷乡、京山等地。全乡共有100多人愿意留在本地，这部分农民被组合成一个村，编进相邻乡镇。庙堂乡建制撤销，从此不复存在。

庙堂乡的群众搬出大山后，生活发生了翻天覆地的变化。原来在庙堂搞小鸡孵化的吴应宝，搬迁到两坪乡仙桥安置点后，将小鸡孵化机器也搬到那里去，重新开办了一个新的小鸡孵化场，年收入达到五万元以上，并带动了周边更多老百姓发家致富。

39岁的罗来才，出生以来一直就在庙堂村7组生活。强壮精明的他虽然通过勤劳挣得了一幢砖瓦房，种了两亩烤烟，养了几头肥猪，但由于居住环境恶劣，娶媳妇的梦多年来一直没圆。搬迁到起阳村后，不久就处上对象并结了婚。据统计，迁出庙堂的十多名“王老五”，现在基本上都娶妻生子了。

高山扶贫搬迁，让庙堂人脱贫致富的梦想一天天变得真实起来。庙堂乡的成功搬迁，坚定了巫山县委、县政府的决心，紧接着他们又对万良村和大红村实施了整村搬迁。

2007年后，重庆市“两翼”地区对14个贫困村实行了整体搬迁，效果都非常好。2014年，全市高山扶贫生态搬迁累计已经达到94万人，共计27万户。

（三）产业扶贫是整体脱贫减贫的根本途径

农村贫困尤其是区域性贫困，主要原因就是没有产业支撑，农民没有收入来源。因此，发展支柱产业对于脱贫减贫是一个根本性的措施。怎么发展适合秦巴山区和武陵山区的扶贫支柱产业，我们花费了很多的功夫。我们对秦巴山区和武陵山区为主的连片贫困地区开展了深入的调查研究，掌握了其生态特点、产业基础、设施条件、发展水平、社会状况、制约因素等，确定了在秦巴山区和武陵山区为主的“两翼”地区，主要发展林、果、桑、药、菜、鸡、牛、羊、兔、蜂十大产业。为此，我们分期为产业规划区域的贫困村，建立了扶贫资金合作社和发放大额贴息贷款等，大力发展扶贫支柱产业。

支持丰都县发展肉牛产业，全县肉牛存栏达到30余万头，其存栏和出栏量都是全国第一；支持巫溪县发展山羊，很快巫溪年出栏山羊达到60万只以上，居全市第一；支持开县发展肉兔产业，仅用三年时间，开县肉兔出栏量就达到了千万只以上，成为全国知名的养兔大县；支持秀山县、城口县发展土鸡养殖业，2009年，秀山出栏土鸡达到500万只以上，城口成功开发了本地土鸡的种质资源，创出了“城口黑鸡”的品牌；支持石柱县发展辣椒产业，帮助石柱建起种苗基地和品选大棚，帮助引进加工龙头企业，为企业提供贴息贷款，2010年，全县辣椒种植面积突破了20万亩；帮助武隆县建立高山反季节蔬菜基地；帮助潼南县灌坝建立起新的蔬菜基地，使潼南成为全市最大的蔬菜生产县；帮助“两翼”地区大力发展中药材种植业，“两翼”地区中药材品种发展到100多个，种植面积很快突破120万亩，同时为了解决销售问题，提高产业附加值，2009年，我们联络国家中药协会，组织了100余家中药生产经营的大企业，在南川区召开了产销对接会，卖出30多亿元产品；支持渝东北大力发展柑橘种植，开县、云阳、奉节、万州、巫山一带成为了全国知名的柑橘产区，全市年产量突破了120万吨。

为了发展十大产业，提高贫困农民素质，坚持不懈地对贫困村干部、乡镇扶贫专干、创业和致富带头人和残疾人开展大规模的实用技术培训。从

2007年到2011年，共培训48.9万人次，其中市级集中培训10.7万人次。

十大扶贫产业的发展，为全市脱贫减贫发挥了很大作用，并且还将继续发挥越来越大的作用。

（四）社会扶贫是助推扶贫的强大动力

重庆有18个贫困区县，市委市政府调集了全市257个机关事业单位、大专院校、党派团体、国有大中型企业、在渝部队和武警，组成了18个扶贫集团，由市委、市人大、市政府、市政协四大班子办公厅和各部委办局牵头，市委常委和市长、副市长分别挂帅，对口定向帮扶一个贫困区县。直辖十多年来，挂帅的市领导、牵头的部门、18个扶贫集团成员单位一届接着一届干，发挥自己所长，出钱出力，想办法找路子，千方百计帮助贫困区县脱贫减贫，效果十分显著。

市委办公厅扶贫集团对口帮扶武隆县，张德邻、贺国强、黄镇东和汪洋四任书记先后亲自挂帅，帮助武隆仙女山片区率先脱贫。扶贫集团帮助仙女山片区改善基础设施，发展旅游业、特色农业、高山度夏产业和申报世界遗产等。如今，武隆仙女山片区已成为全国闻名的旅游胜地和全市最大的休闲度夏区，农民人均年收入10745元，大大超过了全市平均水平。四任市委书记和常委都亲自挂户帮扶，操心贫困农户的衣食冷暖、养老抚幼、婚丧嫁娶和生老病死等等。至今，那一方的老百姓仍然感念不已、铭心刻骨。

特别令人感动的是时任市长王鸿举每年都带领市政府办公厅扶贫集团到酉阳县贫困村慰问座谈，现场解决问题。他每次都自己掏钱，分发给村里的小朋友，还特别让夫人准备了许多糖果，分给孩子们吃。他说小孩需要钱，但是他们对钱没有概念，给糖果他们才高兴。在他的督促下，酉阳县马鹿等村实现了整村脱贫，毛坝片区也发生了天翻地覆的改变。市人大、市政协扶贫集团也做得非常认真扎实。特别值得提及的是市委组织部扶贫集团，在时任部长陈存根的带领下，对口帮扶开县，帮助杨柳村扶贫搬迁实现了整村脱贫。他们竭尽全力、多方筹集的资金几乎达到甚至超过了扶贫专项资金的投入总量。18个扶贫集团可圈可点、功劳卓著。从2007年到2011年，18个集团共计投入资金15.5亿元，2009年、2010年连续两年超过了国家和省两级财政的专项投入。

2007年，为了进一步统筹城乡区域协调发展，重庆市委又规定“一圈”各区县按不低于上年本级地方财政一般预算收入的1%的实物量，来支持对口帮扶的“两翼”贫困区县。“一圈”的各区县以园区建设、协助引资、融资帮扶为重点，开展经济领域的对口帮扶。以公共服务、扶贫开发、人才交流和劳动力培训为重点，加大帮扶力度。至2011年，累计援助“两翼”区县帮扶实物量达8.3亿元。

从1997年起，中央开展了定点扶贫工作。国家水利部、致公党中央、三峡建委办公室、核工业集团公司、长江三峡工程开发总公司五家单位，对口帮扶酉阳县、城口县、巫溪县、开县、云阳县、武隆县、丰都县、万州区、石柱县、巫山县、奉节县等11个国家级贫困区县。特别值得赞扬的是水利部，陈雷部长和几任部长都非常重视扶贫工作，都曾经深入贫困区县扶贫帮困。矫勇副部长具体负责对口扶贫，他每年都要到重庆深入贫困区县，召开对口扶贫工作会议，现场解决实际困难，多年来从未间断。2007年至2011年，水利部解决人畜饮水安全224万人，减少贫困人口25.4万。致公党中央对口帮扶酉阳县，解决了许多困难，特别是帮助酉阳桃花源，成功申报国家5A级景区，使酉阳的民俗特色旅游得到长足发展。中央对我市区县对口扶贫的单位，共计投入项目资金20.7亿元，帮助引进资金10.9亿元。

2002年，国家开展了东部地区对口西部地区的扶贫协作，安排珠海、厦门与我市巫山、巫溪、奉节、万州、黔江、武隆六个区县扶贫协作。2002年至2010年，共援助资金2.1亿元，实施项目160多个，互派挂职干部30多名。2010年，山东省14个地市与我市14个国家扶贫开发重点区县开展东西扶贫协作，给了我市很大的支持，每年支持的资金都在4200万元以上，还帮助招商引资，派干部挂职帮助扶贫。

社会爱心扶贫从未间断。社会各界团体和爱心人士多层次、多渠道、全方位参与扶贫开发。多年来，市老促会为重庆市革命老区共募集捐款1亿多元；市扶贫开发协会共筹集资金4800多万元，争取村官创业资金1000万元，募集各类资金近亿元，实施项目33个，启动了“雨露工程”贫困大学生资助项目；市扶贫基金会共募集资金5600多万元；中国扶贫开发协会、中国扶贫基金会、曹德旺基金会、香港道德会等组织，共筹集资金3亿多元。

特别令人感动的是珠海市农委原书记骆驰因扶贫与重庆结缘，退休后仍然以各种方式帮助重庆山区的贫困农民。他介绍香港道德会来重庆扶贫，几年来新建希望小学22所，新建学生宿舍楼9栋，直接捐资1530万元，长期资助贫困老人、儿童3000余人，还捐助了电脑、校服和图书等。汶川大地震刚发生，他就代表香港道德会携带350万元赶到重庆，采买食物、饮品等救济物资，连夜赶往汶川，成为最先到汶川救助的人。同时，无偿捐助重庆150万元。他不辞年老体弱，至今，仍然年年都到秦巴深山进村扶贫。

香港道德会的几位老先生平均年龄70多岁，永远会长霍宗杰先生年龄80多岁了，生活非常简朴，每年都要来重庆，深入高寒山区农村扶贫。尤其令人感动的是每年春节前，他们都要冒着严寒，到巫溪、巫山等地的深山农村，捐助贫困老人和儿童，现场解决一些困难。为了帮助内地扶贫，霍宗杰先生还拍卖了一些自己珍爱的藏品。我们应当记住这些老先生：会长曾富城、区广强，永远会长霍宗杰、区士达，董事何腾、麦森，司理霍颖斌，顾问岑顺翘，助学总监骆驰。

重庆市在开展集团扶贫的过程中，许多干部和职工与贫困农民结对结缘，坚持多年以各种方式帮助农村贫困家庭。重庆信托投资公司党委书记雷万亚原任市高检副检察长，当时具体负责政法系统扶贫集团帮扶工作。她长期帮助武隆县天地乡天生村农民谭朝章一家的事迹非常感人。谭朝章因为务工打石头伤了腿无钱治疗，致使腿部长期溃烂伤残，老婆无奈离家出走，孩子无人照顾，一家人基本陷入绝境。政法系统集团在扶贫中，发现了这家人的情况，立即伸出了援手。雷万亚亲自跟大坪医院联系，为谭朝章做了手术，医好了伤腿，又帮助他找回了老婆，还帮助他们的女儿上了学。直到现在，雷万亚每年都自费资助这家人2000元钱。在集团扶贫中像这样的事情不胜枚举。

还要特别说到的是，市内外许多民营企业和企业家，也以各种方式支持和帮助重庆的扶贫工作。社会扶贫的物质力量是巨大的。2007—2011年，共计帮扶资金43.5亿元，引进投资近82亿元、项目10586个。社会扶贫的精神力量也是巨大的，不仅弘扬了中华民族传统美德，而且把党的温暖直接传递给广大的贫困农民和广阔的贫困山区，既帮助了别人又升华了自己。

（五）国际合作是世界消除贫困的纽带和窗口

重庆扶贫开发十分注意加强与国际社会的联系。2010年8月，我们与世界银行正式签署扶贫项目协议，并在万州、黔江、涪陵、酉阳、云阳等五个区县27个乡镇的54个村实施扶贫项目共591个，覆盖人口12.1万人，总投资约2.1亿元。项目集中在修路、饮水以及一些农村公共服务设施建设上，得到了群众的普遍欢迎。不仅如此，世界银行的项目管理和要求群众参与的程序规定，非常值得借鉴。

2010年，我作为中国扶贫代表团团长，率队访问了墨西哥和哥伦比亚。他们的贫困面依然不小，但扶贫办法很有成效。墨西哥为了解决学龄前贫困儿童抚养教育问题，动员社会独居老人等利用自有住房兴办幼儿园。政府统一教材，给予师资和经费补贴，较好地解决了这个问题。时任总统卡尔德隆受到了中下层老百姓的广泛拥护。哥伦比亚对贫困人口有精细的统计，按照因素法对照贫困线，直接发钱补足。而且非常重视教育，贫困家庭学龄儿童旷课按学时扣钱。

2009年，我跟随世界银行代表团到非洲的尼日利亚和加纳考察验收援助项目。非洲大面积贫困和管理无力的情况是触目惊心的。由此，对我们党和国家，重庆市委、市政府高度重视、精心组织扶贫开发感到非常自豪，从而使我更加热爱社会主义，更加热爱和拥护中国共产党。我们还多次代表国家培训欠发达国家的扶贫机构人员，也了解到国际NGO组织的一些活动和做法。与国际社会的广泛接触，使我们从多方面获得了国际认可，开阔了眼界，学习和借鉴到了更多的东西。

（六）重庆扶贫攻坚的创新举措

重庆市历届市委、市政府高度重视扶贫开发，倾注了大量心血，许多做法在全国都是率先创新的。

其一，率先实施整村脱贫。2009年，重庆市委正式启动整村脱贫。其好处是能够成片成片地改善基础条件，发展骨干产业，缩小发展差距，带动片区扶贫开发。能够集中使用资金资源，发挥好攻坚作用，实现可持续脱贫减贫。经过认真调查研究，我们提出“七有四通三解决”的脱贫标准，得到了市委、市政府的批准。“七有”：有稳定收入、有基本保障、有基础知识、有一定技能、有稳固住房、有服务中心、有好的班子；“四通”：通路、通电、通广播、通电视；“三解决”：解决温饱、基本解决人畜饮水安全、全部解决生态和扶贫移民问题。行政村整体脱贫是一件很不容易的事情，重庆经过撤乡并村以后，每个行政村几乎是原来的两三个村合并而成的，面积数十平方公里的村很多，尤其是贫困村往往都在地广人稀的山区，要达到这个标准是很难的，但这又是脱贫的基本标准。我们测算，条件相对好的村要达到这个标准，除去农民投工投劳之外，净投入的资金至少也要500万元以上，然而，市里的财政专项投入只有150万元。

为了实现整村脱贫，各区县党委、政府，18个扶贫集团、企业，基层干部、农民兄弟，都付出了大量心血和精力。例如，秀山县石耶镇青龙村是市建委系统扶贫集团对口帮扶的贫困村，在该集团帮助下，将这个村改造成为一个非常有乡土民俗特色的村落，乡村旅游成为了他们的骨干产业，因此实现整村脱贫。市政协扶贫集团为帮扶的云阳县阳凤村、马轩村整村脱贫，落实了帮扶资金和物资价值646万元，为云阳引进资金近3亿元。市人大扶贫集团对忠县天子村进行了整村改造和产业构建，使其整村脱贫。奉节县鸡山村依靠一个养鸡的民企培育骨干产业，整村因此而脱贫。

重庆率先开展整乡和整村搬迁，巫山县庙堂乡的整乡搬迁不仅是全国首创，至今在全国也不多见。

其二，率先推动乡村旅游扶贫。发展乡村旅游在全国并不稀罕，重庆扶贫部门早在2009年就率先认识到乡村旅游对扶贫的特殊作用。重庆夏季炎热，时间漫长，市民度夏纳凉的需求旺盛。高海拔山区正是连片的贫困地区，把扶贫开发和盛夏避暑的乡村旅游结合起来，做成一个巨大的市场，就是一条脱贫减贫的好路子，这是重庆的创新。当时，国家规定发展扶贫产业只能是农业类产业，扶贫部门归在农口，旅游行业主管不属农口，扶贫资金要投到乡村旅游上是很难的。为此，我们积极向市领导、国务院扶贫办汇报，与市财政、市发改委、市旅游局沟通，获得了他们的支持，区县的积极性也很高。当年，我们就组织投放了专项扶贫资金近5亿元，补贴搞乡村旅游的农户，改善乡村的设施条件，组织大规模培训和考察，联合市级各大媒体广为宣传，开通网络平台，成立乡村旅游协会等。向18个集团求援，组织本系统离退休老同志到对口区县的新建旅游乡村度夏纳凉，促使农户当年建设、当年获利。

特别令人感动的是市文联书记王超亲自率队，组织许多艺术家到巫山县瓜瓢村度假，艺术家们在瓜瓢村创作了大量的书画作品。市文联到北京等许多地方巡回展出，宣传重庆的美丽乡村。经过各方努力，比较迅速地把乡村旅游的声势造得热火了起来。

经过几年持续不断努力，重庆市有扶贫任务的33个区县，尤其是“两翼”区县，都有大量连片山区和村社成为乡村旅游的知名区域。例如，武隆县双河木根片区、奉节县兴隆片区、开县关勉片区、巫山县望山坪片区、黔江区水市片区、秀山县川河盖片区和巫溪县文峰三宝片区等。全市已有177个贫困村成为重点乡村旅游村，年接待游客已经达到600万人次以上，户均收入近6万元。

大力发展乡村旅游和休闲度假产业，已经成为重庆市农村经济新的增长点，早已大大超出了扶贫的范围和意义。

其三，率先创新社会扶贫模式。重庆组建18个对口帮扶集团，落实领导、集团和党员干部帮扶责任制，广泛深入挖掘社会扶贫资源，其做法和成果在全国既是创新，也是遥遥领先的。汪洋书记到广东任省委书记时，曾要求广东扶贫系统到重庆专题考察落实扶贫责任制的情况。重庆市的社会扶贫工作不仅成效显著，而且做了很多党委和政府做不了的事情。社会扶贫调集了党委和政府、计划和市场、体制内和体制外、组织和个人、本地和外地、东部和西部，甚至国内和国外各方面力量来扶贫，真正做到了从内容到方式上的立体化、全方位和广覆盖。从2009年开始连续五年，社会扶贫资金投入都超过了国家和省级的财政扶贫专项资金投入，年投入达到了18亿元以上，引资和项目投入就更多。

其四，率先创新扶贫开发机制。2007年初，汪洋书记带领市级部门主要领导到黔江区召开渝东南片区会议，主题就是怎么支持区县统揽统筹发展区域经济。当时，我在会上发言，表示全市扶贫资金可以按照是否重点贫困区县、贫困人口数量、财政收入情况、农民人均年收入水平这四项主要指标切块下达，实行项目备案制度，所有扶贫项目都由区县决定，市扶贫办不再审批具体项目。我发言刚毕，汪洋书记立即给予了高度评价和表扬。但是，真正实行起来却遇到了阻力和压力，面临了许多新情况和新问题。我当时刚到扶贫办任职不久，这就逼得我们不得不研究一系列问题：怎么保证扶贫资金的安全？怎么发挥好扶贫资金的效益？怎么更好地搞好扶贫开发？等等。好不容易做到了当年就实行了资金切块、项目备案制度。从此，废除了对具体项目的审批制度。但是在实践中，有的区县确实出现了扶贫资金挪作他用、确定项目草率、随意变更项目等情况。为此，虽然我们增强了扶贫办审计监察处的力量，反复强调国家的相关规定，但是在执行中仍然存在一些问题。尽管如此，我们还是一直坚持了资金切块、项目备案，不审批具体项目的做法。在我任市扶贫办主任的五年中，市级部门也一直只有我们是这样做的。随后的事实证明，这种自我放权、削权的好处，并不仅仅只是保护了市扶贫办的全体干部。尽管五年中国家和市里对扶贫资金的投入有大幅度的增加，市扶贫办却没有发生一例违纪违规案件。这个做法多次在全国扶贫工作会上介绍经验，也得到国务院扶贫办、中纪委督察组和市纪委等相关部门的支持和嘉许。更重要的是因为这个改变，重庆市扶贫开发管理迈上了一个新的台阶。

为了解决实际中存在的问题，2009年出台《重庆市财政扶贫资金管理实施办法》（试行）；2010年出台《重庆市财政扶贫资金使用和项目实施程序规定》。同年，我们总结丰都县白江洞村对扶贫项目实行村级义务监督员的经验做法，出台《重庆市扶贫开发村级义务监督员管理办法》（试行）。三个规章对财政扶贫资金的管理、使用，项目的确定和实施，项目的效果评定，群众的参与方式、参与程度、监督沟通渠道和反馈办法，都做出了一系列可操作的创新性规定。紧接着又在三个规章基础上，结合国内外消除贫困的经验做法，深度研究本市的情况，2010年8月，颁布实施《重庆市农村扶贫条例》。这是全国第一个内容最全、质量最高、创新点最多的地方性扶贫法规。

首先，我们在全国率先与国际接轨，实行相对扶贫标准。《条例》明确规定："市人民政府应当按照不低于国家扶贫标准的原则，根据经济社会发展总体水平，确定本市农村扶贫标准。"市政府确定，按照本市当年农民人均年收入的30%，作为次年本市农村的扶贫标准。这样做就使得扶贫对象的确定与国民经济发展水平直接挂上了钩，成为一个动态过程，增强了规律性和公平性。第二，《条例》确定了贫困村和贫困户确定的程序和要件。第三，《条例》明确了财政扶贫项目，实行竞争立项和分类审核审批制度，避免了区县在项目确定中的盲目性和随意性。第四，规定建立大中型水利水电建设项目贫困影响评价和扶助补偿机制。第五，明确财政扶贫资金投入的比例规定等。这个条例当时在全国都是领先和创新的，有的至今在全国也是独有和少见的。这种创新对于扶贫开发具有十分重大的意义。

重庆市颁布实施扶贫工作的"一法三规"，配合《重庆市市级扶贫集团帮扶资金管理办法》《重庆市贫困乡镇小额信贷试行办法》和国家《关于违反财政专项资金管理使用规定的纪律处分暂行规定》的实行，使重庆市的扶贫开发工作做到了有法可依和依法管理。

三、结语

在中共重庆市委、重庆市政府的坚强领导下，经过各方面的努力奋斗，在我任职的五年中，全市减少贫困人口100多万人，扶贫产业得到了拓展和壮大，贫困农民人均增收3007元，实现整村脱贫716个，片区开发进一步深入，农村生产生活条件显著改善。2008—2011年，连续四年获得全国扶贫开发综合考评第一名的好成绩，重庆市扶贫工作得到了广泛的好评。

中国的扶贫开发前所未有、举世无双，亿万党员干部和城乡群众参与其中，艰苦奋斗，真可谓波澜壮阔、可歌可泣。30多年的扶贫攻坚直至其后的扶贫开发，在绵延的历史长河中，只是弹指一挥间，但是其辉煌和功绩，已经注定了这是人类历史上一部不朽的壮丽诗篇。

（节选自中共重庆市委党史研究室编：《重庆党史研究资料》2019年第2期，内部资料。）

刘德绍、肖芸香：
西部大开发中的环保记忆

刘德绍，曾任重庆市环保局自然生态保护处副处长、重庆市环保局环境综合整治处处长、重庆市环保局科技标准处处长，现任重庆科技大学副校长。肖芸香，重庆市环境保护局干部。

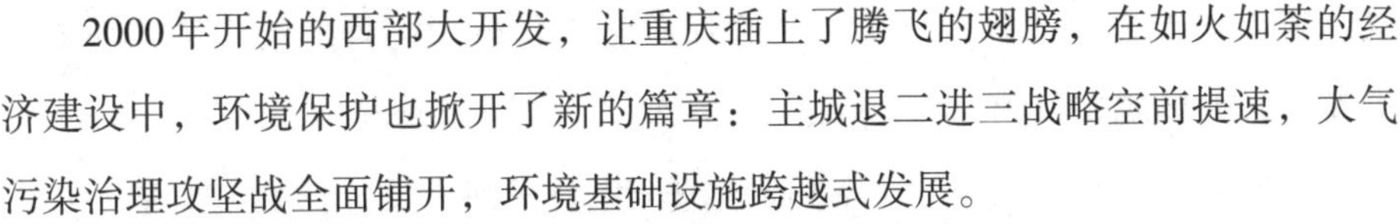

2000年开始的西部大开发，让重庆插上了腾飞的翅膀，在如火如荼的经济建设中，环境保护也掀开了新的篇章：主城退二进三战略空前提速，大气污染治理攻坚战全面铺开，环境基础设施跨越式发展。

由于历史原因，重庆在饮用水源上游和城市上风向建设了不少企业，产生的污染物对主城区饮用水源和空气质量造成极大威胁。20世纪90年代末，市政府开始实施退二进三、腾笼换鸟战略，由于认识不到位、资金制约、政策不配套等种种原因，迁出企业一直处于被动的小规模状态。后来的大规模搬迁，则始于西部大开发政策落地后的嘉化公司搬迁。

重庆嘉陵化工厂成立于20世纪30年代，位于江北区董家溪，周围居民十分稠密，附近有大学、小学、幼儿园及不少机关和企事业单位。与原渝州大学一墙之隔，与尚未搬迁的江北区委、区政府仅隔几百米，与市委市政府隔江相望。不仅位于城市上风向，而且位于三个城区取水点上游。从对岸看，鳞次栉比的高楼显示着这座城市的勃勃生机，而一座破破烂烂的工厂极不和谐地耸立在嘉陵江畔，蓝天下几根烟囱直插云霄。

1997年6月，该厂改制更名为嘉陵化学制品有限公司，主要生产高锰酸钾、氢氧化钾、氯乙酸和双氧水等化工产品，当时年产值1亿元。由于生产设备老化，生产工艺落后，自动化程度低，加之管理落后，跑冒滴漏相当严重，废水废渣污染及噪声扰民十分突出。尤其是氯气、氯化氢气体时常发生泄漏，引起当地居民强烈不满，是江北区最大的大气污染源。1999年，嘉化公司运输氯化钡产品停靠在董家溪码头的货船，由于失火而发生沉船事故，造成城区数十万人生活用水中断。

当时渝州大学教授薛新力说，1999年2月28日至3月14日，嘉化公司发生氯气、氯化氢气体泄漏9次。3月5日，师生被呛得无法上课，只得提前终止教学。仅此一天，江北区环保局就接到投诉电话100多起。董家溪小学的学生纷纷逃离，常年招生不满员。

有关嘉化公司污染的信访投诉、人大代表建议和政协委员提案，一直伴随着重庆前进的脚步。环保部门穷尽了警告、处罚、限期整改、征收超标排污费等各种行政手段。2000年8月，环保部门对嘉化公司处以30万元高额罚款，成为全市之最，震惊全国。尽管如此，嘉化公司污染事故仍然“小事故天天有，大事故月月出”。

事实上，“七五”开始，市政府就把嘉化公司列入搬迁计划，但是一直未实现。西部大开发战略实施后，市政府加快了退二进三步伐，时任市长包叙定要求加强环保执法，限期解决嘉化公司停产搬迁问题。市环保局会同相关部门，提出了两步走方案：先限产，停掉污染最严重的氯化钾电解车间和氯乙酸车间，然后通过土地置换实现搬迁。

在多重施压下，嘉化公司终于将关闭、搬迁提上了议事日程。经过多方努力，嘉化公司决定搬迁到荣昌县。2004年9月，嘉化公司实现企业老厂整体搬迁。搬迁那天，周围居民欢呼庆祝。嘉化公司的搬迁不仅减轻了主城的环境压力，而且企业在搬迁中提档升级，融入了技术改造，彻底甩掉了污染包袱，实现了环境和经济的双赢，最终掀开了主城企业外迁的序曲。

至2007年，全市关停了主城污染最重的朝阳化工厂、长江化工厂，治理改造了黄桷坪电镀厂，搬迁了油墨厂、广厦一建商品混凝土搅拌站、西南制药一厂、新华化工厂、电池总厂、灯头厂、西南制药二厂、天原化工总厂、天原造纸厂、天厨味精厂等29家重污染企业。搬迁耗资26亿元，减少排放二氧化硫4000吨。主城退二进三战略基本完成，主城再无高耸入云的烟囱。

20世纪80—90年代，重庆市“十雨九酸”，大气污染全国有名，是全国的大气污染重点防控区域。日本、英国很多研究中国酸雨的专家就以重庆为研究对象。原因就是重庆的空气扩散条件差，能源结构不合理，煤炭含硫量高，煤质差，煤炭占能源结构比重过大。原国家环保总局局长曲格平80年代第一次来重庆，一下飞机“就闻到一股浓烈的二氧化硫味道”。那个时候，大街小巷小餐馆煤烟袅袅，尤其是秋冬时节，呛人眼鼻。

“八五”期间，我市环保科研人员经过多年研究，发现重庆市低矮面源对大气污染贡献率高达50%至95%。于是重庆从90年代末开始摸索对局部低矮面源，即4条街道餐饮试行改烧清洁燃料，受到业主和市民的好评。2000年3月，市政府发布了《实施清洁能源工程严格控制大气污染的通告》（简称“清洁能源工程”），要求2001年6月以内，主城区所有以煤为燃料的茶水炉和10蒸吨每小时以下的锅炉必须改造为电、天然气、液化气等清洁能源。

“清洁能源工程”是我市推出的第一项具有强烈针对性的污染控制措施，煤改气设备改造需投入，成本略有上升，很多人观念不接受，企业抵触情绪大。市、区环保局根据政府通告，列出需改造名单，工作人员三番五次上门做工作。时任市环保局副局长徐淑碧带领市、区工作人员，列出重点困难户，一一走访，查找、分析和帮助解决困难，实行一厂一策，各个击破。

南岸区上新街一家煤改气名单里的某企业负责人，一听说环保局的人来，就避而不见。有一次，我和重庆电视台等媒体记者，随市环保局、南岸区环保局工作人员再次到厂里做煤改气工作。门卫远远见着环保局的工作车，就把大门给关上，见着摄像机就抢夺。沙坪坝区某棉纺厂有近50年历史，由于设备老化，负债沉重，生产较困难。该厂有两台10吨的燃煤锅炉，年耗煤1.8万吨。接到煤改气的通知后，厂里职工认为是端了他们的饭碗。为了不改燃煤锅炉，女厂长多次带人到市环保局、市政府上访反映。为此，市领导批示“清洁能源目标要任务不松，期限不改，目标不变”“不是企业消灭污染，就是污染消灭企业”。纪检监察部门为此专门约谈女厂长。

在行政、经济、舆论的强大攻势下，一些抱有幻想和畏难情绪的业主单位慢慢转变了思想和态度，从最初的消极等待转向积极支持。有的企业在结合煤改气进行技术升级，如西南车辆厂就把蒸汽锤改为电液锤和空气锤，实现跨越式发展。2001年6月，主城区“清洁能源工程”全面完成，累计投入3.8亿元，2653台锅炉、茶水炉全部改用清洁能源，每年减少燃煤136万吨，直接减少7.6万吨二氧化硫和3.4万吨烟尘、34万吨煤渣排放。

“清洁能源工程”不仅削减了燃煤所致的二氧化硫排放，而且促使了大气污染综合治理不断深化。更重要的是，“清洁能源工程”扫清了全市强化大气污染治理的思想障碍。接下来空气污染治理转向了以控制扬尘污染为主的可吸入颗粒物治理。2002年初，市政府启动了“五管齐下”净空工程，一是关闭主城区范围内的采碎石场623家、小水泥厂7家；二是整治冒黑烟车6975辆次，1900辆19座及以下客运柴油车全部退出主城区行驶；三是建成CNG加气站43座，改造CNG车1万余辆；四是绿化地面76.4万平方米，封闭硬化土路94万平方米；五是完成23台10蒸吨以上燃煤锅炉洁净煤改造，4家大气污染企业关改迁。

2003年我市采取了进一步控制扬尘污染措施。2004年，我市对主城区易撒漏物质实行密闭运输，以进一步控制扬尘。2005年发布《重庆市主城“蓝天行动”实施方案（2005—2010）》，包括控制扬尘污染、控制燃煤及粉（烟）尘污染、控制机动车排气污染、保护及恢复区域生态环境、完善环境监控手段及建立和完善保障机制等六大方面的内容。

2010年，大气污染控制措施基本完成，也完成了西部大开发中关于产业布局调整和结构升级的要求，空气质量得到显著改善。

重庆位于三峡库区腹地，因三峡工程建设而直辖，保护好三峡库区水环境是党中央赋予重庆的一项重要使命。2000年，中国奏响了西部大开发序曲，也拉开了长江三峡库区水污染整治的帷幕，并成为重庆环境保护历史上浓墨重彩的篇章。

2000年以前，重庆除了年处理三万吨的唐家桥污水处理厂和牛角沱一个试验性质的小型污水处理站（日处理几十吨）外，再无任何生活污水处理设施。和中国所有沿江城市一样，重庆也沿袭着污水顺江排放、生活垃圾沿江倾倒的传统，长江及其支流成为纳污通道。

笔者当时在市环保局计划财务处负责环境规划编制工作，参与了相关规划的编制工作，目睹了由规划编制到实现的过程。在西部大开发政策落地前的1999年，国务院批复同意了《长江上游水污染整治规划》，重庆市政府编制了《长江上游（重庆部分）水污染整治规划》。

2000年6月16日，时任总理朱镕基在国务院三峡建设委员会第九次全体会议上指出："我们要极其重视三峡库区的生态环境保护问题，要及时制定规划，认真加以实施，强化监督机制，经常督促检查。决不能等到水库蓄水了再强调环境保护，现在就抓紧工作。"朱总理要求国家计委牵头，修订和完善现有的库区环境保护和生态建设规划。于是，在尚未实施的《长江上游（重庆部分）水污染整治规划》基础上，重庆市计委组织编制了《重庆三峡库区环境保护和生态建设规划》。基于当时全国城市污水及垃圾处理设施建设、运行管理几乎是空白，包括笔者本人在内的重庆方方面面对于环境基础设施的建设并没有足够的心理预期，再加上受项目资金缺乏的制约，规划的库区城市污水、垃圾处理建设项目进展极其缓慢。

随着距2003年5月三峡工程135米蓄水期限日益临近，库区环境基础设施建设任务日益紧迫，相关工作仍没有实质性进展。2001年6月，朱镕基总理沿长江视察，并在宜昌发表了重要讲话，要求国家环保总局会同有关部门，做好治理环境污染规划，并严格执行。为此，市政府责成市环保局牵头，组织相关部门对《重庆三峡库区环境保护和生态建设规划》进行修订。市环保局在一个月内形成了《三峡库区（重庆部分）水污染防治规划》报送国家环保总局。同年，11月2日，国务院批复了《三峡库区及其上游水污染防治规划（2001—2010年）》。规划中，重庆库区污染防治项目的国家投资174.5亿元，并明确了到2010年库区水环境质量目标及水环境保护各项主要任务，尤其明确了到2003年三峡工程二期蓄水前的急迫任务，完成135米水位以下垃圾库底清理、水库沿岸城市污水处理厂和垃圾处理场的建设。从此，库区城市污水和生活垃圾设施建设项目相继开工建设。

2008年1月，国家环保总局再次修订了三峡库区水污染防治规划，并印发了《三峡库区及其上游水污染防治规划（修订本）》。同年8月，重庆市政府出台《〈三峡库区及其上游水污染防治规划（修订本）〉实施方案》。生活污水和生活垃圾处理设施建设由城市向小城镇延伸。

在中央资金支持下，重庆市政府持续十余年实施“碧水”行动。重庆的城市生活污水及生活垃圾处理设施发生了翻天覆地的变化，相继建成一批库区沿岸城市污水处理厂，再覆盖全市域城市。到2010年，全市建成城镇污水处理厂157座，日处理能力260万吨，全市城市污水集中处理率83%；同期建成生活垃圾处理场50座，日处理能力11080吨，城市生活垃圾无害化处理率94%，改写了重庆将长江及其支流作为纳污通道的历史。

（节选自中共重庆市委党史研究室编：《重庆党史研究资料》2019年第3期，内部资料。）

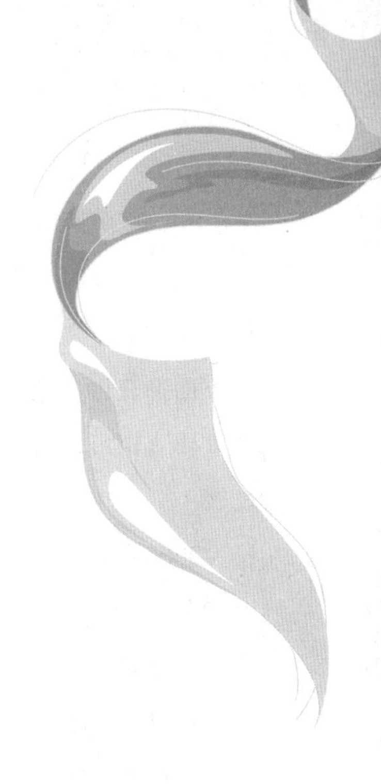

包子川：
重庆保税港区的建设历程

包子川，曾任重庆市地方税务局局长、党组书记，中共重庆市委组织部常务副部长（正厅局级），重庆保税港区开发管理有限公司董事长、党委书记，重庆市两江新区党工委委员、管委会副主任（正厅局级）。

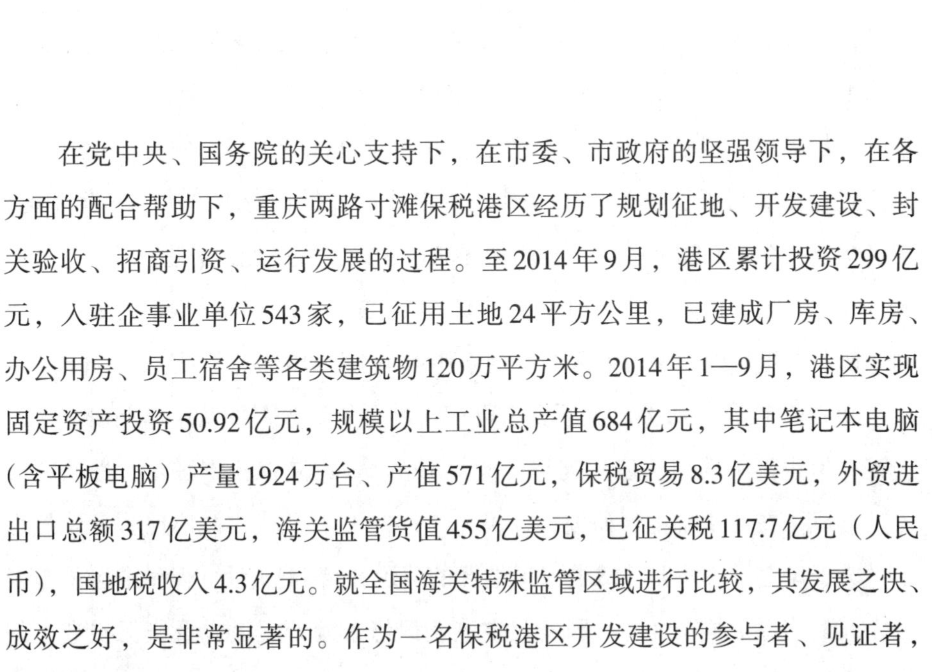

在党中央、国务院的关心支持下，在市委、市政府的坚强领导下，在各方面的配合帮助下，重庆两路寸滩保税港区经历了规划征地、开发建设、封关验收、招商引资、运行发展的过程。至2014年9月，港区累计投资299亿元，入驻企事业单位543家，已征用土地24平方公里，已建成厂房、库房、办公用房、员工宿舍等各类建筑物120万平方米。2014年1—9月，港区实现固定资产投资50.92亿元，规模以上工业总产值684亿元，其中笔记本电脑（含平板电脑）产量1924万台、产值571亿元，保税贸易8.3亿美元，外贸进出口总额317亿美元，海关监管货值455亿美元，已征关税117.7亿元（人民币），国地税收入4.3亿元。就全国海关特殊监管区域进行比较，其发展之快、成效之好，是非常显著的。作为一名保税港区开发建设的参与者、见证者，作一些客观概要的回顾。

一、重庆两路寸滩保税港区的诞生过程

国家实施的西部大开发战略，集中体现在促进西部地区的基础设施建设、教育文化卫生事业发展、生态环境的改善等方面，重庆在中央的支持下，这些方面都获得了快速的发展。但在经济和科技等方面，重庆作为内陆、西部的重要直辖市，需要争取中央更大支持，以推动深化改革、扩大开放、加快发展。

2006年11月，重庆海关撰写的题为《从成渝经济带崛起看区域通关的发展趋向》参考文章中，提出了在重庆设立内陆保税港区的构想，并就在重庆设立保税港区的意义、作用、功能等作了阐述。

2007年2月，重庆海关正式向市政府提出“研究在重庆建设内陆保税港区的可行性，支持把重庆建设成为西部最大的物流中心”的建议，此项建议得到市政府的高度重视和支持。同年3月，胡锦涛总书记就重庆新阶段发展提出了“314”总体部署：明确三大定位——努力把重庆加快建设成为西部地区的重要增长极、长江上游地区的经济中心、城乡统筹发展的直辖市；提出一大目标——在西部地区率先实现全面建设小康社会目标；交办四大任务——加大以工促农、以城带乡力度，扎实推进社会主义新农村建设；切实转变经济增长方式，加快老工业基地调整改革步伐；着力解决好民生问题，积极构建社会主义和谐社会；全面加强城市建设，提高城市管理水平。

在这之后，市委、市政府围绕贯彻落实“314”总体部署组织开展了一系列调研。在重庆设立保税港区的前期工作就是在这样的情况下逐步展开的。

2007年11月，海关总署原党组书记、副署长盛光祖率队来渝调研，对重庆设立保税港区的想法表示支持。同年12月，《内陆保税港区可行性研究报告》形成，在此基础上经研究，2008年2月28日，重庆市政府向国务院提出了《关于设立重庆两路寸滩港保税港区的请示》，在重庆设立保税港区的申报工作就此启动。同年4月，国务院空港调研组来渝开展设立重庆保税港区的相关调研；同年6月，国务院专家调研组来渝调研，其中，由海关总署牵头的第五调研组即重庆保税港区专题调研组，对重庆申请设立的保税港区（含

水港）进行了实地考察论证。海关总署盛光祖署长专程来渝，与王鸿举市长签署了《署市合作备忘录》，将推进保税港区设立纳入合作内容。同月6日，国务院研究室在进行专题调研后提出了在重庆设立保税港区的建议，此建议以送阅件的方式报给了党中央、国务院的各位领导和有关部委，申报工作得到有力推动。6月25日，市政府又就设立重庆两路寸滩保税港区的有关事项向国务院提出了补充请示，全面完成了申报工作。

2008年9月22日，经重庆市委、市政府同意，成立了重庆保税港区开发管理有限公司筹备组。9月26日和10月8日，市委常委、常务副市长黄奇帆主持召开了专题会议，研究重庆保税港区的筹备工作和重庆保税港区开发管理有限公司的筹建工作。这两次会议，使保税港区在获批之前的工作做到了精心筹划、及早准备、措施有力、推动快速。

同年10月，重庆海关印发了《重庆保税港区指南》，开始宣传保税港区的基本知识。11月7日，成立重庆保税港区海关推进工作领导小组。11月11日，重庆保税港区筹备组向重庆市政府上报了《重庆保税港区空间布局及土地储备建议方案》《重庆保税港区开发管理有限公司组建方案》《重庆保税港区开发管理有限公司章程》《保税港区成立庆典方案》等重要报告。11月12日，《国务院关于同意设立重庆两路寸滩保税港区的批复》文件下发，标志着重庆两路寸滩保税港区正式获批。该批复明确了重庆两路寸滩保税港区面积8.37平方公里的四至范围，其中水港功能区6平方公里、空港功能区2.37平方公里；重庆保税港区的功能和有关税收、外汇政策按国务院关于设立洋山保税港区的批复的有关规定执行；要求重庆要严格实行土地利用和城市总体规划，在节约利用土地资源的前提下进行建设，要拟定保税港区的开发实施方案和产业发展规划，并按有关规定组织隔离监管设施的建设和验收。

国务院文件下发以后，在市委、市政府的领导下，市级有关部门、保税港区筹备组着重抓紧开展了六项工作：一是积极申报争取中编办支持，健全组织管理机构。12月10日，中央编办批复同意设立重庆两路寸滩保税港区管理委员会，作为市政府派出的正厅级机构，负责对保税港区进行开发建设和运行管理。二是组建重庆保税港区开发管理有限公司，作为市属国有重点企业，负责筹资开发建设保税港区。该公司于12月17日完成工商税务登记等手续，于12月31日前完成了法人治理结构、班子队伍建设的基础工作。三是启动保税港区及功能配套区的产业规划编制及招商引资政策研究。四是开展相关土地清理及规划前期工作。五是海关、国检拟订落实沿江、沿海异地通关工作方案等。六是认真筹备，12月16日市政府召开的新闻发布会，向全国、全世界公布重庆两路寸滩保税港区成立的重要信息，并就在西部内陆地区设立保税港区的重要意义，重庆保税港区建设发展的主要设想、目标计划等进行宣传。新闻发布会引起了国内外的高度关注。12月18日，市委、市政府举行了重庆保税港区成立典礼，海关总署盛光祖署长前来参加。自此，我国第一个内陆保税港区、第一个“水港+空港”的双功能保税港区正式面世。

二、保税港区的规划和开发建设的主要情况

对于保税港区的规划建设，市政府要求我们总体规划、分期建设、滚动发展，争取2009年底实现一期封关围网，2015年全面建成，并把高起点规划、大马力建设、大力度招商，尽快实现保税港区运行，发挥保税港区功能作为我们的主要工作目标要求。围绕上述要求，我们主要抓了以下几方面的工作：

（一）快速精心编制保税港区的规划

规划是建设的基础和前提，是建设质量、建设过程的控制，是建设成本节省和建设效果良好的重要保证。我们面对的难题是内陆没有先例，全国也没有“一区双功能”的保税港区，而我们的保税港区与现有的沿海保税港区在地域环境、地形地貌、地质条件等诸多方面有重大差异，国外境外熟悉自由贸易区规划的单位或专家对国内的法规、政策及保税港区的功能和监管要求不了解，国内熟悉保税港区的规划设计单位及专家对重庆的规划建设要求及特点不熟悉，而熟悉重庆规划建设特点的单位及专家又对保税港区的功能及规划要求不了解等，尤其是能够进行总体规划和一期建设的时间只有一年。为此，我们采取的主要对策是：一是由非常熟悉并成功规划过沿海保税港区和北京天竺空港保税区的日耀金声投资顾问有限公司与非常熟悉重庆城市规

划和规划实施情况及建设特点的重庆规划设计研究院共同合作，一起研究编制重庆保税港区的规划；二是“初规”形成后多次组织重庆的规划设计、建设工程管理专家研究论证、评议修改；三是邀请了住房和城乡建设部、中国规划设计研究院的高级专家和国内保税港区中知名度高的规划建设管理的专家、人才、领导，帮助查找问题、评议修改；四是组织确定的建设施工单位的施工专家、领导和工程技术人员进行图纸和实地的比较研究、评议修改，以提高规划实施的可行性；五是对保税港区的综合楼、卡口、监管设施、仓储设施、信息管理系统等重点项目方案开展深入细致的研究，多方征求意见，反复审议修改；六是组织规划、建设、环保、人防、市政等各政府职能部门进行综合评审，并多次向各方面的领导汇报。整个规划过程遵循了“专家咨询、部门合作、公众参与、科学决策”的原则，2009年4月27日，报经市政府第36次常务会议审议，批准了保税港区的总体规划和一期2.67平方公里的建设实施方案。从一期建设实施的效果来看，规划是非常成功的。

（二）保税港区的建设

保税港区的建设，是全市贯彻“国发3号”文件的重中之重。2009年，市政府把贯彻“国发3号”文件的任务分解为145项，其中市领导牵头的有50项，50项中又确定了18项攻坚任务，其中的第一项就是加快保税港区建设。保税港区的建设的确是一个十分艰巨的任务，面临征地收地难、地形地貌复杂、建设工期紧、施工环境差、工程量极大、材料采购多等困难。为此，我们主要采取了以下几项措施：

一是大力快速征收土地。在一期工程中，我们采取征用、拆迁、安置经费包干的办法，委托渝北、江北两区政府征收农地并负责拆迁安置，得到两区政府的高度重视和大力支持，克服了诸多矛盾困难。从2009年2月20日开始，用3个月时间，完成空港征地1500亩，水港拆迁980亩，保证了工程用地的需要；鉴于水港功能区近900亩已出让土地须收回，我们按照市政府确定的原则，采取加强对接、反复磋商，尊重历史、面向未来，实事求是、合理补偿等原则和方法，在市国土局等有关部门的支持下，从长安、中外运、双远、小水电项目等单位及时收回土地，推进工程开展。

二是大力推进建设。我们深知保税港区工程的重要性，提出了要把保税港区工程建设成为“市委市政府放心工程，经得起历史检验、人民群众满意的工程，精心管理、质量优良的工程，不出重特大安全事故的工程，各方支持、心齐气顺的和谐工程，不出腐败问题、不倒下一个工作人员的廉洁工程”的“六个工程”目标。为了实现这个目标，我们采取与国有大型企业合作，实行工程总承包方法，并认真执行“三严行动”，不准违规转、分包等措施，通过近一年的艰苦努力，完成“平基”土石方2100万方，搬迁14座高压铁塔，修建水空港综合楼、仓储设施近20万方，建成投用全部海关、国检等监管设施，于2010年5月11日通过国务院联合验收组正式验收，获得验收组成员“建设难度最大、建设时间最快、完成效果最好”的“三最”评价。当年8月，在海关支持下，保税港区一期开始封关试运行。2010年8月，市政府提出重庆打造亚洲最大笔电基地的工作部署，市政府领导要求我们将空港功能区笔电基地建设作为重庆的“淮海战役”来攻坚，通过认真研究和精心准备，2010年10月10日开工建设保税港区二期工程和空港笔电基地，至2011年7月，宏碁系笔电企业入驻投产，笔电基地形成，12月14日，重庆保税港区二期顺利通过国务院联合验收组验收，标志着重庆保税港区历经3年，全面建成。

（三）保税港区规划建设中的重要花絮

1.关于水港功能区标高确定。寸滩港从已建成的集装箱码头到海尔路，从海尔路到水港功能区的监管仓储物流区，是一个梯级递高地形，两级高差分别为5米、8米。在规划设计过程中，一些专家及相关部门、单位的意见是将监管仓储物流区与海尔路标高一致，使之平顺美观。但我们在研究论证中结合重庆实际，反复斟酌，提出保留八米标高。实践证明，这项决策的效果既体现了重庆山城特色，又极大降低了工程成本，还确保了一年封关围网目标的实现。

2.关于水港挖方外运问题。水港一期土石方量为1100万方，其中有600万方需运至9—13公里外的弃渣场，由此既有运输成本高、企业投资大的经济问题，又有因运量大、运距长，沿线道路将损毁严重的社会问题。为此，我们在江北区政府支持下，将水港功能区外的低洼农地一并征收，用于挖填平衡，并为港区未来发展储备资源。实践证明，既节省了外运费用，抓时机征用储备了大量土地，而储备的土地又及时进行了回填，为今后使用节省了填方费用。

3.关于水港高压线搬迁。在水港规划的仓储物流区近100亩土地上，有14座高压铁塔及线路需搬迁。常规情况下，至少需上亿元的费用和一年以上的时间。但在市政府的协调和市电力部门的大力支持下，我们只花了三个月时间、3300万元投资就完成了搬迁任务。

三、保税港区的招商引资工作

重庆保税港区作为内陆开放高地和外向型经济发展平台，其功能作用的发挥关键是要做好招商引资工作。按市政府“大力度招商”的工作要求，我们主要做了三个方面工作：

（一）大力宣传保税港区

自2008年11月国务院批准设立重庆两路寸滩保税港区以后，市委、市政府就非常重视宣传工作。12月16日，市政府召开新闻发布会，依托国务院新闻办，利用国际国内知名媒体开展全面、系统的宣传报道；12月18日，市委、市政府，海关总署，中央编办等举行仪式，对保税港区及保税港区公司授牌，推动宣传工作深入广泛。几年来，结合保税港区建设、运行和招商引资工作的进展，多次开展了大型的、综合的、专题的宣传活动，接待了上千批市内外的调研观摩考察团组，利用电视、报刊、网络、展板等各种方式开展持续递进宣传，使重庆保税港区的社会影响不断扩大，为招商工作奠定了良好基础。

（二）制定实施和不断完善政策

2009年6月，保税港区开工建设以后，招商引资的政策研究正式启动。8月6日，市政府周慕冰副市长主持召开了重庆两路寸滩保税港区招商引资工作专题会议，研究论证保税港区的招商引资政策；11月2日，市政府第53次常务会议审议通过，有力地推动了招商工作的发展。2012年12月5日，市政府印发了《关于支持重庆两路寸滩保税港区发展有关财税扶持政策的通知》，根据这一扶持政策，保税港区又补充制定了吸引企业入驻保税港区的扶持办法，极大地推动了港区招商引资工作。

（三）大力度招商

保税港区的实际招商引资工作启动很早，起步很快，是与保税港区的规划、建设工作统筹考虑，同步进行的。2009年1月21日，世界500强企业日本伊藤忠商社小林荣三社长率团拜访两路寸滩保税港区，通过友好交流，双方达成了初步合作意向，这是第一次商务交流。2月27日，重庆保税港区与重庆市渝北区政府签订战略合作框架协议，确定了保税港区与渝北区在土地征收开发、港区建设管理和招商引资、经济发展等方面携手合作、同心协力，这是第一次政企携手。5月13日，保税港区与日本伊藤忠商社、重庆机场集团等7家单位签订了合作协议，这是第一次集体签约仪式。6月13日，保税港区与中国农业银行重庆市分行等8家银行签订银企合作协议，授信总额达219.5亿元，这是第一次银企合作，保障了建设资金。9月28日，保税港区又与23家企业、9家金融机构、3家外地政府机构和市内5个区政府签订合作协议。12月31日，保税港区举行了招商引资、战略合作第二批签约仪式，与34家企业、4家外地政协机构、4个市内区政协签订了合作协议。2010年期间，台湾和硕、宏碁、仁宝、纬创、广达、英业达等笔电企业相继考察保税港区，笔电基地的厂房、员工宿舍等项目于10月10日正式启动；12月10日，宏碁电脑与市政府签订协议，正式落户重庆保税港区。另外，重庆机场集团航空货运站项目、重庆航运交易中心项目等相继落户保税港区。目前，重庆保税港区的保税加工快速发展，笔电年产能已达到4000万台，黄金、珠宝、钟表、服装等加工产业正在蓬勃兴起；保税贸易企业400多家，经营进口商品12300余种，已入驻物流仓储企业110家，空港功能区现代商贸物流园已见雏形。

四、党中央、国务院对重庆保税港区高度重视和大力支持

2008年11月，国务院批准设立重庆两路寸滩保税港区，迄今为止，在内陆是唯一的，其水港+空港“一区双功能”是唯一的，充分体现了党中央、国务院对西部大开发的持续推进，对重庆建成长江上游经济中心、西部重要经

济增长极的高度重视和坚强支持。12月22日，也就是在保税港区获批40天之际，时任中共中央政治局常委、国务院总理温家宝就到重庆两路寸滩保税港区视察，要求重庆要做好扩大开放这篇大文章，加快保税港区的建设，研究实行沿长江建立高效便捷的大通关模式。

2009年2月13日，时任中共中央政治局常委、全国政协主席贾庆林视察保税港区。2011年4月8日，中央政治局常委、全国人大常委会委员长吴邦国视察保税港区。自2009年以来，习近平、李克强、张德江、王岐山、张高丽等党和国家领导人，全国人大桑国卫、陈至立，全国政协陈宗兴、林文漪、张梅颖、董建华等领导同志以及原中央政治局常委、中纪委书记吴官正都莅临过保税港区视察指导我们的工作。据我对全国海关特殊监管区域的比较和了解，应该是非常罕见的。

在重庆保税港区规划、建设、运行的过程中，随着建设深入发展的加快，加上笔电基地项目的形成等综合客观因素，原国务院批准设立的保税港区水港6平方公里、空港2.37平方公里需要进行调整，市政府提出请示和建议后，得到了国务院相关10多个部委的关心和帮助，得到国务院的重视支持。

2011年10月23日，国务院办公厅以国函〔2011〕123号文件函复重庆市政府和海关总署，正式同意调整重庆两路寸滩保税港区规划范围为：水港功能区2.43平方公里，空港功能区5.94平方公里。整个工作的流程，相当于新申报一个保税港区，这种情况在全国海关特殊监管区域中是唯一的。

2014年9月16日，国务院以国函〔2014〕125号文同意重庆两路寸滩保税港区与苏州工业园综合保税区，在全国率先划出专门区域作为贸易功能区，调整相关税收规定，实行区域贸易多元化的试点。这项政策，对于重庆保税港区扩大国际贸易功能，利用国际、国内两个市场，实现进出口商品在更大范围、更宽领域、更深层次的聚集和辐射，对于充分发挥内陆开放高地的作用，推动重庆成为长江上游经济中心，具有非常重要的作用。

（节选自中共重庆市委党史研究室编：《重庆党史研究资料》2019年第2期，内部资料。）

蹇泽西：
拨开愁云终见日，土家儿女喜洋洋

蹇泽西，现任重庆市人大民族宗教侨务外事委员会主任委员，曾任重庆市石柱土家族自治县县委书记。在2019年全国脱贫攻坚奖评选表彰中，石柱县荣获组织创新奖。

经典民歌《太阳出来喜洋洋》的故乡就是我们石柱。歌中唱道“……只要我们多勤快，不愁吃来不愁穿”，表达了我们土家儿女对好日子的无限期盼。党的十八大以来，以习近平同志为核心的党中央带领全党全国人民向贫困发起总攻，我们尽锐出战、强力攻坚，2019年4月，以零漏评、零错退、群众认可度近98%的良好成效，一举摘掉国家级贫困县“帽子”。

事非经过不知难！我从经济相对发达的潼南区调到国家级贫困县石柱工作，组织上交给我的底线任务就是“坚决如期打赢脱贫攻坚战”。当我来到石柱时，这里经济发展水平低，产业空心化严重，60%的贫困群众没有稳定产业和收入来源；基础设施薄弱，农村交通不便，自然村通畅率仅为60%、村民小组通达率仅为76%，80%的贫困户饮水安全没有保障；公共服务缺失，因病因学致贫分别为31.7%、32.5%，贫困发生率高达12.7%。问题这么多、基础这么弱、差距这么大，要如期完成任务，谈何容易？困难面前不低头，攻坚责任勇担当！我们积极践行习近平总书记关于扶贫工作的重要论述，组织县乡村三级干部5800余人，利用一个月时间访遍230个村、8.3万户23.3万人，通过集中深入走访调研、反复研判，终于找到了破解之策，那就是：压实责任——构建强有力的攻坚责任体系，瞄准问题——解决好“两不愁三保障”突出问题的关键环节，夯实根基——把发展产业作为稳定脱贫的基础工程，以脱贫攻坚统揽经济社会发展全局。

压实责任——千钧重担众人挑。把干部组织起来、把责任落实下去，是打赢脱贫攻坚这场硬仗的关键。我们坚持从干部抓起，把政治素质好、工作能力强的干部放到重要位置，压重担、委重任，把不作为、不担当的干部调整下去，选精兵、派强将。全县扶贫领域，有145名干部因表现优秀得到提拔重用，521名干部因履职不力受到问责处理。调研中，我们发现全县85个贫困村，几乎所有支部都软弱涣散、缺乏战斗力，很多工作到村一级就无法落实。针对这个问题，县委下定决心把贫困村全部纳入组织整顿，通过选、引、换、派，调整不胜任支部书记77人，精准选派“第一书记”和驻村工作队员。目前，85个贫困村支部逐步发挥起战斗堡垒作用，绝大多数都是忠诚、干净、担当能打胜仗的队伍，在基层一支支“不走的扶贫工作队”初步形成。

为层层压实责任，我们构建起“组织领导、业务技术、监督问责”三大攻坚责任体系。建立33个县领导任组长的包帮攻坚小组、33个乡镇突击队、222个村支两委和驻村工作队组成的一线战斗队，形成上下联动的指挥作战体系；建立由县领导任指挥长、县级部门和乡镇业务技术骨干为成员的16个行业扶贫指挥部，形成纵横协作的业务技术保障体系；建立五个片区督导组与监督执纪、责任落实、业务工作三个专项督查组，形成贯穿全程的监督问责体系。三大体系高效运转、同步发力，县领导既挂帅又出征，行业部门善破难题敢扫障碍，乡镇干部用心用情用力，村组干部会做群众工作，帮扶干部结穷亲办实事，推动形成了攻坚拔寨的强大合力。

如今，石柱广大党员干部积极奋战在脱贫攻坚一线，用脚步丈量每一寸土地，用汗水浇灌每一处贫瘠，用热血和生命书写着一曲曲壮美的扶贫赞歌。王明香，原是六塘乡六塘村扶贫专干，2017年11月24日，在去六塘村扶贫的路上，因车祸不幸殉职，把年轻的生命永远定格在36岁。“当干部就是要为民着想，群众盼啥、想啥，我们就要努力干啥。”王明香是这样说的，也是这样做的。她是一位母亲，无暇陪伴年幼的孩子，却为了帮助患再生障碍性贫血症的黄飞，筹措治疗费而忙前忙后；她是一个女儿，无法照顾多病的双亲，却每周都去看望体弱多病的单身老人马培贵；她是一名妻子，却舍小家为大家，为了让乡亲们早日脱贫，日夜奔走在田间地头，反复辗转于家家户户。听闻王明香出事后，马培贵大哭了一场，“在我眼里她就是我的女儿，可现在再也看不到她了……”。葬礼那天，村里的乡亲们自发赶来，抚棺而泣、泪水长流。作为一名基层干部，王明香用生命铸就了一座脱贫攻坚的不朽丰碑！2015年以来，全县有39名干部在脱贫攻坚中殉职或受伤。正是像王明香这样的一大批优秀干部，用无私的奉献、无悔的付出，兑现了“不获全胜，决不收兵”的庄严承诺！

瞄准问题——强化监测防返贫。脱贫难，巩固成果更难。为实现脱贫不返贫，我们及时建立“两不愁三保障”突出问题动态预警监测机制，每月由一线战斗队开展排查，对排查出来的问题，专线直报县领导小组，第一时间掌握情况、及时督促整改；另一条线同步反馈给乡镇，由乡镇3个工作日内核实解决，无法解决的次月5日前报县指挥部，指挥部3个工作日内形成整改方案限期整改销号，形成了扁平化信息报送及快速响应处置机制，构筑起防止返贫的制度防线。

2019年4月15日，习近平总书记视察石柱时，看到贫困群众吃穿不愁、住房安稳，高兴地说，你们家不愁吃、不愁穿这“两不愁”我们直接看到了，医疗保障、住房安全做得也挺好，党的政策对老百姓好，才是真的好。中益乡华溪村63岁的谭登周，本来已于2016年脱贫，不幸在干活时摔成重伤，治疗花费16万多元，加之老伴患慢性病，一下子又返了贫。好在监测机制及时响应，他继续享受扶贫政策，自己只承担了一万多块钱。他动情地对总书记说：“如果不是党的政策好的话，我坟头上的草都长这么深啦哟！”如今他家门前还贴着这样一副对联，上联是“九死一生靠政策”，下联是“三病两苦有医保”，横批是“共产党好”。不仅谭登周，所有贫困群众都有实实在在的获得感，大家都在讲，“如今党的政策就是好，我要努力往前跑”。

夯实根基——做强产业扶长远。发展是解决一切问题的总钥匙。我们牢记总书记“绿水青山就是金山银山”的教导，坚持走深走实产业生态化、生态产业化绿色脱贫之路。大力培育引进龙头企业，根据市场需求和群众种植习惯，因地制宜发展调味品、中药材、果蔬等优势产业，带动12650户贫困户实现脱贫；鼓励贫困群众依托扶贫政策，发展农村电商，兴办农家乐、民宿酒店等康养旅游项目，带动985户贫困户实现稳定增收；持续加大招商引资力度，择优发展以绿特农产品精深加工为重点的生态工业，带动9866名贫困群众实现就近就业创业。石柱集大山区、大农村、大库区于一体，大部分地区山高坡陡、沟壑纵横，土地零散，产业难成规模。王场镇为解决贫困群众脱贫增收问题，决定发展柑橘产业，但缺乏企业带动，群众积极性不高。对此，王场镇发动党员干部一家一户反复做思想工作、算增收账，聘请专家培训指导，召开20场院坝会统一认识、消除顾虑，多次组织干部和村民代表外出考察，经过半年洽谈，终于引进一家企业，在石溪村发展柑橘产业3000多亩，采取“土地入股+项目经营+生产管理返包”模式，带动全村119户贫困户中的97户增收，每户年均增收1.5万元以上。

如今的石柱，经济社会发展正释放出巨大的潜能与活力。2014年至2018年，经济总量年均增长8%，贫困群众人均可支配收入增加2.4倍。水泥路通到村村寨寨，人行道连接千家万户，村民小组通达率100%、通畅率80%，家家户户喝上安全水，村卫生室、文化活动场所实现全覆盖。乡乡有扶贫产业、村村有增收项目、户户有致富门路、人人有生活保障。一座座村居院落整洁亮丽，一所所乡村学校书声朗朗，一片片产业基地生机盎然，“家乡就是好地方，挣钱不用去远方”的观念深入人心。

脱贫攻坚的伟大实践，让我们深深地感受到，我们国家之所以能够创造世界减贫史的奇迹，最根本的是有中国共产党的坚强领导、有社会主义制度的巨大优势，是习近平总书记念兹在兹、亲自谋划部署、亲自领战督战、亲力亲为的结果。中益乡华溪村86岁的老党员马培清深情地说“翻身不忘共产党，脱贫不忘习主席!”她发自肺腑的言语，代表了广大人民群众的心声!

今天的土家山寨，《太阳出来喜洋洋》依然在传唱，但唱的不再是对“不愁吃、不愁穿”的渴望，而是对幸福美好生活的向往！让老百姓生活更幸福，就是共产党的事业。我们要把总书记的殷殷嘱托转化为磅礴力量，感恩奋进，一鼓作气，越战越勇，坚决高质量打赢打好脱贫攻坚战。贫困群众不脱贫，我们决不下火线！

（节选自中共重庆市委党史研究室编：《重庆党史研究资料》2020年第2期，内部资料。）

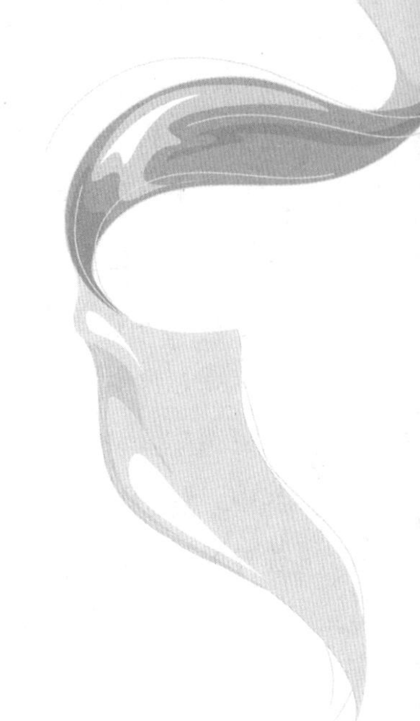

钟应富：
科技帮扶，茶山飘香

钟应富，1999年毕业于西南农业大学茶学系，参加工作以来一直在重庆市农业科学院从事茶叶研究与技术推广工作。

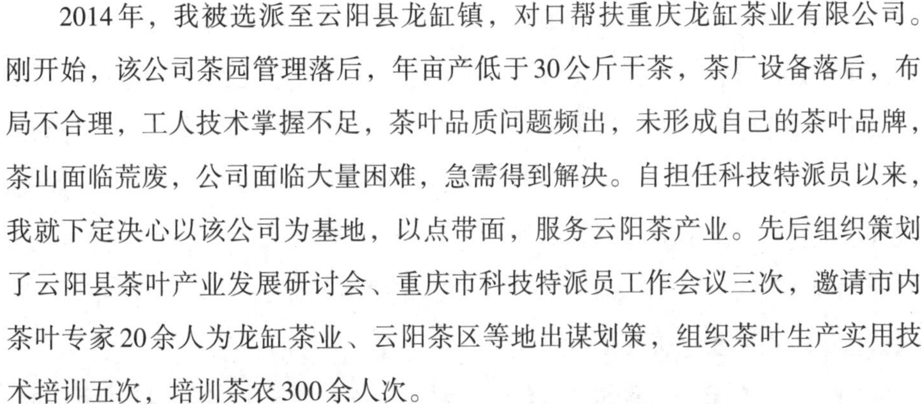

2014年，我被选派至云阳县龙缸镇，对口帮扶重庆龙缸茶业有限公司。刚开始，该公司茶园管理落后，年亩产低于30公斤干茶，茶厂设备落后，布局不合理，工人技术掌握不足，茶叶品质问题频出，未形成自己的茶叶品牌，茶山面临荒废，公司面临大量困难，急需得到解决。自担任科技特派员以来，我就下定决心以该公司为基地，以点带面，服务云阳茶产业。先后组织策划了云阳县茶叶产业发展研讨会、重庆市科技特派员工作会议三次，邀请市内茶叶专家20余人为龙缸茶业、云阳茶区等地出谋划策，组织茶叶生产实用技术培训五次，培训茶农300余人次。

每年坚持不少于10天的蹲点指导，传授名优茶手工制技艺、名优茶机械化加工技术、工夫红茶加工技术等加工技术，先后为公司培养加工技术骨干20余名。指导公司坚持绿色发展理念，严格质量要求，保障产品安全，推广茶园绿色防控技术，对于茶园病虫害做到提前发现，提早防预，采用杀虫灯、色板、生物制剂、植物源农药，及时修剪采摘等措施防治茶园病虫害，做到了零化学农药施用；在生产过程中，创新工艺，研发优势产品，根据当地原料特性，研发茶叶新产品。

通过几年的努力，该龙缸茶业公司申报的有机茶园通过认证；研发的龙缸云雾、歧阳秀芽、龙缸工夫等茶叶产品先后荣获“中绿杯”全国名优茶评比金奖、“三峡杯”重庆市名优茶评比金奖、“中茶杯”名优一等奖等荣誉，其中，“歧阳秀芽”茶叶在2018年第二届中国（杭州）国际茶叶博览会上以优异的品质荣获金奖，是重庆市仅有的四只金奖名茶之一。此外，通过指导该公司策划举办采茶节，编制龙缸云雾茶艺表演，“特农淘”网上推荐产品等形式，加强了企业产品宣传，促进了企业产品销售，保障了企业经营业绩年增速在20%以上，利润逐年增长。龙缸茶业公司也由此从一个不知名的企业成为重庆市农业产业化龙头企业、重庆市十佳茶叶企业。

2017年，为助力重庆市脱贫攻坚，提升重庆市深度贫困乡镇茶叶产业发展水平，我积极申报并有幸成为重庆市农业农村委员会产业扶贫技术指导组成员，定点帮扶巫溪县红池坝（原中岗乡）茶叶产业发展，2019年又申报并建立了重庆市人力资源和社会保障局首批脱贫攻坚及乡村振兴专家服务团，服务全镇茶叶产业发展。三年来，20多次到红池坝镇开展茶叶产业调研、技术培训与现场技术指导等。为更好地落实技术措施，建立了每月定时发送茶叶农事工作方案工作制，开展了技术培训3次，受训人员100余人次，现场技术指导20余次，指导茶厂及生产线建设四个，研究集成“巫溪秀芽”碧尖、银针、毛尖三大系列产品技术，提高了产品质量和丰富了产品结构。指导培育的巫溪县新民茶叶有限责任公司在“巴味渝珍”杯重庆市第三届斗茶大赛荣获重庆市优秀茶叶扶贫企业称号。

2018年，在重庆市科技特派员“一对一”进村帮扶工作中，我积极争取，不畏艰难，到重庆深度贫困乡镇——万州龙驹镇定点帮扶龙溪村茶产业发展，指导该村建立标准化茶厂一个，建立适宜多元化茶产品开发茶叶清洁化、机械化生产线一条，创新研发的“龙溪工夫红茶”获第二届重庆市斗茶大赛五星冠军红茶称号，研发的“三峡皇希茶”获第十二届重庆市三峡杯名优茶评比金奖。以高品质产品开发带动基地发展，帮扶该村新发展茶园200余亩，建成高山优质生态茶园1000余亩。2020年，受疫情影响，龙驹镇唯一的茶厂却面临技术工人不能返厂，无法开工的难题，企业和当地茶农急切期盼技术支援，我向单位汇报后主动申请前往当时还处于疫情防控重点区的万州龙驹镇，指导当地做好疫情防控措施，开展理论和现场操作技术培训，通过连续3天的技术培训，使龙驹镇茶叶生产进入正轨，保持了当地茶原料的及时采收和加工。

利用自己的专业特长，科技帮扶初见成效，当年差点荒废的茶山又绿起来了，香起来了。深度贫困乡镇茶叶品质提高了，品种丰富了，效益也逐渐提升，茶农鲜叶有了出路，茶农的钱包也慢慢地鼓起来了，生产积极性得到了较大提升。茶叶产业发展依然离不开科技的支持，我将继续为全市产业发展贡献自己的力量。

（节选自中共重庆市委党史研究室编：《重庆党史研究资料》2020年第2期，内部资料。）

赵宝权：
建好西部陆海新通道，助推重庆大开放大发展

赵宝权，曾任重庆市发展和改革委员会党组成员、副主任，参与过西部陆海新通道建设工作。

西部陆海新通道最早发端于重庆与新加坡共同推动的南向通道铁海联运项目，后来该项目的内涵外延被不断扩展，参与合作共建的“朋友圈”不断壮大，成为“一带一路”建设的重要组成部分。建设西部陆海新通道是党中央、国务院的重大决策部署，对于构建全方位开放格局、促进中西部地区发展、推进共建“一带一路”都具有重要意义。

一、重庆开放发展的新机遇

2019年8月，根据国务院批复，国家发展改革委印发了《西部陆海新通道总体规划》，赋予了重庆重要功能定位，为深入贯彻落实习近平总书记视察重庆重要讲话精神，加快推动重庆开发开放，带来重大的发展机遇。

一是有利于重庆整合各方资源，更好发挥“三个作用”。习近平总书记视察重庆，要求重庆努力在推进新时代西部大开发中发挥支撑作用、在推进共

建“一带一路”中发挥带动作用、在推进长江经济带发展中发挥示范作用。《西部陆海新通道总体规划》明确提出，充分发挥重庆位于“一带一路”和长江经济带交汇点的区位优势，建设通道物流和运营组织中心；加强省际协商合作，支持重庆市牵头建立省际协商合作机制，协调解决西部陆海新通道区域合作有关事项。以此为契机，推动重庆从全局谋划一域，以一域服务全局，发挥在沿线区域带动作用，整合各方资源，统筹推进沿线区域合作和通道运行，不断为西部内陆开发开放注入新活力，更好推动共建“一带一路”走深走实。

二是有利于重庆发挥区位优势，加快内陆开放高地建设进程。《西部陆海新通道总体规划》提出加强通道建设顶层设计，研究完善总体方案，协调推动国际合作，解决交通运输制约、产业支撑缺乏、通关便利化有待提升等突出问题，推动形成区域协调发展和对外开放新格局。规划的三条主通道有两条连接重庆，对更好发挥重庆区位优势至关重要。《西部陆海新通道总体规划》明确支持重庆建设内陆口岸高地和内陆国际物流分拨中心，提升国际物流集散、存储、分拨、转运等功能。要求进一步发挥中新（重庆）战略性互联互通示范项目作用，加强与周边国家协商合作，持续放宽外资准入，改善外商投资环境，带动相关国家共建共享西部陆海新通道，提升我国西部地区与东亚及南亚地区的互联互通水平。

三是有利于重庆突破出境通道短板，推进交通基础设施上新台阶。出境通道尤其是铁路通道能力不足是制约重庆外向型经济发展的一大瓶颈。《西部陆海新通道总体规划》明确加快推进铁路建设，打造重庆至北部湾出海口大能力铁路运输通道，实施渝怀铁路增建二线等项目建设，研究建设重庆至贵阳铁路等项目，畅通能力紧张“卡脖子”路段；完善公路运输网络，加快推进G75渝黔扩能，升级G93重庆至遂宁段等；提升综合交通枢纽功能，推进重庆团结村集装箱中心站、重庆鱼嘴铁路货运站升级改造，加快重庆铁路枢纽东环线建设。这些项目的实施都需要国家层面的支持。《西部陆海新通道总体规划》发布后，这些项目落地实施进度将显著加快，对提升重庆交通基础设施水平是一个重大利好。

四是有利于重庆全面提升物流降本增效水平，加快建设内陆国际物流枢纽。内陆相对于沿海，最大的制约是物流成本。《西部陆海新通道总体规划》要求优化铁路班列服务，织密航运服务网络，开行重庆至北部湾港口的高频次班列直达线，开行至越南沿海港口的直达航线，加强与中欧班列、长江航运衔接，扩大通道辐射范围。推动通关便利化，深入推进通关改革，强化国际通关合作，推进跨境运输便利化，推进多式联运“一单制”，健全运输技术标准规范体系。《西部陆海新通道总体规划》还提出加强通道两端物流枢纽建设，支持重庆建设内陆国际物流分拨中心，提升国际物流集散、存储、分拨、转运等功能。加上2018年底出台的《国家物流枢纽布局和建设规划》已明确在重庆规划建设陆港型、港口型、空港型、生产服务型、商贸服务型五大类型的国家物流枢纽。这些措施都将从顶层设计上推动重庆物流降本增效，对于落实习近平总书记对重庆提出的建设内陆国际物流枢纽的重要指示精神具有深远意义。

五是有利于重庆加快发展通道经济，推动经济高质量发展。《西部陆海新通道总体规划》提出打造高品质陆港经济区，完善重庆等铁路口岸通关设施，建设重庆高新区等枢纽经济，加快发展航运经济，强化重庆港航运和资源集聚功能，推进重庆临空经济示范区建设。依托开放通道和开放平台，重庆通过汇聚西部地区和全球要素资源，融入更大范围的产业和供应链条，巩固提升汽车、电子等支柱产业，培育壮大物联网、生物医药、集成电路等战略性新兴产业，做优做强金融、物流、会展等现代服务业，推动新旧动能转换，促进区域产业结构优化升级，加快形成市场竞争力强、可持续的现代产业体系，打造高品质陆海联动经济走廊。

二、重庆积极发挥引领和枢纽作用

重庆在共建西部陆海新通道中，具有重要功能定位，要努力发挥引领和枢纽作用。

一是逐步完善共建机制。重庆积极发挥物流和运营组织中心作用，通过多种形式加强与西部省区沟通衔接，已与九省区市签署了合作共建协议，牵头召开了西部陆海新通道西部省区市共建工作推进会议。先后在新加坡、越南、中国香港等地设立国际货物集散中心，与贵州、甘肃合资建立了平台公司，筹划成立陆海新通道运营中心有限公司，研究统筹整合沿线物流资源，提升通道运行效率。

二是不断优化通道格局。目前，西部陆海新通道已形成国际铁海联运、跨境公路运输和国际铁路联运三种运输模式，并不断向东盟国家延伸，通达新加坡等90个国家、190个港口。陇渝、陇桂、黔桂、青渝桂等班列相继开行，与中欧班列（重庆）实现有机联结，形成“一带一路”经中国西部地区的完整环线。西部陆海新通道铁海联运班列开行以来，截至2019年7月底，重庆与广西北部湾之间双向发出1183列班车，外贸货值累计6.3亿美元，内贸货值30亿元；重庆东盟公路班车首次运营以来，共计发车1460车次，总货值11.98亿元。

三是逐步提升通道功能。加快建设跨区域国际铁海联运信息平台，推动铁路、港口、船运公司、国际贸易“单一窗口”的信息交互，推进与新加坡“单一窗口”互联互通。搭建西部陆海新通道外贸服务平台，发展通道贸易。发展整车、肉类、冻品运输，丰富运输产品。探索跨境和外币境内便捷网上支付模式，提供更多通道金融服务产品，提升金融服务功能。重庆推动的《国际货运代理铁路联运作业规范》已向国家标准委报批。探索开具多批次西部陆海新通道国际铁海联运提单，取得初步成效。

四是加快基础设施建设。渝昆高铁近期将全线开工，渝怀铁路涪怀二线正在加快建设，渝贵高铁、黔江至吉首铁路有望纳入国家“十四五”规划启动实施。西部陆海新通道铁路起点——重庆国际物流枢纽园区2019年1—7月完成固定资产投资56亿元，同比增长73%；签订协议12个，协议投资总额128.5亿元；新增企业数574家。西部陆海新通道公路起点——大型公路货站南彭贸易物流基地2019年1—7月完成固定资产投资21亿元、销售收入247亿元、税收4亿元。

五是西部陆海新通道相关开放平台和国际合作平台加快发展。中新（重庆）战略性互联互通示范项目取得良好进展，截至2019年7月底，已累计签约合作项目169个，总金额逾263亿美元，覆盖金融、航空、交通物流和通信合作领域。第二届中国西部国际投资贸易洽谈会成功举办，来自95个国家和地区的300家世界500强企业2000余家跨国公司和大型企业参加会议，签约项目271个，签约总额5497.8亿元。

三、存在的问题与对策

虽然目前西部陆海新通道建设进展迅速，但也存在一些突出问题，主要体现在：

一是合作机制急需完善。国际合作机制需进一步加强，国际次区域合作尚有待加强；沿线省市区合作水平有待提升，物流通道缺乏统一的运营平台。

二是信息孤岛现象突出。尚未形成统一的跨区域的物流信息平台。

三是设施保障能力亟急增强。铁路、公路等基础设施存在短板，通关效率有待优化。

针对这些问题，需要进一步开展以下工作：

一是加强顶层设计推动。结合重庆实际，研究制定落实《西部陆海新通道总体规划》的实施方案。为充分发挥重庆作为西部陆海新通道物流和运营组织中心的作用，在西部陆海新通道部际联席会议制度、国际合作协商机制指导下，由重庆牵头建立西部陆海新通道省际联席会议制度，推动协商解决西部陆海新通道建设发展过程中的区域合作重大事项。

二是加快通道和物流设施建设。打造重庆—北部湾出海口大能力铁路运输通道，推进渝怀铁路增建二线等项目，研究建设重庆至贵阳铁路等项目，加快推进G75渝黔、G93重庆至遂宁升级等项目。推进重庆团结村集装箱中心站、重庆鱼嘴铁路货运站、重庆铁路枢纽东环线等交通枢纽重点项目建设。强化通道两端物流枢纽建设，尽快出台《重庆市国家物流枢纽布局和建设方案》，加快建设陆港型、港口型、空港型、生产服务型、商贸服务型五大类主辅联动的国家物流枢纽网络体系，重点推进重庆国际物流枢纽园区、重庆南彭贸易物流基地建设。

三是优化物流组织服务模式。优化和拓展国际铁海联运、跨境公路运输和国际铁路联运等三种主要物流组织形式，推进西部陆海新通道与中欧班列（重庆）和长江黄金水道一体建设。依托国际贸易“单一窗口”，加快建设通道公共信息平台。推进通关和跨境运输便利化。在已经成功推进铁路提单物权化创新基础上，扩大铁路提单信用证使用规模和范围，推动多式联运提单信用证标准化和提单融资、结算便利化。培育壮大多式联运经营人，鼓励大型运输企业参与通道建设运营，筹建陆海新通道运营中心有限公司。发展特色冷链物流。打造现代制造业物流，面向东南亚市场，开展跨国跨地区生产物流组织，拓展覆盖制造业全产业链的物流服务。发展大宗商品贸易和物流平台。加快推进跨境电子商务，建设跨境电子商务综合试验区。

四是培育发展通道经济。引导沿线生产要素和东部地区产业向包括重庆在内的通道沿线地区有序转移，发展一批特色产业集聚区，培育一批核心竞争力强的企业集团，打造一批具有国际影响的新兴产业集群，研究开展跨境国际合作区建设。推进强化重庆港等航运和资源集聚功能，提高航运经济发展水平。加快建设重庆高新区陆港经济区、重庆临空经济示范区。

五是积极拓展国际市场。发挥中新（重庆）战略性互联互通示范项目效应，加大开放合作力度，吸引和带动其他国家和地区、企业等共同参与通道建设。进一步扩大开放，鼓励引导外商以多种方式参与西部陆海新通道建设。推进国际技术交流合作。继续用好开放合作平台，扩大中国西部国际投资贸易洽谈会、中国国际智能产业博览会国际影响力。推进西部陆海新通道沿线国家分拨集散中心、海外仓建设。依托中国—东盟信息港，建设沿线国家和区域国际数据通道，与重庆运营组织中心协同合作，促进信息资源互联互通和共享共用。

（节选自杨海霞、赵宝权：《重庆迎来前所未有的机遇——专访重庆市发展和改革委员会党组成员、副主任赵宝权》，载《中国投资》，2019年第17期。）

唐青阳：我为建设成渝地区双城经济圈建言献策

唐青阳，法学博士，教授，时任重庆社会科学院党组书记、院长。

2020年1月3日，习近平总书记主持召开的中央财经委员会第六次会议，作出了推动成渝地区双城经济圈建设的重大战略部署。2020年重庆市政府工作报告提出，推动成渝地区双城经济圈建设，努力在西部形成高质量发展的重要增长极。当前，成渝两地正按照中央决策部署，如火如荼地推进成渝地区双城经济圈建设。

一、中央决策给成渝地区带来重大发展机遇

回顾成渝两地协同发展的历史，在不同时期，经历了从“成渝经济区”到“成渝城市群”，再到“成渝地区双城经济圈”的不同提法。我认为，从“成渝经济区”到“成渝城市群”，再到“成渝地区双城经济圈”，是新时代区域发展的进一步提升和深化，充分体现了中央对推进西部地区高质量发展的高度关注和关心，必将对成渝地区经济社会发展产生深远影响。重庆和成都

在西部地区经济发展水平和开放创新程度最高，具有引领区域高质量发展的优越条件和基础。如果能够形成更加紧密有效的双城互动，打造成渝地区相向而行、互联互通、同频共振、互利双赢的双核引擎，实现以“城”促“圈”、以“圈”拱“城”的效果，将会有助于推动区域更高质量地协调发展。

当前，重庆和成都在培育现代化大都市圈方面的机遇，主要体现在三个方面：首先，中央提出推动成渝地区双城经济圈建设，将成渝地区统筹协调发展上升到了一个更高的层面，确定的“两中心两地”目标，开列的若干重点任务，为区域高质量协调发展确立了风向标；其次，有利于进一步提高成渝地区两个中心城市的发展位势，营造国际化营商环境，集聚更优质的资源要素和高精尖人才，在更高层面开创面向全球的开放新格局；再次，有利于成渝地区因地制宜，更好地推进资源要素合理流动和优化配置，更好地促进区域各节点城市产业梯度有序布局。

二、多方面实现协作共赢

在共同打造重要经济和科技创新中心方面，虽然重庆和成都有着丰富的创新资源和良好的创新基础，但仍要注重创新土壤的培育、创新生态的优化，尽快推动成渝地区创新资源的共享和联合，大幅提升成渝地区基础创新和应用创新水平，打造具有国际影响力的西部科技创新中心和新兴产业策源地。要以西部（重庆）科学城、西部（成都）科学城和两江协同创新区等重大平台为依托，围绕生物技术、航空航天、人工智能等领域进行协同攻关，攻克重大科学问题，积极争取实施国家重大科技项目，布局国家重大科技基础设施，携手共建综合性国家科学中心。

在共建改革开放新高地方面，建议：一是成渝地区要共同推动打造体现国际惯例和水准的营商环境，完善协同化的营商投资政策体系，推动成渝地区海关特殊监管区域合作，探索成渝地区统一标准的营商环境地方立法工作；二是发挥好重庆和成都的开放龙头作用，联合其他省区市高质量共建西部陆海新通道，联手将成渝地区打造成“一带一路”的重要枢纽、面向亚欧的开放合作示范高地；三是积极构建成渝地区国际机场群、国家高铁枢纽和长江上游航运中心互利互惠的建设运营模式，提升成渝地区国际化开放互通的枢纽能力；四是围绕资源要素的优化配置共同打造一批区域性股权、大宗商品、技术和知识产权交易市场；五是大力吸引世界知名企业、经济金融和科教文卫类重要国际组织来成渝地区设立区域总部机构。

在公共服务共建共享方面，成渝两地可以加大合作力度：一是大力推进重庆、成都两地高铁、城际和轨道网的无缝衔接，推进公交一体化运营，实现交通“一卡通”，提升成渝两地居民畅行感受度和体验度；二是充分发挥重庆、成都两大中心城市教育资源富集优势，共同打造成渝地区双城经济圈教育高地；三是着力推进成渝地区双城经济圈医疗协同发展战略联盟，创新区域性分级诊疗和远程医疗医联体等模式，联合创建国家级区域医疗中心；四是加强文化资源互惠互享，优化文化资源配置，全面提升文化发展质量、供给能力和服务水平；五是围绕城市公共管理和服务领域，加快两地政用、民用和商用大数据资源共建共享，支持成渝两地共建基于人工智能和5G物联网的城市大脑集群。

在打破地方行政壁垒方面，成渝两地需要做好三个结合：一是加强顶层设计、统筹协调与强化要素市场化配置相结合，让政府和市场两只手的力量发挥得更加灵活有效；二是突出中心城市带动作用与推进一体化发展理念相结合，让“城”做得更强，让“圈”融得更紧；三是推进科技创新、产业发展和体制机制创新相结合，最大程度释放制度红利。

在加强生态环境保护方面，要着力推进四项工作：一是建立健全跨行政区划上下游协同治理和水生态补偿机制，完善包括水环境监管、监测、突发环境应急联动等内容的联动机制，共同推进跨界河流污染联防联控，重点加强长江、嘉陵江等河流水环境综合治理，不断提高水环境质量，确保“一江清水向东流”；二是深化完善大气污染联防联控工作机制，持续提升区域协作力度，加快大气污染源、空气质量监测、气象数据等共享交换平台建设，加强对二氧化硫、氮氧化物、颗粒物、挥发性有机物等重点污染物的联防联控，切实改善区域空气质量，共同打赢蓝天保卫战；三是加大自然保护区、水源地、森林公园、湿地等重要生态空间的保护力度；四是加强生态环境保护跨区域、跨流域、跨学科重点问题研究和生态环境共性关键技术联合攻关。

三、加强顶层设计和统筹协调

顶层设计和统筹协调事关区域发展质量和成效，还需进一步开展探索：一是优化机制构建，建议在中央层面构建由国家相关部委、成渝各方共同参与的成渝地区双城经济圈统筹协调机制，完善成渝地区各层次的政府部门常态化合作与对话交流机制，可以借鉴其他地区做法组建常设性区域协作办事机构，全面深化各领域合作；二是注重协同发展，携手深度融入共建“一带一路”、长江经济带发展和新一轮西部大开发，深化开放开发合作，共同推动西部陆海新通道建设；三是坚持规划引领，用好“十四五”规划即将编制的“窗口期”，加强总体规划和专项规划对接，联合两地研究机构共同组建“成渝地区双城经济圈发展智库”，推动编制成渝地区双城经济圈发展规划，共同推进交通、信息、水利、能源、电网等重大项目建设，为成渝地区双城经济圈高质量发展提供重要基础支撑。

（节选自中共重庆市委党史研究室编：《重庆党史研究资料》2020年第3期，内部资料。）

贾蓓：
战“疫”在一线

贾蓓，医学博士，硕士研究生导师，重庆医科大学附属第一医院感染科主任医师。

2020年的春节注定是所有中国人一生中刻骨铭心，永世难忘的春节！这个春节因为全国上下都投入到抗击新型冠状病毒战斗中，缺少了阖家团圆的温馨气氛，却多了一些战斗的壮烈，因为这是一场没有硝烟的战斗。作为感染科临床医生，我不仅亲身感受到各级领导在战“疫”最困难的时候给我们的信心和鼓励，也时时刻刻被身边的战友所感动。虽然很想义无反顾地奔赴湖北前线，但是大后方一样需要我们的坚守，所以我按照组织的安排，参加到重庆市新冠疫情防控工作领导小组医疗救治第六组，和来自各家医院的医生们一起坚守。和六组的同事们朝夕相处，共同奋斗，我被他们深深感动着。这20天来的所见所闻让我真切感受到，我们也许是平凡的普通人，但国家危难之时，普通人一样彰显人格的魅力、人性的光辉，普通人就是众志成城力挽狂澜的巨大力量！

1月26日大年初二，第六组的工作一开始，就投入到考察重庆市人民医院作为集中收治需要做的改建工作中，之后又马不停蹄前往永川，驻扎在重庆医科大学附属永川医院，定点收治确诊的新冠病毒感染病人。20天来，我们奔走在医院和住处之间，或者是到永川片区周围区县巡查预检分诊、发热门诊，我们组员还有短暂的轮休，组长周发春主任却始终没有休息一天。带上家人过一个“面朝大海、春暖花开”的春节假期是他多年来的梦想，但他和妻子都是重医附一院的医生，他又是重症医学科的主任，因为医疗行业的特殊性，他一直未能如愿。今年春节，周主任终于安排好工作，订好了机票，准备和妻子、儿子一起享受难得的春节假期，但是因为这场突如其来的疫情，他毫不犹豫取消了休假计划，义无反顾地投入到战斗中。周主任在日夜紧张的危重病人抢救和病情讨论过程中，还不忘以幽默风趣化解我们的焦虑，并且在最短的时间内带领我们拟定了小组的诊治规范。2月13日，接到重医附一院成建制接管武汉市一医院一个重症病区的任务后，他又和我院其他159名医务人员一起，背起行囊，奔赴武汉抗击疫情的第一线。他出征后，重医附一院感染科主任黄文祥教授立刻毫不犹豫地接过组长职务，带领我们继续征战……

跟周发春主任一样，西南医院呼吸科周向东主任又一次放弃了与家人孩子共度假日的承诺，重庆的工作还没完又准备好了接受调遣，投入湖北泰康同济医院的更前线的战斗中；重庆涪陵中心医院呼吸科廖秀清主任，涪陵区中医院杨明高院长、陈长春主任本来是后方的备份力量，却主动要求到永川现场来救治确诊病人；宽仁医院杨和平主任不顾近60岁的年龄、公卫中心陈思源主任不顾关节伤痛坚持到救治前线工作；重庆医科大学附属永川医院感染科田文广主任、呼吸科秦光梅主任、重症医学陶武主任每天除了和我们一起查房、讨论病情，还有各自科室门诊、病房的繁忙工作；外科医生张国武、张家模放下了手术刀主动做联络秘书；以重医大附属永川医院的龚放院长为首的各位院长、科长们默默地支持一线的防控救治工作，无微不至地关心工作人员的生活饮食安排。还有许许多多我没能一一列举的我们的医护技同事……如果问大家辛不辛苦，回答的只有一句话：只要病人康复了，我们辛苦点没关系。

我们的工作也与家人的关心支持分不开。“因为这场事关生死的战‘疫’是我们医护人员的职责所在!”渝中区人大领导到我家看望我父母时，我爸爸就是这样说的。爸爸是一个沉默寡言的严谨理工男，每天早上起来煮面都要用秤来称重的，对我从小到大基本不表扬，这次爸爸却很关心我的工作，看我即便回到家中也继续承担24小时接听在渝外籍人士对病情的咨询电话时，居然破天荒对我说了一句：“你还不错嘛!”让我有点不知所措，又非常感动!

我记得有歌颂警察的“少年壮志不言愁”，歌颂老师的“每当我走过老师窗前”的经典传唱，却不记得有什么歌颂医者的诗歌?也许忘记才更能体现本色，因为任何言辞都不能承载生命的宝贵，所以只要病人从危重症转为重症，从重症转为轻症，再从轻症到出院，这就是我们坚持的意义。尽管我们祈祷、祝福并竭尽所能帮助我们的病人尽快痊愈并且不再作为传染源，然而病情瞬息万变，对这个新型冠状病毒我们还有很多未知，在这场战“疫”中，我们要始终牢记大医张孝骞教授80多岁时的告诫“战战兢兢，如临深渊，如履薄冰”，保持小心谨慎，才能保障病人最终的转危为安，才能取得最终的胜利!

真正的战斗精神不是在血雨腥风、刀光剑影中成就，而是面对大灾大难时所表现出的自我牺牲、无私奉献的精神。而这种精神在2020年寒冷的冬季，在这场每个中国人与新冠病毒搏斗的战“疫”中体现得淋漓尽致!

谁不爱好和平安宁、自由自在，向往在阳光下无拘无束、喜笑颜开的生活?记得在陕西博物馆看到唐朝的陶俑，充满自信，充满笑容，乐观向上。光阴荏苒，我们中国人依然内心强大，我们每个人都在用最古老最简单最有效的居家隔离方式，用自觉戴口罩、勤洗手、保持距离的方式，用各种凝集民间智慧的生动标语、简洁有力的宣传口号、朗朗上口的快板，为结束这场战“疫”尽民众之责。这个春节，白昼黑夜都是静悄悄的，大街上也看不到行人，没有一丝节日的气氛，但我们心里依然有激情喷薄而出，我们每一个人都在为家国的安康，为他人的健康幸福默默地做出奉献牺牲。我们都在经历、承受，我们才有更精彩的人生，我们终将战胜病魔，待阳光普照大地，老人们举杯孩子们欢笑的时刻，“数风流人物，还看今朝!”

（节选自中共重庆市委党史研究室编:《重庆党史研究资料》2020年第3期，内部资料。）

后记

以口述史的形式再现历史，让亲历者追忆细节，让见证者感悟得失，让阅读者思考未来，为研究者提供第一手资料，也为广大党员干部群众提供生动鲜活的党史读本，从而激励更多人从党的非凡历史中找寻初心，担负使命，这是我们长期以来编辑口述历史的目标，也是今后持续开展此项工作的努力方向。为此，我们推出《口述重庆党史》一书敬献给广大读者。

本书的编辑得到了室领导的高度重视。姚红主任、徐塞声主任多次听取工作情况汇报，提出相关要求并审定书稿。徐光煦副主任对书稿的策划、选稿等给予精心指导修改。周廷勇副主任对书稿的编辑提出了宝贵意见和建议。征研一处、征研二处和南方局研究室的简奕、田姝、文俊、俞荣新、黎余、徐术、黄亚丽、高大红、袁仁景同志承担了书稿的具体选编工作，王润吉、左涛同志参加了书稿的讨论，办公室、宣教处有关同志为本书的编写出版做了大量服务协调工作。同时，本书也得到了相关口述回忆作者及家属的大力支持，在此表示衷心感谢。

由于编辑时间紧迫，编者水平有限，书中难免存在不当之处，欢迎广大读者提出宝贵意见。另因书稿内容涵盖时限长达百年，部分文章成文时间久远，编者无法与作者或家属取得联系，在此一并致谢。

中共重庆市委党史研究室

2023年8月